Savia

física y química

sm

2 ESO

Entrar en Saviadigital es fácil:

1. Escribe en internet la siguiente dirección: **smsaviadigital.com**
2. Regístrate e introduce el número de licencia que encontrarás en la página anterior.
3. Como solo debes registrarte una vez, anota tu **identificador** y **contraseña**.

CONOCE TU LIBRO

Entrada de la unidad

Empieza la unidad disfrutando de un texto relacionado con los contenidos que contextualiza la imagen y... **Abre tu mirada**.

Propuestas de actividades
Sirven para motivar, detectar lagunas, dificultades y conocimientos previos.

Ruta de aprendizaje
Cuestiones que te indican qué vas a aprender en la unidad.

Y tú, ¿qué opinas?
Cuestiones para promover tu opinión, el pensamiento crítico o la conciencia social.

Epígrafes

Los contenidos se exponen de manera ordenada y concisa, partiendo de un **contexto inicial** con situaciones reales y cercanas, para concluir con las ideas principales en un cuadro de color.

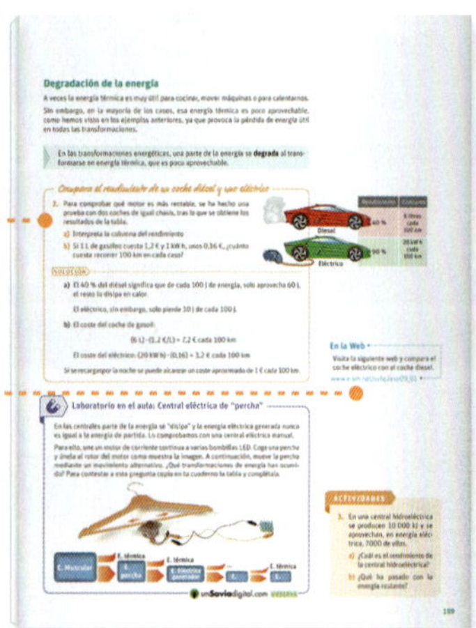

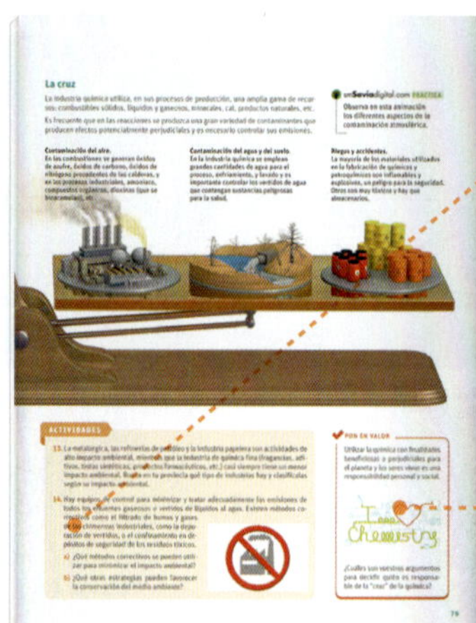

Dispones de **ejercicios resueltos** contextualizados que facilitan tu comprensión de los contenidos.

Mediante el icono **Savia**digital.com podrás acceder a vídeos, animaciones, actividades interactivas y enlaces web que te facilitarán tu aprendizaje.

Actividades propuestas al final de cada epígrafe para que afiances los contenidos.

En el apartado **Pon en valor** reflexionarás sobre valores como el respeto, la responsabilidad, la justicia, la solidaridad, la creatividad y la esperanza.

Lo esencial en imágenes

Esquema conceptual organizado por niveles de importancia, donde encontrarás el resumen esquemático y con imágenes de la unidad.

Lo esencial en problemas

Aquí encontrarás algunos problemas relevantes de la unidad con sus soluciones que te ayudarán a fijar tus conocimientos.

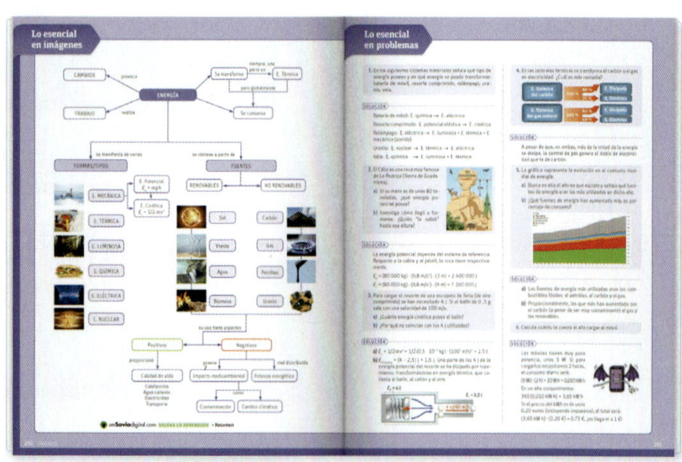

Procedimientos de la ciencia

Para ser un buen investigador debes conocer los procedimientos que usa la ciencia.

Actividades finales

Para terminar la unidad cuentas con cuatro páginas de **ejercicios y problemas contextualizados** para profundizar y trabajar lo aprendido.

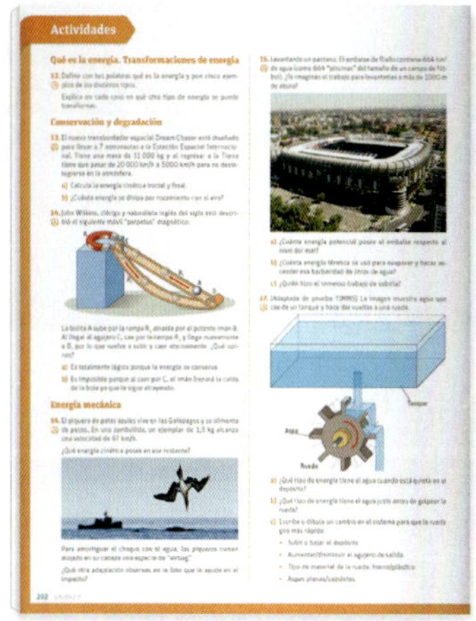

Los ejercicios están organizados por los **contenidos** desarrollados y clasificados por **nivel de dificultad**.

Ponte a prueba

Problemas y actividades PISA

Problemas presentados desde un contexto, extraídos de las pruebas PISA o inspirados en ellas.

Autoevaluación

Cuestiones para que evalúes los conocimientos adquiridos al finalizar la unidad.

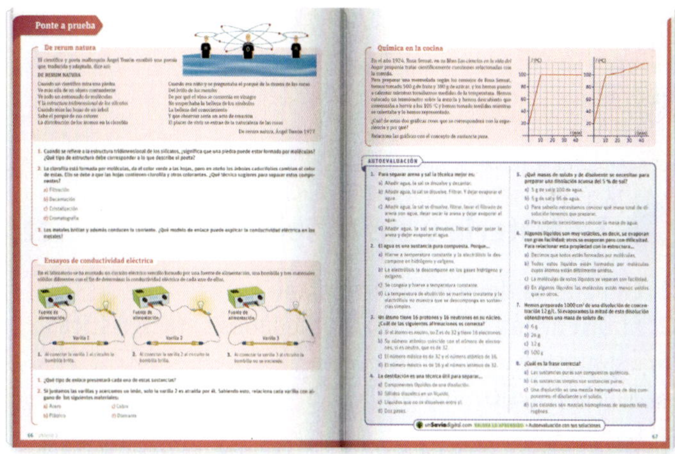

CONOCE **Savia**digital www.sm**Savia**digital.com

Saviadigital te ofrece más recursos y actividades para aprender y profundizar en los contenidos.

OBSERVA	Vídeos y animaciones para facilitarte la comprensión de los contenidos.
PRACTICA	Animaciones e interactivos que te ayudan a entender el significado de algunas leyes o teorías.
APLICA	Actividades interactivas con las que resolverás ejercicios de una manera diferente.
INVESTIGA	Enlaces externos en los que ampliarás la información.
VALORA LO APRENDIDO	Resumen y autoevaluación de la unidad.

En tu libro aparecen llamadas para que sepas qué recursos hay en **Savia**digital.

sm**Savia**digital.com
PRACTICA ¿Cambios físicos o químicos? Clasifícalos.

Para acceder a **Savia**digital, sigue los pasos que encontrarás en la primera página del libro.

ÍNDICE

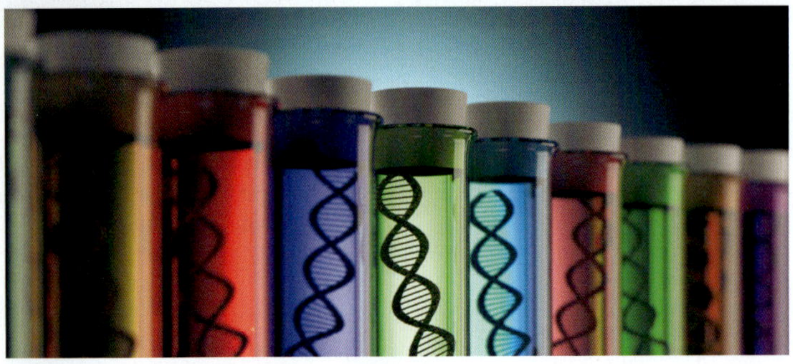

1 La ciencia investiga

Abre tu mirada

¿Cómo es posible que un submarino, que pesa miles de toneladas, consiga flotar o sumergirse a su antojo? La respuesta hay que buscarla hace más de 2000 años, cuando Arquímedes formuló su famoso principio, que predecía el empuje que sufrían los cuerpos al sumergirlos en fluidos. Los avances tecnológicos de los que disfrutamos en la actualidad son fruto de la curiosidad y la investigación científica desarrollada a lo largo de la historia.

- **¿Cómo crees que los científicos descubren el funcionamiento de la naturaleza?**
- **¿Qué importancia tienen los cálculos y las aproximaciones para la ciencia?**
- **¿Qué son las unidades de medida? ¿Para qué sirven?**

En **A** el submarino tiene aire en su interior que actúa como si fuese un flotador. ¿Cómo logra hundirse?

En **C** el submarino navega bajo el agua. ¿Cómo crees que puede subir de nuevo a la superficie?

Observa y determina

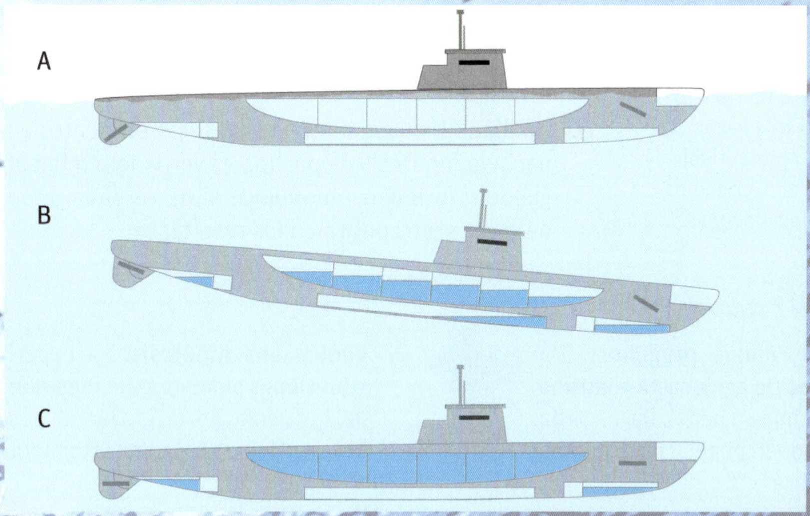

Piensa y reflexiona

Los científicos necesitan unidades, es decir, patrones a los que referirse para medir las distintas magnitudes que estudian. ¿Qué importancia crees que tienen las unidades en el desarrollo de la física y la química? ¿Es importante que todos los científicos usen las mismas unidades?

Y tú, ¿qué opinas?

Muchos de los anuncios que vemos en la televisión recurren a la ciencia para intentar convencer a los consumidores de que deben adquirir un determinado producto. No es raro encontrarse con productos que incluyen en su publicidad la coletilla "comprobado científicamente" para hacernos ver que se trata de una verdad absoluta. ¿Piensas que la ciencia ofrece verdades absolutas?

- **¿Por qué crees que en el laboratorio hay normas de seguridad?**
- **¿Cómo muestran los científicos los resultados de las investigaciones?**

1 El método científico

En la web

El método científico.

www.e-sm.net/svfq2eso01_01

¿Sabías que...?

Se llama seudociencia o falsa ciencia a todas aquellas prácticas que son presentadas como ciencia, pero que no siguen un método científico en su desarrollo, ni las afirmaciones que hacen se pueden comprobar de forma fiable. Dentro de esta clasificación podemos encontrar la astrología y la homeopatía.

Los científicos siguen un método ordenado hasta obtener respuestas que expliquen un fenómeno natural. Este método científico se articula en varias fases:

1.º **Formularse preguntas**. Los científicos se plantean preguntas y recogen información en distintos medios (internet, libros especializados o consultando a otros científicos) para formarse una idea de lo que puede suceder en el caso que los ocupa.

2.º **Emitir hipótesis**. Con los conocimientos que han obtenido, los científicos ya están en disposición de emitir una hipótesis.

> Una **hipótesis** es una suposición que se establece provisionalmente como base de una investigación.

3.º **Experimentar**. Ahora hay que comprobar si la hipótesis se confirma o si, por el contrario, es falsa. Para ello hay que ponerla a prueba con un experimento. Los experimentos deben repetirse varias veces bajo diversas circunstancias, tomando nota de las condiciones y los resultados.

4.º **Analizar**. Una vez terminados los experimentos y analizados los datos, toca determinar si la hipótesis de partida es verdadera o falsa: si es falsa, hay que seguir investigando y formular una nueva; si es verdadera, se pueden repetir los experimentos para ver si se confirman los resultados.

Utiliza el método científico

1. **Observas y te formulas preguntas.** Un amigo llena un vaso de agua hasta el mismo borde y coloca encima un papel. Da la vuelta al vaso, sujetando el papel con la mano como indica la figura.

   ¿Crees que, si retira la mano con la que sujeta el papel, se derramará el agua del vaso?

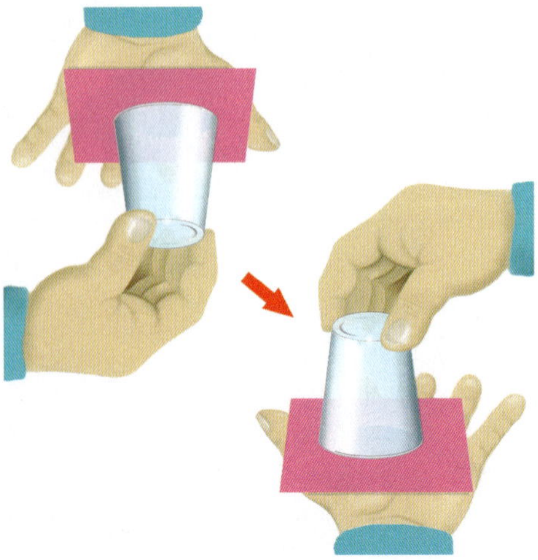

2. **Emites una hipótesis.** La experiencia en situaciones similares y la idea que tenemos de la fuerza de la gravedad nos podrían llevar a formular la siguiente hipótesis:

   "Al girar el vaso y retirar la mano, creo que el papel caerá y el agua se derramará".

3. **Experimenta.** Ahora te toca a ti: llena un vaso de agua hasta su borde y repite lo que hizo tu amigo. Una vez que el vaso está boca abajo, retira la mano. El papel quedará "pegado" a la boca del vaso y el agua no se caerá.

4. **Analiza.** Es evidente que la hipótesis emitida era falsa, con lo cual deberías emitir una nueva hipótesis. ¿Se te ocurre alguna?

ACTIVIDADES

1. Sigue el método científico para comprobar si un huevo flota en agua. Escribe las preguntas que harías y plantea alguna hipótesis. ¿Qué ocurriría si se añade sal al agua?

2. Diseña el experimento de la actividad anterior y, antes de llevarlo a cabo, busca información en internet sobre lo que sucederá.

2 Estimaciones en ciencia

Observa

Hipólito ha invitado a ocho amigos a comer el domingo y ha ido a la tienda para comprar arroz. ¿Cuánto arroz tendrá que comprar?

Susana vive en un piso de 80 m^2 y quiere pintar las paredes. ¿Cuánta pintura tendrá que adquirir para llevar a cabo el trabajo?

Tanto Hipólito como Susana necesitan estimar las cantidades que tienen que utilizar. Estimar no es adivinar, sino realizar cálculos para aproximarse a lo que necesitan para no quedarse cortos, pero tampoco para pasarse y elevar, así, los costes.

Estimar es hacer una predicción aproximada para intentar determinar el valor de algo.

Aproximaciones por exceso y por defecto

Cuando se enfrentan a un problema, los científicos utilizan la estimación para reducir la posibilidad de cometer errores en su resolución.

Realiza aproximaciones

1. Begoña asegura que la distancia en línea recta entre Murcia y Palencia es de 450 km; en cambio, Joaquín piensa que las dos ciudades están separadas por 600 km.

   Después de buscarlo en internet, comprueban que entre Murcia y Palencia hay 534 km. ¿Quién se ha quedado más cerca del valor real?

SOLUCIÓN

La aproximación de Begoña ha sido de 84 km por defecto, pues su estimación quedó por debajo del valor verdadero.

La aproximación de Joaquín ha sido de 66 km por exceso, ya que sobrepasó la longitud auténtica. Por tanto, Joaquín hizo una mejor estimación.

Una aproximación es un resultado cercano al valor exacto. Puede ser por exceso, cuando la estimación supera el valor real, o por defecto, cuando es inferior a él.

El **error** es la diferencia entre el valor real y el aproximado.

Ten en cuenta

Antes de resolver un problema, realiza una estimación de cuál puede ser el resultado.

¿Qué pensarías si, al calcular la distancia entre la Tierra y la Luna, obtienes un resultado de 100 m?

smSaviadigital.com PRACTICA

Estima la altura de los rascacielos.

ACTIVIDADES

3. Se cuenta que Enrico Fermi, galardonado con el Premio Nobel, consideraba que un gran físico era aquella persona capaz de estimar el número de barberos que había en Chicago. ¿Sabrías estimar tú el número de peluquerías para hombres que hay en Sevilla?

Te interesa saber

Utilizar correctamente los **órdenes de magnitud** nos permite comparar, de una forma simplificada, las distintas magnitudes físicas.

3 El sistema internacional

Las primeras medidas

Desde muy antiguo, la humanidad ha sentido la necesidad de realizar medidas mediante el uso de unidades. Al principio eran muy rudimentarias; por ejemplo, para medir longitudes, se comparaban las distancias con partes del cuerpo como el palmo o el pie.

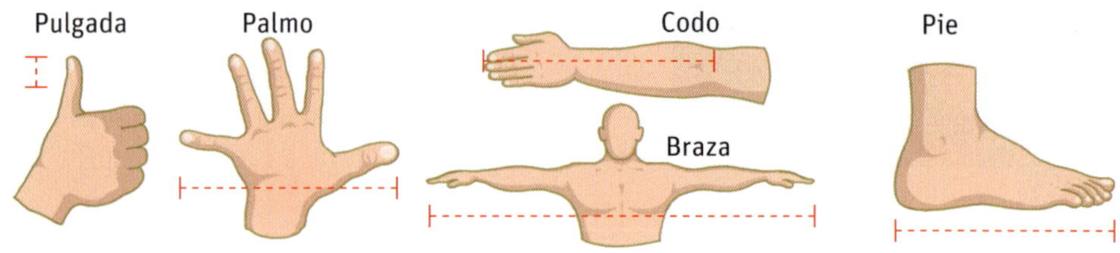

> **Medir** es comparar una cantidad con su respectiva unidad para determinar cuántas veces se repite la unidad en dicha cantidad.

Además de las medidas de longitud, también inventamos patrones para realizar medidas de masa, tiempo o volumen.

Utiliza el pie para medir

1. Cada alumno de la clase medirá la longitud del aula usando el pie como unidad. ¿Crees que todos habréis obtenido el mismo resultado? Una vez realizada la medición, cada alumno anotará su resultado y posteriormente se compararán los datos obtenidos por todos los compañeros. Extrae conclusiones y razónalas.

SOLUCIÓN

Los resultados serán similares, pero lo más probable es que no todos hayáis medido el mismo números de pasos, ya que la longitud del pie varía de unas personas a otras.

Debido a la imperfección de estas unidades, surgió la necesidad de crear otras más estables, que no dependiesen del individuo que hiciese la medición.

El metro

Durante la Revolución francesa, el gobierno francés encargó, a un grupo de científicos, la realización de un sistema de medidas que no se basase en propiedades cambiantes, como el tamaño de las partes del cuerpo.

Para la creación de la nueva unidad de longitud, los científicos llevaron a cabo distintas expediciones y, con la ayuda de observaciones astronómicas, calcularon la distancia del polo norte al ecuador a lo largo de un meridiano. Dividieron esta cantidad entre diez millones y la distancia resultante recibió el nombre de **metro**.

> En el pasado, se definió un **metro** como la diezmillonésima parte del cuadrante de un meridiano terrestre.

Una vez definido el metro, se construyeron varias barras de platino e iridio de esta longitud y se guardaron para protegerlas de la oxidación y de posibles dilataciones debidas a cambios de temperatura.

El kilogramo

Para determinar la unidad de masa, se construyó un recipiente cúbico de un decímetro (la décima parte del metro) de arista y se llenó de agua. A la masa de esa cantidad de agua, medida a determinada temperatura, se la llamó **kilogramo**.

> Un **kilogramo** es la masa de un decímetro cúbico de agua a la temperatura de su máxima densidad, 4 grados centígrados.

El sistema internacional

A las dos unidades anteriores se fueron sumando otras nuevas hasta completar siete unidades básicas (o elementales) que constituyen el sistema internacional (SI) y que se muestran en el cuadro:

	Magnitud	Unidad	Símbolo
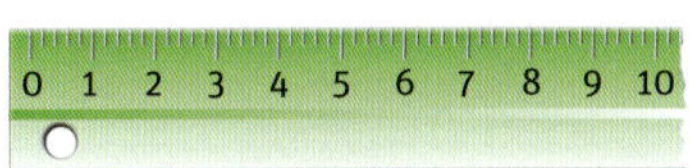	Longitud	Metro	m
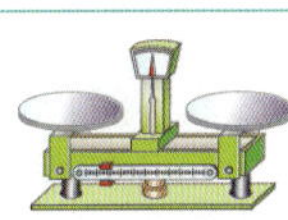	Masa	Kilogramo	kg
	Tiempo	Segundo	s
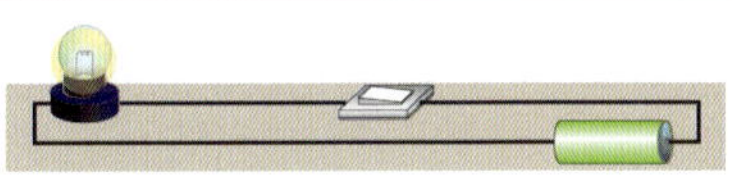	Corriente eléctrica	Amperio	A
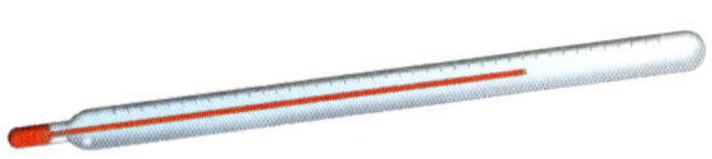	Temperatura	Kelvin	K
	Cantidad de materia	Mol	mol
	Intensidad luminosa	Candela	cd

Con estas unidades básicas se pueden deducir otras. Por ejemplo, la velocidad se mide en metros por segundo (m/s), una combinación de dos unidades básicas.

Múltiplos y submúltiplos

En el sistema internacional también se definen una serie de prefijos que se pueden añadir a las unidades básicas para indicar cantidades mayores o menores. Se trata de un sistema decimal donde los múltiplos de las unidades varían de 10 en 10.

		x10	x10	x10	x10	x10	x10
Prefijo	kilo	hecto	deca	Unidad básica	deci	centi	mili
Símbolo	k	h	da		d	c	m
		:10	:10	:10	:10	:10	:10

En la Web

Convertidor de unidades.

www.e-sm.net/svfq2eso01_02

smSaviadigital.com PRACTICA

Juega y comprueba cuántas medidas puedes convertir al SI en un minuto.

Te interesa saber

Hoy día el metro se define como la distancia que recorre un haz de luz en el vacío en un tiempo de $3{,}3 \cdot 10^{-9}$ segundos (1 / 299 792 458 de segundo).

ACTIVIDADES

4. Hoy día el metro ya no se define como la diezmillonésima parte del cuadrante de un meridiano terrestre. ¿Qué problema tiene esa definición?

5. Estados Unidos no emplea el sistema internacional, sino el sistema anglosajón de unidades. Para medir longitudes, usan la pulgada, el pie, la yarda y la milla. Investiga y responde: ¿a cuántos metros equivale cada una de ellas?

4 El trabajo en el laboratorio

smSaviadigital.com **OBSERVA**
Cómo usar el material de laboratorio.

Un laboratorio es un recinto equipado con los medios necesarios para realizar investigaciones y experimentos de carácter científico. El laboratorio dispone de aparatos e **instrumentos** de medida, como los que mostramos a continuación.

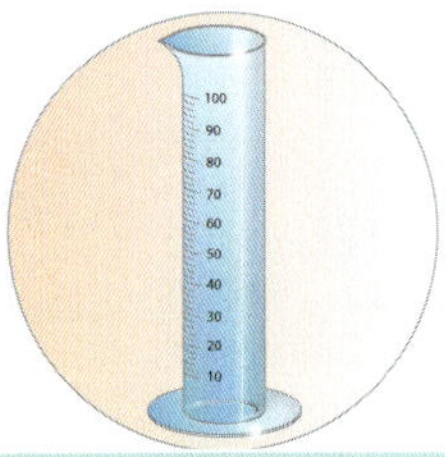

Probeta
Tubo graduado con pie destinado a medir líquidos.

Matraz Erlenmeyer
Vaso con forma cónica terminado en un tubo recto.

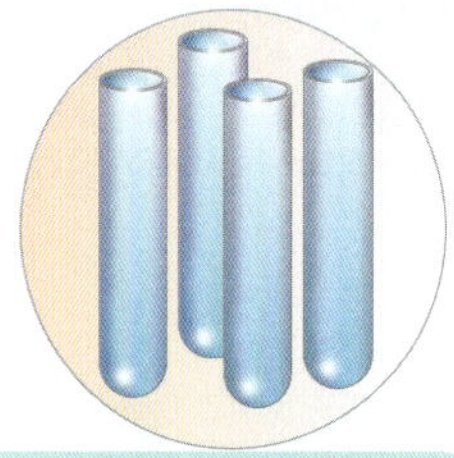

Tubo de ensayo
Tubo de cristal cerrado por un extremo redondeado.

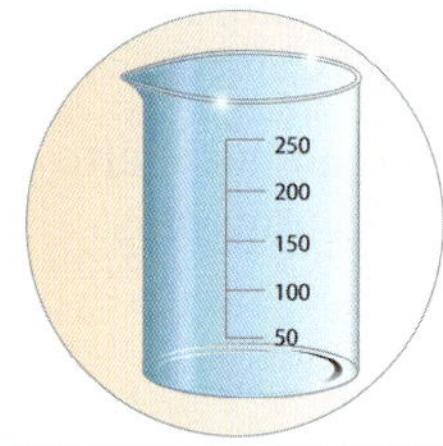

Vaso de precipitado
Recipiente de forma cilíndrica con un pico para verter líquidos.

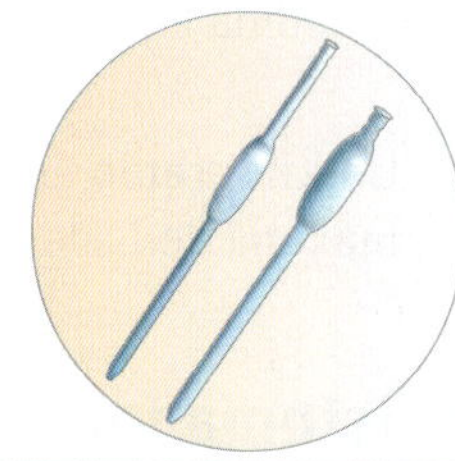

Pipeta
Tubo de cristal que sirve para trasvasar líquidos.

Embudo
Útil en forma de cono terminado en una caña usado para trasladar líquidos.

Mortero
Vaso en el que se machacan sustancias con un instrumento rígido llamado mano.

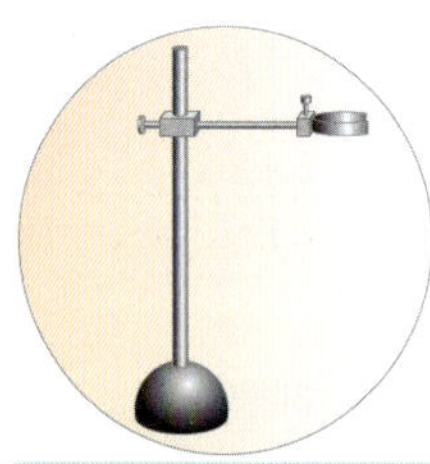

Soporte universal
Aparato con un sistema de pinzas que sirve para sujetar tubos de ensayo y otros materiales.

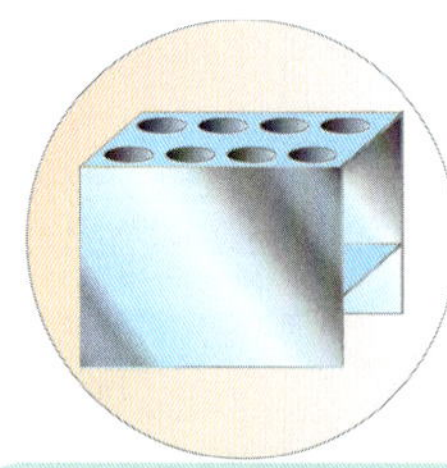

Gradilla
Artilugio utilizado para mantener verticales los tubos de ensayo.

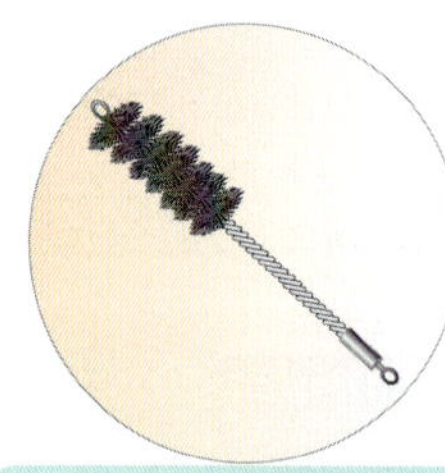

Escobilla
Alambre con cerdas en un extremo que sirve para lavar otros instrumentos.

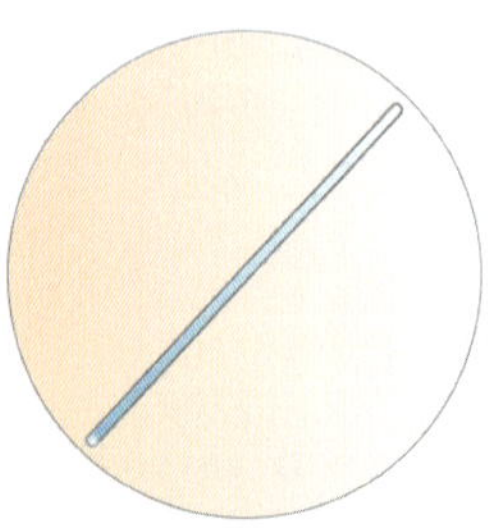

Agitador
Varilla de vidrio usada para remover líquidos.

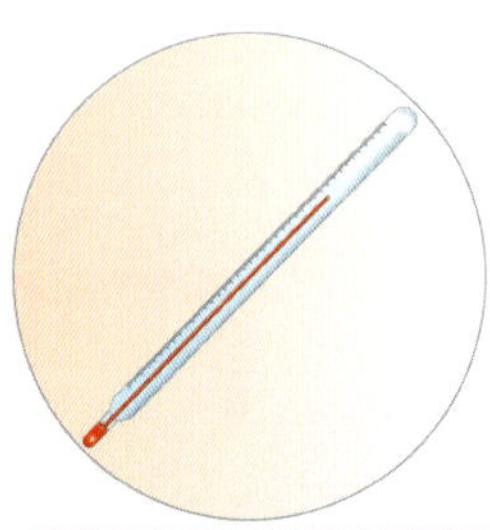

Termómetro
Instrumento que sirve para medir la temperatura.

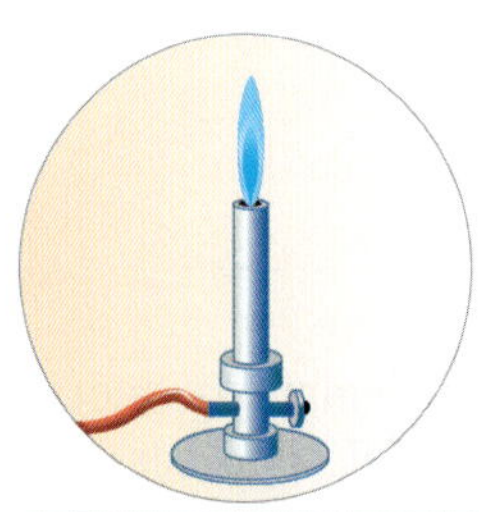

Mechero Bunsen
Quemador utilizado en los laboratorios para calentar.

Báscula
Aparato que sirve para medir la masa de objetos.

Cronómetro
Reloj con el que se mide la duración de los procesos científicos.

ACTIVIDADES

6. ¿Podríamos usar una probeta para medir el volumen de un cuerpo sólido? Razona tu respuesta.

7. ¿Qué instrumentos necesitas para diseñar un experimento que permita conocer a qué temperatura hierve el agua?

Normas de seguridad en el laboratorio

Al trabajar en el laboratorio debemos observar una serie de **medidas de seguridad** destinadas a prevenir accidentes.

Indumentaria en el laboratorio

- Usar una bata para evitar las salpicaduras de productos químicos sobre la piel o la ropa y vestir pantalones largos y zapatos cerrados.
- Utilizar gafas de seguridad en experimentos donde los ojos puedan ser dañados.
- Para evitar riesgos, si se tiene el pelo largo, hay que recogérselo en una coleta.
- Utilizar guantes al trabajar con sustancias corrosivas o tóxicas.

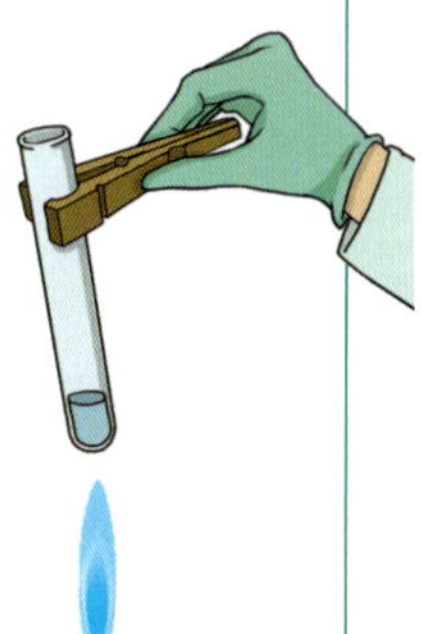

Precauciones con el vidrio

- No forzar los tubos de vidrio, sobre todo al quitar o poner tapones, ya que se pueden agrietar y romper.
- Si se ha calentado un objeto de vidrio, dejar que se enfríe antes de manipularlo.

Orden y limpieza

- No comer ni beber en el laboratorio.
- Lavarse las manos antes de salir del laboratorio.
- Ordenar el área de trabajo y limpiar el material después de usarlo.
- No jugar ni hacer bromas en el laboratorio.

Eliminación de residuos

- Depositar los papeles en la papelera y el cristal roto en los recipientes destinados a este fin.
- No tirar al fregadero los compuestos químicos que puedan reaccionar con el agua, los que sean dañinos para el medioambiente o los que puedan atascar el desagüe.

Ten en cuenta

Las pequeñas quemaduras, los cortes y los productos químicos derramados sobre la piel se tratarán lavando la zona afectada con agua durante 10 minutos.

Los productos químicos

- No acercar directamente la nariz ni los ojos a la boca del tubo de ensayo.
- Leer la etiqueta de seguridad de los compuestos que se vayan a usar. A continuación mostramos la información más común que aparece en ellas.

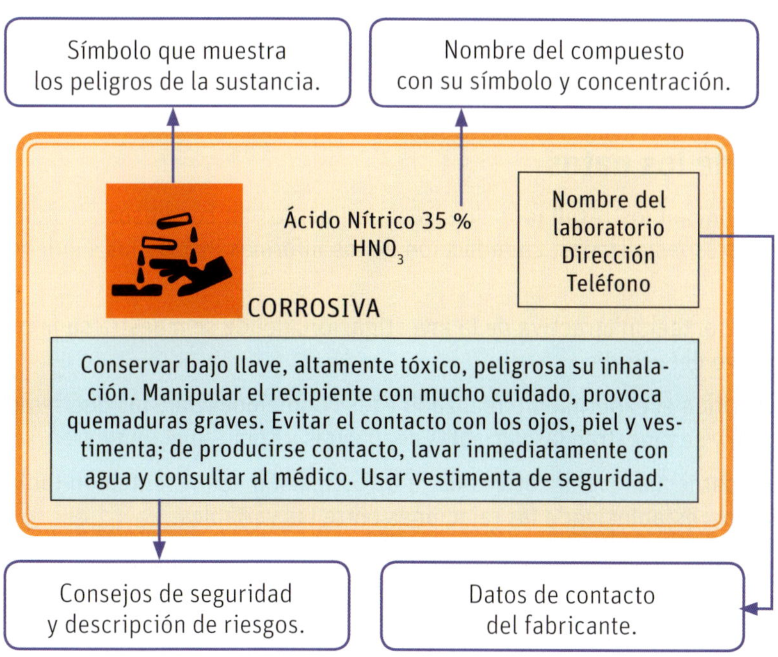

Pictogramas de peligrosidad

Los productos químicos incluyen pictogramas que advierten de sus propiedades tóxicas, corrosivas, inflamables o explosivas. Veamos algunos de estos pictogramas.

smSaviadigital.com PRACTICA

Precaución en el laboratorio.

5 Cómo mostrar el resultado de una investigación

Para presentar los resultados de un experimento, los científicos utilizan diferentes herramientas, como tablas, gráficas o fórmulas.

- **Tablas**. Las tablas son un buen sistema de recogida de datos, ya que permiten su posterior análisis. En las tablas suelen figurar las variables que queremos relacionar.
- **Gráficas**. La representación de datos en forma de gráficas permite una mejor interpretación de los fenómenos naturales.
- **Fórmulas**. Para finalizar, los científicos intentan reflejar los resultados mediante relaciones matemáticas que permitan enunciar leyes que expliquen situaciones similares.

Experimenta

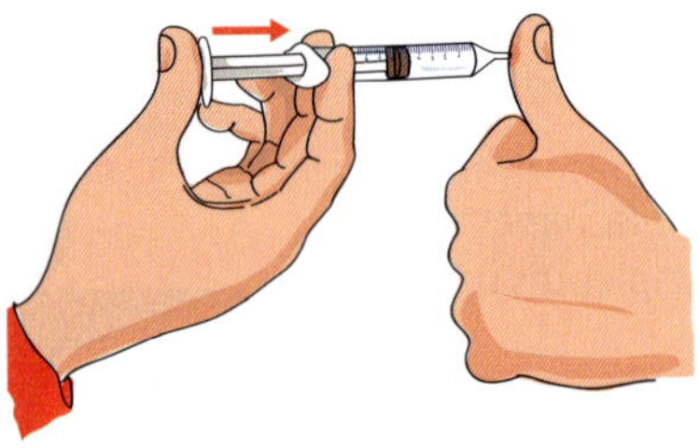

Si comprimes una jeringa que contiene aire, tapando su punta, observarás que el volumen que ocupa el gas disminuye al empujar el émbolo, y que cada vez hay que realizar mayor fuerza para hacer la compresión.

Con los instrumentos adecuados se pueden recoger los datos de volumen y presión puestos en juego en el experimento.

La **tabla** correspondiente a este experimento podría ser como la que se muestra a la derecha.

Presión (atm)	Volumen (mL)
1	12
2	6
4	3
6	2
12	1

Si colocas los valores de la tabla anterior en una **gráfica**, entenderás más fácilmente lo que está sucediendo.

Si observas la tabla, verás que el producto de la presión (p) por el volumen (V) siempre da el mismo número. Esta situación se podría resumir en la siguiente **fórmula**:

$$p \cdot V = \text{constante}$$

Ahora te toca a ti. Entra en www.e-sm.net/svfq2eso01_03, realiza cinco compresiones distintas, anota las medidas y observa la gráfica que se muestra.

a) ¿Qué número resulta al multiplicar la presión por el volumen en cada caso? ¿Es siempre el mismo?

b) ¿Podríamos conseguir que el volumen fuese cero? Razona tu respuesta.

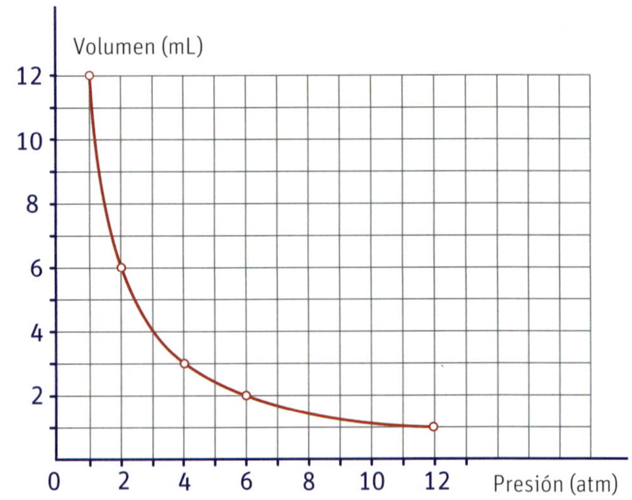

Presentación de los datos

Los científicos comunican los resultados de sus experimentos en congresos, conferencias o publicaciones especializadas. La redacción de los informes incluye los siguientes pasos:

1. **Introducción.** Presentación atractiva de la investigación, donde se muestra su importancia y el objetivo del estudio.
2. **Método.** Se describen el experimento realizado y las condiciones bajo las que se produjo la medición, y se muestran las variables analizadas y cómo se manipularon.
3. **Resultados.** Los datos más significativos de la investigación se presentan en tablas, gráficas y fórmulas, estableciendo las relaciones entre las variables.
4. **Conclusión.** Brevemente se presentan los elementos más destacables de los resultados obtenidos.

Nuestra redacción debe ser lo suficientemente detallada como para que una persona ajena al experimento pueda reproducirlo y llegar a las mismas conclusiones que nosotros.

ACTIVIDADES

8. Por parejas, cronometrad el tiempo que tarda uno de vosotros en recorrer 20 m. Repetid la medida con otras distancias: 40 m, 60 m, 80 m, etc. Recoged los datos en una tabla, representadlos en una gráfica e idead una fórmula que relacione el espacio recorrido y el tiempo empleado. Redactad un informe con los resultados obtenidos.

Procedimientos de la ciencia

Cajas negras

Los científicos son capaces de describir los componentes del átomo, la estructura del Sol y el interior de la Tierra; sin embargo, las partículas atómicas no se pueden ver, no podemos ir a la superficie del Sol sin abrasarnos y es imposible profundizar hasta el centro de la Tierra. Entonces, ¿cómo se han investigado estos temas?

En ciencias, podríamos llamar **caja negra** a un sistema al que no podemos acceder o que no podemos abrir, pero de cuyo interior podemos hacernos una idea aproximada investigando.

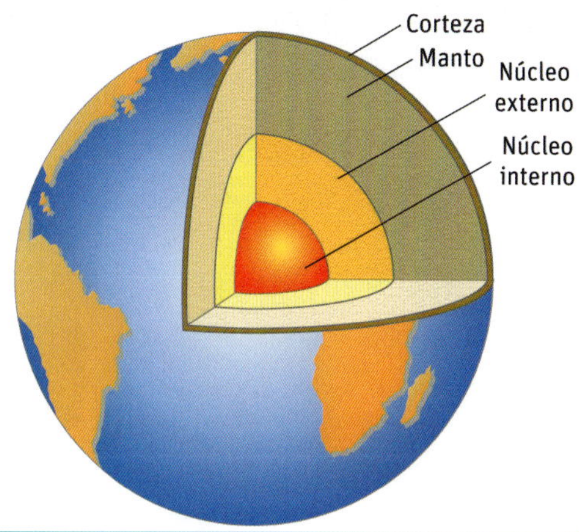

1 PREPARA LA CAJA NEGRA

Dentro de una caja de cartón, cada alumno introducirá los objetos (no muchos) que considere oportunos, sin que el resto de los compañeros conozca el contenido. Por ejemplo, las cajas pueden contener canicas, lapiceros, gomas de borrar, llaveros, etc.

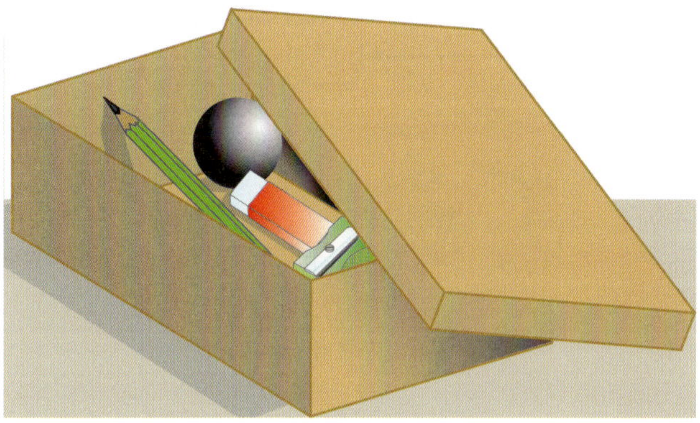

2 ¿QUÉ HAY DENTRO DE LA CAJA?

Después de colocar los objetos, se cierra la caja y se intercambia con un compañero. El objetivo de esta actividad es descubrir qué contienen las cajas sin abrirlas ni romperlas.

3 COMIENZA LA INVESTIGACIÓN

Mueve la caja y detecta si los objetos que hay dentro ruedan o se deslizan. Escucha el ruido que emiten al chocar, y tantea el peso del contenido.

Anota tus observaciones y establece una primera hipótesis de lo que hay en su interior. Puedes dibujar un plano de la base de la caja y los objetos que creas que contiene.

4 REALIZA MEDIDAS

Puedes usar una balanza para comparar la masa de una caja vacía con la masa de la caja que te han entregado.

Si, por ejemplo, hubieses adivinado que los objetos que contiene son todos iguales, y hubieses averiguado su número, podrías calcular la masa de cada uno.

5 OTRAS PRUEBAS

Si lo crees necesario, utiliza un imán e investiga si hay objetos de hierro o no.

Puedes hacer lo que se te ocurra para averiguar el contenido de la caja; eso sí, no debes romperla ni abrirla.

ACTIVIDADES

9. Después de realizar el experimento de las cajas negras, redacta un informe que incluya una introducción, una descripción del método experimental utilizado, los resultados obtenidos y una breve conclusión.

10. Las cajas negras de los aviones son naranjas. ¿Por qué son de ese color? ¿Por qué se las llama *cajas negras*?

smSaviadigital.com INVESTIGA

Descubre el interior de una caja negra.

Lo esencial en imágenes

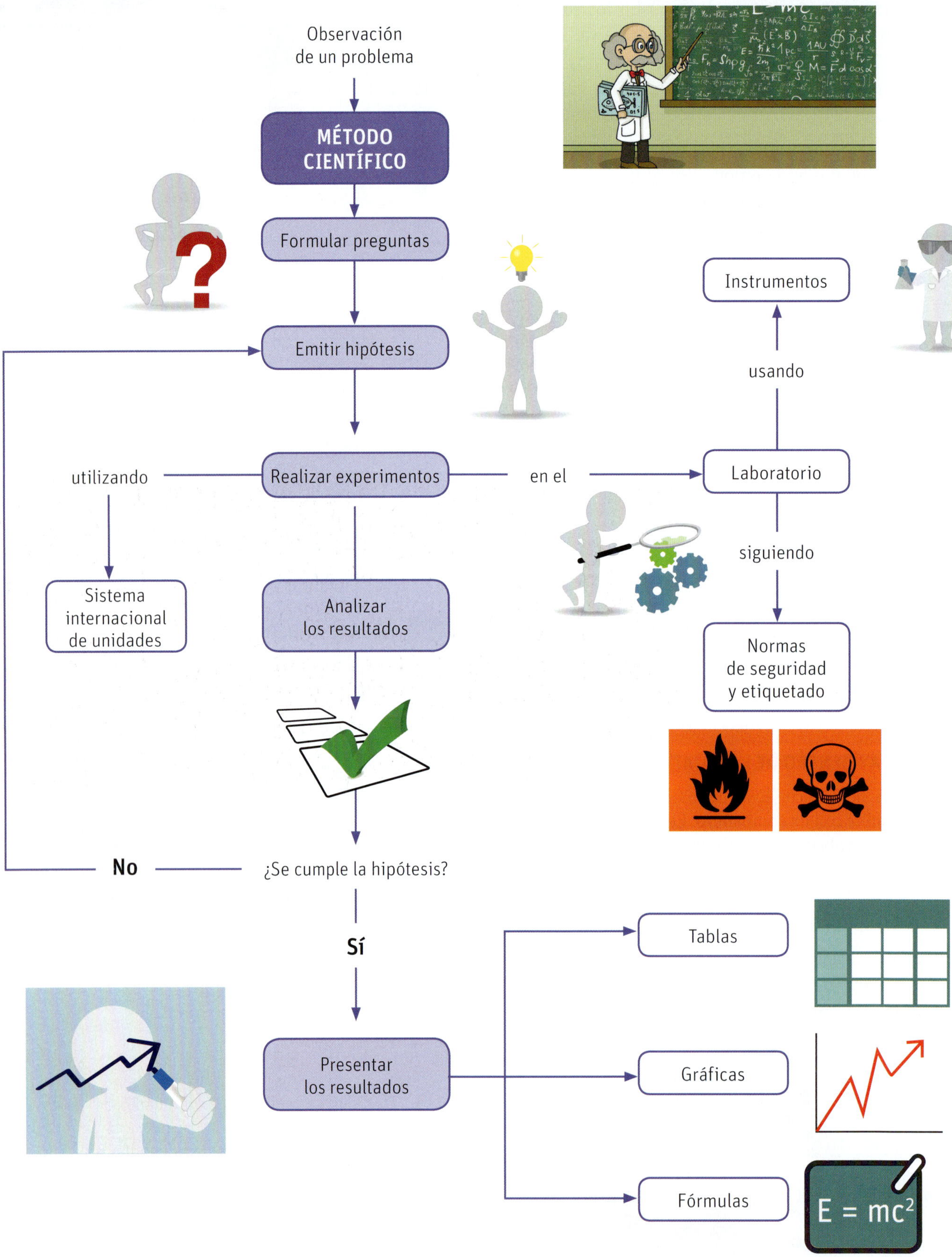

smSaviadigital.com VALORA LO APRENDIDO > Resumen

Lo esencial en problemas

1. Inés, Sonia y Ángel van a comprar una sandía. Entran en el supermercado y cogen la primera que encuentran. Inés dice que su masa es de 4,5 kg, Sonia cree que es de 4200 g, y Ángel piensa que es de 5 kg. Colocan la sandía sobre la balanza y esta marca 4720 g. ¿Quién se ha quedado más cerca del valor real? ¿Qué error ha cometido cada uno? Indica si sus aproximaciones han sido por exceso o por defecto.

SOLUCIÓN

	Masa estimada	Error	Por exceso o por defecto
Inés	4500 g	220 g	Por defecto
Sonia	4200 g	520 g	Por defecto
Ángel	5000 g	280 g	Por exceso

Inés fue la que realizó una mejor estimación.

2. Expresa en unidades del sistema internacional las siguientes medidas:

a) 80 hm

b) 24 g

c) 5 horas

d) 3 dA

e) 34 kcd

SOLUCIÓN

a) Para pasar hectómetros (hm) a metros (m), hay que multiplicar por 100.

$$80 \text{ hm} = 80 \cdot 100 = 8000 \text{ m}$$

b) Para convertir gramos (g) en kilogramos (kg) tenemos que dividir entre 1000.

$$24 \text{ g} = \frac{24}{1000} = 0{,}024 \text{ kg}$$

c) Convertimos las horas (h) en minutos (min) multiplicando por 60; para convertir los minutos en segundos (s), multiplicamos por 60.

$$5 \text{ horas} = 5 \cdot 60 \cdot 60 = 18\,000 \text{ s}$$

d) Para pasar deciamperios (dA) a amperios (A), dividimos entre 10.

$$3 \text{ dA} = \frac{3}{10} = 0{,}3 \text{ A}$$

e) Pasamos kilocandelas (kcd) a candelas (cd) multiplicando por 1000.

$$34 \text{ kcd} = 34 \cdot 1000 = 34\,000 \text{ cd}$$

3. ¿Por qué crees que no hay que acercar directamente la nariz ni los ojos a la boca del tubo de ensayo cuando se trabaja en el laboratorio?

SOLUCIÓN

Muchos productos químicos desprenden vapores que pueden ser tóxicos o cuya inhalación puede producir la irritación de las vías respiratorias. De la misma manera, se pueden contaminar los ojos, razón por la cual se aconseja llevar puestas las gafas de seguridad.

4. Rosa tiene instalada, en el móvil, una aplicación que ha registrado el espacio que ha recorrido en función del tiempo que ha durado su paseo.

Los datos se muestran a continuación en unidades del sistema internacional.

Tiempo (s)	Espacio (m)
50	100
100	200
150	300
200	400
250	500
300	600
350	700
400	800

a) Representa gráficamente estos datos.

b) Plantea una fórmula que relacione ambas magnitudes.

SOLUCIÓN

a) La representación gráfica de los datos es la siguiente:

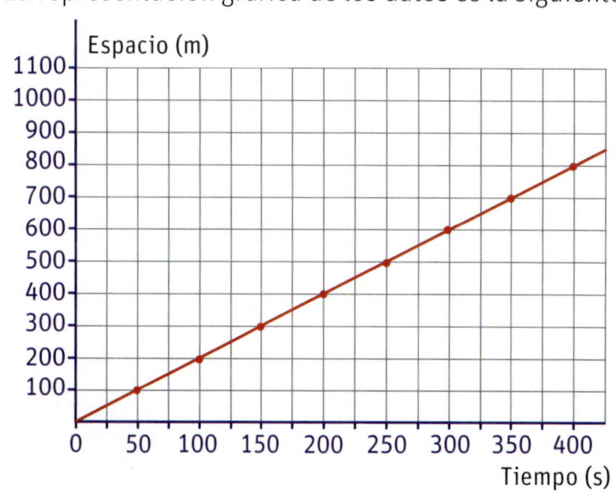

b) Observa que el espacio siempre es el doble que el tiempo. Por tanto, si llamamos *t* al tiempo, y *e*, al espacio, la fórmula podría quedar así:

$$e = 2 \cdot t$$

Actividades

Hipótesis y estimaciones

11. ¿Qué ocurre si mezclas aceite con alcohol? Emite una hipótesis y después comprueba su veracidad mediante un experimento.

12. En grupos, conseguid un lapicero, una regla, un móvil, una manzana y una zapatilla. Cada miembro del grupo debe estimar las masas de esos objetos y anotarlas en la casilla correspondiente en una tabla. Después medid las masas con la balanza y calculad el error cometido en cada caso.

Objeto	Masa estimada	Masa con la balanza	Error
	●●●	●●●	●●●
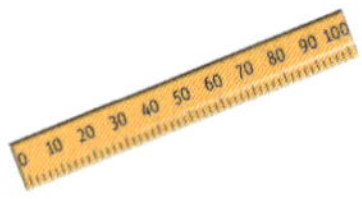	●●●	●●●	●●●
	●●●	●●●	●●●
	●●●	●●●	●●●
	●●●	●●●	●●●

smSaviadigital.com PRACTICA

¿Qué miembro del grupo ha realizado una mejor estimación? Analiza si son por exceso o por defecto.

13. En 1972, una revista sobre ecosistemas acuáticos publicó un artículo que predecía el número de monstruos que hay en el lago Ness. El artículo comenzaba con esta frase: "Es bien sabido que existen monstruos en el lago Ness". ¿Crees que es un buen comienzo para un artículo científico?

Después de una serie de cálculos que incluían las dimensiones del lago, el peso que tendría que tener un animal para ser considerado monstruo o los ejemplares que debería haber para asegurar su continuidad, concluyeron que en el lago tendría que vivir una población de monstruos de entre 10 y 20 individuos.

Redacta un artículo donde se haga una estimación del número de yetis que hay en el Himalaya. La redacción debe empezar con la frase: "Es bien sabido que existen yetis en el Himalaya".

El sistema internacional

14. Une con flechas las unidades más adecuadas para medir las longitudes propuestas.

Longitud	Unidad
Distancia entre Badalona y Barcelona ●	● Milímetro
Distancia de portería a portería en un campo de fútbol ●	● Metro
Altura de la estatua de la Libertad ●	● Kilómetro
Tamaño de una mosca ●	● Hectómetro
Altura de un jugador de baloncesto ●	● Decámetro

Añade otros ejemplos.

15. Durante la Revolución francesa se pretendió introducir el tiempo decimal dividiendo cada día en 10 horas, cada hora en 100 minutos decimales y cada minuto decimal en 100 segundos decimales. ¿Qué tiene más duración, un segundo actual o un segundo decimal? ¿Tendría sentido dividir el año en 100 días decimales? Razona tus respuestas.

16. Sabiendo que el amperio (A) es la unidad de medida de la intensidad de la corriente eléctrica y teniendo en cuenta los prefijos usados en el sistema internacional, completa en tu cuaderno las siguientes igualdades:

a) 1000 A = ●●● daA

b) 0,02 hA = ●●● A

c) 30 mA = ●●● kA

d) 0,4 dA = ●●● mA

17. Conociendo la primera definición de metro, ¿podrías estimar cuál es la longitud de un meridiano terrestre?

18. En 1999 la sonda *Mars Climate* se estrelló en Marte debido a un problema con las unidades que manejaba el ordenador de a bordo.

En el desarrollo del proyecto participaron dos empresas: una enviaba sus datos en el sistema anglosajón (pies, millas, libras, etc.) a la otra, y esta última utilizó esos datos numéricos en el sistema internacional, confundiendo las unidades.

¿Cómo crees que puede afectar este error al cálculo de la trayectoria de la sonda?

19. Usando las siete unidades básicas, se puede deducir cualquier otra unidad. Observa las unidades de las magnitudes físicas que te mostramos a continuación, y averigua qué magnitudes básicas se necesitan para deducirlas. Te damos un ejemplo.

Magnitud	Unidad	Magnitudes básicas de las que depende
Velocidad	m/s	Longitud y tiempo
Fuerza	$kg \cdot m/s^2$	●●●
Densidad	kg/m^3	●●●
Luminancia	cd/m^2	●●●
Concentración	mol/m^3	●●●

Trabajo en el laboratorio

20. Escribe el nombre de los siguientes recipientes:

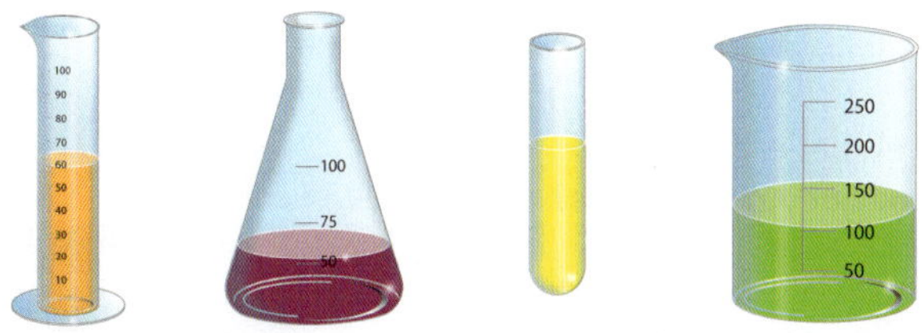

21. ¿Cuáles de las siguientes conductas son correctas en el laboratorio?

a) Las personas con pelo largo pueden llevarlo suelto.

b) Utilizar guantes al trabajar con sustancias corrosivas.

c) Eliminar los compuestos químicos por el fregadero.

d) No acercar la nariz ni los ojos a la boca del tubo de ensayo.

22. ¿Qué indica cada uno de los siguientes pictogramas?

Mostrando los resultados

23. En el siglo XVIII, el francés Jacques Charles estableció una relación entre la temperatura y el volumen de un gas a presión constante. En esta tabla se relacionan ambas magnitudes:

T (K)	V (L)
100	2
150	3
200	4
250	5
300	6

Dibuja una gráfica con los datos de la tabla y plantea una fórmula que relacione la temperatura y el volumen.

24. Dejamos caer una pelota desde diferentes alturas y calculamos el tiempo que tarda en tocar el suelo. El resultado se muestra en la siguiente tabla.

Espacio (m)	Tiempo (s)
5	1
11	1,5
20	2
60	3,5

a) Con estos datos representa una gráfica.

b) Extrae al menos una conclusión que te llame la atención de estos datos.

25. La siguiente gráfica muestra la longitud de la sombra de un objeto a diferentes horas del día.

Explica por qué la curva tiene esta forma.

¿Se pueden deducir de la gráfica estas afirmaciones?

a) A medida que pasan las horas, la sombra del objeto se acorta.

b) En el rango de horas estudiado, la sombra más corta se alcanza a las 13:00.

c) A las 11:00, la sombra es más larga que a las 16:00.

d) No existen dos horas distintas del día en las que la longitud de la sombra sea igual.

Ciencia y tecnología

26. Completa este diagrama con aportaciones tecnológicas concretas de la ciencia que han contribuido a nuestro bienestar.

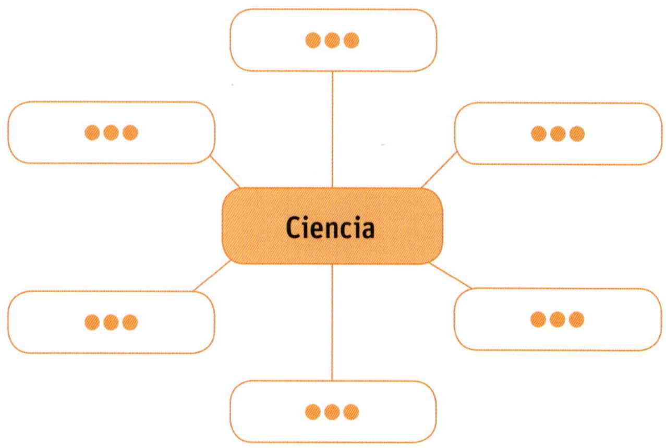

Ponte a prueba

El accidente del *Prestige*

En el año 2002, el petrolero *Prestige* se accidentó en una tormenta cuando navegaba a 27 millas de la costa gallega. El barco era monocasco y transportaba 77 000 toneladas de fuel pesado que, al derramarse, provocaron una enorme marea negra con consecuencias gravísimas para el medioambiente.

El petróleo flota en el agua e impide que el océano se oxigene; además, es tóxico para los organismos marinos, y en el caso de las aves, al impregnarse las plumas, hace que estas pierdan su poder aislante.

1. ¿Qué unidades del SI se utilizan en el texto? ¿A qué distancia de la costa en kilómetros se produjo el accidente?
2. ¿Por qué crees que el buque navegaba tan cerca de la costa?
   a) Para aprovechar la ruta y ver el hermoso paisaje gallego.
   b) Para resguardarse en un puerto en caso de que hubiera mal tiempo.
   c) Para ahorrar tiempo y dinero al utilizar la ruta más corta.
3. Hoy día se obliga a los petroleros a tener doble casco y a navegar a más de 200 millas de la costa. ¿Qué ventajas suponen esas dos medidas? Busca información sobre ello.
4. ¿Por qué hace falta oxigenar el océano?
5. Si el fuel era pesado, ¿por qué no se hundía?
6. Simula la experiencia echando aceite en el agua de un vaso.

¿Por qué el corazón late más rápido?

Adaptado de pruebas TIMSS. Antes de hacer ejercicio, David mide su pulso: es de 70 latidos por minuto.

Hace ejercicio intenso durante un minuto y vuelve a medirse el pulso.

Después, ya en reposo, David vuelve a repetir las medidas cada minuto y con los resultados que obtiene dibuja un gráfico como el siguiente.

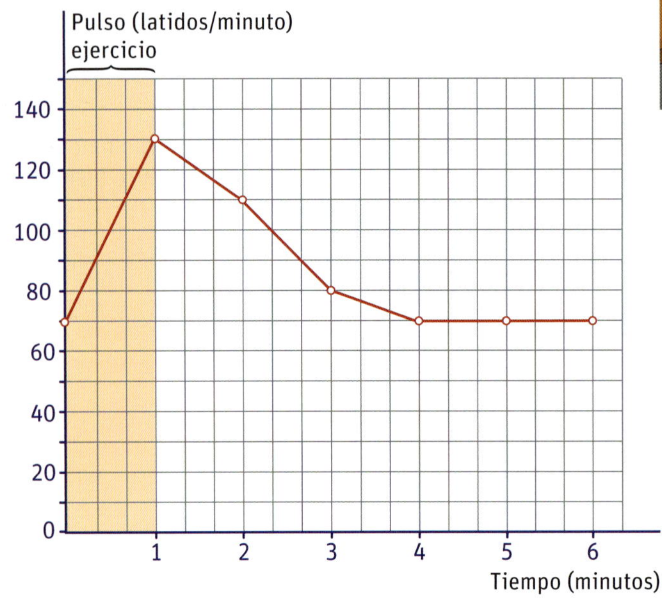

1. ¿Qué se puede concluir de los resultados?
   a) Su pulso aumentó en 50 latidos por minuto.
   b) Su pulso tardó menos tiempo en disminuir que en aumentar.
   c) Después de 4 minutos, su pulso era de 80 latidos por minuto.
   d) Su pulso volvió a la normalidad en menos de 6 minutos.
2. ¿Por qué, al hacer ejercicio, sube el número de latidos?
3. David se ha percatado de que, al correr, también aumenta la cantidad de aire inspirado y espirado. ¿Habrá una relación entre estos dos fenómenos? Emite una hipótesis que los relacione. Diseña un experimento para comprobarlo.

Creando nuevas unidades de longitud

A lo largo de la historia se han creado numerosas unidades de medida que han evolucionado con el paso del tiempo. En esta actividad vamos a desarrollar una nueva unidad a la que llamaremos *líber* ('libro' en latín).

Un *líber* será el equivalente a la longitud del lado más largo del libro de Física y Química de 2.º ESO.

Líber

1. Crea una regla que mida 1 *líber*. Sigue este procedimiento:

Dibuja en una hoja de papel un rectángulo estrecho cuya longitud sea 1 *líber*.

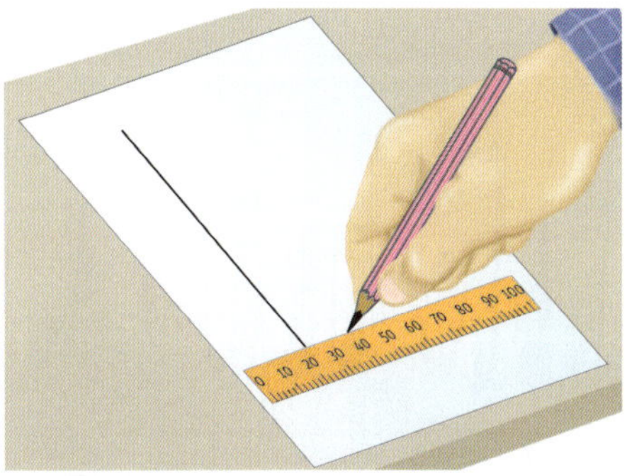

Recorta el rectángulo.

Divídelo en 10 partes iguales (9 marcas).

Subdivide la regla haciendo marcas en cada *decilíber*.

2. Selecciona cinco objetos y utiliza esta regla para medir sus longitudes en esta nueva unidad.

3. Redacta una definición de esta nueva unidad para dar a conocer, a las personas que no dispongan de este libro, qué es un *líber*.

4. ¿Qué magnitud podemos medir con la unidad *líber*^{2}?

5. ¿Cuántos *líberes* mide 1 metro?

6. Calcula la distancia que separa la Tierra de la Luna en *kilolíberes*.

AUTOEVALUACIÓN

1. ¿Cuál de estas afirmaciones sobre las hipótesis es cierta?

a) Las hipótesis son siempre válidas. Si un experimento muestra lo contrario, hay que cambiar el experimento.

b) Las hipótesis son siempre falsas, pero se utilizan para empezar a trabajar.

c) Si un experimento muestra que una hipótesis es falsa, hay que cambiar la hipótesis.

d) Las hipótesis no deben comprobarse.

2. ¿Qué es un kilogramo?

a) La masa de un decímetro cúbico de agua a 4 ºC.

b) La masa de un metro cúbico de agua a 4 ºC.

c) La diezmillonésima parte de la masa de la Tierra.

d) La masa de un decímetro cúbico de cualquier líquido.

3. 5 cm en el sistema internacional equivalen a...

a) 500 m

b) 0,05 m

c) 0,05 g

d) 0,5 m

4. ¿Para qué sirve una gradilla?

a) Para mantener verticales los tubos de ensayo.

b) Para machacar sustancias.

c) Para trasvasar líquidos.

d) Para limpiar instrumentos de laboratorio.

5. Marcial estimó que el tiempo de duración de un proceso científico fue de 37 s, cuando en realidad duró 43 s. ¿Cuál fue el error cometido?

a) 6 s por exceso.

b) 6 s por defecto.

c) 4 s por exceso.

d) 4 s por defecto.

6. ¿Qué fórmula siguen los datos de la siguiente tabla?

A	2	4	6	8
B	5	9	13	17

a) B = 2A

b) B = A + 1

c) B = 2A - 1

d) B = 2A + 1

2 La materia y sus propiedades

Abre tu mirada

En invierno, en esta fuente termal de Yellowstone (EE. UU.) podemos encontrar agua en tres estados a la vez. Cada uno de los estados tiene unas determinadas propiedades. Para poder explicar el porqué de estas propiedades, necesitamos profundizar en su interior. ¿Cómo es la materia por dentro? ¿Por qué podemos comprimir un globo hinchado? Cuando tendemos ropa mojada, al cabo de un tiempo se ha secado. ¿Dónde ha ido el agua?

- ¿Qué es la masa? ¿Y el volumen?
- ¿Qué propiedades características de la materia conoces?
- ¿De qué está hecha la materia?
- ¿Cuáles son los tres estados de la materia?

Piensa y reflexiona

Tanto los buceadores como los astronautas, necesitan continuar respirando en un ambiente sin la atmósfera que tenemos en la Tierra. ¿Cómo se consigue que tengan aire para respirar durante horas?

a ¿Cómo miden la fruta que compras?

b ¿Qué volumen de líquido contiene una lata normal de refresco?

Observa y reflexiona

Cuando vas de compras a una tienda encuentras diversos productos como fruta, verdura, bebidas, etc.

Y tú, ¿qué opinas?

En la actualidad, el cambio climático es un gran reto para el ser humano. El principal problema son las emisiones de contaminantes a la atmósfera. Hoy día el combustible más utilizado es el petróleo, que puede ser sustituido por gas natural, mucho más abundante en la naturaleza y con una composición del 90 % en metano (CH_4).

Las virtudes de este gas residen en su baja producción de CO_2 y otros gases por unidad de energía generada. En este momento se está investigando en la compresión de dicho gas, ya que, al comprimirlo y cambiarlo de estado gaseoso a líquido, podremos transportar mucha más cantidad en el mismo volumen. ¿Qué ventajas crees que puede tener esta medida?

¿Qué son los puntos de fusión y de ebullición?

¿Cómo se explican los cambios de estado?

1 La materia tiene masa y volumen

Observa

Mira a tu alrededor y haz una lista de objetos que tengas a mano y de otros que veas más alejados.

¿Has incluido el aire? Muchos de nosotros olvidamos que el aire también es un objeto material.

Todos los objetos tienen masa, incluso el aire, que es una mezcla de gases. Los líquidos y los sólidos también tienen masa. La masa es una propiedad de la materia.

Recuerda...

¿Qué es el sistema internacional de unidades?

Para unificar la manera de medir cantidades y facilitar la comparación de medidas, se creó el sistema internacional de unidades (SI). Algunas unidades son:

Longitud .... metro (m)
Masa .... kilogramo (kg)
Tiempo .... segundo (s)

La **masa**, *m*, es la cantidad de materia que tiene un cuerpo. Su unidad en el sistema internacional (SI) es el kilogramo, kg.

¿Cómo se mide la masa?

Para medir la masa, se necesita una balanza. Observa los dos tipos de balanza:

Balanza de brazos iguales	Balanza electrónica de laboratorio. Báscula de baño

La balanza de brazos mide las masas por comparación. Se van colocando diferentes masas (pesas) hasta equilibrar ambos brazos. La suma de las masas que hemos colocado en un plato nos da el valor de la masa en el otro; en este caso, el de la manzana: 150 gramos.	Este tipo de balanza marca en la pantalla la masa del objeto situado en la plataforma. El mecanismo que lo hace posible puede ser mecánico (deformación de un muelle) o electrónico (variación de una propiedad del sensor) según sea el modelo.

ACTIVIDADES

1. En uno de los platillos de una balanza de brazos hay un racimo de 7 plátanos, y en el otro hay 2 masas de 500 g, 2 de 100 g, 4 de 10 g y 1 de 2 g. ¿Qué masa (de media) tiene un plátano?

2. Difícilmente podríamos pesar un grano de arroz con una báscula. Sin embargo, es posible conocer su masa promedio. ¿Cómo lo harías? ¿Por qué hablamos de "masa promedio"?

Laboratorio en el aula: "Pesando" el aire

Coge un balón que no esté muy hinchado y mide su masa, 400 gramos.

Hínchalo con una bomba hasta que esté completamente lleno de aire.

Mide de nuevo su masa en una balanza. Ahora marca 406 gramos.

¿Cuánto ha aumentado su masa? Como puedes deducir del experimento, el aire tiene masa aunque sea muy pequeña, aproximadamente 1,3 g/L.

smSaviadigital.com PRACTICA

¿Cómo se mide el volumen?

El volumen, *V*, es la cantidad de espacio que ocupa un cuerpo. Su unidad en el sistema internacional (SI) es el metro cúbico, m^3.

Para medir el volumen de un objeto,k tendremos que tener en cuenta tanto su forma como el estado (sólido, líquido o gaseoso) en el que se encuentra. Por tanto, depende del objeto; no es lo mismo medir el volumen de una lata de refresco que el del aire que cabe en nuestros pulmones, o el de una caja de zapatos.

Para calcular el volumen de los diferentes objetos, usamos dos métodos:

Ten en cuenta

La unidad en el sistema internacional es el metro cúbico, m^3. Pero también usamos los submúltiplos: el dm^3 y el cm^3.

El litro, L, es unidad de volumen y equivale a:

$$1\ L = 1\ dm^3 = 1000\ cm^3$$

$$1\ m^3 = 1000\ L$$

Método matemático

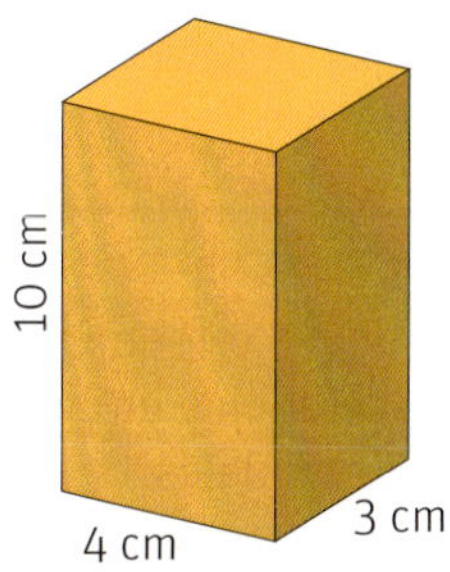

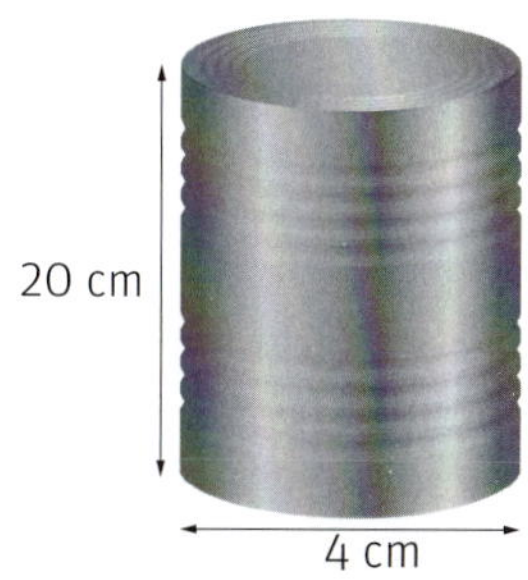

Cuando el sólido tiene forma regular (esfera, cubo, cilindro, etc.), se determina a partir de sus dimensiones y de la fórmula del volumen del cuerpo.

Por ejemplo, para calcular el volumen del prisma, simplemente tendremos que aplicar la fórmula:

$$V = a \cdot b \cdot c = (4\ \text{cm})(3\ \text{cm})(10\ \text{cm}) = 120\ \text{cm}^3$$

Y para calcular el volumen de la lata, aplicamos la fórmula del volumen de un cilindro:

$$V = \pi r^2 \cdot h = \pi (2\ \text{cm})^2 (20\ \text{cm}) = 251\ \text{cm}^3$$

Método experimental

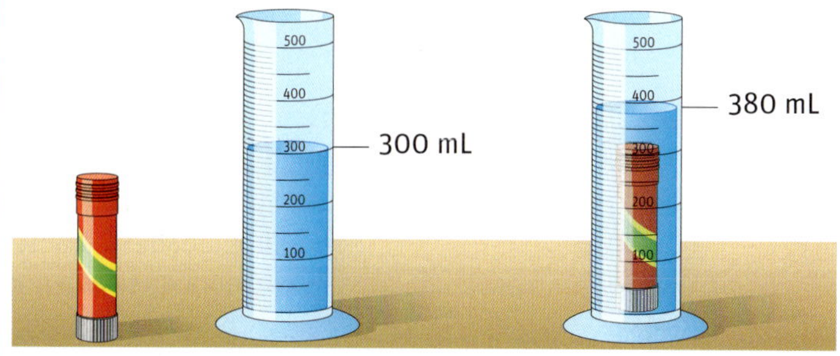

Un método directo, tanto para los cuerpos regulares como para los irregulares, es sumergir el cuerpo en una probeta con agua. El aumento de volumen coincidirá con el volumen del cuerpo.

Por ejemplo el volumen de la barra de pegamento sería:

$$V = (380 - 300)\ \text{mL} = 80\ \text{mL}$$

Las probetas son recipientes calibrados para determinar el volumen de líquidos.

Hay que leer de forma correcta el dato en la parte inferior del menisco.

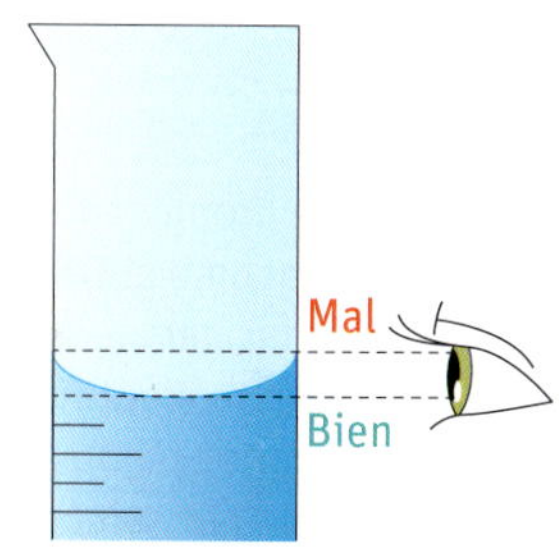

¿Cuántos alumnos caben en 1 m³?

1. Calcula el número de alumnos que cabrían en un contenedor que tiene un volumen de 1 m^3. Dato: el volumen medio que ocupa un alumno es de 40 L.

SOLUCIÓN

Para calcular el número de alumnos que cabrían en un contenedor, debemos dividir el volumen total del contenedor entre el volumen medio de un alumno.

$$\text{n.° de alumnos} = \frac{V_{total}}{V_{alumno}} = \frac{(1\ \text{m}^3)}{(40\ \text{L})} = \frac{(1000\ \text{L})}{(40\ \text{L})} = 25\ \text{alumnos}$$

¡Cabe toda la clase! ¿Cómo es posible?

ACTIVIDADES

3. ¿Qué volumen tenemos en cada uno de estos recipientes?

a)

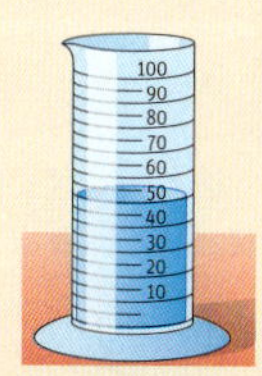

b)

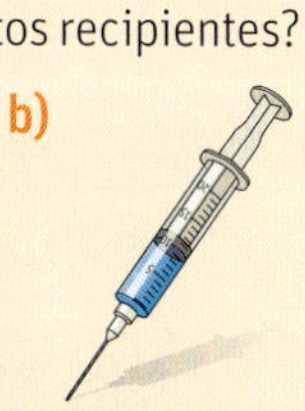

4. Explica dos métodos distintos para hallar el volumen de un cilindro de acero de diámetro 6 cm y altura 10 cm.

5. ¿Cómo podrías saber el volumen de un tapón de corcho? Ten en cuenta que el corcho flota en el agua.

2 El DNI de las sustancias. Propiedades características

Observa

De esta colección de objetos...

- ¿Cuáles son sólidos? ¿Y líquidos?
- ¿Los hay de gran dureza? ¿Los hay frágiles?
- ¿Hay algún objeto que se pueda disolver en agua?
- ¿Qué objetos pondrías en el circuito para que se encienda la bombilla?
- Si ponemos un par de gotas, una de agua y otra de alcohol, en sendas cucharas y esperamos unos minutos, ¿crees que se evaporarán por igual?

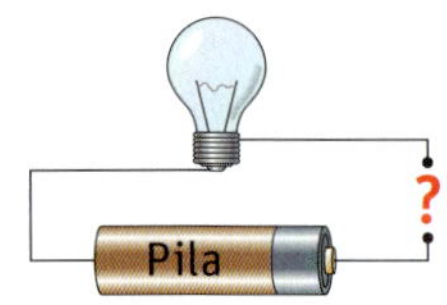

La información que hemos recogido a través de estas preguntas hace referencia a unas propiedades características. Estas nos permiten clasificar las sustancias en grupos de manera que cada uno de ellos contiene sustancias con propiedades iguales.

¿Qué propiedades características has comprobado en estas sustancias y objetos?

Las **propiedades características** identifican las sustancias y materiales de que están hechos los objetos.

Las propiedades son como el DNI de las personas, que permite identificarlas mediante un número, así como por su nombre y apellidos.

Algunas propiedades características son:

- El estado físico (sólido, líquido o gas).
- La dureza (la dificultad para rayarla).
- La densidad.
- La solubilidad en agua o en otros disolventes.
- La conductividad eléctrica.
- La volatilidad (facilidad para evaporarse).

La densidad es una propiedad característica

Observa / calcula

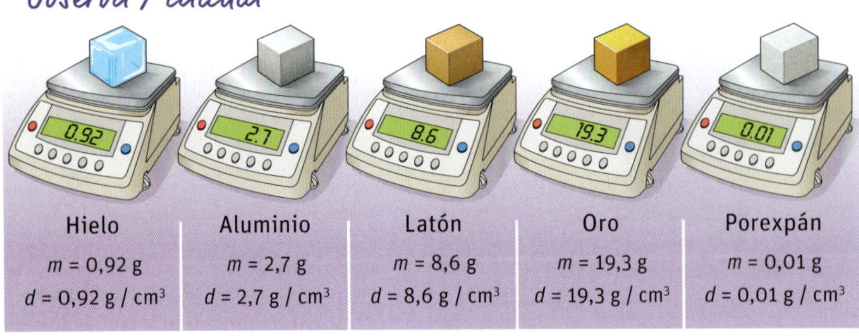

Hielo	Aluminio	Latón	Oro	Porexpán
$m = 0{,}92$ g	$m = 2{,}7$ g	$m = 8{,}6$ g	$m = 19{,}3$ g	$m = 0{,}01$ g
$d = 0{,}92$ g / cm^3	$d = 2{,}7$ g / cm^3	$d = 8{,}6$ g / cm^3	$d = 19{,}3$ g / cm^3	$d = 0{,}01$ g / cm^3

Medimos la masa de 1 cm^3 de varias sustancias para compararlas. ¿Cuál es la que tiene mayor masa? ¿Y la que menos?

A ese dato de la masa de 1 cm^3 lo llamamos densidad. ¿Cuál es el más denso? ¿Y el menos denso?

¿Qué masa tendría un cubo de aluminio de 100 cm^3 de volumen? ¿Y el volumen que ocuparía un lingote de oro de 1 kg de masa?

La densidad nos indica cuánta masa hay por unidad de volumen. $d = \dfrac{m}{V}$

¿Cómo podemos saber qué sustancia es?

Para poder reconocer una sustancia, debemos investigar sus propiedades ya que estas son específicas para cada tipo de sustancia.

Hemos encontrado una moneda desgastada con las siguientes propiedades características: mide 2,5 cm de diámetro, es de color dorado brillante, conduce bien la electricidad y no se puede disolver en agua.

Inés dice que debe tratarse de una moneda de 50 céntimos de euro. Roberto dice que, sin duda, se trata de una moneda de oro. ¿Es posible averiguar con los datos anteriores quién tiene razón? ¿Deberían analizar otras propiedades características?

Figura 2.1. Moneda desconocida

Investiga

Para ayudar a Inés y Roberto vamos a calcular la densidad de una moneda de 50 céntimos.

Primero medimos su masa con una balanza y anotamos su valor: m = 7,80 g.

A continuación, tomamos 10 monedas de 50 céntimos y las introducimos en una probeta con un volumen de agua conocido.

El volumen de las 10 monedas es de:

$$V = (61 - 50)\ \text{cm}^3 = 11\ \text{cm}^3$$

Y el volumen de cada moneda es de 1,1 cm^3.

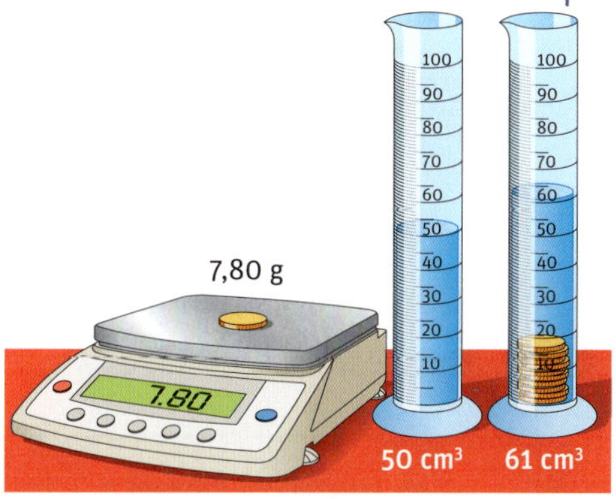

$$d = \frac{m}{V} = \frac{(7{,}80\ \text{g})}{(1{,}1\ \text{cm}^3)} = 7{,}09\ \text{g/cm}^3$$

1. ¿Es de oro la moneda? (Compara con el *Observa* de la página 26).
2. ¿Por qué crees que hemos medido el volumen de 10 monedas y no de una sola?
3. ¿De qué otra manera habríamos podido calcular el volumen de una moneda?
4. Supón que las monedas que estamos investigando fueran de oro. Si el volumen fuese el mismo, ¿su masa sería mayor o menor? ¿Por qué? ¿Cuánto valdría la masa de una moneda de oro de igual volumen que la de 50 céntimos?

PON EN VALOR

Detectar la presencia de sustancias extrañas en el cuerpo puede ayudar a combatir enfermedades o salvar vidas. ¿Cómo crees que detectan la presencia de tóxicos en nuestro cuerpo? Debate con tus compañeros.

smSaviadigital.com OBSERVA

En este vídeo te mostraremos cómo lograr que flote una bola de aceite.

ACTIVIDADES

6. Habrás visto alguna vez en películas a alguien mordiendo una moneda para comprobar si es de oro o falsa. Si deja las huellas de los dientes en la moneda, es que es de oro puro; si no, se trata de alguna falsificación o de que el oro está mezclado con otros metales.

   ¿A qué propiedad característica del oro se debe de referir esta facilidad para dejar la huella de los dientes?

7. Además de la densidad, las sustancias tienen otras propiedades características. ¿Qué otras propiedades servirían para diferenciar monedas de oro de las de otros metales?

8. Una pieza de madera tiene una masa de 230 g, y su volumen es de 245 cm^3. ¿Cuál es su densidad?

3 Estados de la materia

Figura 2.2. En este paisaje hay agua en diferentes estados: sólido, líquido y gas, aunque este último no se puede ver. ¿Qué diferencia el hielo, el agua líquida y el vapor de agua?

En nuestro planeta estamos rodeados de materiales sólidos, líquidos o gaseosos que identificamos por sus distintas propiedades, pero ¿cuáles son estas propiedades?

Los sólidos

Los **sólidos** mantienen su forma a menos que se ejerza una fuerza sobre ellos que llegue a deformarlos. También mantienen su volumen, aunque este varía ligeramente al calentarlos o enfriarlos.

Compara

Compara los sólidos de la imagen. ¿Qué tienen en común? ¿En qué se diferencian?

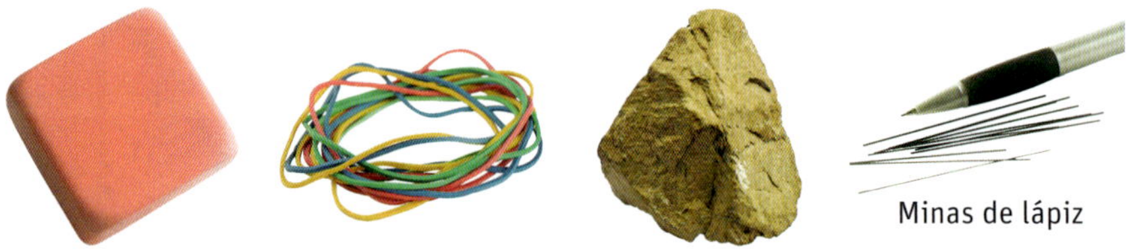

Minas de lápiz

1. ¿Son estos materiales elásticos? ¿Y rígidos?

2. ¿Cuáles de ellos son frágiles?

3. ¿Y cuáles son duros?

smSaviadigital.com PRACTICA

Pon a prueba distintos materiales y sus propiedades.

Como puedes ver, los materiales son muy diferentes entre sí y cada grupo posee unas características y **propiedades** que lo definen. Veamos algunas de ellas:

Elasticidad	Fragilidad	Dureza
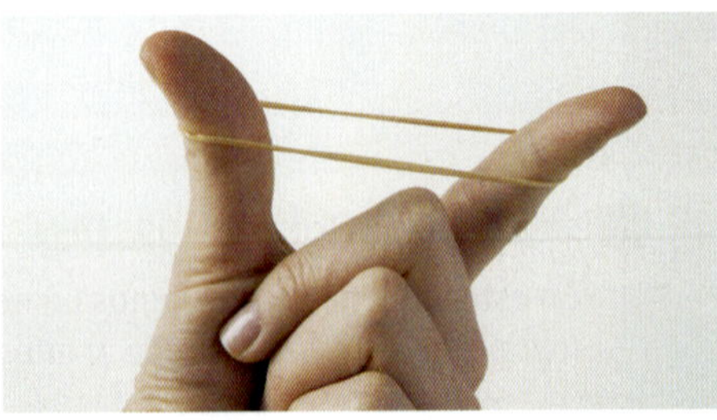		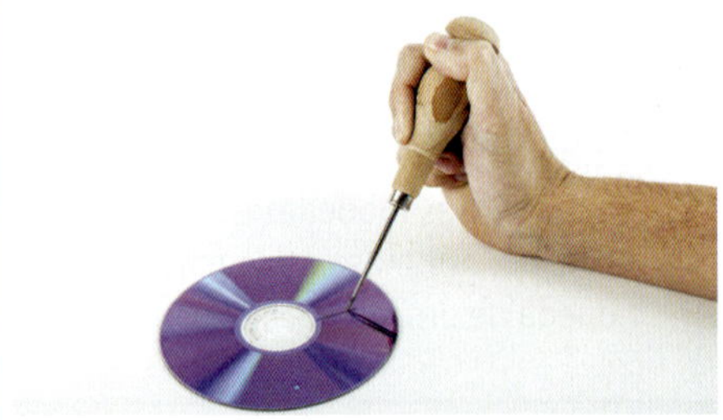
Un sólido es **elástico** si recupera con facilidad su forma inicial después de ser deformado. La **rigidez** es la propiedad opuesta a la elasticidad. Las gomas son materiales elásticos.	Un sólido es **frágil** si se puede romper con facilidad y es capaz de fracturarse con escasa deformación. Un cristal de sal o la mina del lápiz son frágiles.	Un sólido es **duro** cuando no se puede rayar fácilmente. El diamante es de gran dureza, ya que tiene la capacidad de rayar y cortar otros sólidos. La superficie del CD no lo es.

Los líquidos

Los **líquidos** no mantienen la forma, sino que se adaptan a la del recipiente. Mantienen su volumen incluso si intentamos variarlo mediante presión, aunque este puede experimentar ligeros cambios con la variación de la temperatura.

Ten en cuenta

Aunque todos los líquidos se pueden trasvasar de un recipiente a otro, no lo hacen todos con la misma facilidad. Si quisieras añadir un chorrito de miel a la ensalada, observarías que la miel todavía fluye peor que el aceite. La viscosidad está relacionada con la velocidad a la que fluye un líquido.

Analiza

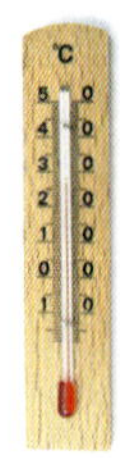

¿Cuál es el funcionamiento de los termómetros de alcohol? Los líquidos se dilatan con el aumento de temperatura, en general unas diez veces más que los sólidos. Esta dilatación provoca una disminución de la densidad.

Investiga

¿Los líquidos que mejor fluyen son siempre los menos densos? ¿Cómo podrías comparar las viscosidades de los tres aliños de ensalada?

Para comparar las viscosidades de los tres fluidos, puedes medir la velocidad a la que cae una canica dentro de cada recipiente.

Deja caer cada canica desde el borde y cronometra el tiempo que tarda en descender hasta el fondo. El cociente entre la distancia (0,25 m) y el tiempo (s) es la velocidad en m/s.

La tabla siguiente muestra los datos obtenidos:

	Densidad (g/cm^3)	Tiempo (s)	Velocidad (m/s)
Vinagre	1,01	0,62	0,25/0,62 = 0,40
Aceite	0,92	1,25	0,25/1,25 = 0,20
Miel	1,41	3,16	0,25/3,16 = 0,08

Vinagre Aceite Miel

¿Los líquidos que mejor fluyen son siempre los menos densos?

Los gases

Los **gases** no mantienen la forma, sino que se adaptan a la del recipiente que los contiene, y fluyen de unos a otros con facilidad. Tampoco conservan el volumen sino que se expanden o contraen y ocupan todo el espacio disponible.

Investiga

Investiga la fuerza que hay que aplicar sobre el émbolo de una jeringuilla cerrada para disminuir su volumen de aire.

A continuación empuja el émbolo de una jeringuilla. ¿Pasa el aire a la otra jeringuilla? Observa lo que ocurre.

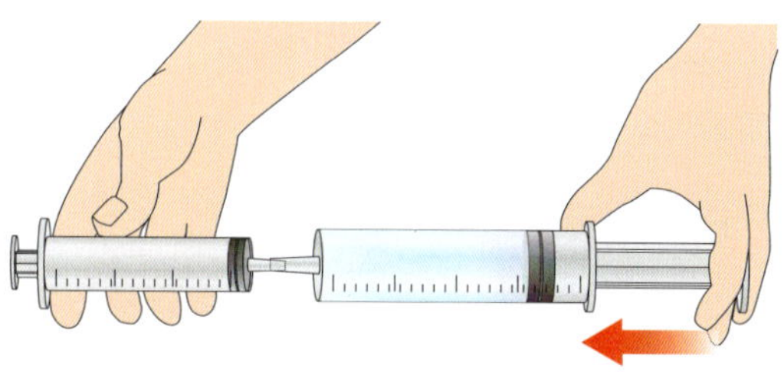

Los gases pueden comprimirse con relativa facilidad y varían su volumen con los cambios de temperatura o de presión.

Como los gases casi no tienen viscosidad, se dice que se comportan como un fluido ideal.

Resumiendo

	Sólido	Líquido	Gaseoso
Volumen	Constante. Su capacidad para comprimirse y expandirse es casi nula.	Constante. Se comprime y se expande muy poco.	Variable. Ocupa el volumen del recipiente que lo contenga. Se comprime y se expande con facilidad.
Forma	Constante. No se adapta a la forma del recipiente.	Variable. Fluye y se adapta a la forma del recipiente.	Variable. Fluye y ocupa todo el volumen del recipiente.

Ten en cuenta

Algunos gases que se emiten y contaminan el aire son coloreados, como el cloro que es de color verde amarillento. Las nubes no son vapor de agua porque este no se ve. Entonces, ¿de qué están formadas?

ACTIVIDADES

9. El ozono es un gas que se encuentra en la estratosfera y nos protege de la radiación UV más dañina, pero en la superficie terrestre es irritante de las vías respiratorias por inhalación. Algunas máquinas fotocopiadoras generan ozono que se emite al aire.

¿Crees que si estás en la misma habitación que la fotocopiadora, pero alejado de ella, estás respirando aire con ozono? ¿Por qué?

4 Teoría cinético-molecular

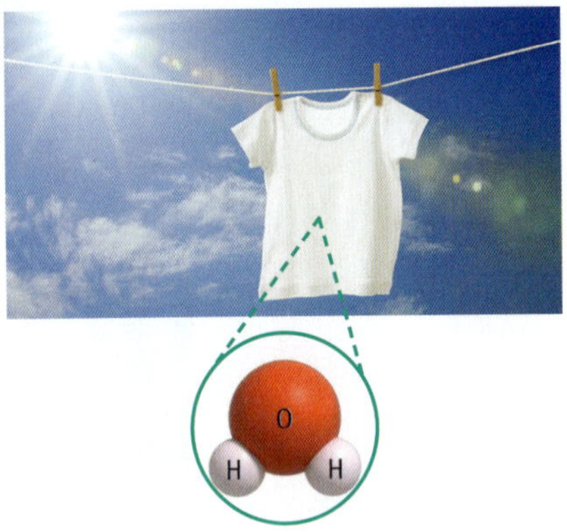

Figura 2.3. Molécula de agua (H_2O) formada por dos átomos de hidrógeno y uno de oxígeno

- Cuando tendemos la ropa recién lavada y mojada, observamos que, al cabo de un cierto tiempo, está seca. ¿Qué ha pasado con el agua que contenía la ropa?
- ¡Cómo huele!... ¿Cómo se puede explicar que los olores se difundan por toda la casa?
- ¿Por qué puedo comprimir el aire de una jeringa, pero no puedo llegar hasta el fondo?

Todos estos procesos tienen una explicación desde la **teoría cinético-molecular** de la materia.

¿De qué está hecha la materia?

Existe un modelo en el que se explica que la materia está compuesta de partículas muy pequeñas que no podemos ver. Estas partículas pueden ser átomos, o moléculas (formadas por más de un átomo) o iones (partículas con carga eléctrica).

Por ejemplo, el agua está formada por moléculas y estas, a su vez, por átomos (Fig. 2.3).

De un modelo de partículas a la teoría cinético-molecular

La materia se encuentra en tres estados: sólido, líquido y gas. Su comportamiento es diferente y nos puede dar pistas para imaginar cómo están las partículas en cada uno de los tres estados.

¿Qué diferencias crees que hay a nivel de partículas entre cada uno de ellos? ¿Estarán más juntas o separadas? ¿Se moverán o no?

En la web

Practica con el modelo cinético molecular.

www.e-sm.net/svfq2eso02_01

Investiga

Realiza las siguientes experiencias. Anota tus observaciones y describe cómo lo imaginas en el ámbito de las partículas.

¿Se podrán comprimir todas las jeringas? ¿Variará el volumen al aplicar una fuerza?

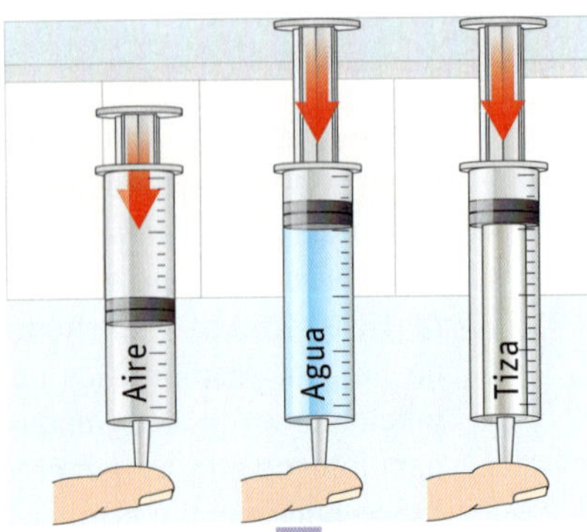

¿Qué observas?

No podemos comprimir los líquidos ni los sólidos. Podemos disminuir el volumen en el caso de los gases.

¿Cómo están las partículas?

En los gases, las partículas están mucho más separadas. Las de los líquidos y los sólidos están muy cercanas entre sí.

¿Se difundirán de igual forma los líquidos en el seno de otro líquido a una temperatura que a otra?

¿Qué observas?

En el vaso de la izquierda, al estar a mayor temperatura, la tinta se difunde más rápido.

¿Cómo están las partículas?

Las partículas están juntas pero se mueven. La rapidez con que lo hacen aumenta con la temperatura.

¿Por qué aumenta más el volumen del gas si me froto las manos previamente?

¿Qué observas?

Los gases se expanden fácilmente al aumentar la temperatura. En los sólidos, la temperatura sube al frotar.

¿Cómo están las partículas?

La rapidez con que se mueven las partículas aumenta con la temperatura. En los sólidos, estas se encuentran unidas pero, al frotar, vibran más.

Las ideas clave de la teoría cinético-molecular

Para justificar estas y otras experiencias, se desarrolló la teoría cinético-molecular, que se apoya en los siguientes enunciados:

- Todas las sustancias y materiales están formados por partículas. Las partículas pueden ser moléculas o átomos.
- Las partículas ejercen entre sí fuerzas de atracción (o de cohesión) que las mantienen unidas. Estas fuerzas son muy grandes en los sólidos, moderadas en los líquidos e inexistentes en los gases.
- Las partículas que componen la materia están en movimiento constante. Las de los sólidos no están inmóviles, sino que vibran.
- La velocidad y la vibración de las partículas aumentan con la temperatura.

¿Sabías que...?

Las partículas de los líquidos se mueven las unas respecto a las otras. Las partículas de los gases, en cambio, se mueven independientemente, de manera caótica y a gran velocidad.

Con estos principios, la teoría cinético-molecular permite explicar los tres estados de agregación de la materia:

	Sólido	Líquido	Gas
El modelo cinético-molecular explica...	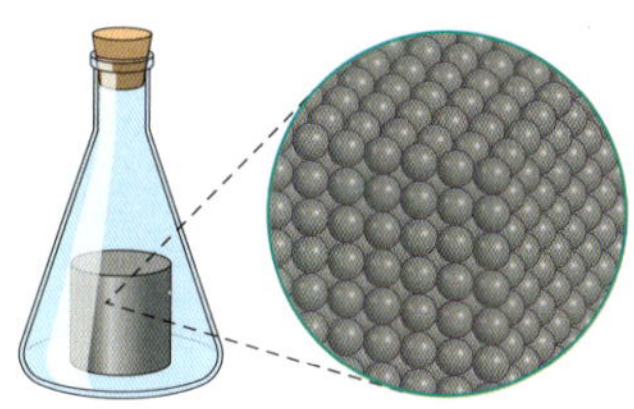 Partículas fijas, juntas y ordenadas. Tienen un movimiento de vibración y ocupan poco volumen.	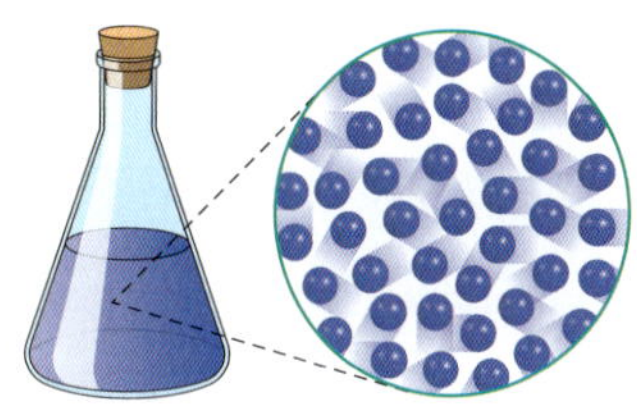 Partículas más separadas que en el estado sólido. Tienen más movilidad y se deslizan unas con respecto a otras.	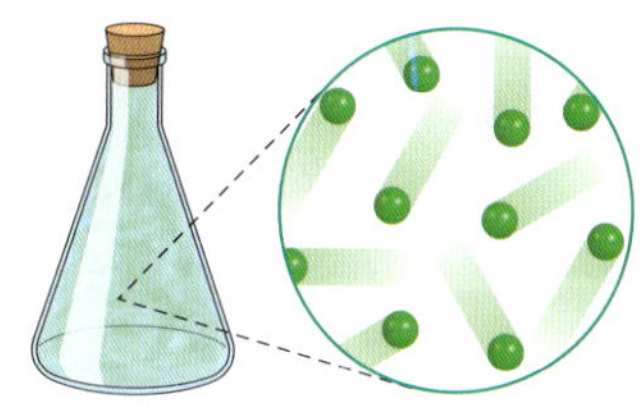 Partículas muy separadas. Se pueden mover libremente y a gran velocidad.
Fuerzas de cohesión	Intensas	Intermedias	Casi nulas
Forma	Constante	Variable	Variable
Volumen	Constante	Constante	Variable
Densidad	Alta (en general)	Media (en general)	Muy baja

ACTIVIDADES

10. Explica, de acuerdo con la teoría cinético-molecular y con el modelo de sólido, por qué estos mantienen constante su forma y volumen.

11. Los gases están formados por moléculas que se mueven a gran velocidad y de forma caótica e imprevisible. Si tenemos un gas encerrado en un frasco y lo destapamos, describe qué ocurre con las moléculas del gas. ¿Dirías que, pasado un cierto tiempo, se han marchado todas y el frasco queda vacío?

12. La imagen representa un gas encerrado en un matraz y conectado a un globo. Si calentamos el gas, el globo se hincha más. ¿Cuál de los dos dibujos puede ser el que encaje mejor con la teoría cinético-molecular? Justifica la respuesta.

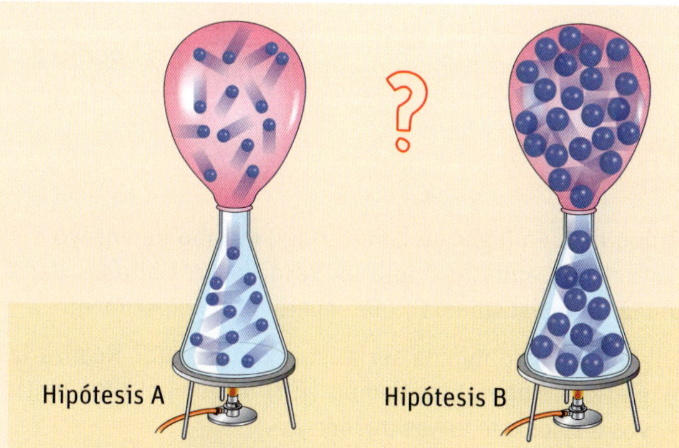

Las moléculas aumentan su velocidad, se separan y ocupan más espacio.

Las moléculas se dilatan y ocupan más espacio.

5 Cambios de estado

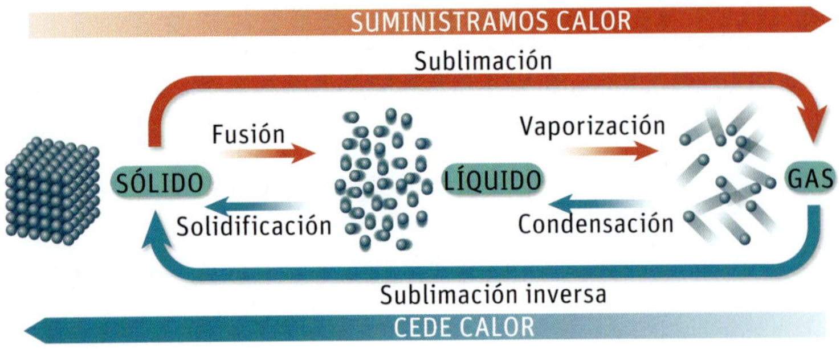

La materia puede cambiar de estado en función de las condiciones en las que se encuentre. Cada uno de los cambios de estado tiene un nombre específico.

En unos casos se absorbe calor (fusión y vaporización) y en otros se desprende (condensación y solidificación). ¿Qué le ocurre a la temperatura durante esos cambios de estado?

Determinación del punto de fusión

Experimenta

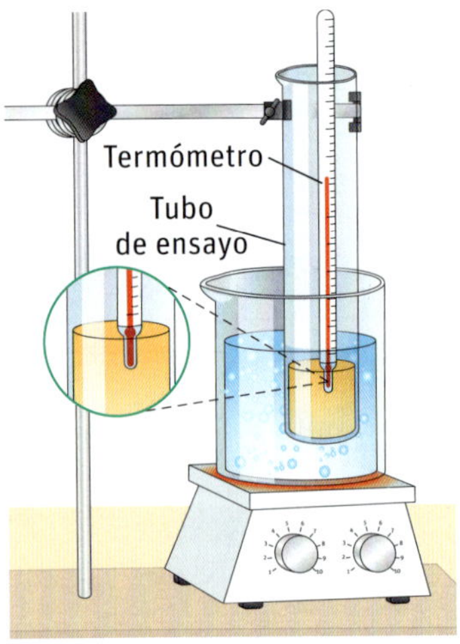

Vamos a calcular a qué temperatura funde una sustancia. Para ello hemos montado el siguiente experimento: una pequeña cantidad de la sustancia, dentro de un tubo de ensayo, se calienta en un baño de agua. Para calentar, usaremos un mechero o una placa calefactora.

Paso 1. Calentamos el agua hasta comprobar que la sustancia se ha fundido por completo. Apagamos el fuego o desconectamos la placa calefactora.

Paso 2. Medimos el tiempo durante el cual se va enfriando, es decir, mientras la sustancia libera energía. Se observa que a los 45 segundos empieza a solidificarse.

Paso 3. Medimos la temperatura cada 15 segundos.

Recogemos los datos en una tabla y dibujamos la gráfica temperatura-tiempo (*T*-*t*):

Tiempo (s)	0	15	30	45	60	75	90	105	120	135
Temperatura (°C)	79	75	71	70	70	70	68	65	60	56

1. ¿Cuál es la temperatura de fusión de esta sustancia?
2. ¿Has determinado la temperatura de fusión o de solidificación? Razona la respuesta.
3. Copia la gráfica en tu cuaderno y señala los tramos en que la sustancia es sólida, y los tramos en que es líquida.
4. ¿En qué estados se encuentra la sustancia en el tramo horizontal?

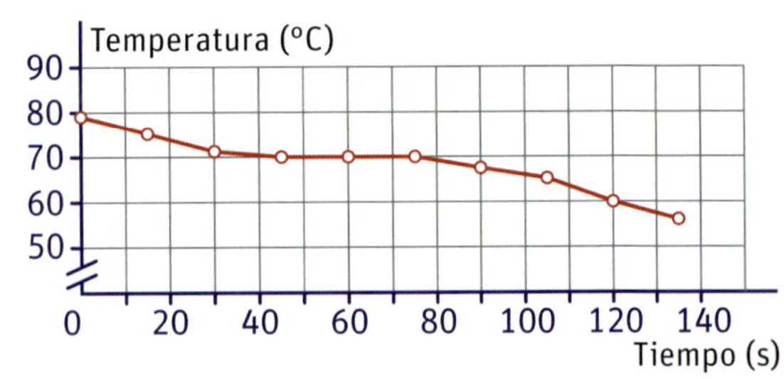

Solo las sustancias puras tienen temperaturas de fusión y de ebullición determinadas. En las mezclas, los cambios de estado no tienen una temperatura fija y definida.

- Durante la **fusión**, la temperatura se mantiene constante.
- El **punto de fusión** es una propiedad característica.

ACTIVIDADES

13. Supón que, en lugar de haber usado el tubo de ensayo del *Experimenta* anterior, fuera un vaso de precipitados lleno con la misma sustancia y que repetimos el experimento.

a) ¿La gráfica obtenida sería igual o diferente? Realiza la gráfica temperatura-tiempo (*T*–*t*). Argumenta los motivos por los que la has trazado así.

b) Dibuja la gráfica *T*–*t*, pero suponiendo que, en lugar de enfriar, vamos calentando desde 50 °C hasta 79 °C.

14. Cuando calentamos una sustancia, suministramos energía para que pase de sólida a líquida.

a) ¿Qué crees que ocurre con la energía cuando la sustancia en estado líquido solidifica?

b) ¿Qué les ocurre a las partículas?

15. El agua pura funde a 0 °C. Traza la gráfica del calentamiento de una masa de hielo desde –10 °C hasta 10 °C.

Determinación del punto de ebullición

Si calentamos un líquido durante el tiempo suficiente, podemos hacer que este cambie de estado líquido a estado gaseoso.

Experimenta

Prepara el siguiente montaje de la imagen para realizar este experimento. Observa que el bulbo del termómetro está justo rozando la superficie del agua para medir la temperatura del agua en estado líquido y en estado gaseoso simultáneamente.

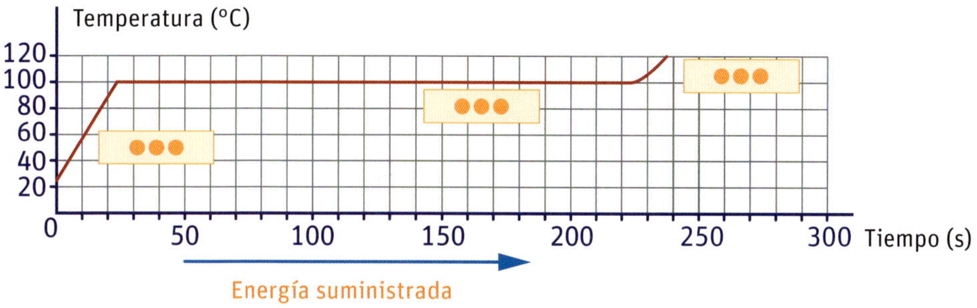

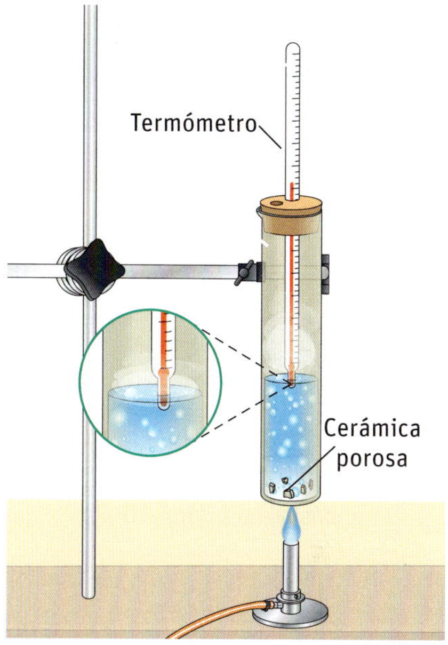

Tomamos nota de las temperaturas y trazamos la gráfica correspondiente.

1. ¿A qué temperatura hemos empezado a calentar? ¿Hasta qué temperatura hemos llegado?
2. Usa la teoría cinético-molecular para explicar los cambios de estado a medida que vamos suministrando energía al agua.
3. Copia la gráfica en tu cuaderno y rellena los huecos según el estado o estados de la materia que correspondan.

- Durante la **ebullición**, la temperatura se mantiene constante.
- El **punto de ebullición** es una propiedad característica.

Identificar sustancias

2. Observa los datos de los puntos de fusión y ebullición mostrados en la tabla. ¿A qué sustancia corresponde la gráfica?

	Pto. fusión (°C)	Pto. ebullición (°C)
Alcohol	–117	78
Benceno	5	80
Agua	0	100
Acetona	–95	56

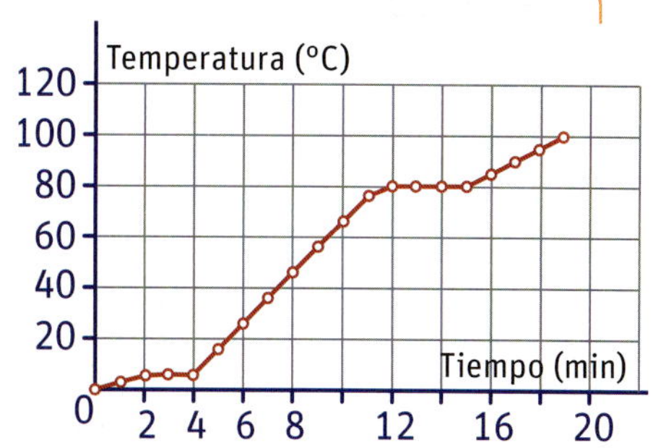

SOLUCIÓN

En la gráfica observamos que la temperatura se mantiene constante a 5 °C y a 80 °C, que son los puntos de fusión y ebullición de la sustancia. Por tanto, la sustancia es el benceno.

Resumiendo

Cuando la sustancia sea pura, tendremos:

A → B Calentamiento del sólido.

B → C Fusión (cambio de estado a temperatura constante).

C → D Calentamiento del líquido.

D → E Ebullición (cambio de estado a temperatura constante).

E → F Calentamiento del gas.

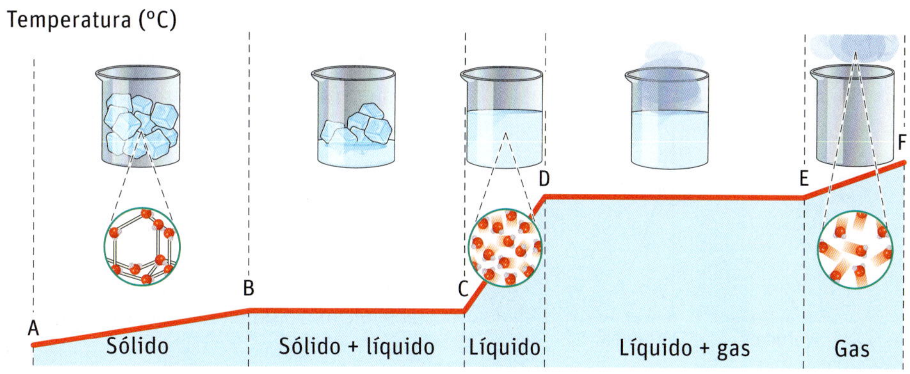

6 Leyes de los gases

Variación del volumen con la presión

Experimenta

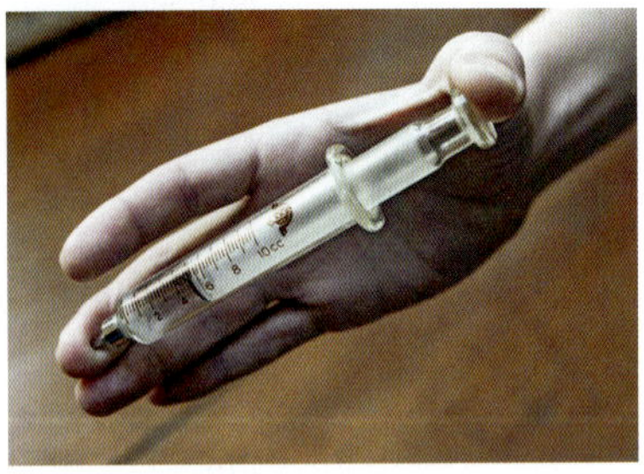

¿Cómo te imaginas las partículas en el interior de la jeringa cerrada? Si las partículas están en constante movimiento, deben chocar entre sí y también contra las paredes internas de la jeringa y del émbolo.

Ahora, si hacemos fuerza sobre el émbolo de la jeringa..., ¡el volumen disminuye! Y si hacemos más fuerza, disminuye aún más... Si cada vez nos cuesta más comprimir el aire, ¿qué podemos decir acerca de los choques de las partículas?

¿Podemos comprimir totalmente el émbolo de la jeringa? O lo que es lo mismo, ¿podemos reducir el volumen a cero? Como podrás comprobar, es imposible reducir el volumen a cero ya que, aunque las partículas sean increíblemente pequeñas, se mueven.

Ten en cuenta

La presión en el SI (sistema internacional) se mide en pascales, Pa.

Otras unidades son: atmósfera, bar.

1 atmósfera ≈ 1 bar = 10^5 Pa

Los choques de las partículas de un gas contra las paredes de un recipiente constituyen la **presión** que ejerce el gas.

Cuanta más fuerza hagamos, más presión conseguiremos y, como consecuencia, menos volumen ocupará el gas. La presión es una magnitud que relaciona la fuerza aplicada sobre una superficie determinada.

$$\text{Presión} = \frac{\text{Fuerza}}{\text{Superficie del émbolo}} \Rightarrow p = \frac{F}{S}$$

Razona

Observa la siguiente secuencia de datos de presión y volumen. Está claro que a mayor presión menor volumen.

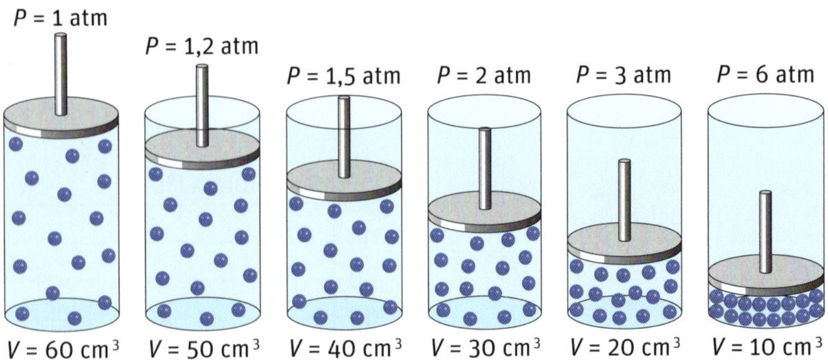

1. Multiplica la presión por el volumen. ¿Sale el mismo número en todos los casos?

2. ¿Cuál de las siguientes relaciones matemáticas expresa correctamente la relación presión-volumen?

A: Presión y volumen son magnitudes directamente proporcionales.

B: Presión y volumen son inversamente proporcionales.

3. Usa los datos para representar la gráfica de volumen frente a presión.

smSaviadigital.com PRACTICA

ACTIVIDADES

16. De las dos gráficas, ¿cuál corresponde a la relación presión volumen?

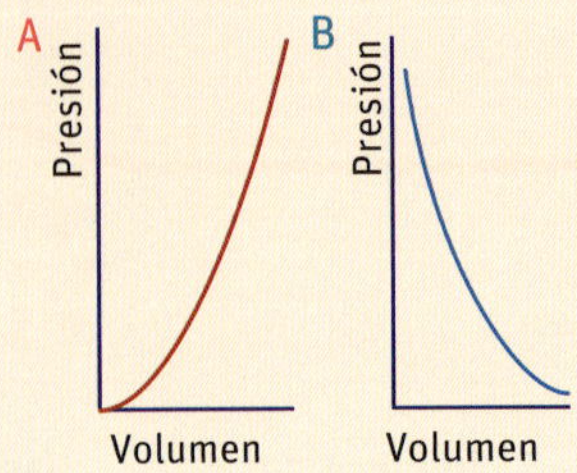

La ley de Boyle y Mariotte establece una relación entre presión y volumen.

Ley de Boyle y Mariotte

Ambos científicos encontraron que presión y volumen son magnitudes inversamente proporcionales.

La ecuación que relaciona estas magnitudes es:

$$p = \frac{\text{constante}}{V} \Rightarrow p \cdot V = \text{constante}$$

Es decir, si se ejerce el doble de presión, tendremos la mitad de volumen; y si se aumenta al triple, el volumen se reducirá a la tercera parte.

Variación del volumen con la temperatura

Experimenta

A medida que calentamos suavemente el agua del vaso, observamos que el volumen de aire de la jeringa aumenta. Si la enfriamos, el volumen disminuye.

¿Cómo puedes explicar este comportamiento? Recuerda que el aire es una mezcla de gases y que estos están formados por partículas cuya velocidad se incrementa con la temperatura.

En este experimento, ¿qué magnitudes modificamos? ¿Cuál no cambiamos?

Usa la teoría cinético-molecular para explicar qué debe ocurrir con las partículas del aire en la jeringa cuando la calentamos.

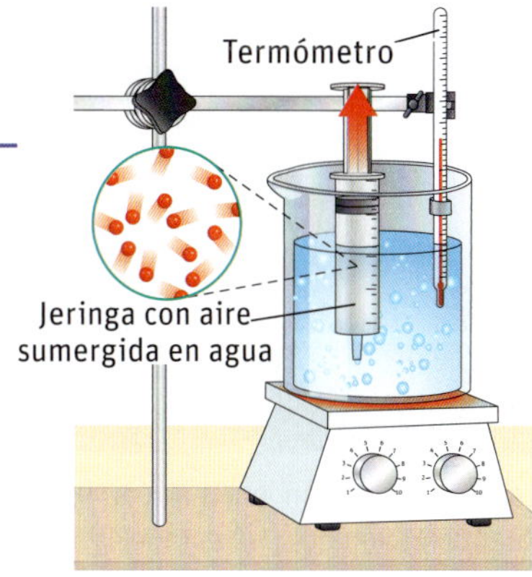

A mayor temperatura, mayor movimiento de las partículas; por lo cual, la distancia entre ellas será mayor y se generará un aumento de volumen (a presión constante).

Razona

1. Imaginemos que conseguimos tener valores de la temperatura y del volumen del gas dentro de la jeringa. ¿Cuál de las siguientes afirmaciones te parece correcta entre la relación temperatura-volumen?

a) A mayor temperatura, mayor volumen.

b) A mayor temperatura, menor volumen.

2. ¿Cuál de las siguientes relaciones matemáticas expresa correctamente la relación temperatura-volumen?

a) Temperatura y volumen son magnitudes directamente proporcionales.

b) Temperatura y volumen son magnitudes inversamente proporcionales.

3. Imagina que vamos enfriando el gas. ¿Hasta qué temperatura podríamos llegar? Para ayudarte, te proporcionamos los datos y la gráfica.

T (°C)	0	20	40	60	80	100	120	140	160
V (cm³)	18	19,3	20,6	22,0	23,3	24,6	25,9	27,2	28,5

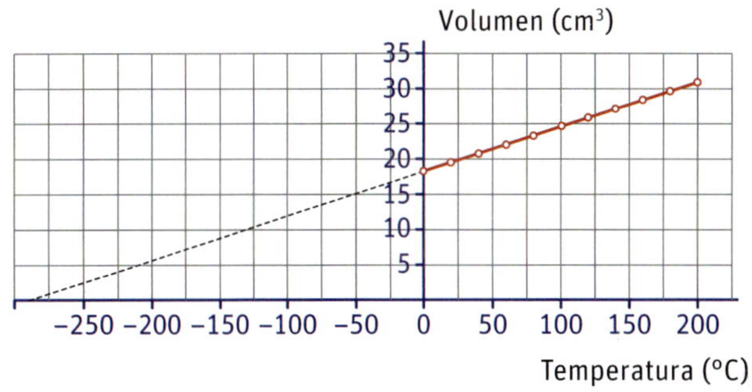

a) Alarga la recta hasta que toque al eje horizontal, que representa los valores de las temperaturas. ¿Cuál es el valor del volumen en este punto?

b) ¿Qué temperatura corresponde al hipotético valor de volumen cero? ¿Por qué ya no es posible bajar más de esta temperatura?

Ley de Charles

Este científico estudió las relaciones entre las magnitudes de temperatura y volumen. La expresion matemática que encontraron es la siguiente:

$$V = T \cdot \text{constante} \Rightarrow \frac{V}{T} = \text{constante}$$

Es decir, si tenemos el doble de temperatura, tendremos el doble de volumen.

Ten en cuenta

En las leyes de los gases hay que utilizar la escala absoluta de temperatura (T), que se mide en kelvin.

T (K) = T (°C) + 273

ACTIVIDADES

17. ¿Qué energía tienen las moléculas de un gas a la temperatura más baja posible?

18. Explica en unas frases por qué es imposible que la temperatura alcance un valor inferior a −273 °C.

Figura 2.4. La presión es menor en frío que cuando el vehículo ha estado en movimiento recientemente.

Variación de la presión con la temperatura

Los fabricantes de neumáticos aconsejan comprobar la presión del aire de las ruedas "en frío" (fig. 2.4), ya que el rozamiento al rodar eleva la temperatura del aire y el manómetro marca más presión.

Mayor temperatura implica un mayor movimiento de partículas y un mayor número de choques, por lo cual se produce un aumento de la **presión** (si el volumen es constante).

Ley de Gay-Lussac

Este científico estudió la relación entre la presión y la temperatura y llegó a la siguiente ecuación:

$$p = T \cdot \text{constante} \quad \Rightarrow \quad \frac{p}{T} = \text{constante}$$

Es decir, si se duplica la temperatura, se duplica la presión.

Cálculo utilizando las leyes de los gases

3. Una cantidad de gas ocupa 5 L a 3 atm de presión. ¿Qué volumen ocupará a una presión de 5 atm?

SOLUCIÓN

Aplicando la ley de Boyle y Mariotte:

$$(5\ \text{L})(3\ \text{atm}) = V \cdot (5\ \text{atm})$$

$$V = \frac{(5\ \text{L})(3\ \text{atm})}{(5\ \text{atm})} = 3\ \text{L}$$

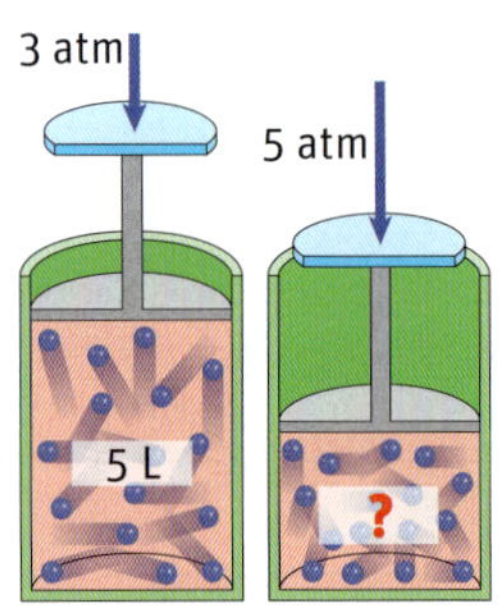

4. Un gas se encuentra a 5 atm y 273 K. ¿Qué presión tendrá si lo calentamos a volumen constante hasta 546 K?

SOLUCIÓN

Aplicando la ley de Gay-Lussac:

$$\frac{(5\ \text{atm})}{(273\ \text{K})} = \frac{p}{(546\ \text{K})}$$

$$p = \frac{(5\ \text{atm})(546\ \text{K})}{(273\ \text{K})} = 10\ \text{atm}$$

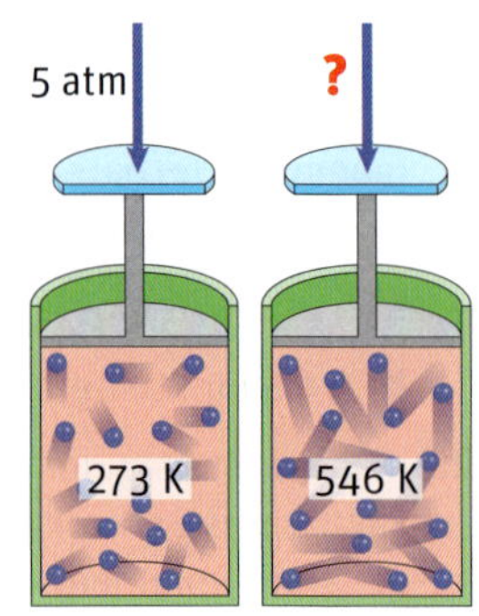

El químico ayuda al cocinero

Cocinar con una olla a presión es mucho más rápido que cocinar en una olla normal.

Por otra parte, en la alta montaña, si se pretende cocinar, hirviendo agua, los alimentos tardan mucho más tiempo en cocinarse.

En una olla a presión se produce un aumento de la presión dentro de la olla, lo cual permite alcanzar temperaturas más elevadas para cocinar. Sin embargo, en la montaña nos ocurre lo contrario: al haber menos presión, la temperatura máxima que puede alcanzar el agua también será menor.

a) ¿De qué está formado el vapor que se acumula en el interior de la olla a presión?

b) ¿Por qué crees que sale vapor a gran velocidad de la válvula de la olla a presión?

c) Visita la siguiente web: www.e-sm.net/svfq2eso02_02. ¿Qué significa la presión atmosférica? ¿Cómo varía con la altura?

CUESTIONARIO

1. ¿Por qué tienen válvulas de seguridad las ollas a presión? Razona tu respuesta.

2. Justifica, dibujando con el modelo de partículas, la razón por la que el agua hierve a menos de 100 ºC en la montaña.

Procedimientos de la ciencia

Aprende a ser investigador

Si destapamos un frasco con amoniaco, el olor se propaga por toda la sala. ¿Cómo podemos demostrar el proceso de difusión del amoniaco? ¿A qué velocidad se propaga el amoniaco? ¿Corresponde su velocidad de propagación con la velocidad a la que se mueven sus moléculas?

Para resolver todas estas cuestiones, plantearemos una investigación. Conviene saber antes que hay sustancias ácidas, como el vinagre, y sustancias básicas, como los jabones, que colorean de forma diferente el papel indicador. Las sustancias básicas provocan que el papel indicador cambie su color a azul o violeta. Las sustancias ácidas lo convierten a rojo o anaranjado.

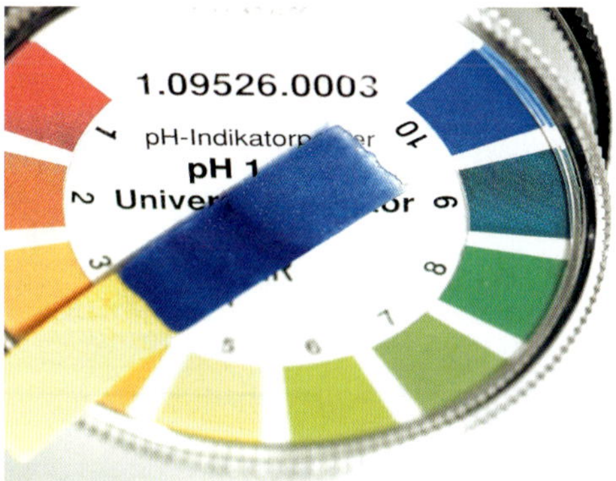

1 PLANTEAMOS LA INVESTIGACIÓN

- El gas amoniaco que usamos disuelto en agua es incoloro, por lo que, para detectarlo, usaremos un papel indicador.
- El gas debe estar contenido y encerrado en algún tipo de recipiente porque su olor es muy irritante.

2 PROCEDIMIENTO

- Nos interesa, además de observar la difusión, calcular la velocidad a la que esta se produce. Primero marcaremos la tira de papel indicador en centímetros. Por el orificio del tapón se insertan dos o tres bastoncillos de algodón.

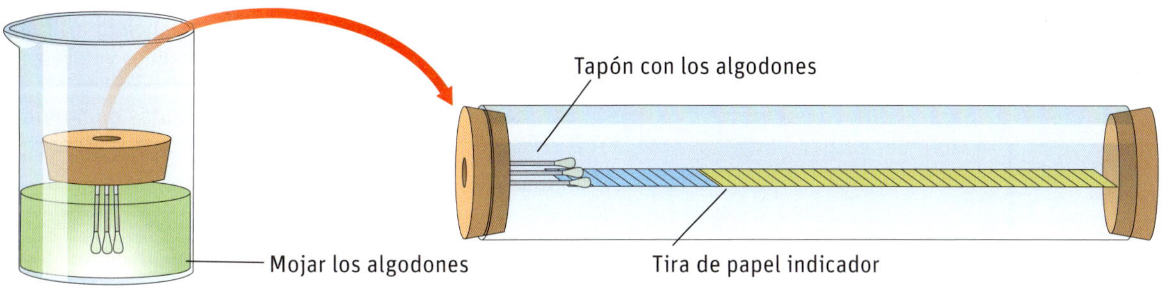

- Impregnamos los bastoncillos con la disolución de gas amoniaco en agua e inmediatamente tapamos el tubo.
- Observamos cómo el papel va cambiando a color azul a medida que el gas amoniaco se difunde o propaga por el interior del tubo. Tomamos nota cada 10 segundos de la distancia que ha avanzado el gas.

3 APLICAR EL MODELO

Trazamos una gráfica con los valores de tiempo que tarda en comenzar a aparecer el color azulado en el papel en función de la distancia. Marcamos una línea que una los puntos de la gráfica.

Los cocientes entre la distancia recorrida y el tiempo empleado te informan de la velocidad de difusión.

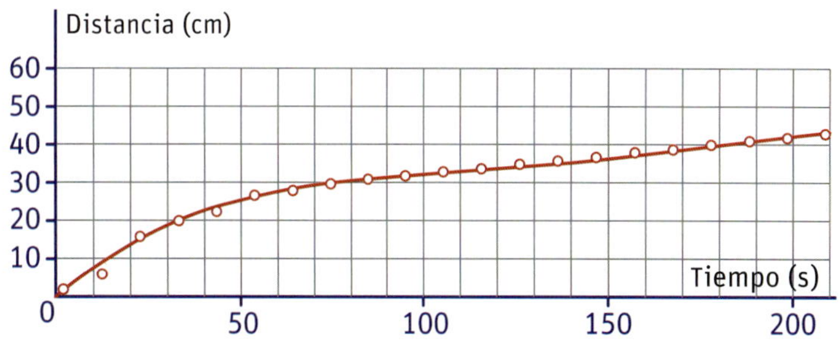

ACTIVIDADES

19. ¿Cuánto tiempo ha transcurrido entre que empieza a difundirse el gas y recorre todo el tubo? ¿A qué velocidad se propaga?

20. La teoría cinético-molecular permite, mediante cálculos avanzados, saber que la velocidad promedio de las moléculas del gas amoniaco ¡supera los 600 km/h! ¿Cómo explicas que hayas encontrado una velocidad de difusión tan pequeña?

21. Describe, mediante la teoría cinético-molecular, el proceso de difusión de un gas; por ejemplo, el que tiene lugar cuando se destapa un frasco de perfume y al poco tiempo se nota el olor a cierta distancia.

Lo esencial en imágenes

Densidad | Conductividad | Temperaturas de fusión y de ebullición

Se caracteriza por propiedades

MASA ← tiene ← **LA MATERIA**

Se presenta en tres estados

SÓLIDO

Volumen constante, forma fija, no se pueden comprimir y no fluyen.

LÍQUIDO

Volumen constante, no tienen forma fija, son muy poco compresibles y fluyen.

Formados por partículas en movimiento

En los sólidos oscilan alrededor de posiciones fijas.

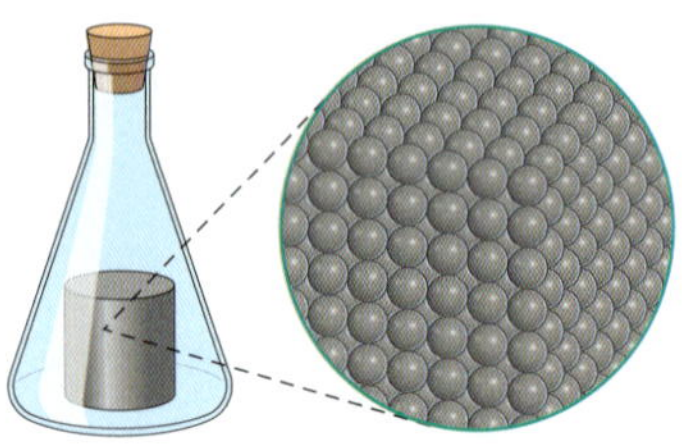

En los líquidos tienen un cierto grado de movimiento.

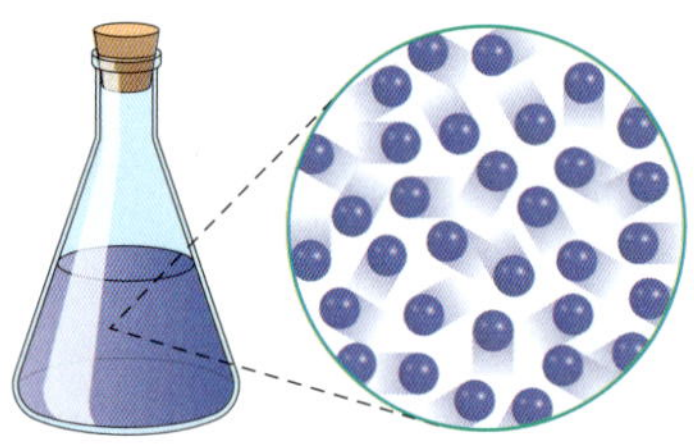

Cuando se calientan....

Se funden. | Hierven.

Cuando se enfrían....

Hay un límite hasta –273 °C. | Solidifican.

smSaviadigital.com VALORA LO APRENDIDO > Resumen

Solubilidad Dureza

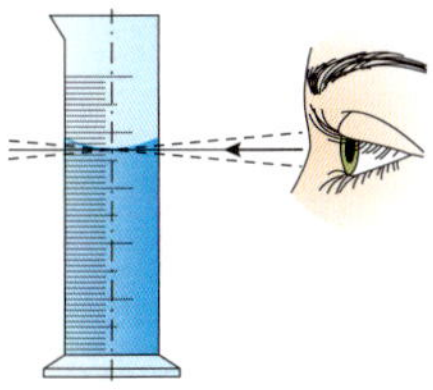

tiene → VOLUMEN

GASEOSO

Tienen volumen variable, no tienen forma fija, se pueden comprimir y fluyen.

En los gases se mueven con gran velocidad y caóticamente.

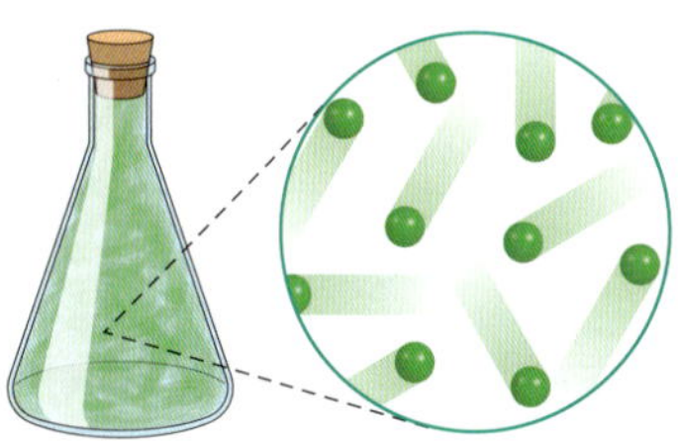

La presión aumenta si el volumen no cambia.

Condensan o licúan.

Lo esencial en problemas

1. Para calcular la densidad de un aceite de oliva, medimos su volumen con una probeta (15 mL). La probeta vacía tiene una masa de 45,1 g, y con el aceite, de 58,6 g. ¿Cuál es la densidad del aceite? Expresa el resultado en g/cm^3.

SOLUCIÓN

La densidad se calcula por la fórmula: $d = \frac{m}{V}$

La masa de aceite es de:

m = (masa probeta con aceite) – (masa probeta vacía) = = (58,6 – 45,1) g = 13,5 g

El volumen es de V = 15 mL.

$$d = \frac{m}{V} = \frac{(13{,}5\ \text{g})}{(15\ \text{mL})} = 0{,}9\ \text{g/mL} = 0{,}9\ \text{g/cm}^3$$

2. En una jeringa tenemos 35 cm^3 de gas butano a 290 K. Si enfriamos hasta 273 K...

a) ¿El gas ocupará más o menos volumen?

b) ¿Qué volumen ocupará?

SOLUCIÓN

a) El gas ocupará menos volumen, ya que el volumen es directamente proporcional a la temperatura; y si esta disminuye, también lo hará el volumen (Ley de Charles).

b) Aplicamos la fórmula: $\frac{V}{T} = \text{constante}$

$$\frac{V_1}{T_1} = \frac{35}{290} = 0{,}12$$

Por tanto el mismo valor será para el cociente:

$$\frac{V_2}{273} = 0{,}12 \rightarrow V_2 = 273 \cdot 0{,}12 = 32{,}8\ \text{cm}^3$$

3. Para impulsar un cohete fuera de la atmósfera de la Tierra, sus motores queman gas hidrógeno. El depósito del cohete tiene un volumen de 15 m^3 y se llena con gas hidrógeno, que a presión atmosférica ocupa 700 m^3.

a) ¿Cuál es la capacidad del depósito en litros?

b) Para pasar de los 700 m^3 a los 15 m^3, hay que comprimir el gas. Si no hay cambios en la temperatura, ¿a qué presión está el gas en el depósito del cohete?

SOLUCIÓN

a) $(15\ \text{m}^3) \cdot \frac{(1000\ \text{L})}{(1\ \text{m}^3)} = 15\,000\ \text{L}$

b) Si no cambia la temperatura, el producto $p \cdot V$ es constante:

$$p_1 \cdot V_1 = p_2 \cdot V_2 \qquad (1\ \text{atm}) \cdot (700\ \text{m}^3) = p_2\,(15\ \text{m}^3)$$

$$p_2 = \frac{(700\ \text{atm}\,\text{m}^3)}{(15\ \text{m}^3)} = 46{,}7\ \text{atm}$$

Actividades

La materia tiene masa y volumen

22. Escribe en el orden correcto las siguientes operaciones que hay que hacer para medir el volumen de un líquido en una probeta:

- Leer el volumen contenido en la probeta.
- Colocar la probeta sobre una superficie plana.
- Llenar la probeta con el líquido.
- Situar la mirada a la altura del líquido.

23. Adela vierte un volumen de 50 mL de un líquido en una probeta. La coloca en una balanza y lee que marca 98,5 g. Luego vacía la probeta y la pesa de nuevo; la balanza marca ahora 57,4 g. Averigua si el líquido puede ser agua, y razona tu respuesta.

24. Completa la frase siguiente en tu cuaderno:

Los sólidos tienen forma ●●●; en cambio, los ●●● toman la forma del recipiente que los contiene. Los gases ocupan todo el espacio disponible, y su volumen puede ●●● haciendo presión.

25. Tres estudiantes comparan sus sacapuntas días antes del examen. Cada uno de ellos tiene un sacapuntas diferente; saben que uno es del metal aluminio, el otro de magnesio y el tercero de cinc. Están seguros de que en el examen saldrá una pregunta sobre densidades de los materiales. Por eso deciden investigar de qué metal es el sacapuntas de cada uno. Para ello, miden su masa y volumen. Los datos los ponen en una tabla:

Propietario del sacapuntas	Volumen que ocupa	Masa
Rosa	5,3 cm^3	14,3 g
Anabel	3,1 cm^3	5,5 g
Zacarías	6,2 cm^3	44,3 g

A continuación busca información sobre las densidades de los metales y anota los siguientes resultados:

magnesio: d = 1,74 g/cm^3; cinc: d = 7,14 g/ cm^3

aluminio: d = 2,70 g/cm^3

a) Encuentra las densidades de cada uno de los sacapuntas y descubre quién tiene el de magnesio; quién, el de cinc; y quién, el de aluminio.

b) ¿Cómo harías para hallar el volumen de un sacapuntas?

26. Completa la tabla siguiente en tu cuaderno, rellenando las casillas con "SÍ" o "NO"

Estado	Sólido compacto	Sólido pulverizado	Líquido	Gas
Tiene forma propia	●●●	●●●	●●●	●●●
Ocupa todo el volumen del recipiente	●●●	●●●	●●●	●●●
Compresible	●●●	●●●	●●●	●●●
Expandible	●●●	●●●	●●●	●●●

27. Un experimento en el laboratorio tenía como objetivo encontrar la densidad de diferentes materiales

Recuerda cómo se calcula la densidad, y completa en tu cuaderno los datos que falten en el cuadro siguiente:

Sustancia	Masa	Volumen	Densidad
Hierro	150 g	20,8 cm^3	●●●
Agua con azúcar	200 g	●●●	1,25 g/cm^3
Gas hidrógeno	●●●	1500 cm^3	0,071 g/dm^3

28. ¿Por qué hay bebidas que se llaman *light*? ¿Será porque son "ligeras"? Así se podría pensar cuando se observa que las latas con bebida *light* flotan en agua y las normales se hunden:

a) Investiga qué diferencia hay entre unas bebidas y otras.

b) ¿Crees que las latas de la fotografía tienen una densidad superior a la del agua (1,0 g/cm^3)? Razona la respuesta.

c) ¿Qué característica del agua debería cambiar para que ambas latas flotaran?

Cambio de estado

29. Una técnica de supervivencia en la selva explica cómo purificar agua contaminada. El invento, una vez colocado al sol, al cabo de unos minutos empieza a generar agua limpia:

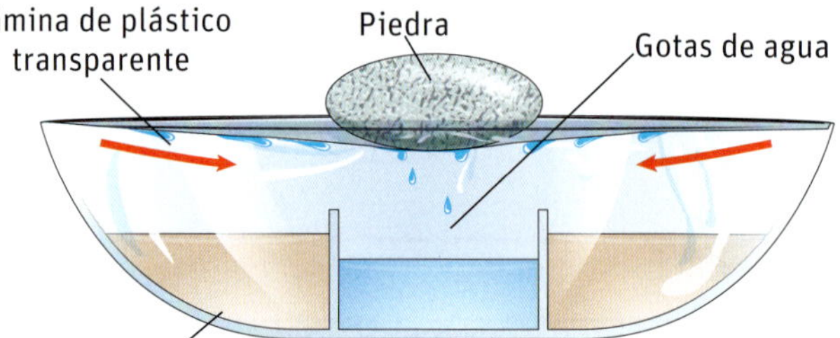

¿Qué cambios de estado observas en este invento?

30. smSaviadigital.com OBSERVA Analiza el vídeo del experimento y compáralo con el del ejercicio 29.

¿Qué analogía y diferencias encuentras?

31. Razona si las frases siguientes son verdaderas o falsas:

a) En los cambios de estado, la temperatura no cambia.

b) Solo pueden sublimar los líquidos.

c) El agua se evapora a 100 °C.

32. Antonio ha hecho un experimento sobre la fusión de una sustancia, el ciclohexano, y ha obtenido la siguiente tabla:

Tiempo (min)	0	1	2	3	4	5	6
Temperatura (°C)	–10	–5	1	4	5	6	6

Tiempo (min)	7	8	9	10	11	12	13
Temperatura (°C)	6	6	7	7	12	17	24

a) Dibuja el gráfico que representa la variación de la temperatura en función del tiempo.

b) Indica en la gráfica los estados del ciclohexano.

c) ¿Cuánto tiempo ha tardado el ciclohexano en fundirse?

d) Antonio opina que la gráfica sería idéntica aunque la masa de ciclohexano fuera mayor. Silvia piensa que cambiaría en, al menos, un aspecto. ¿Quién crees que tiene razón? Explica tu respuesta.

33. Ana coloca, en el plato de una balanza, una probeta graduada con 100 mL de agua líquida. La balanza (tarada) con la probeta con agua marca 100,0 g.

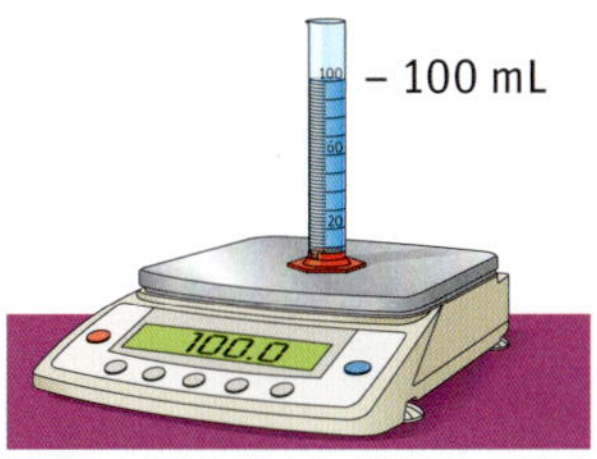

A continuación lleva la probeta al congelador y unas horas más tarde, toma la probeta con el agua congelada y la pesa de nuevo. ¿Qué crees que habrá cambiado?

a) Nada habrá cambiado, masa y volumen se habrán mantenido sin variar.

b) La masa habrá aumentado, así como el volumen, ya que el agua se dilata al congelarse.

c) El volumen será mayor, pero la masa será de 100,0 g.

d) El volumen habrá disminuido ya que el agua sólida es algo más densa que el agua líquida.

34. La compañía REPSOL dispone de varios buques "metaneros" que transportan 153 000 m^3 de metano en estado líquido. Para su transporte, el metano se licúa a –163 °C. Una vez ha llegado a destino, se vaporiza a temperatura ambiente y, mediante tuberías, se distribuye a los hogares.

a) ¿Cuál es el estado del metano a temperatura ambiente?

b) El gas ocupa un gran volumen, por eso se transporta en estado líquido. ¿Qué cambios de estado experimenta el metano desde que se extrae hasta que llega a los hogares?

c) ¿A qué temperatura hierve el metano?

35. ¡Hoy preparamos un plato de pasta! Ponemos agua en una olla grande y esperamos a que hierva antes de echar la pasta.

a) ¿A qué cambio de estado corresponde la ebullición?

b) ¿Qué gas crees que contienen las burbujas que suben a la superficie y estallan?

c) ¿De dónde proceden las gotas de agua que vemos resbalar por la cubierta de la olla? ¿Qué cambio de estado han realizado?

Los gases

36. Los tres dibujos siguientes representan el caso de un gas encerrado en un matraz y conectado a una jeringa. Si calentamos el gas, el émbolo de la jeringa sube. ¿Cuál de las dos explicaciones puede ser la que encaje mejor con la teoría cinético-molecular para explicar por qué se dilata el gas y el émbolo sube? Razona tu respuesta.

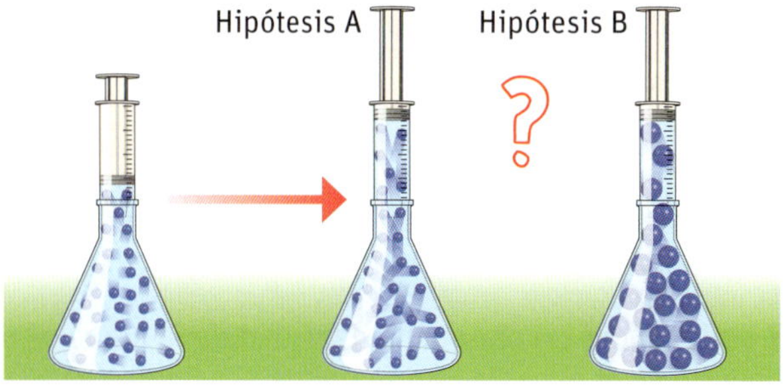

37. Nos hemos fabricado un sencillo dispositivo, con una botella y una pajita de refrescos:

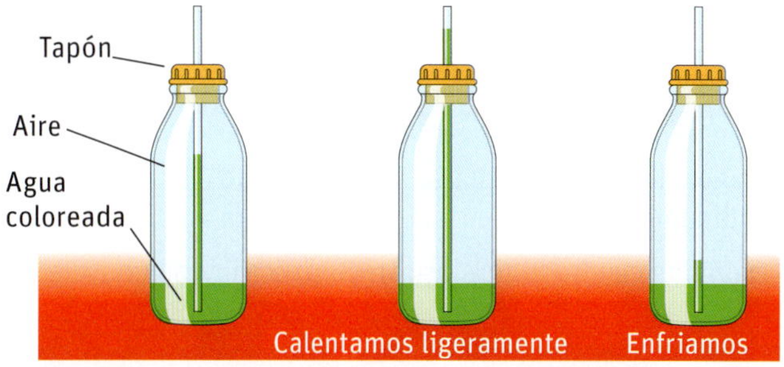

Cuando agarramos la botella con las manos, el nivel del líquido sube. Si la rodeamos con unos cubitos de hielo, el nivel baja.

a) Explica mediante la teoría cinético-molecular qué ocurre con el aire del interior de la botella al calentar y al enfriar la botella.

b) ¿Por qué sube o baja el líquido de la pajita de refrescos?

c) ¿Qué le faltaría a este dispositivo para usarlo como si fuera un termómetro?

Ponte a prueba

¿Sabía Indiana Jones que es la densidad?

En las primeras escenas de la película *En busca del arca perdida*, Indiana Jones quiere apropiarse de una estatua de oro puro. Para evitar que, al quitarla del pedestal, se pongan en marcha peligrosos mecanismos para el que la roba, Indiana evalúa sustituirla por un saco de arena del mismo volumen, de manera que, según sus cálculos, como el volumen será el mismo, no se desencadenarán las mortales trampas.

Sin embargo, inmediatamente después del cambiazo, le llueven toda serie de piedras y flechas y se desencadenan siniestros dispositivos para eliminarlo.

¿Qué ha fallado en los cálculos de Indiana Jones?

1. Según las imágenes, el tamaño de la estatua puede semejarse al de un cilindro de dimensiones 8 cm de radio y 25 cm de altura. ¿Cuánto vale su volumen?
2. Si la estatua fuera toda ella maciza... (Dato: el oro tiene una densidad de 19,3 g/cm^3).
   a) ¿Cuál sería su masa?
   b) ¿Cuál debería ser la masa del saco de arena que la sustituya?
3. Aun suponiendo que la estatua no fuera maciza, sino que solo la cuarta parte del volumen fuese oro, ¿cuál debería ser la masa del saco de arena?
4. Y teniendo en cuenta que la densidad de la arena es de 1,9 g/cm^3, ¿qué volumen de arena debería tener el saco para que, al ponerlo en el pedestal, no se notara el cambiazo?
5. Si ahora comparas tus cálculos con el volumen y tamaño del saco de arena que usa Indiana Jones, ¿dirías que Indiana tenía claro lo que significa la densidad?

Composición del planeta Kepler

El planeta Kepler1950 está en órbita en torno a una estrella parecida a nuestro Sol. Tiene océanos y atmósfera, pero su composición es muy distinta a la de la Tierra. La temperatura media en invierno en Kepler1950 es de –50 °C, y en verano, de 5 °C.

El siguiente cuadro indica las características de algunas de las sustancias presentes en el planeta:

Sustancia	Temperatura de fusión (°C)	Temperatura de ebullición (°C)
Agua	0	100
Dióxido de carbono	Sublima a –78 °C	
Dióxido de azufre	–75	–10
Nitrógeno	–209	–195
Amoniaco	–78	–33

1. ¿Qué sustancias forman los océanos de este planeta en invierno y en verano?
2. ¿Cuál es la composición de su atmósfera en invierno y en verano?

Gráfica de temperatura

Carlos y Raquel realizan un experimento en el laboratorio sobre un líquido contenido en un recipiente. El profesor les dice que, mientras dure el experimento, anoten la temperatura del líquido cada minuto que transcurre.

Después recogen los datos y los representan mediante una gráfica que represente los valores obtenidos de temperatura en función del tiempo.

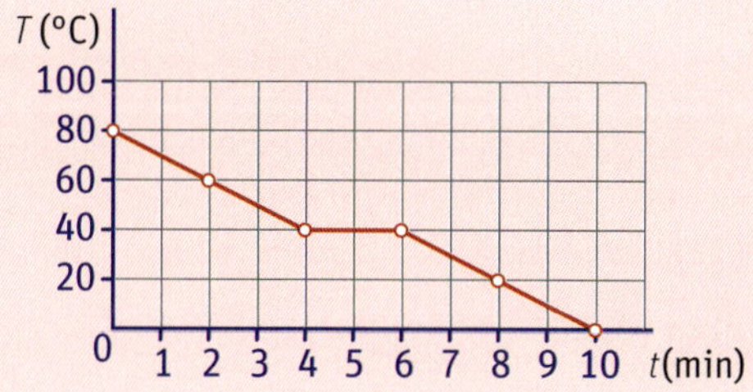

Observa los datos obtenidos y completa las casillas que faltan.

1. ¿El líquido se está calentando o enfriando? Razona la respuesta.
2. ¿Se puede deducir que ha ocurrido un cambio de estado? Si es así, ¿cuál ha sido? ¿A qué temperatura ha sucedido?
3. Identifica los distintos tramos que ves en la gráfica, y explica qué ocurre usando la teoría cinético-molecular.

AUTOEVALUACIÓN

1. Las unidades, en el sistema internacional, de presión, masa, volumen y temperatura son:
   a) Pascal, kilogramo, litro y kelvin.
   b) Pascal, kilogramo, m^3 y grados.
   c) Pascal, kilogramo, m^3 y kelvin.
   d) Atmósfera, gramo, m^3 y kelvin.

2. Una caja en forma de cubo mide 100 cm de lado. Un estudiante calcula su volumen, el resultado que obtiene es de:

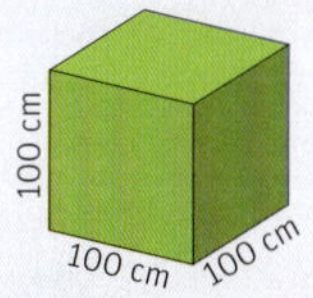

   a) 100 000 litros. c) 100 litros.
   b) 1 m^3. d) 100 000 cm^3.

3. Para calcular la densidad de la arena, una estudiante propone pesar una cierta masa de arena y luego poner 100 cm^3 de agua en una probeta que mide como máximo un volumen de 100 cm^3, echar la arena y leer en cuánto ha aumentado el volumen de agua. Este método es:
   a) Incorrecto, debería usar una probeta de mayor capacidad.
   b) Incorrecto, la arena en agua quedaría disuelta y no habría manera de saber cuánta hay.
   c) Correcto, bastaría con dividir la masa que ha medido entre el aumento de volumen en la probeta.
   d) Correcto, bastaría con dividir el aumento de volumen en la probeta entre la masa que ha medido.

4. El agua sólida es menos densa que el agua líquida. Teniendo en cuenta este hecho, escoge la frase correcta:
   a) 40 mL de agua líquida se convierten en 40 mL de hielo.
   b) 20 g de hielo, al fundirse, se convierten en 20 g de agua.
   c) 50 g de agua, al congelarse, se convierten en 45 g de hielo.
   d) 1 litro de agua líquida, al congelarse, ocupa 900 mL.

5. En la cocina tenemos un vaso para medir masas. La división para los 100 g de los diversos alimentos y líquidos no coincide porque...

   a) Algunos son sólidos y otros líquidos.
   b) 100 g de un sólido siempre ocupan más volumen que 100 g de un líquido.
   c) 100 g de un líquido siempre ocupan más volumen que 100 g de un sólido.
   d) Los líquidos y los alimentos que medimos tienen distintas densidades.

6. Arturo ha colocado un poco de hielo triturado, que ha sacado del congelador. Lo ha calentado y ha tomado nota de las temperaturas durante varios minutos. Luego ha trazado la gráfica de temperaturas en función del tiempo. La frase que se ajusta a los resultados obtenidos es:

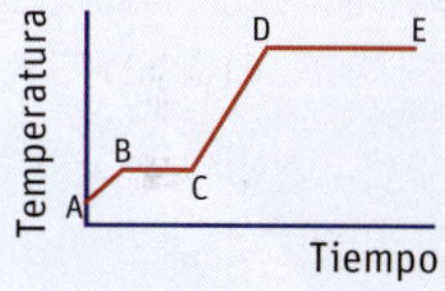

   a) Los tramos BC y DE corresponden a cambios de estado.
   b) Solo en los tramos BC y CD el agua gana calor.
   c) El agua tarda el mismo tiempo en fundir que en hervir.
   d) Entre B y D solamente hay agua líquida.

7. ¿Qué ocurre con las partículas cuando se calienta una sustancia?
   a) Aumenta la velocidad de las partículas tanto si es sólida como líquida o gas.
   b) Aumenta la velocidad de las partículas solo en los gases.
   c) Si es un sólido, las partículas se funden y luego se evaporan.
   d) La sustancia cambia de estado.

smSaviadigital.com VALORA LO APRENDIDO > Autoevaluación con sus soluciones

3 Composición de la materia

Abre tu mirada

Un buen desayuno completo y equilibrado es fundamental para empezar el día.
Fíjate bien en cada uno de los alimentos que ingieres: hay mezclas de varias sustancias, como el zumo, el chocolate o el café con leche; y hay alimentos que son sustancias puras, como el azúcar. También podrás encontrar, en los utensilios que utilizas, diferentes materiales, como metales, porcelana, etc.
Además, un examen microscópico pone de manifiesto la estructura de algunas de estas mezclas y materiales.

- **¿Cómo clasificamos las sustancias?**
- **¿Qué significa en química que una sustancia sea pura?**
- **¿Qué es un sustancia química?**

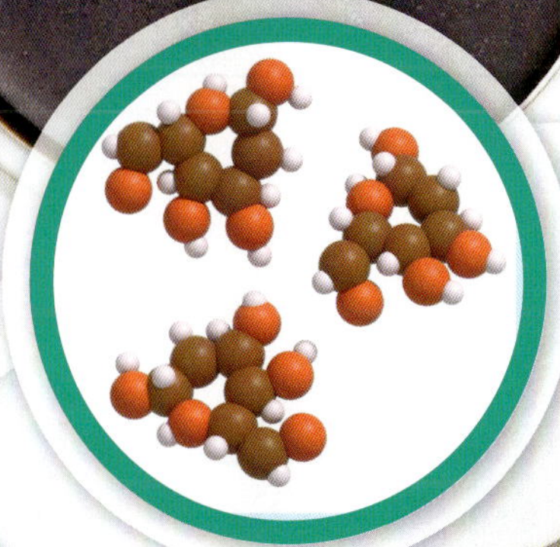

Observa y determina

Observa la composición submicroscópica (a una escala de aumento muchísimo mayor que la de un microcopio) de tres ingredientes que aparecen en el desayuno. Toda la materia que puedes ver y tocar está compuesta por entidades elementales, llamados átomos, unidas entre sí. ¿Cuál de las tres representaciones de composición submicroscópica corresponde al zumo de naranja? ¿Cuál corresponde al azúcar? ¿Y cuál al tenedor metálico?

Piensa y reflexiona

Una sustancia pura es aquella que está formada por un único componente. A pesar de que en la etiqueta de la leche ponga “pura”, la leche es una mezcla de muchas sustancias. ¿Cómo demostrarías que lo es?

Y tú, ¿qué opinas?

A menudo habrás envuelto alimentos en papel de aluminio para su conservación. Si te fijas bien, tiene dos superficies, una brillante y otra mate debido a un tratamiento especial que resulta muy costoso. Esto se hace para que el calor de la cocción de los alimentos no permita su contaminación en contacto con el aluminio, pues este metal puede dañar la salud de la persona que lo ingiere, lo respira o si la piel entra en contacto con él. ¿Por qué lado debes envolver el alimento? ¿Qué medidas podrían incorporar las autoridades para evitar la contaminación?

¿Cómo evolucionaron los modelos atómicos?

¿Qué hay en un átomo?

¿Cómo se unen los átomos?

1 Mezclas homogéneas y heterogéneas

Observa

Hemos reunido diversos materiales y productos. Examínalos bien, porque entre ellos solo hay uno que no es una mezcla de varios componentes.

Vinagre

Café con leche

Agua

Agua del mar

Acero

Fabada

¿Puedes decir cuál es y explicar el porqué de tu elección? ¿Puedes indicar algunos de los componentes de los demás? ¿En cuál puedes distinguir sus componentes a simple vista?

Una **mezcla** es una composición de varias sustancias con distintas propiedades.

En algunos casos basta con observar la sustancia directamente para darnos cuenta de cuáles son sus componentes; en otros casos debemos recurrir a lupas y microscopios. Y a veces nos es imposible discernir si lo que observamos tiene varios componentes o no. Atendiendo a este criterio tenemos dos tipos de mezclas:

Mezclas heterogéneas	Mezclas homogéneas
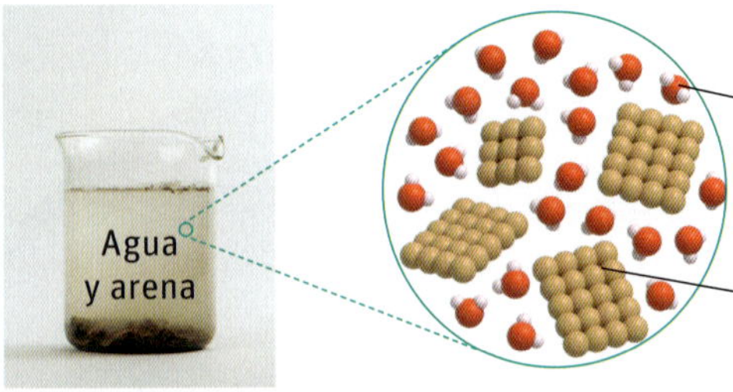	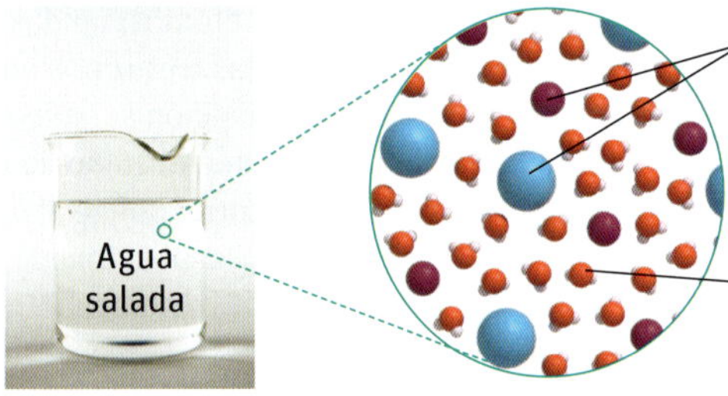
Están formadas por componentes que se pueden observar a simple vista o con el microscopio óptico. La mezcla no es uniforme y sus propiedades son diferentes en distintos puntos.	Están formadas por componentes que no se pueden observar ni siquiera con potentes microscopios. La mezcla es uniforme y sus propiedades son las mismas en cualquiera de sus puntos.

ACTIVIDADES

1. Clasifica en homogéneas o heterogéneas las mezclas siguientes: el aire, agua del grifo, tortilla de patatas, merengue y gaseosa.

2. Alcohol, agua y aceite, por separado, son sustancias de aspecto homogéneo. Qué mezclas hay que hacer entre ellas para tener:
   a) Una mezcla heterogénea.
   b) Una mezcla homogénea.

Distingue tipos de mezclas

1. Compara estas imágenes que representan mezclas. Clasifícalas según su tipo.

A

B

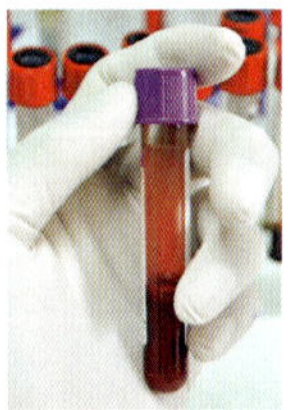

C

D

SOLUCIÓN

En A y D se pueden distinguir sus componentes a simple vista; por tanto, son mezclas heterogéneas. La sangre (B) parece homogénea, pero con el microscopio podemos observar sus componentes, luego es heterogénea. C parece homogénea. ¡Investígalo!

Mezclas de especial interés: aleaciones

> Una **aleación** es una mezcla **homogénea** formada generalmente por dos o más metales.

Para hacer una aleación, se calientan los metales hasta fundirlos. Una vez fundidos, se combinan para formar la mezcla, y se dejan solidificar. De esta forma se consigue mejorar en muchos casos las propiedades de los metales. A continuación se detallan algunas de las aleaciones más comunes:

Aleación y composición	Propiedades	Ejemplos
Duraluminio Aluminio (95,5 %); cobre (3 %); magnesio (1,5 %)	Muy ligero y más fuerte que el aluminio. Se utiliza en aplicaciones reservadas para el acero, como la automoción, utensilios, etc.	
Acero inoxidable Hierro (73 %); carbono (1 %); cromo (18 %); níquel (8 %)	Muy resistente a la corrosión. No se oxida. Se usa en utensilios de cocina, tornillería, herramientas, etc.	
Latón Cobre (90 %); zinc (10 %)	Fácil de trabajar y dar forma. No se oxida fácilmente. Se emplea en instrumentos musicales, grifos, decoración, bisutería, etc.	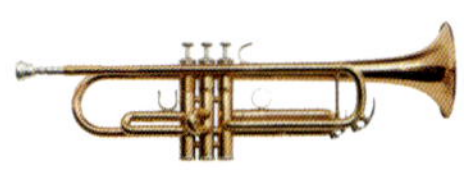

En la web

Consulta en esta página los tipos de mezclas y las propiedades de las aleaciones.

www.e-sm.net/svfq2eso03_01

Mezclas de especial interés: coloides

Observa

Observa las siguientes imágenes. En todas podemos observar que tienen en común un aspecto homogéneo.

Sin embargo, si hacemos un examen microscópico, podríamos distinguir varios de los componentes de estas mezclas. Entonces, ¿qué tipo de mezclas son?

> Los **coloides** son mezclas heterogéneas. Son una dispersión de las partículas de una sustancia (la fase dispersa), entre las partículas de la otra (el medio de dispersión).

De esta forma, en los ejemplos anteriores tendremos:

Coloide	Fase dispersa	Medio de dispersión
Gelatina (gel)	Líquido	Sólido
Espuma	Gas	Líquido
Niebla (aerosol)	Líquido (microgotas)	Gas

ACTIVIDADES

3. Busca información sobre el bronce y qué metales lo componen. Realiza un mapa mental con sus características y utilidades.

4. Una aleación especial llamada metal de Wood tiene la particularidad de fundir a los 70 °C. Explica por qué esta aleación se usa para aparatos que lanzan agua en caso de incendio.

5. Un gel de baño es una mezcla de jabones y detergentes líquidos, colorantes y perfumes, en agua. Son dispersiones coloidales. ¿Qué componentes forman la fase dispersa y cuál es el medio de dispersión?

2 Técnicas de separación de mezclas

Estamos rodeados de mezclas que nos son muy útiles. Sin embargo, en muchas ocasiones necesitamos separar sus componentes. Vamos a ver las distintas técnicas para lograrlo.

Separación de mezclas heterogéneas

Filtración

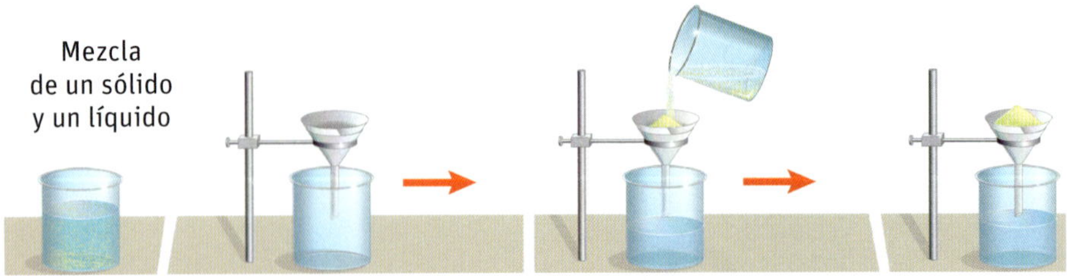

Para separar una mezcla heterogénea de un sólido insoluble en agua, utilizaremos la filtración. Colocamos un filtro sobre un embudo encima de un vaso de precipitados. El filtro deja pasar el líquido, pero retiene el sólido.

Aplicación: En las grandes ciudades hay partículas sólidas en suspensión, y las mascarillas con filtro impiden su inhalación.

Decantación

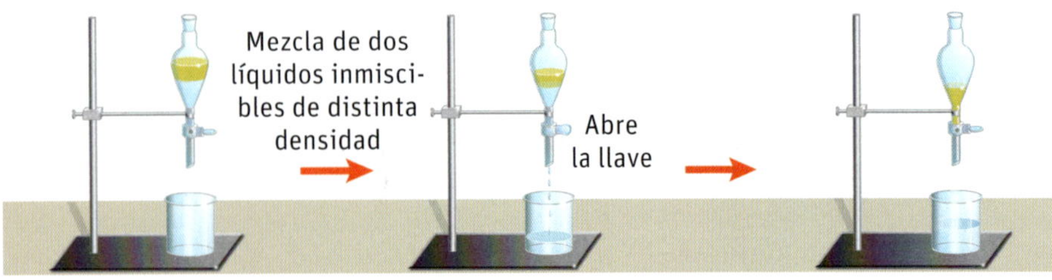

Para separar una mezcla heterogénea de dos líquidos inmiscibles de diferente densidad, utilizaremos un embudo de decantación provisto de una llave que permite cerrar el paso de líquido cuando se ha vaciado el más denso, que estaba en la parte inferior.

Aplicación: En las depuradoras se usa la decantación para separar las partículas sólidas en suspensión (insolubles en agua).

Separación magnética

Para separar, en una mezcla heterogénea, una sustancia magnética (que es atraída por un imán), como el hierro, el acero, etc., de otras que no lo son, utilizaremos un imán. Para ello, lo acercamos a la mezcla y separamos el material que es atraído del resto.

Aplicación: Con imanes se pueden separar las latas de aluminio de las latas de hierro que hemos depositado en el contenedor de reciclaje.

smSaviadigital.com OBSERVA

ACTIVIDADES

6. ¿Cuáles de las mezclas siguientes podrías separar por decantación?
   a) Aceite y vinagre.
   b) Vinagre y agua.
   c) Agua y garbanzos.
   d) Hojas de té y agua.

7. ¿Cuál es la finalidad del papel de filtro?

Separación de mezclas homogéneas

Cristalización

Una manera de separar un sólido disuelto en agua es mediante la evaporación de esta. Se deja evaporar el agua de forma natural, de forma que el sólido disuelto aparece en forma de cristales.

Aplicación: En las salinas, por evaporación del agua del mar se separa el cloruro de sodio (sal común) del resto de los componentes. En este caso se cristaliza uno de los solutos.

Destilación

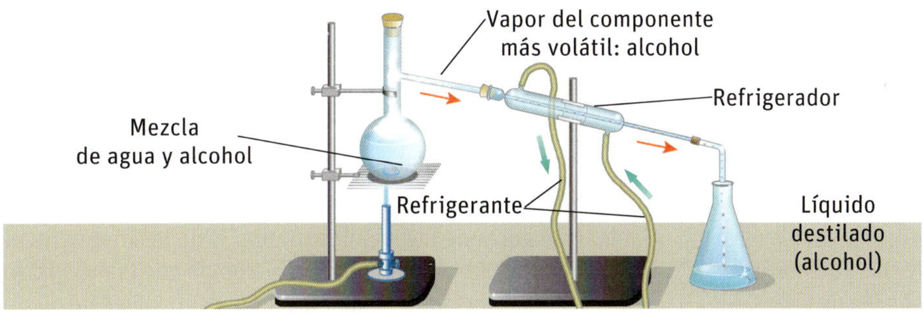

Para separar dos líquidos con distinto punto de ebullición, se emplea la destilación. Consiste en aplicar calor hasta que el líquido más volátil, al tener una menor temperatura de ebullición, se vaporiza antes que el otro. Este es enfriado por el refrigerador, que lo condensa, y lo recogemos en el vaso. Es un proceso similar a la evaporación, pero acelerado, ya que la mezcla se calienta hasta que hierva el líquido más volátil, que se recupera en el destilado.

Aplicación: Para conseguir los diferentes componentes del petróleo (asfalto, fuel, diésel, gasolina, gas, etc.), se emplea la destilación, porque dichos componentes tienen distintos puntos de ebullición.

La Química ayuda a la Ecología

En el mar del Norte ha encallado un barco que transportaba bidones que contenían nitrato de potasio, un abono soluble en agua. Varios bidones se han roto y una parte del producto ha quedado esparcido por la playa, mezclado con arena. ¿Cómo puede recuperarse el nitrato de potasio? Explícalo mediante este esquema de separación.

Buque encallado que puede liberar contaminantes

CUESTIONARIO

1. ¿Qué fases corresponden a la filtración y a la evaporación?
2. Busca información sobre accidentes similares.
3. ¿Cómo harías para separar virutas de corcho y arena? Cita dos propiedades características que diferencian estos dos sólidos.

3 Disoluciones y sustancias puras

La materia homogénea puede estar formada por una mezcla de varias sustancias (disoluciones) o por una sola sustancia (sustancia pura).

Disoluciones

Una **disolución** es una mezcla homogénea de varias sustancias en proporción variable. El componente de mayor proporción es el **disolvente** y los otros componentes son los **solutos**.

Experimenta

Realiza los siguientes experimentos y determina cuál de las propuestas es una disolución.

Con una cucharilla echa sal en un vaso con agua y agita la mezcla. ¿Cuántas cucharadas de sal puedes añadir antes de que observes que la sal ya no se disuelve?

Repite el mismo proceso con azúcar en lugar de sal. ¿Puedes disolver más o menos cucharadas en el mismo volumen de agua?

Ahora en otro vaso con agua echa unas gotas de aceite. ¿Dónde se coloca el aceite? Agita ahora la mezcla. ¿Se disuelve el aceite?

Añade unas gotas de lavavajillas y agita. ¿Puedes distinguir el agua del aceite? ¿A qué atribuyes el hecho de que la mezcla de agua y sal sea transparente y, en cambio, esta no lo sea?

La mezcla de azúcar o sal en el agua es una disolución, ya que es una mezcla homogénea; en cambio, la mezcla de aceite y agua es heterogénea, porque se pueden ver los distintos componentes.

La máxima masa de soluto en gramos que se disuelve en 100 gramos de disolvente es la **solubilidad**. Siempre hay un límite en la cantidad máxima que puede disolverse. Cuando el soluto, por ejemplo, la sal o el azúcar del experimento, ya no puede disolverse y se queda depositado en el fondo, se dice que la disolución está saturada. Del experimento se deducen tres situaciones:

Disolución diluida	Disolución saturada	Disolución sobresaturada
Contiene una pequeña cantidad del soluto disuelta en el agua.	Es aquella que no disuelve más soluto; es decir, la solubilidad del soluto llegó a su límite.	Contiene mayor cantidad de soluto que la disolución saturada. Aparece soluto sin disolver.

ACTIVIDADES

8. Un refresco de 330 mL contiene 40 g de azúcar. Calcula la concentración de la disolución.

9. Calcula la masa de soluto que contiene una disolución de 250 mL si su concentración es de 16 g/L.

Cálculo de la concentración de una disolución

Para decir si una solución está más o menos concentrada, lo expresamos indicando la masa de soluto que se ha disuelto (en gramos) por litro de disolución.

$$\text{Concentración} = \frac{\text{Masa de soluto (g)}}{\text{Volumen de disolución (L)}}$$

Así, si disolvemos 20 gramos de azúcar hasta tener 0,1 L de disolución, la concentración sería:

$$\text{Concentración} = \frac{\text{Masa de soluto (g)}}{\text{Volumen de disolución (L)}} = \frac{(20\ \text{g})}{(0{,}1\ \text{L})} = 200\ \text{g/L}$$

Sustancias puras

En muchos productos encontramos la etiqueta de "puro", pero en química una sustancia pura o simplemente sustancia solo es aquella que tiene un único componente. Por ejemplo, el zumo de naranja puede ser "natural", pero no es una sustancia pura, es una dispersión coloidal.

A simple vista resulta difícil distinguir una disolución de una sustancia pura. Sin embargo, si pudiéramos examinar a nivel submicroscópico las partículas que forman una sustancia pura, observaríamos que todas son iguales, mientras que en las mezclas, aunque sean homogéneas, hay partículas diferentes unas de otras.

Figura 3.1. Zumo de naranja natural

Analiza

Observa las siguientes imágenes y determina cuál representa una sustancia pura y cuál una disolución.

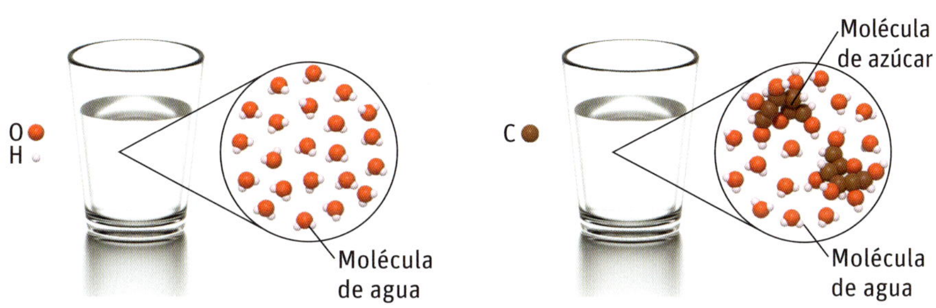

> Un sistema material formado por un solo componente se llama **sustancia pura**.

smSaviadigital.com PRACTICA

Con este interactivo aprenderás a diferenciar entre sustancias puras y disoluciones.

Las principales características de una sustancia pura son:

- Todas las partículas que la forman son iguales en composición.
- Tienen propiedades características constantes independientemente de la cantidad de sustancia que consideremos.
- Su temperatura de fusión y de ebullición se mantiene constante durante los cambios de estado.
- La composición de las sustancias es la misma tanto en estado sólido como líquido o gas.

Identificando sustancias

2. Observa las siguientes gráficas de calentamiento de dos líquidos y determina cuál representa una sustancia pura y cuál no. Justifica tu respuesta.

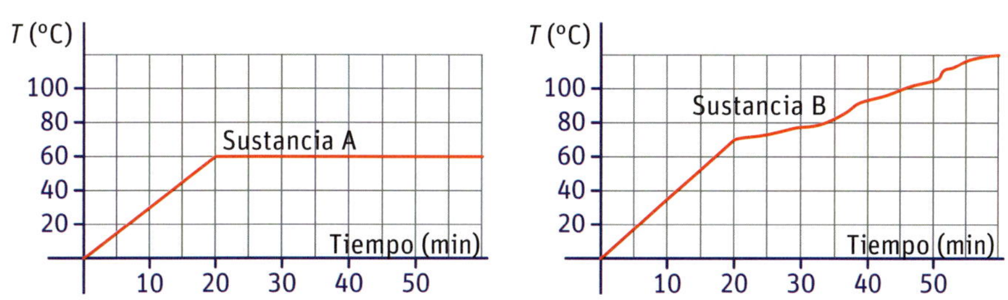

SOLUCIÓN

La temperatura de ebullición de la sustancia A se mantiene constante mientras hay líquido en el recipiente. Este comportamiento es exclusivo de las sustancias puras. En cambio, la sustancia B comienza a hervir a 70 °C y la temperatura va aumentando a medida que se produce el cambio de estado. Por tanto, B no es una sustancia pura.

ACTIVIDADES

10. Clasifica las siguientes sustancias en mezcla heterogénea, disolución o sustancia pura:

agua del grifo, gaseosa, vino tinto, hierro fundido, hielo, granito, leche con azúcar, mercurio y aspirina.

11. ¿Cuál es el disolvente y cuál o cuáles los solutos de las disoluciones anteriores?

12. El agua pura congela a 0 °C. ¿Lo hará a la misma temperatura el agua de mar?

4 Sustancias simples y sustancias compuestas

Analiza

Dando un paseo por el campo, hemos recogido una piedra calcárea de aspecto homogéneo y la llevamos al laboratorio.

PASO 1. Pesamos la piedra y anotamos su masa: 450 g.

PASO 2. A continuación, la calentamos fuertemente.

PASO 3. Una vez enfriada, la volvemos a pesar y volvemos a anotar su masa: 400 g.

1. ¿Qué ha pasado con su tamaño?

2. ¿Qué explicación puede tener que, después de calentarla, pese menos?

Como hemos podido observar, la piedra ha perdido masa. Esto se debe a que ha experimentado un cambio químico y una de las sustancias que se ha formado es un gas.

Tipos de sustancias puras

- Las **sustancias simples** están formadas por un único tipo de átomos.
- Las **sustancias compuestas** están formadas por átomos de distinto tipo.

Sabiendo que las sustancias compuestas están formadas por diferentes tipos de átomos, ¿podremos descomponerlas en sustancias simples?

Existen dos procedimientos para conseguir esta transformación:

La electrólisis

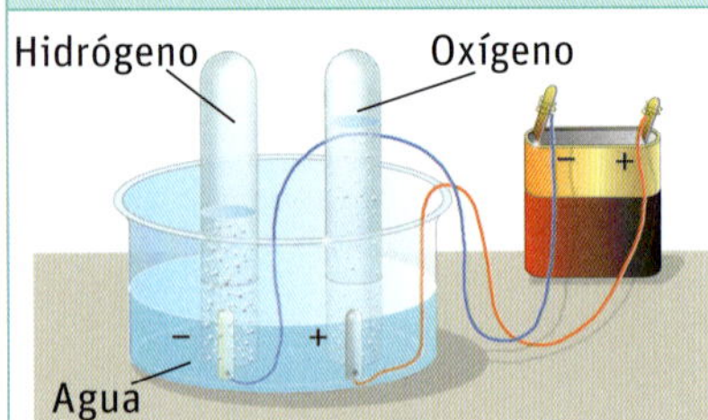

Cuando hacemos pasar una corriente eléctrica a través del agua, esta se descompone en dos sustancias simples: el oxígeno y el hidrógeno.

Ambas se recogen en un tubo de ensayo en estado gaseoso.

Las moléculas de agua se descomponen para formar sustancias simples, H_2 y O_2, formadas por átomos de los elementos hidrógeno (H) y oxígeno (O).

La descomposición térmica a alta temperatura

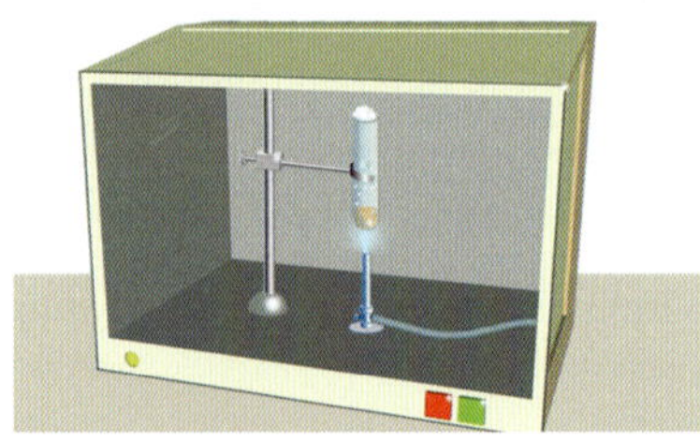

Al calentar fuertemente un compuesto como el óxido de mercurio, se descompone en sustancias simples, el metal mercurio y el oxígeno. El oxígeno, en estado gaseoso; y el mercurio en estado líquido, en forma de gotitas de color gris brillante.

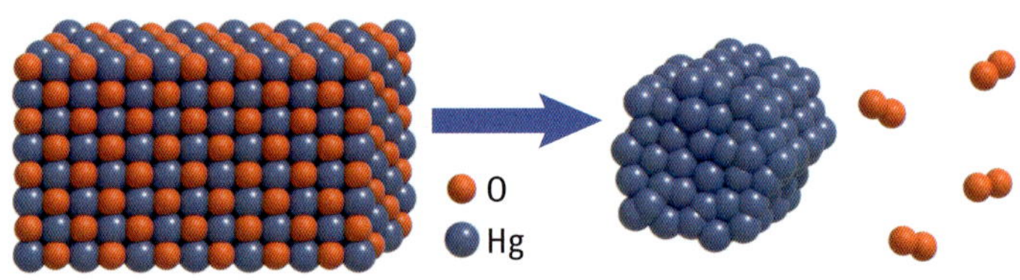

El óxido de mercurio se descompone para formar sustancias simples, Hg y O_2, formadas por átomos de los elementos mercurio (Hg) y oxígeno (O).

¿Qué es un elemento químico?

Las sustancias simples están formadas por un solo tipo de átomos. A cada tipo de átomo se le llama **elemento químico**, el cual permanece inalterado en cambios físicos y químicos.

Se conocen actualmente más de 100 elementos químicos, aunque en la naturaleza solo podemos encontrar hasta 92. Los elementos más abundantes en todo el universo son el hidrógeno (74 %) y el helio (24 %).

Resumiendo

smSaviadigital.com PRACTICA
Aprende a clasificar los sistemas materiales.

LA MATERIA

¿Se ven los componentes a simple vista?

- Sí → **Sistema heterogéneo**

- No → ¿Se puede ver componentes con lupa o microscopio óptico?
  - Sí → **Suspensión o coloide**
  - No → **Sistema homogéneo**

¿Funde o hierve a temperatura constante?

- No → **Disolución**

- Sí → **Sustancia pura**

¿Se forman sustancias simples por electrólisis o por descomposición térmica?

- Sí → **Compuesto**

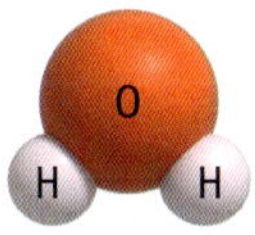

Formado por átomos de elementos distintos

- No → **Sustancia simple**

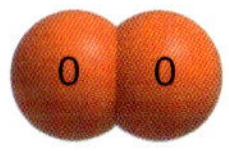

Formada por átomos de un único elemento.

ACTIVIDADES

13. Indica si son verdaderas o falsas las afirmaciones siguientes:

a) Todas las sustancias puras son compuestos.

b) Todas las sustancias simples son sustancias puras.

c) El agua de mar es una mezcla homogénea y hierve, igual que el agua pura, a 100 °C.

d) Un vinagre "puro de vino" es una sustancia pura, tal como lo indica la etiqueta de la botella.

e) Todas las partículas de una sustancia pura son iguales.

14. Cuando se calienta fuertemente una roca calcárea, se desprende un gas, el dióxido de carbono, y queda un resto sólido, que es el óxido de calcio.

a) Razona si el carbonato de calcio es un compuesto químico o no.

b) ¿Los dos productos obtenidos son sustancias simples? Explica tu respuesta.

15. Cuando ponemos un poco de azúcar en un cazo y lo calentamos fuertemente, el azúcar se funde, poco a poco se ennegrece y, finalmente, se convierte en carbón, al mismo tiempo que se desprende vapor de agua.

a) ¿Se trata de una reacción de descomposición térmica?

b) ¿Podemos concluir que el azúcar es una sustancia simple o compuesta?

16. La etiqueta de una bebida transparente con un ligero color naranja indica que contiene agua con un 15 % de zumo de naranja, un 2 % de vitamina C y un 1 % de colorantes. Dentro de la botella hay 800 g de zumo.

a) ¿Se trata de una mezcla homogénea o de una suspensión? Justifica la respuesta.

b) Calcula la masa de vitamina C y de colorantes en los 800 g de zumo.

5 Estamos hechos de átomos

Imagina que dispones de un microscopio de efecto túnel (microscopio que permite representar imágenes de átomos). Si tomas una imagen de un cazo de aluminio de la cocina y vas aumentando cada vez más la imagen, observarás lo siguiente.

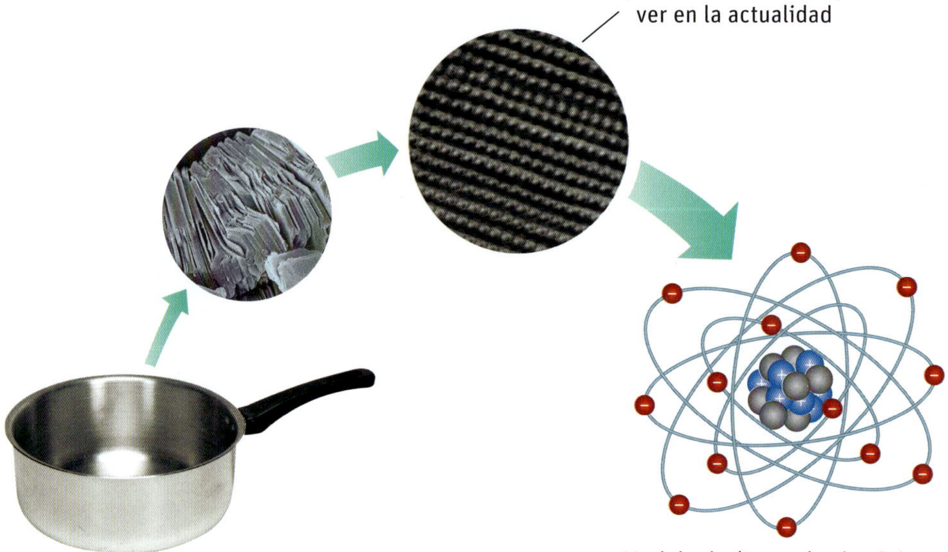

Modelo de átomo de aluminio

La unidad más pequeña constituyente de la materia es el átomo. No se han podido obtener imágenes de su interior y lo que sabemos de él se ha deducido por experimentos complejos, estableciéndose modelos de átomos como el que se representa en la figura.

¿Qué es un átomo?

A lo largo de la historia han ido surgiendo diferentes modelos del átomo. Un modelo simple de átomo es el que se representa a continuación.

Estructura del átomo

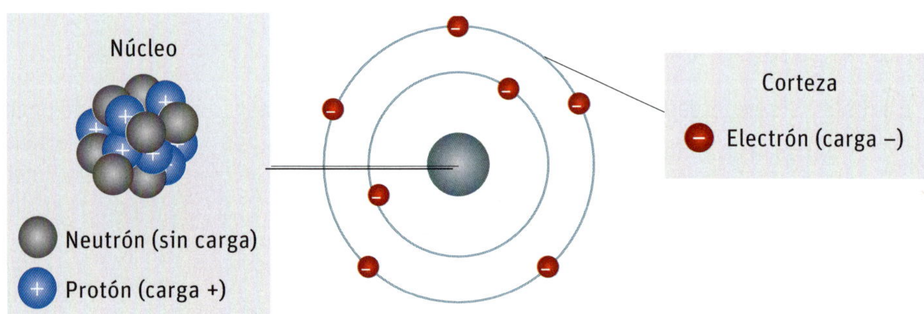

- En el centro, el átomo tiene un núcleo formado por dos tipos de partículas atómicas: los **protones** y los **neutrones**. En torno al núcleo se mueven los **electrones**. Entre el núcleo y los electrones no hay nada. El átomo está prácticamente vacío.
- Cada electrón tiene una carga eléctrica negativa y cada protón una carga positiva; por tanto, el átomo es eléctricamente neutro porque tiene igual número de protones que de electrones. Los neutrones del núcleo no tienen carga.
- La práctica totalidad de la masa de un átomo corresponde al núcleo.
- Cada átomo de un elemento se diferencia de los otros por tener distinto número de protones en el núcleo.

ACTIVIDADES

17. Para hacerte una idea de lo increíblemente pequeño que es un átomo, calcula cuántos átomos de aluminio se necesitan para tener una longitud de 1 mm si los ponemos a todos en fila, sabiendo que un átomo mide unos $1{,}2 \cdot 10^{-7}$ mm.

18. Los dos dibujos representan un átomo de aluminio y un átomo de oxígeno. El átomo de aluminio tiene 13 protones y 14 neutrones en el núcleo. El átomo de oxígeno tiene 8 protones y 8 neutrones en el núcleo.

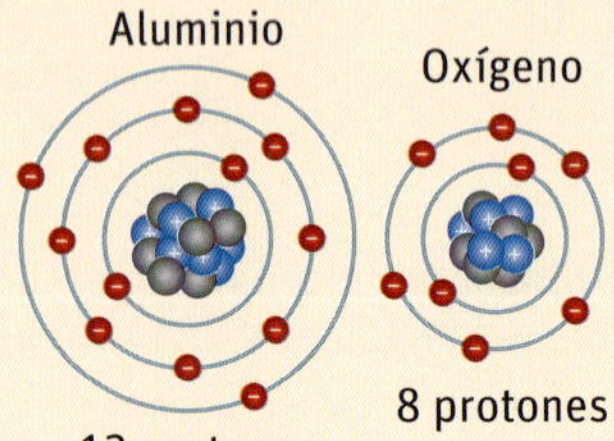

a) ¿En qué se diferencian estos dos átomos?

b) ¿Cuántos electrones tiene cada uno de ellos?

c) ¿Qué carga eléctrica tiene cada átomo?

Un poco de historia de la ciencia

John Dalton, en 1803, a partir de sus investigaciones, desarrolló una teoría que explicaba la constitución de la materia. A partir de ese momento numerosos científicos fueron descubriendo y ampliando nuevos modelos atómicos.

Año	Descubrimiento	Modelo atómico
1803	El inglés **John Dalton**, estudiando las reacciones químicas, llegó a la conclusión de que la materia estaba formada por átomos. Cuando las sustancias reaccionaban, los átomos se combinaban entre sí y formaban nuevas sustancias. 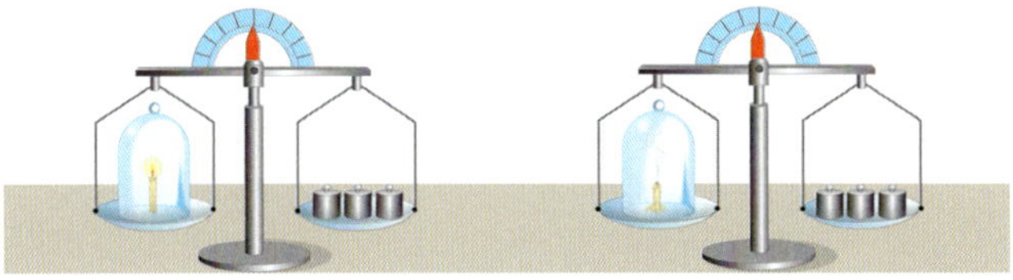	
1904	Otro inglés, **Joseph John Thomson**, al investigar con un tubo en el que había un gas a muy baja presión, descubrió que los átomos tenían cargas negativas (los electrones). Y dedujo que, si los átomos son eléctricamente neutros, estos también tenían que tener carga positiva. 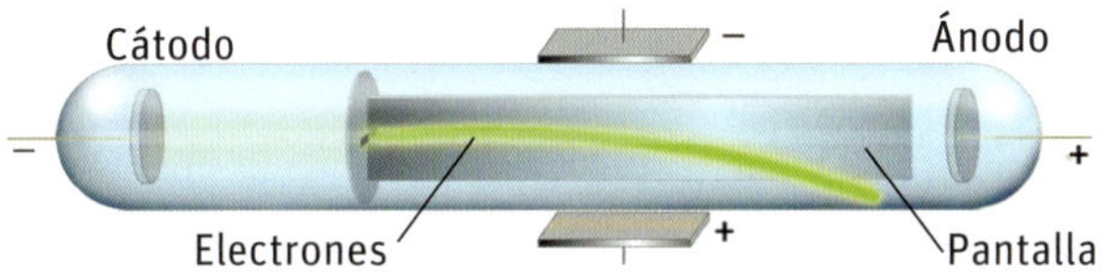 	
1911	**Ernest Rutherford** trabajaba en el equipo de Thomson. Lanzó partículas positivas de masa muy pequeña sobre átomos de oro. La mayoría pasaban como si no hubiese nada, pero algunas se desviaban e, incluso, 1 de cada 10 000 rebotaba. 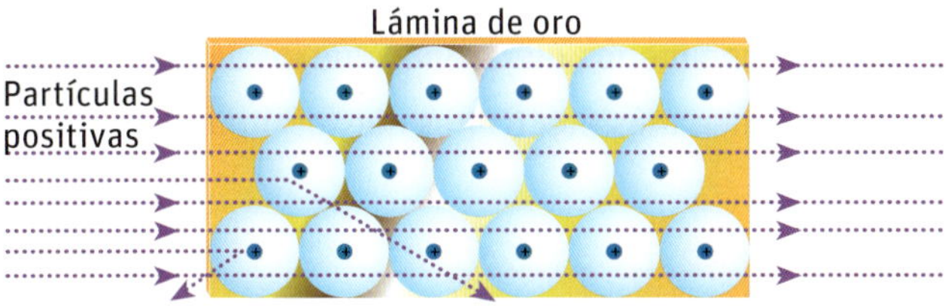 	
1913	Seguro que has visto alguna vez fuegos artificiales, pero ¿alguna vez te has preguntado cómo es posible obtener esos colores? La respuesta está en los átomos. Una brillante idea del físico **Niels Böhr** sugirió que los electrones en los átomos están distribuidos en diferentes órbitas a distancias variables del núcleo. Al calentar los átomos, emiten luz como esta: 	

ACTIVIDADES

19. El átomo de helio tiene dos protones y dos neutrones. Dado que el átomo es eléctricamente neutro, haz un dibujo de cómo están distribuidas las tres partículas fundamentales (protones, neutrones y electrones) en el átomo de helio.

smSaviadigital.com **OBSERVA**

En este vídeo puedes ver la historia de los modelos atómicos.

6 Los átomos se ordenan

Los átomos de los elementos se diferencian por el número de protones que tiene el núcleo.

Analiza

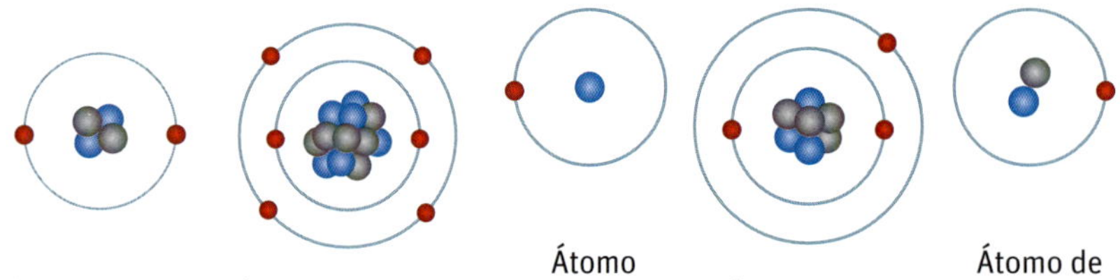

1. ¿Cuántos protones, neutrones y electrones tiene cada uno de estos átomos?
2. ¿Son estos átomos eléctricamente neutros o no?
3. ¿Qué diferencias hay entre los dos átomos de hidrógeno?

Te habrás fijado en que se han dibujado átomos con diferente núcleo y diferente corteza. En función de las partículas que contienen, definimos:

Número másico: El número másico de un átomo (simbolizado por **A**) es el número total de partículas en el núcleo, es decir, la suma de protones y neutrones.

Número atómico: El número atómico de un átomo (simbolizado por **Z**) es el número de protones en el núcleo del átomo.

Para saber el número de neutrones, restaremos *A* menos *Z* ⟶ **n.º de neutrones = *A* – *Z***.

En determinadas reacciones químicas, los átomos ganan o pierden electrones; entonces los átomos ya no son eléctricamente neutros y se llaman **iones**.

- Los **iones positivos** tienen **menos electrones** que los átomos neutros.
- Los **iones negativos** tienen **más electrones** que los átomos neutros.

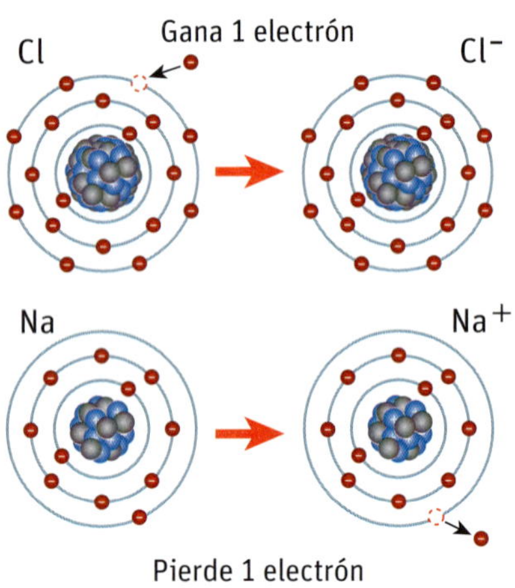

Figura 3.2. Formación de iones

Interpreta la notación de los átomos

3. Calcula el número de protones, neutrones y electrones del ion N^{3-}. El número másico del nitrógeno es 14 y el número atómico es 7.

SOLUCIÓN

Protones: $Z = 7$ protones.
Neutrones: $A - Z = 14 - 7 = 7$ neutrones.

Electrones:
Para iones negativos: Z + (cargas negativas) = 7 + 3 = 10 electrones.

ACTIVIDADES

20. Escribe la notación de los átomos siguientes:

a) Oxígeno (símbolo O) con 8 protones y 8 neutrones en el núcleo.

b) Hierro (símbolo Fe) con 26 protones y número másico 56. ¿Cuántos electrones tiene este átomo?

¿Los átomos de un mismo elemento son iguales?

Habrás observado que en el *Analiza* anterior se han dibujado dos átomos de hidrógeno, cuya diferencia está en sus núcleos. En ellos, hay diferente número de neutrones, por lo cual sus números másicos son distintos.

Los átomos de un elemento que tiene números atómicos iguales, pero números másicos distintos, se llaman **isótopos**.

¿Cómo se ordenan los elementos? La tabla periódica

Como cada átomo tiene su característico número atómico. Parece fácil ordenar los átomos de menor a mayor; sin embargo, los átomos de los elementos muestran sorprendentes semejanzas en su comportamiento cuando se enlazan entre sí para formar compuestos. Por eso actualmente tenemos una clasificación de los elementos que reúne dos características fundamentales.

- Están ordenados en orden creciente de número atómico. El primero de la lista es el hidrógeno, con $Z = 1$.
- Se agrupan en columnas o "familias", de manera que en cada "familia" los elementos muestran semejanza en sus propiedades.

En la web

El autor de esta hazaña fue el químico ruso Dimitri Ivánovich. Mendeleiev en el siglo XIX. Busca su propia tabla en:

www.e-sm.net/svfq2eso03_02

Número atómico: 1 — Masa atómica (u)*: 1,01 — Símbolo: H — Nombre: Hidrógeno

Negro - sólido
Azul - líquido
Rojo - gas
Violeta - artificial

Metales
Semimetales
No metales
Gases nobles

Grupo / Período	1	2	3	4	5	6	7	8	9	10	11	12	13	14	15	16	17	18
1																		2 4,00 He Helio
2	3 6,94 Li Litio	4 9,01 Be Berilio											5 10,81 B Boro	6 12,01 C Carbono	7 14,01 N Nitrógeno	8 16,00 O Oxígeno	9 19,00 F Flúor	10 20,18 Ne Neón
3	11 22,99 Na Sodio	12 24,31 Mg Magnesio											13 26,98 Al Aluminio	14 28,09 Si Silicio	15 30,97 P Fósforo	16 32,07 S Azufre	17 35,45 Cl Cloro	18 39,95 Ar Argón
4	19 39,10 K Potasio	20 40,08 Ca Calcio	21 44,96 Sc Escandio	22 47,87 Ti Titanio	23 50,94 V Vanadio	24 52,00 Cr Cromo	25 54,94 Mn Manganeso	26 55,85 Fe Hierro	27 58,93 Co Cobalto	28 58,69 Ni Níquel	29 63,55 Cu Cobre	30 65,41 Zn Cinc	31 69,72 Ga Galio	32 72,64 Ge Germanio	33 74,92 As Arsénico	34 78,96 Se Selenio	35 79,90 Br Bromo	36 83,80 Kr Kriptón
5	37 85,47 Rb Rubidio	38 87,62 Sr Estroncio	39 88,91 Y Itrio	40 91,22 Zr Circonio	41 92,91 Nb Niobio	42 95,94 Mo Molibdeno	43 (98) Tc Tecnecio	44 101,07 Ru Rutenio	45 102,91 Rh Rodio	46 106,42 Pd Paladio	47 107,87 Ag Plata	48 112,41 Cd Cadmio	49 114,82 In Indio	50 118,71 Sn Estaño	51 121,76 Sb Antimonio	52 127,60 Te Teluro	53 126,90 I Yodo	54 131,29 Xe Xenón
6	55 132,91 Cs Cesio	56 137,33 Ba Bario	57-71 *	72 178,49 Hf Hafnio	73 180,95 Ta Tantalio	74 183,84 W Wolframio	75 186,21 Re Renio	76 190,23 Os Osmio	77 192,22 Ir Iridio	78 195,08 Pt Platino	79 196,97 Au Oro	80 200,59 Hg Mercurio	81 204,38 Tl Talio	82 207,19 Pb Plomo	83 208,98 Bi Bismuto	84 (209) Po Polonio	85 (210) At Astato	86 (222) Rn Radón
7	87 (223) Fr Francio	88 (226) Ra Radio	89-103 **	104 (261) Rf Rutherfordio	105 (262) Db Dubnio	106 (266) Sg Seaborgio	107 (264) Bh Bohrio	108 (277) Hs Hassio	109 (268) Mt Meitnerio	110 (271) Ds Darmstadtio	111 (272) Rg Roentgenio	112 (285) Cn Copernicio	113 (286) Nh Nihonio	114 (289) Fl Flerovio	115 (288) Mc Moscovio	116 (293) Lv Livermorio	117 (294) Ts Tennesso	118 (294) Og Oganessón

* Lantánidos 6	57 138,91 La Lantano	58 140,12 Ce Cerio	59 140,91 Pr Praseodimio	60 144,24 Nd Neodimio	61 (145) Pm Prometio	62 150,36 Sm Samario	63 151,96 Eu Europio	64 157,25 Gd Gadolinio	65 158,93 Tb Terbio	66 162,50 Dy Disprosio	67 164,93 Ho Holmio	68 167,26 Er Erbio	69 168,93 Tm Tulio	70 173,04 Yb Iterbio	71 174,97 Lu Lutecio
** Actínidos 7	89 (227) Ac Actinio	90 232,04 Th Torio	91 231,04 Pa Protactinio	92 238,03 U Uranio	93 (237) Np Neptunio	94 (242) Pu Plutonio	95 (243) Am Americio	96 (247) Cm Curio	97 (247) Bk Berkelio	98 (251) Cf Californio	99 (252) Es Einstenio	100 (257) Fm Fermio	101 (258) Md Mendelevio	102 (259) No Nobelio	103 (262) Lr Lawrencio

ACTIVIDADES

21. smSaviadigital.com APLICA

Utiliza esta simulación para contestar a estas preguntas:

a) Realiza los ejercicios que encontrarás al final de la página.

b) Localiza dónde se sitúan los átomos de las sustancias simples más densas.

c) ¿Dónde están colocados los átomos de las sustancias simples gaseosas?

d) ¿Dónde se localizan las sustancias simples más ligeras?

7 Los átomos se enlazan

La mayoría de los átomos se enlazan entre ellos para ganar estabilidad. De esta forma se crean la mayor parte de los compuestos y sustancias que conocemos.

Laboratorio en el aula

Disponemos de ocho sustancias. Investigamos algunas propiedades características de cada una de ellas: estado físico, conductividad eléctrica, etc., y las resumimos en el siguiente cuadro:

	Parafina	Cobre	Sal común	Acetona	Azúcar	Cuarzo	Nitrato de potasio	Aluminio

Descripción, color y estado	Sólida y blanca	Sólida, rojiza y brillante	Sólida y blanca	Líquida e incolora	Sólida y blanca	Sólida y algo transparente	Sólida y blanca	Sólida y gris brillante
¿Conduce la corriente?	No	Sí. Muy bien	No	No	No	No	No	Sí. Muy bien
¿Huele?	No	No	No	Sí	No	No	No	No
¿Qué ocurre al calentarla?	Se funde fácilmente	Nada	Nada	Se evapora rápidamente	Funde y se carboniza	Nada	Nada	Nada
¿Se disuelve en agua?	No	No	Sí	No	Sí	No	Sí	No
En disolución acuosa, ¿es conductora?	×	×	Sí	×	No	×	Sí	×
Otras características	Muy blanda	Maleable (se puede doblar)	Forma pequeños cristales	Disolvente	Forma pequeños cristales	Elevada dureza	Forma pequeños cristales	Maleable (se puede doblar)

Considera las propiedades que hemos analizado y haz cuatro grupos de clasificación, según la tabla siguiente:

Sólidas y conducen muy bien la corriente	Se disuelven en agua y la disolución conduce la corriente	Sólidas; elevada dureza, insolubles en agua	Funden y/o se evaporan fácilmente; no conducen la corriente
•••	•••	•••	•••

- ¿Qué sustancias de las analizadas son metales?
- ¿Qué característica tienen en común la acetona, el azúcar y la parafina?
- ¿Qué otra característica tienen las sustancias que son solubles en agua y la solución que es conductora?
- Las cerámicas son muy duras, insolubles en agua, no conducen la corriente y funden a muy altas temperaturas. ¿Con qué otra sustancia de las analizadas comparten estas propiedades?
- El alcohol usado en farmacia es un líquido que hierve antes de los 100 °C, se disuelve en agua, pero la solución no es conductora. ¿Con qué otras sustancias de las analizadas comparte estas propiedades?
- Por distracción, un día dejamos una bolsa de plástico sobre la encimera caliente de la cocina. El plástico se fundió rápidamente. ¿En qué grupo la situarías?

Tipos de enlaces

De acuerdo con las propiedades observadas en la experiencia anterior, podemos considerar cuatro grupos de sustancias. ¿Cómo deben estar unidos los átomos que las forman para que podamos explicar las propiedades de cada grupo?

Grupo de los metales	Grupo de las sales	Grupo de los sólidos de alta dureza	Grupo de los volátiles y que funden fácilmente
Enlace metálico	Enlace iónico	Enlace covalente reticular	Enlace covalente molecular

Los átomos se ordenan en una red tridimensional. Entre ellos hay electrones que pueden moverse libremente.	En estado sólido, los átomos con carga eléctrica ("iones") se ordenan en una red tridimensional.	Los átomos están fuertemente unidos entre sí formando una red tridimensional.	Átomos fuertemente unidos en pequeños grupos, formando partículas individuales (moléculas).
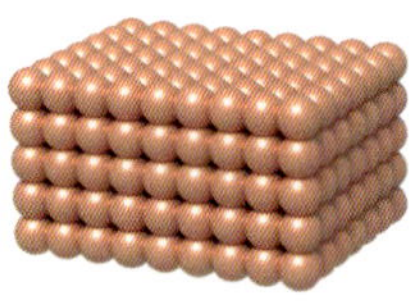		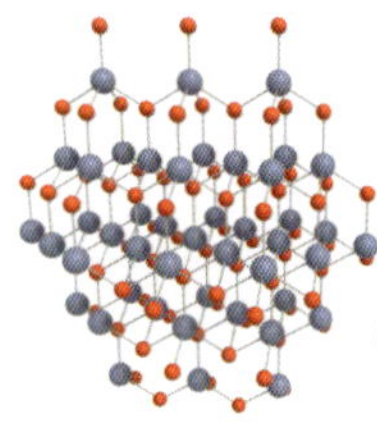	
Ello explica que el metal, en estado sólido, conduce la electricidad, ya que esta se debe al movimiento de los electrones.	En solución acuosa, los iones se separan. Ahora las sales conducen la electricidad.	La elevada temperatura de fusión es consecuencia de la gran fortaleza de estos enlaces.	Al ser poco intensas las fuerzas entre las moléculas, las temperaturas de fusión y de ebullición son bajas.

Hay varios tipos de enlace: iónico, covalente molecular, covalente reticular y metálico. Los enlaces determinan las propiedades de las sustancias.

smSaviadigital.com PRACTICA

Con este interactivo puedes clasificar las sustancias según su tipo de enlace.

ACTIVIDADES

22. Observa los siguientes diagramas y responde a las preguntas siguientes:

A

B

C
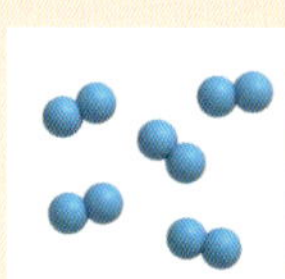
D

E

a) ¿Qué esquemas corresponden a una sustancia formada por moléculas?

b) ¿Qué esquemas identifican una sustancia simple?

c) ¿Qué esquemas corresponden a una sustancia compuesta?

d) ¿Hay algún esquema que represente una mezcla de sustancias?

e) Si tuvieras una sustancia conductora de la corriente, ¿qué esquema le correspondería?

23. La sal y el azúcar son dos sólidos que a primera vista se asemejan. Pero ¿qué propiedades tienen en común y cuáles permiten diferenciarlos?

8 Materiales de interés en el cuerpo humano

Reflexiona

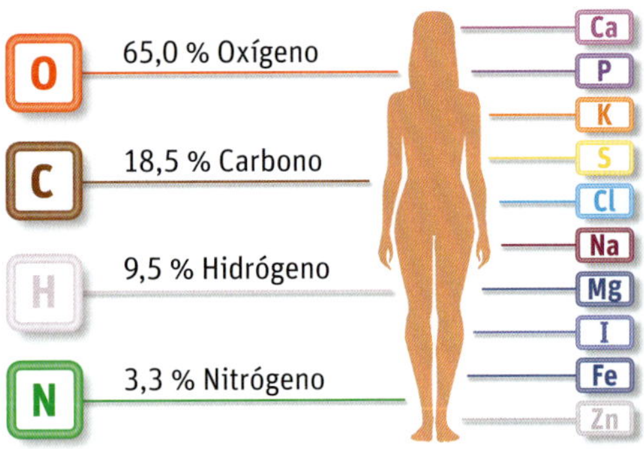

Este esquema muestra los porcentajes en masa de los elementos químicos del cuerpo humano.

El oxígeno y el hidrógeno forman el agua que está en todas nuestras células, y el calcio lo tenemos en los huesos. Los elementos **carbono**, **oxígeno** e **hidrógeno** forman parte de distintos compuestos de las células y tejidos, junto con el **nitrógeno** en las proteínas.

¿Qué porcentaje suman los cuatro elementos más abundantes en el cuerpo humano?

Cálculo de la cantidad de calcio en tu cuerpo

4. El calcio forma compuestos que dan la rigidez a los huesos. Infórmate de cómo se llama la enfermedad provocada por deficiencia de calcio y qué problemas causa. Calcula la masa de calcio que tenemos en el cuerpo. ¿Crees que este valor corresponde a la masa de todo tu esqueleto? Razona tu respuesta.

SOLUCIÓN

Solamente necesitamos saber nuestra masa. Supongamos que es de 55 kg.

$$\text{masa de calcio} = (55\ \text{kg}) \cdot \frac{(1{,}5\ \text{kg de calcio})}{(100\ \text{kg masa})} = 0{,}825\ \text{kg de calcio}$$

El calcio es una parte del esqueleto, pero no representa el 100 % de este.

Metales en el cuerpo humano

Observa la lista de elementos presentes en el cuerpo humano. ¿Cuáles son metales? El hierro, que se encuentra en los glóbulos rojos, es muy poco abundante, pero tiene un papel fundamental en el transporte de oxígeno a las células. Sin embargo, algunas personas llevan una masa de metal muy superior, en forma de prótesis.

Una aleación de acero inoxidable, titanio y tantalio sustituye a una parte del fémur cuando este hueso ya no puede hacer la función de soporte.

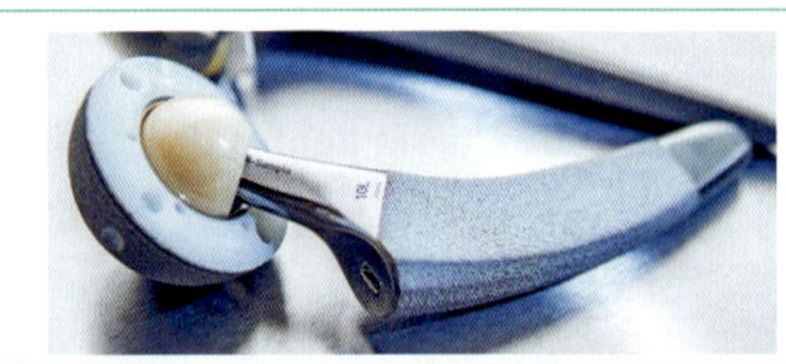

Durante muchos años, los dentistas han usado una aleación de plata y mercurio, llamada amalgama, para rellenar las cavidades que las caries dejaban en los dientes.

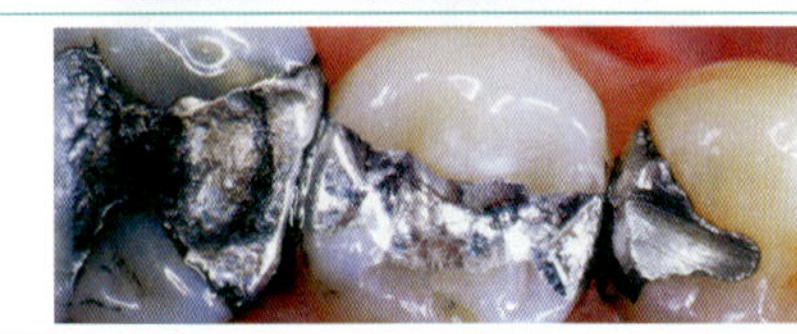

Una aleación de níquel y titanio tiene una propiedad muy útil para cirugía y ortodoncia. Su estructura y forma cambia según la temperatura. A este tipo de aleaciones se las llama **metales con memoria** de forma.

Así, por ejemplo, se puede implantar en una arteria una espiral de esta aleación, que, a la temperatura del interior del cuerpo, 36 °C, se ensancha y mantiene el paso abierto de la sangre.

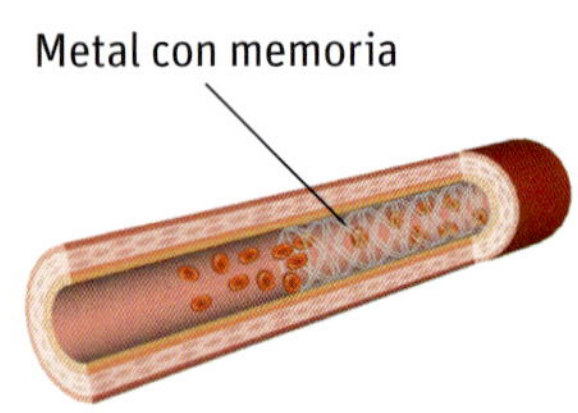

ACTIVIDADES

24. ¿Por qué no usar el metal puro en lugar de una aleación para las aplicaciones descritas?

25. Las joyas de oro, en realidad, son una aleación de oro, plata y cobre. Se llama oro de 18 quilates al que, de 24 partes, 18 son de oro. ¿Qué tanto por ciento de oro puro tiene una joya de 18 quilates?

26. Algunos metales forman compuestos muy tóxicos para el organismo, como el plomo, el mercurio y otros. Investiga dónde se originan estos compuestos tóxicos.

Procedimientos de la ciencia

Activa tu faceta artística con la química

Una de las técnicas de separación de sustancias es la cromatografía. Para desarrollar esta técnica debemos preguntarnos:

¿Qué colorantes se utilizan en los rotuladores para obtener determinado color?

Los colorantes son sustancias compuestas solubles en agua y en otros disolventes. Se usan para teñir y para colorear.

Los pigmentos son sustancias compuestas insolubles en agua y en otros disolventes. Se usan en pintura.

1 ELECCIÓN DEL DISOLVENTE

Reúne varios rotuladores de colores: negro, rojo, azul y verde.

Toma una tiras de papel de filtro (te puede servir el filtro para cafeteras que tienes en la cocina), traza una línea gruesa en cada papel y, con un cuentagotas, vierte un par de gotas de alcohol sobre uno de los trazos.

Observa si el trazo se extiende o no. Repite la operación con la otra tira de papel, pero ahora con unas gotas de agua.

¿Qué disolvente consideras mejor para la separación de las tintas?

2 REALIZACIÓN DE LA CROMATOGRAFÍA

Cogemos un recipiente y lo llenamos hasta dos dedos de profundidad con el disolvente elegido anteriormente. Pintamos una tira de filtro con un trazo de uno de los rotuladores de colores y la sujetamos con una pinza de tal forma que el extremo inferior toque el disolvente.

Toma nota, en el cuaderno, de tus observaciones en una tabla como la siguiente:

Marca de rotulador	Color	Disolvente	Separación de tintas
●●●	●●●	●●●	●●●
●●●	●●●	●●●	●●●

¿Cuál es la composición de las tintas que forman el color negro en la mayoría de los rotuladores?

3 LA FACETA ARTÍSTICA DE LA CROMATOGRAFÍA

En un trozo de papel de filtro dibuja una figura con un rotulador que lleve al menos dos tintas de diferente color. Se usa un vaso ancho, de modo que uno de los extremos del papel quede rozando la superficie del agua. Deja que ascienda el agua por el papel.

Otra posibilidad es dibujar, en el centro del papel de filtro, puntos o pequeños trazos con rotuladores de varios colores.

Se pone el papel sobre una superficie plana y, con un cuentagotas, se van echando gotas en el centro del papel donde se han dibujado los trazos. El agua se extiende y forma diferentes dibujos.

¿Qué rotuladores llevan una única tinta? ¿Cómo explicas que se separen los colorantes?

Lo esencial en imágenes

SÓLIDOS

LÍQUIDOS

GASES

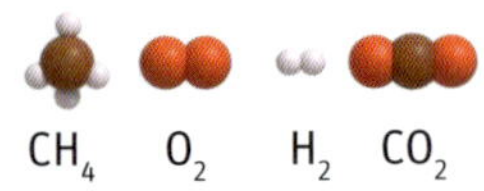

Puede presentarse como

LA MATERIA

Puede estar formada por uno o más componentes

Se ven a simple vista

SISTEMAS HETEROGÉNEOS

o con lupa o microscopio óptico

SUSPENSIONES Y COLOIDES

No se ven ni con potentes microscopios

SISTEMAS HOMOGÉNEOS

¿Funden y hierven a *T* constante?

No

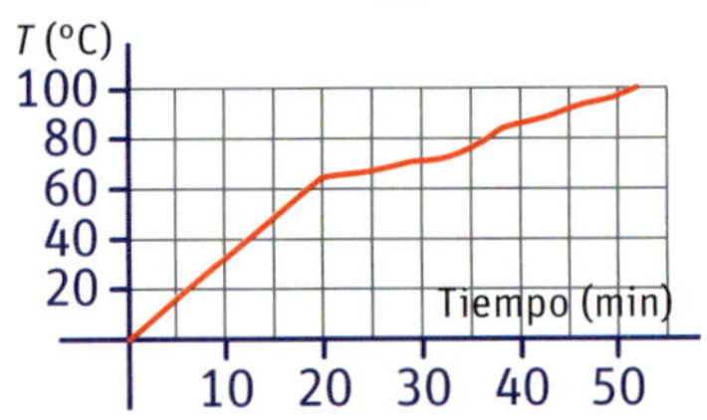

DISOLUCIÓN

Sí

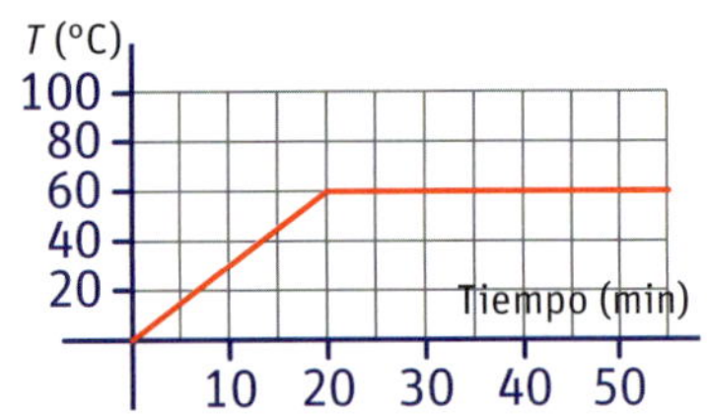

SUSTANCIA PURA

Puede dar lugar a nuevas sustancias

Sí

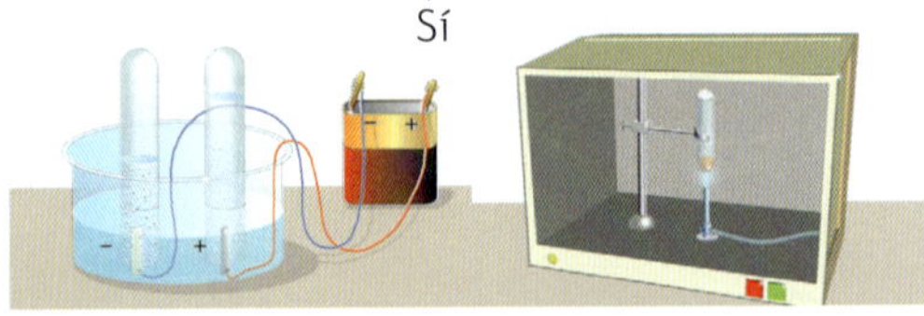

Por electrólisis o mediante descomposición térmica

COMPUESTOS

Formados por distintos tipos de

No

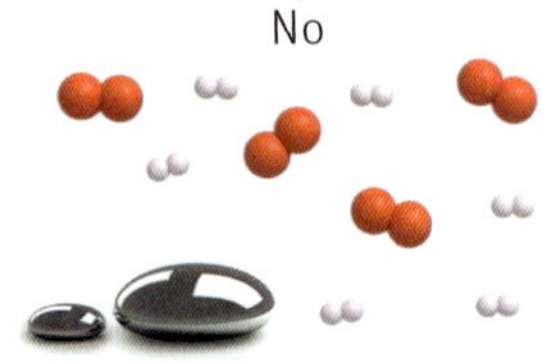

SUSTANCIA SIMPLE

Formados por un mismo tipo de

ÁTOMOS

Representado por los modelos de

Dalton

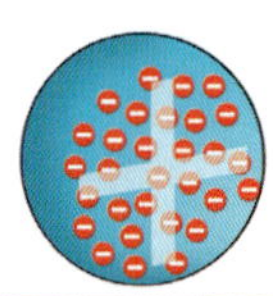

Thomson

Rutherford

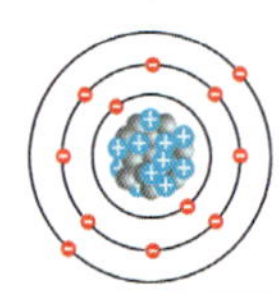

Bohr

smSaviadigital.com VALORA LO APRENDIDO > Resumen

Lo esencial en problemas

1. Indica cómo separarías los componentes de las mezclas siguientes:

a) Tierra y agua.
b) Virutas de cobre y agua.
c) Gasolina y agua.
d) Clavos de hierro y sal.
e) Azúcar y harina.
f) Gasóleo y agua.

SOLUCIÓN

a) Filtración.
b) Filtración.
c) Filtración.
d) Separación magnética.
e) Disolución + filtración + cristalización.
f) Decantación.

2. Queremos preparar una solución de azúcar en agua del 30 % en masa. En total necesitamos 50 g de solución. ¿Qué masa de azúcar y de agua debemos medir?

SOLUCIÓN

Masa de azúcar:

$$m = \frac{(30 \text{ g de azúcar})}{(100 \text{ g de disolución})} \cdot (50 \text{ g de disolución}) = 15 \text{ g de azúcar}$$

Masa de agua: m = (50 g de disolución) − (15 g de azúcar) = 35 g de agua.

3. A partir de la gráfica que representa a continuación la solubilidad de una sustancia en 100 g de agua, ¿qué masa de soluto se puede disolver a 40 °C hasta saturar la disolución?

¿Qué pasaría si ahora esta disolución se enfriara hasta 10 °C?

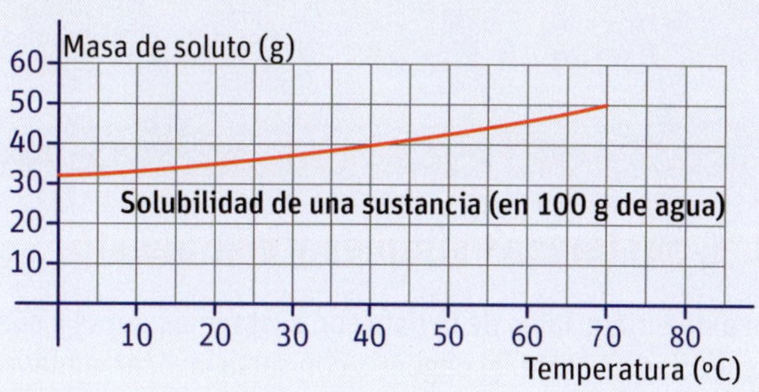

SOLUCIÓN

En la gráfica se lee que a 40 °C se disuelven 40 g en 100 g de disolvente.

Si se enfría hasta 10 °C, a esta temperatura solo se disuelven unos 33 g (en 100 g de disolvente).

Por tanto, el resto quedará insoluble:

m = (40 − 33) g = 7 g de soluto que se precipitará.

4. El carbono tiene tres isótopos: ${}^{13}_{6}C$; ${}^{12}_{6}C$; ${}^{14}_{6}C$.¿Cuántos protones, neutrones y electrones tiene cada uno de ellos?

SOLUCIÓN

${}^{13}_{6}C$ tiene 6 protones, 7 neutrones y 6 electrones.

${}^{12}_{6}C$ tiene 6 protones, 6 neutrones y 6 electrones.

${}^{14}_{6}C$ tiene 6 protones, 8 neutrones y 6 electrones.

5. Asocia cada una de las siguientes frases a la imagen que le corresponda:

A. Sustancia simple.
B. Mezcla de sustancias.
C. Estructura de una sustancia salina.
D. Sustancia compuesta.

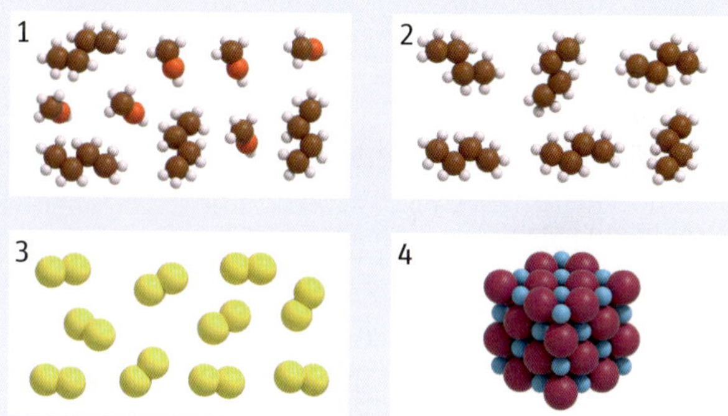

SOLUCIÓN

A → 3; B → 1; C → 4; D → 2

6. Realiza una red conceptual (tela de araña) con los siguientes términos:

átomos, núcleo, electrones, protones, neutrones y número atómico.

SOLUCIÓN

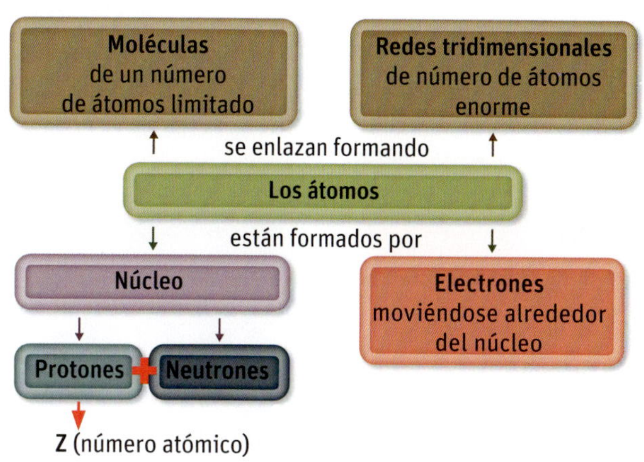

Actividades

Mezclas homogéneas y heterogéneas

27. Clasifica en materia homogénea o heterogénea:

A. Tortilla de patatas.
B. Agua oxigenada.
C. Aire.
D. Cubitos de hielo.
E. Batido de chocolate.
F. Sangre.

28. Para analizar un mineral, lo dividimos en tres trozos. De cada trozo determinamos su densidad. Los resultados son diferentes para cada uno de ellos. ¿Se trata de un mineral homogéneo o heterogéneo?

29. En el envase de un medicamento, se indica "Agítese antes de tomarlo". Con esta información, ¿podemos afirmar que se trata de una disolución?

30. Indica procedimientos de separación para las siguientes mezclas heterogéneas:

a) Limaduras de hierro + arena + sal.

b) Agua + gasolina + aceite.

c) Limaduras de hierro + agua.

d) Garbanzos + lentejas.

Disoluciones acuosas, aleaciones y coloides

31. De la siguiente lista:

A. Latón.
B. Infusión poleo-menta.
C. Duraluminio.
D. Acero inoxidable.
E. Cobre.
F. Vidrio.
G. Magnesio.
H. Aire.
I. Leche semidesnatada.
J. Gas butano.

a) ¿Qué sustancias y materiales son conductores de la corriente?

b) ¿Cuáles son buenos aislantes eléctricos?

c) ¿Cuáles son aleaciones?

d) ¿Cuáles son dispersiones coloidales?

32. Las suspensiones se diferencian de los coloides por el tamaño de las partículas. En el caso de las suspensiones, las partículas tienen alrededor de $2 \cdot 10^{-4}$ mm y acaban depositándose. En los coloides son unas 100 veces más pequeñas y se mantienen estables. De acuerdo con esta información, ¿podrías decir si las mezclas siguientes son suspensiones o coloides?

a) La niebla.

b) Una pintura.

c) Zumo de naranja recién exprimido.

d) Humo de una chimenea.

e) Un gel de baño.

33. Señala los pasos que debes seguir para preparar 250 cm^3 de una disolución de azúcar de 60 g/L si dispones de una probeta, azúcar, una balanza y agua.

34. Observa la gráfica de solubilidad de un soluto en 100 cm^3 de agua.

a) ¿Entre qué intervalos de temperatura se ha hecho el experimento?

b) ¿Qué masa de soluto se disuelve a 20 °C? ¿Y a 70 °C?

c) Si tenemos agua a 40 °C, ¿qué masa de soluto se necesita para saturar la disolución?

d) Supón que tienes 50 g de soluto y 100 cm^3 de agua a 20 °C. ¿Podrás disolver todo el soluto?

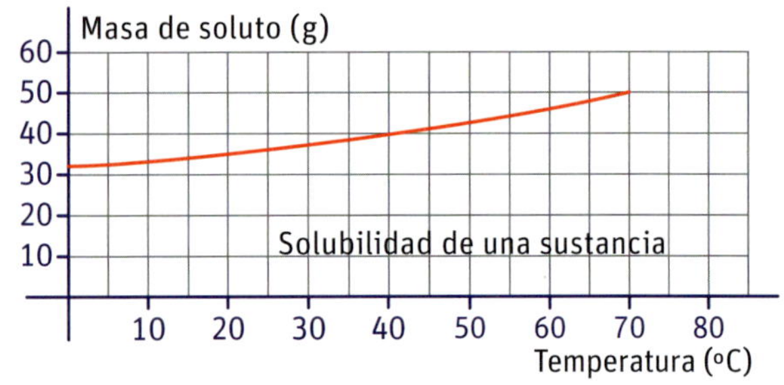

35. Muchos solutos se disuelven mejor en agua caliente que en agua fría. Por ejemplo, 20 g de nitrato de potasio se disuelven completamente en 100 cm^3 de agua a 15 °C; pero, si calentamos el agua hasta los 40 °C, se pueden disolver 60 g del soluto. ¿Puedes hacer una predicción de lo que pasará si la solución que tenemos a 40 °C la vamos enfriando hasta los 15 °C?

36. Un farmacéutico debe preparar una solución de vitamina C de concentración 2 g/L para un cliente. El cliente ha pedido que le prepare 5 frascos, cada uno de 100 mL. ¿Qué masa de vitamina C hay que disolver en cada frasco?

Mezclas, sustancias simples y compuestos

37. Indica qué materiales de la lista son sustancias puras y cuáles son mezclas: la plata, espaguetis con salsa, azúcar, agua, aire, agua de mar, hierro.

De las sustancias de la lista anterior, ¿cuáles son simples y cuáles compuestas? Explica cómo lo has podido averiguar.

38. Razona cuál es la opción correcta:

a) Todos los sistemas homogéneos están formados por una única sustancia.

b) Todas las sustancias puras son compuestos.

c) Un compuesto es una sustancia que se puede descomponer en otras sustancias.

d) Los elementos de un compuesto pueden hallarse en proporciones variables.

39. Tenemos un sólido de color verde y lo queremos clasificar en compuesto o en sustancia simple. Hacemos el experimento siguiente:

- Introducimos dos cucharillas dentro de un vaso donde habíamos disuelto en agua el sólido verde.
- Conectamos cada cucharilla a los polos de una pila y esperamos unos minutos.
- Observamos que se forman burbujas en la cucharilla conectada al polo positivo y que se deposita un sólido de color marrón en la cucharilla conectada al polo negativo.

a) ¿Cómo se denomina este proceso?

b) El sólido que hemos disuelto ¿es una sustancia simple o un compuesto? Explica tu respuesta.

c) ¿Qué podríamos hacer para recoger el gas que se forma en un tubo de ensayo?

40. Examina las estructuras representadas a continuación.

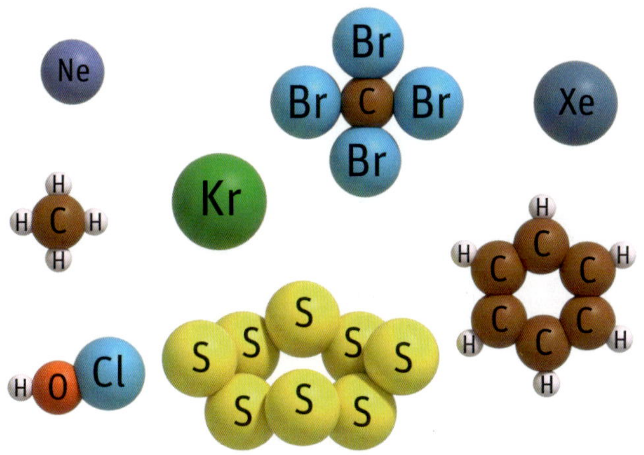

¿Qué estructuras corresponden a sustancias simples y cuáles a compuestas? Razona cómo has hecho la elección.

41. Señala si las frases siguientes son verdaderas o falsas. En el caso de que sean falsas, razona por qué.

a) Las sustancias puras no se pueden descomponer.

b) Todos los compuestos son sustancias puras.

c) Todas las sustancias simples son puras.

d) Todos los átomos que forman las sustancias simples son iguales.

42. ¿Qué tipo de sustancia (sustancia simple, sustancia compuesta, mezcla) representan los modelos siguientes?

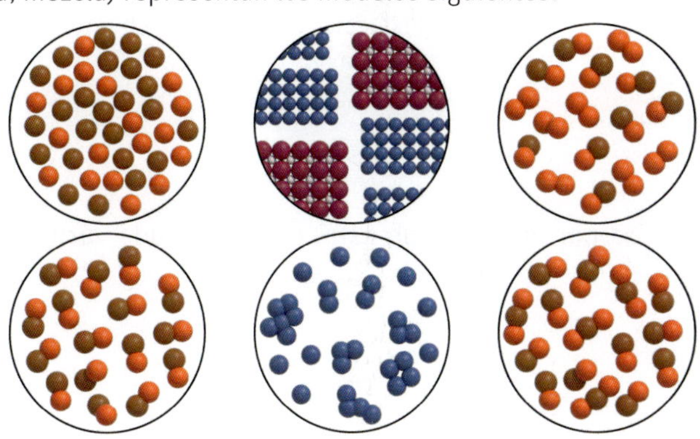

43. Clasifica como mezcla, disolución, compuesto o sustancia simple los materiales siguientes. Justifica siempre la respuesta:

a) X es una sustancia heterogénea. Si la calentamos fuertemente, se transforma en un gas y en una sustancia homogénea Y. La sustancia Y realiza todo tipo de cambios físicos de manera homogénea.

b) El líquido Q tiene un olor penetrante y hierve a 180 °C. La temperatura aumenta constantemente mientras dura la ebullición.

c) El sólido Z es homogéneo y funde a 110 °C, formando un líquido homogéneo. La electrólisis de Z no da ningún nuevo producto.

Los átomos se ordenan

44. El carbono tiene tres isótopos: $^{13}_{6}C$; $^{12}_{6}C$; $^{14}_{6}C$. Explica el significado de cada representación.

45. El yodo disuelto en alcohol se usa como desinfectante. El núcleo del átomo del elemento yodo tiene 53 protones y 74 neutrones.

a) ¿Cuál es el número atómico (*Z*) del elemento yodo?

b) ¿Cuál es el número másico (*A*) de este átomo?

c) Escribe la notación de este átomo, con el símbolo y los números *A* y *Z*.

d) ¿Cuántos electrones tiene un átomo de yodo?

e) ¿Cuántos protones, electrones y neutrones tiene el ion yoduro, I^-?

46. Rellena en tu cuaderno el cuadro siguiente:

Elemento	Símbolo	Metal/No metal/ Gas noble	Estado físico
Magnesio	●●●	●●●	●●●
Argón	●●●	●●●	●●●
Mercurio	●●●	●●●	●●●
Fósforo	●●●	●●●	●●●
Plata	●●●	●●●	●●●
Plomo	●●●	●●●	●●●
Flúor	●●●	●●●	●●●

47. Los elementos sodio y cloro forman los iones Na^+ y Cl^-. Estos iones forman una red, que corresponde a la estructura de la sal común. El átomo de sodio tiene 11 protones y 12 neutrones; el átomo de cloro tiene 17 protones y 18 neutrones.

a) ¿Cuántos electrones tiene el ion sodio?

b) ¿Cuántos electrones tiene el ion cloro?

c) ¿Los iones que forman la sal son eléctricamente neutros?

d) Representa la notación de estos dos iones.

48. Explica por qué un elemento químico no puede identificarse por el número de neutrones que posee su núcleo atómico, pero sí por el número de protones.

Ponte a prueba

De rerum natura

El científico y poeta mallorquín Àngel Terron escribió una poesía que, traducida y adaptada, dice así:

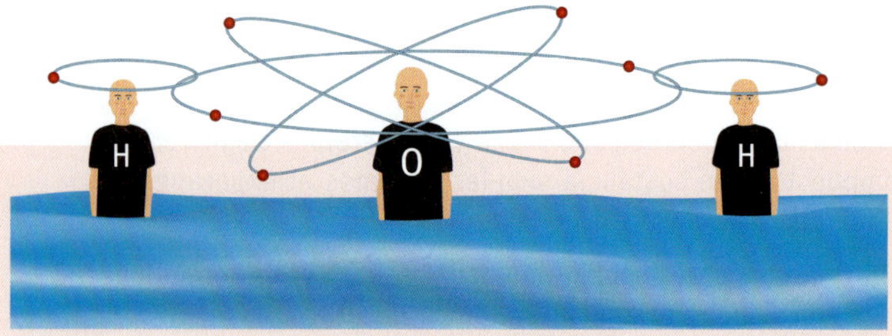

DE RERUM NATURA

Cuando un científico mira una piedra
Ve más allá de un objeto contundente
Ve todo un entramado de moléculas
Y la *estructura tridimensional de los silicatos*
Cuando mira las hojas de un árbol
Sabe el porqué de sus colores
La distribución de los átomos en la clorofila

Cuando era niño y se preguntaba el porqué de la dureza de las rocas
Del *brillo de los metales*
De por qué el vino se convertía en vinagre
No sospechaba la belleza de los símbolos
La belleza del conocimiento
Y que observar sería un acto de creación
El placer de vivir se extrae de la naturaleza de las cosas

Terrón, Ángel: *Iniciació a la química* (1977)

1. Cuando se refiere a la estructura tridimensional de los silicatos, ¿significa que una piedra puede estar formada por moléculas? ¿Qué tipo de estructura debe corresponder a lo que describe el poeta?

2. La clorofila está formada por moléculas, da el color verde a las hojas, pero en otoño los árboles caducifolios cambian el color de estas. Ello se debe a que las hojas contienen clorofila y otros pigmentos. ¿Qué técnica sugieres para separar estos componentes?
   a) Filtración.
   b) Decantación.
   c) Cristalización.
   d) Cromatografía.

3. Los metales brillan y, además, conducen la corriente. ¿Qué modelo de enlace puede explicar la conductividad eléctrica en los metales?

Ensayos de conductividad eléctrica

En el laboratorio se ha montado un circuito eléctrico sencillo formado por una fuente de alimentación, una bombilla y tres materiales sólidos diferentes con el fin de determinar la conductividad eléctrica de cada uno de ellos.

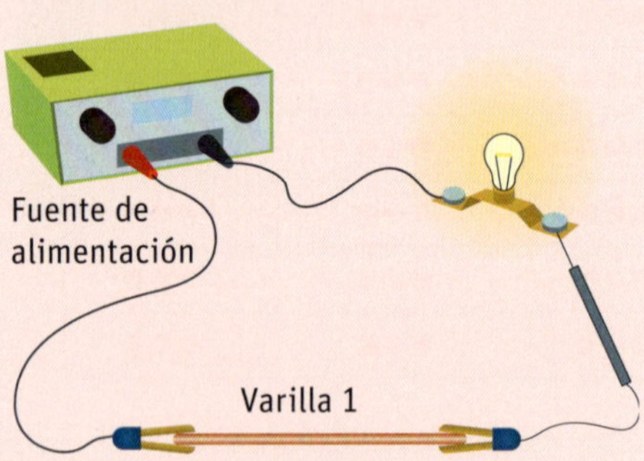

1. Al conectar la varilla 1 al circuito, la bombilla brilla.

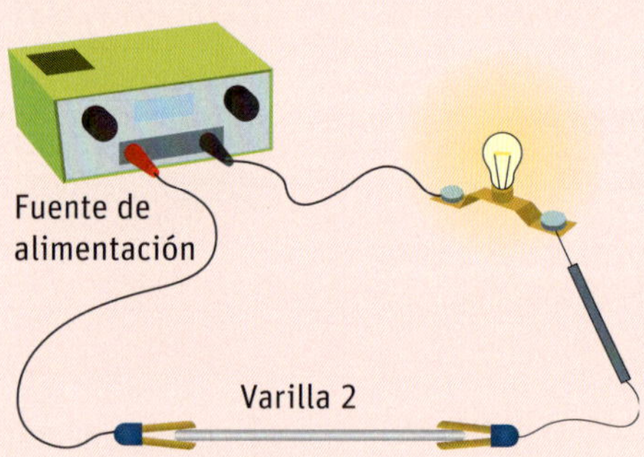

2. Al conectar la varilla 2 al circuito, la bombilla brilla.

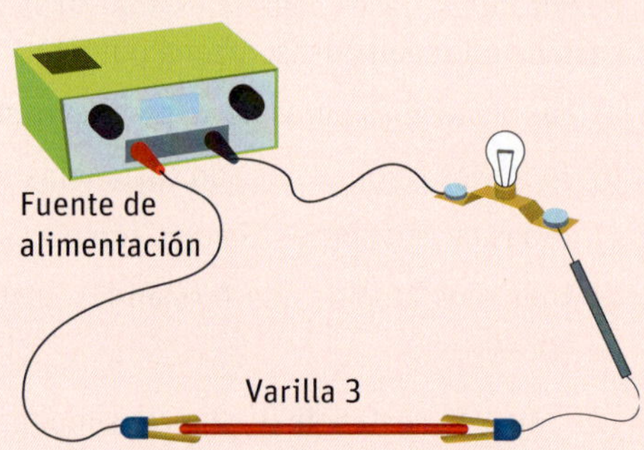

3. Al conectar la varilla 3 al circuito, la bombilla no se enciende.

1. ¿Qué tipo de enlace presentará cada una de estas sustancias?

2. Si juntamos las varillas y acercamos un imán, solo la varilla 2 es atraída por él. Sabiendo esto, relaciona cada varilla con alguno de los siguientes materiales:
   a) Acero.
   b) Plástico.
   c) Cobre.
   d) Diamante.

Química en la cocina

En el año 1924, Rosa Sensat, en su libro *Les ciències en la vida de la llar* (*Las ciencias en la vida del hogar),* proponía tratar científicamente cuestiones relacionadas con la comida.

Para preparar una mermelada según los consejos de Rosa Sensat, hemos tomado 500 g de fruta y 380 g de azúcar, y los hemos puesto a calentar mientras tomábamos medidas de la temperatura. Al colocar un termómetro sobre la mezcla, se observaba que comenzaba a hervir a los 105 °C; y mientras se calentaba, hemos tomado medidas y después las hemos representado gráficamente.

¿Cuál de estas dos gráficas crees que se corresponderá con la experiencia y por qué?

Relaciona las gráficas con el concepto de sustancia pura.

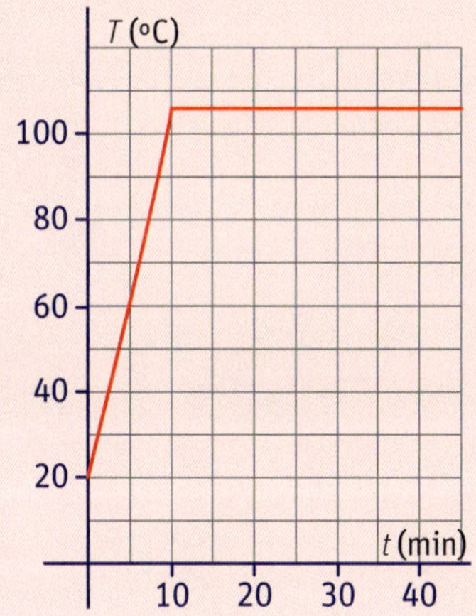

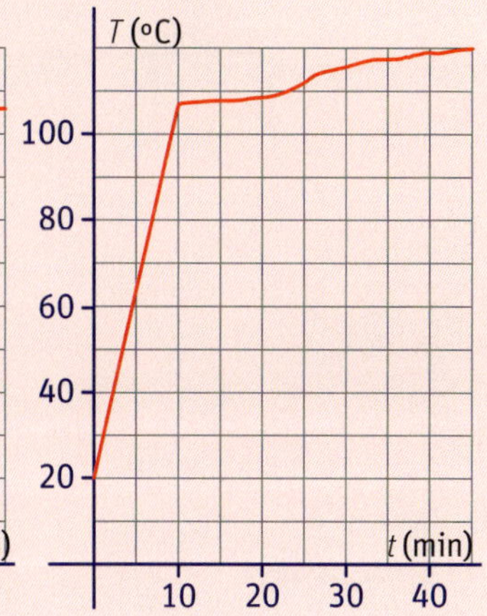

AUTOEVALUACIÓN

1. Para separar arena y sal, la técnica mejor es:

a) Añadir agua, la sal se disuelve; decantar.

b) Añadir agua, la sal se disuelve; filtrar. Dejar evaporar el agua.

c) Añadir agua, la sal se disuelve; filtrar y lavar el filtrado de arena con agua. Dejar secar la arena y dejar evaporar el agua.

d) Añadir agua, la sal se disuelve; filtrar. Dejar secar la arena y dejar evaporar el agua.

2. El agua es una sustancia compuesta. Porque...

a) Hierve a temperatura constante y la electrólisis la descompone en hidrógeno y oxígeno.

b) La electrólisis la descompone en los gases hidrógeno y oxígeno.

c) Se congela y hierve a temperatura constante.

d) La temperatura de ebullición se mantiene constante y la electrólisis no muestra que se descomponga en sustancias simples.

3. Un átomo tiene 16 protones y 16 neutrones en su núcleo. ¿Cuál de las siguientes afirmaciones es correcta?

a) Si el átomo es neutro, su *Z* es 32 y tiene 16 electrones.

b) Su número atómico coincide con el número de electrones, si es neutro, que es 32.

c) El número másico es 32 y el número atómico es 16.

d) El número másico es 16 y el número atómico es 32.

4. La destilación es una técnica útil para separar:

a) Componentes líquidos de una disolución.

b) Sólidos disueltos en un líquido.

c) Líquidos que no se disuelven entre sí.

d) Dos gases.

5. ¿Qué masas de soluto y de disolvente se necesitan para preparar una disolución acuosa del 5 % de sal?

a) 5 g de sal y 100 g de agua.

b) 5 g de sal y 95 g de agua.

c) Para saberlo, necesitamos conocer qué masa total de disolución tenemos que preparar.

d) Para saberlo, necesitamos conocer la masa de agua.

6. Algunos líquidos son muy volátiles, es decir, se evaporan con gran facilidad; otros se evaporan pero con dificultad. Para relacionar esta propiedad con su estructura:

a) Decimos que todos están formados por moléculas.

b) Todos estos líquidos están formados por moléculas cuyos átomos están débilmente unidos.

c) La moléculas de estos líquidos se separan con facilidad.

d) En algunos líquidos, las moléculas están menos unidas que en otros.

7. Hemos preparado 1000 cm^3 de una disolución de concentración 12 g/L. Si evaporamos la mitad de esta disolución, obtendremos una masa de soluto de:

a) 6 g.

b) 24 g.

c) 12 g.

d) 500 g.

8. ¿Cuál es la frase correcta?

a) Las sustancias puras son compuestos químicos.

b) Las sustancias simples son sustancias puras.

c) Una disolución es una mezcla heterogénea de dos componentes: el disolvente y el soluto.

d) Los coloides son mezclas homogéneas de aspecto heterogéneo.

smSaviadigital.com VALORA LO APRENDIDO > Autoevaluación con sus soluciones

4 Los cambios químicos

Abre tu mirada

Difícilmente llegaremos a saber cuándo los hombres primitivos fueron conscientes de que estaban realizando un cambio químico. Sin embargo, desde los tiempos más remotos, el fuego, es decir, la energía liberada en la reacción de un combustible (madera, carbón, etc.) con el oxígeno del aire, ha servido para calentar, para cocinar, para obtener metales y otras sustancias, y más adelante para mover máquinas y transportes. Actualmente, la química sabe cómo controlar una reacción y cómo fabricar nuevos materiales, porque entendemos el mecanismo de los cambios químicos.

- **¿Qué tipos de cambios conoces en la materia?**
- **¿Qué es una reacción química? ¿Conoces alguna?**
- **¿Qué les sucede a los reactivos en una reacción?**
- **¿Cómo podemos aceler o frenar una reacción química?**

Observa y determina

Tenemos un matraz lleno de una mezcla de gas hidrógeno y gas oxígeno que son invisibles. Pesamos el matraz y a continuación hacemos estallar la mezcla. Sorprendentemente, los gases desaparecen y aparecen pequeñas gotas de agua.
¿Pesará el matraz lo mismo ahora que antes? La respuesta a esta pregunta representó un avance fundamental en la química.

Piensa y reflexiona

Una reacción química implica siempre un intercambio de energía. ¿En qué casos las reacciones químicas liberan energía? ¿Conoces casos en que se necesite aportar energía para que transcurra una reacción?

Y tú, ¿qué opinas?

Gracias a la química, disponemos de materiales para la construcción, cosméticos, fármacos, etc. Pero la química también tiene su "lado oscuro": el medioambiente se degrada por un mal uso de sustancias que se acumulan y contaminan las aguas y el aire.
Es misión de todos encontrar remedio a estos problemas.

- **¿Qué ventajas e inconvenientes conoces de la química?**
- **¿Conoces algún simulador de reacciones químicas?**

1 Cambios físicos y cambios químicos

Ten en cuenta

Para identificar cambios físicos y químicos, debemos tener en cuenta estos criterios.

Cambios físicos:

- Se puede volver a la situación inicial calentando o enfriando.
- Se pueden separar y recuperar las mismas sustancias que se habían mezclado.

Cambios químicos:

- Desaparecen unas sustancias y se observa la formación de otras nuevas, que pueden ser gases, líquidos o sólidos.

No siempre es fácil distinguir a simple vista entre fenómenos que clasificamos como cambios físicos o cambios químicos.

Observa

Observa los fenómenos representados en cada par de imágenes antes y después de producirse el cambio.

A. Dejamos a temperatura ambiente un vaso con hielo.

B. Añadimos al vinagre una disolución de bicarbonato.

C. Sumergimos una lámina de cinc en una disolución de sulfato de cobre.

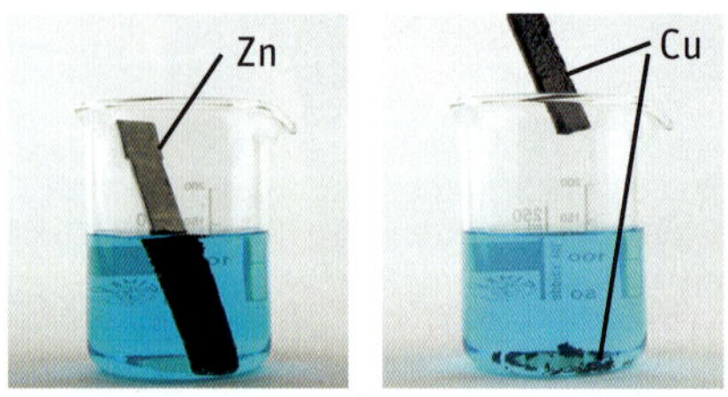

D. Añadimos sal al agua y agitamos.

E. Dejamos evaporar el agua de mar en los estanques de las salinas.

F. Encendemos una vela y la tapamos con un vaso.

Basándonos en los criterios para identificar cambios físicos y cambios químicos que aparecen en el margen, ¿qué fenómenos pueden clasificarse como cambio físico y cuáles como cambio químico? ¿Qué criterios has utilizado para tomar cada decisión?

Lo que distingue un cambio químico de uno físico es que en el químico se forman nuevas sustancias a partir de otras y, sin embargo, en el físico no cambian las sustancias.

Cambio físico	Cambio químico
No cambia la identidad de las sustancias; **permanecen la misma o las mismas sustancias**. Por esto, las sustancias se representan con idéntica fórmula antes y después. Por ejemplo, en el cambio de estado del hielo: $H_2O\ (s) \longrightarrow H_2O\ (l)$ Son cambios físicos los **cambios de estado y la formación de mezclas**. En ambos casos puede obtenerse fácilmente de nuevo las sustancias por separado o en su estado inicial. La masa no varía y el intercambio de calor (absorción o desprendimiento) es generalmente moderado.	Varía la identidad de las sustancias que intervienen, ya que, a partir de unas sustancias de partida, se **forman sustancias nuevas**. Por ejemplo, en la reacción de reducción del cobre: $Zn\ (s) + CuSO_4\ (aq) \longrightarrow Cu\ (s) + ZnSO_4\ (aq)$ Las masas de las sustancias iniciales y las finales están en proporciones fijas entre ellas. La masa total no varía y el intercambio de calor es generalmente más elevado que en cambios físicos, especialmente el calor liberado en las reacciones de combustión.

Analiza

María y Julián no se ponen de acuerdo en su discusión.

¿Estás de acuerdo con las afirmaciones de Julián y de María? ¿Cómo decidirías si son cambios químicos o físicos estos procesos? ¿Qué argumentos utilizarías para convencerlos de tus decisiones?

ACTIVIDADES

1. Amplía la tabla en tu cuaderno y razona si los siguientes procesos son cambios físicos o químicos:

Físico	Químico
●●●	●●●

a) La vaporización del agua.

b) Quemar el carbón.

c) La acción del zumo de limón estropea el mármol.

d) La leche que se vuelve agria si se deja por mucho tiempo a temperatura ambiente.

e) La obtención de aluminio a partir de la bauxita o mineral de aluminio.

f) La obtención de gasolina en el proceso de destilado de las refinerías.

g) La formación de vaho delante de la boca cuando respiramos en los días fríos de invierno.

h) El secado de la ropa cuando la tendemos al aire libre.

2. Observa la siguiente foto de un tornillo de hierro oxidado y otro sin oxidar.

a) ¿Qué diferencias encuentras?

b) ¿De qué tipo de cambio se trata? ¿Por qué?

c) ¿Cuáles son las características de estos cambios?

3. Con el paso del tiempo, el agua oxigenada del botiquín (H_2O_2) deja de ser desinfectante porque se transforma en agua y oxígeno, dado que el oxígeno escapa de la botella.

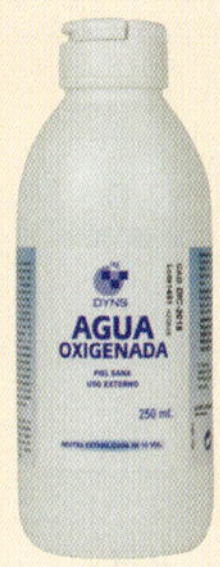

a) ¿Qué tipo de cambio se ha producido?

b) ¿Se trata de un tipo de cambio similar o distinto al que se produce cuando abrimos una bebida gaseosa y aparecen burbujas que salen de la botella? Razona tu respuesta.

En la web

En este enlace puedes disfrutar de recursos químicos espectaculares.

www.e-sm.net/svfq2eso02_01

smSaviadigital.com PRACTICA

¿Cambios físicos o químicos? Clasifícalos.

2 Reacción química

Figura 4.1. Reacción entre el aluminio y el bromo

Una **reacción química** es un proceso donde unas sustancias iniciales, llamadas reactivos, se transforman en otras, denominadas productos. Se produce un intercambio de energía entre las sustancias que intervienen y el medio.

Reactivos → Productos ± Energía

Observa

Con ayuda del profesor, prepara este experimento. Solo necesitarás limaduras de hierro, azufre, un imán y un mechero Bunsen.

Si mezclamos azufre con limaduras de hierro y acercamos el imán, observamos que este atrae el hierro. No se ha producido reacción porque no se han transformado las sustancias iniciales.

En cambio, si calentamos la mezcla a gran temperatura, el contenido muestra un sólido de color negro que no tiene propiedades magnéticas. Se ha formado una nueva sustancia.

¿Qué evidencias experimentales muestran que ha tenido lugar la reacción? ¿Cuáles son los productos y los reactivos de la reacción?

smSaviadigital.com OBSERVA

En el vídeo te mostramos distintos tipos de reacciones químicas.

Una reacción química, como la anterior, se puede describir en tres niveles:

Descripción macroscópica

Se utiliza la **descripción a nivel de sustancias** indicando sus propiedades y su estado físico.

Por ejemplo, en la reacción anterior del azufre y del hierro tendremos:

Azufre	+	Hierro	→	Sulfuro de hierro
Sólido		Sólido		Sólido
Amarillo		Gris		Gris oscuro
No lo atrae el imán		Lo atrae el imán		No lo atrae el imán

De esta forma se pueden identificar reacciones químicas y determinar los elementos de reacción.

Descripción submicroscópica

Son modelos que **representan las partículas** que forman las sustancias que intervienen en la reacción. Por ejemplo, para esta reacción tendríamos:

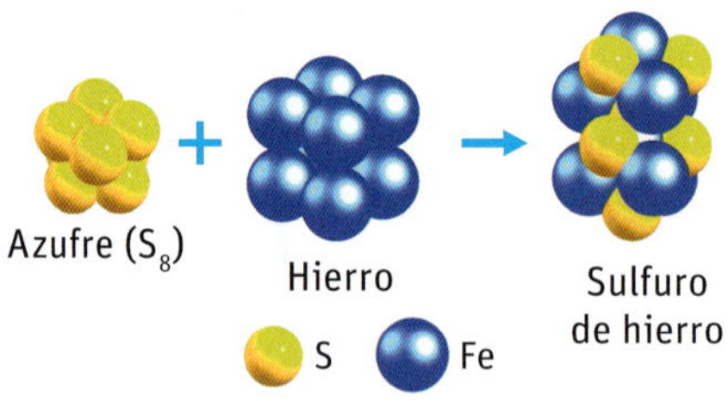

Una molécula de azufre se combina con ocho átomos de hierro para dar sulfuro de hierro.

Descripción simbólica

Utiliza las fórmulas químicas para escribir la **ecuación química** de la reacción.

Por ejemplo:

Símbolo ↓ — Estado físico ↓ — Sentido de la reacción

S_8 **(s)** + **8 Fe (s)** + Energía ⟶ **8 FeS (s)**

Azufre — Hierro — Sulfuro de hierro

Coeficientes estequiométricos ↑ — Aporte de energía ↑

Se indica sólido (s), líquido (l) o gas (g) al lado de la fórmula. Los coeficientes estequiométricos indican la proporción entre reactivos y productos.

- En una reacción química, los **átomos permanecen**, ni se forman átomos nuevos ni desaparecen.
- Los átomos **únicamente se reordenan** a partir de los reactivos para formar los productos.
- Las sustancias iniciales o **reactivos** se convierten en **productos**; con **intercambio de energía**.

Tipos de reacciones químicas

Las reacciones químicas se pueden clasificar según distintos criterios, como **la forma en que se reagrupan los átomos** durante su transformación.

Reacciones de síntesis

Se combinan dos o más sustancias A y B para dar una nueva sustancia más compleja AB.

$$A + B \xrightarrow{\text{Se combinan}} AB$$

Por ejemplo, la formación del dióxido de carbono:

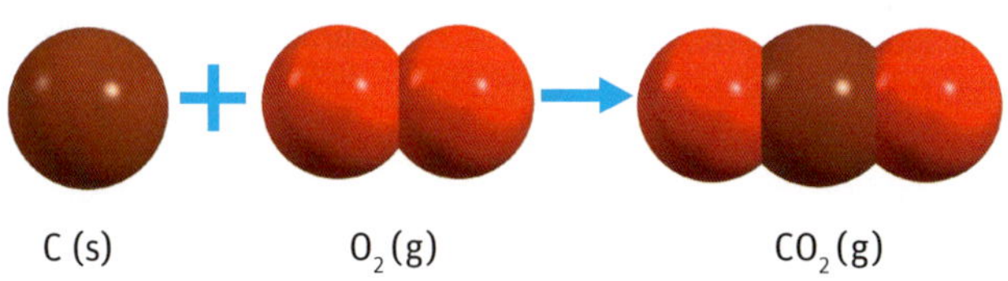

Reacciones de descomposición

Un compuesto AB se descompone en dos sustancias más sencillas A y B. Es inversa a la de síntesis.

$$AB \xrightarrow{\text{Se descompone}} A + B$$

Por ejemplo, la electrólisis del agua:

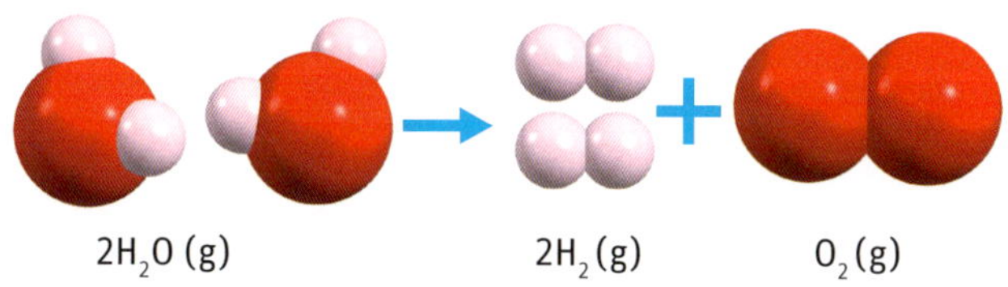

También se pueden clasificar atendiendo al **intercambio de energía con el entorno**.

Experimenta

Coloca un cacahuete pelado sujeto por un alfiler sobre un trozo de corcho. Enciende el cacahuete y, cuando arda, acerca un tubo de ensayo con agua a la llama generada. Al cabo de un tiempo observarás cómo la temperatura del agua se ha elevado considerablemente. Esta reacción, llamada de combustión, ¿ha liberado energía?

Esta reacción libera energía que sirve para calentar un tubo de ensayo con agua:

$$\text{Grasa del aceite del cacahuete} + O_2\,(g) \rightarrow CO_2\,(g) + H_2O\,(g) + \text{Energía}$$

Reacciones exotérmicas

Son reacciones donde se desprende energía al entorno.

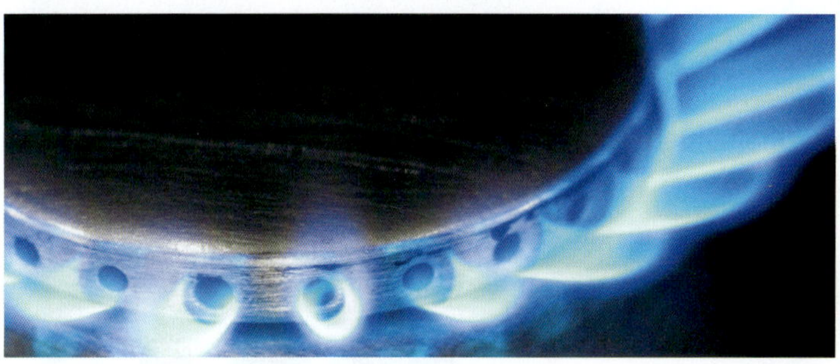

$$\underset{\text{Metano}}{CH_4\,(g)} + \underset{\text{Oxígeno}}{2\,O_2\,(g)} \xrightarrow{\text{Se desprende energía}} \underset{\text{Dióxido de carbono}}{CO_2\,(g)} + \underset{\text{Agua}}{2\,H_2O\,(l)} + \text{Energía}$$

Ejemplos: reacciones de combustión, formación del agua, hidratación de la cal viva, etc.

Reacciones endotérmicas

Son reacciones donde se necesita absorber energía del entorno.

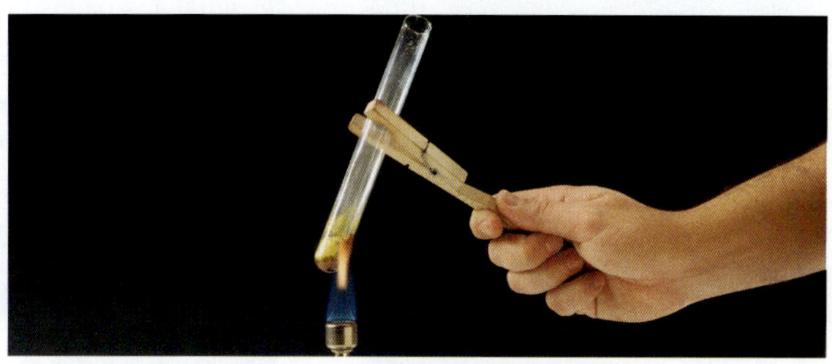

$$\underset{\text{Azufre}}{S_8\,(s)} + \underset{\text{Hierro}}{8\,Fe\,(s)} + \text{Energía} \xrightarrow{\text{Absorbe energía}} \underset{\text{Sulfuro de hierro}}{8\,FeS\,(s)}$$

Ejemplos: formación del ozono, del óxido nitroso y del sulfuro de hierro, etc.

3 La masa se conserva en las reacciones químicas

En muchas reacciones químicas intervienen gases. Para comprobar si se conserva o no la masa total en las reacciones, debemos tenerlos en cuenta.

Experimenta

Estudiaremos la reacción entre el metal magnesio y el ácido clorhídrico. Lo haremos con un montaje tal que el gas que se genera no pueda escaparse a la atmósfera.

¿Ha habido algún cambio en la masa? ¿Podemos concluir que en una reacción química la masa total del sistema es constante?

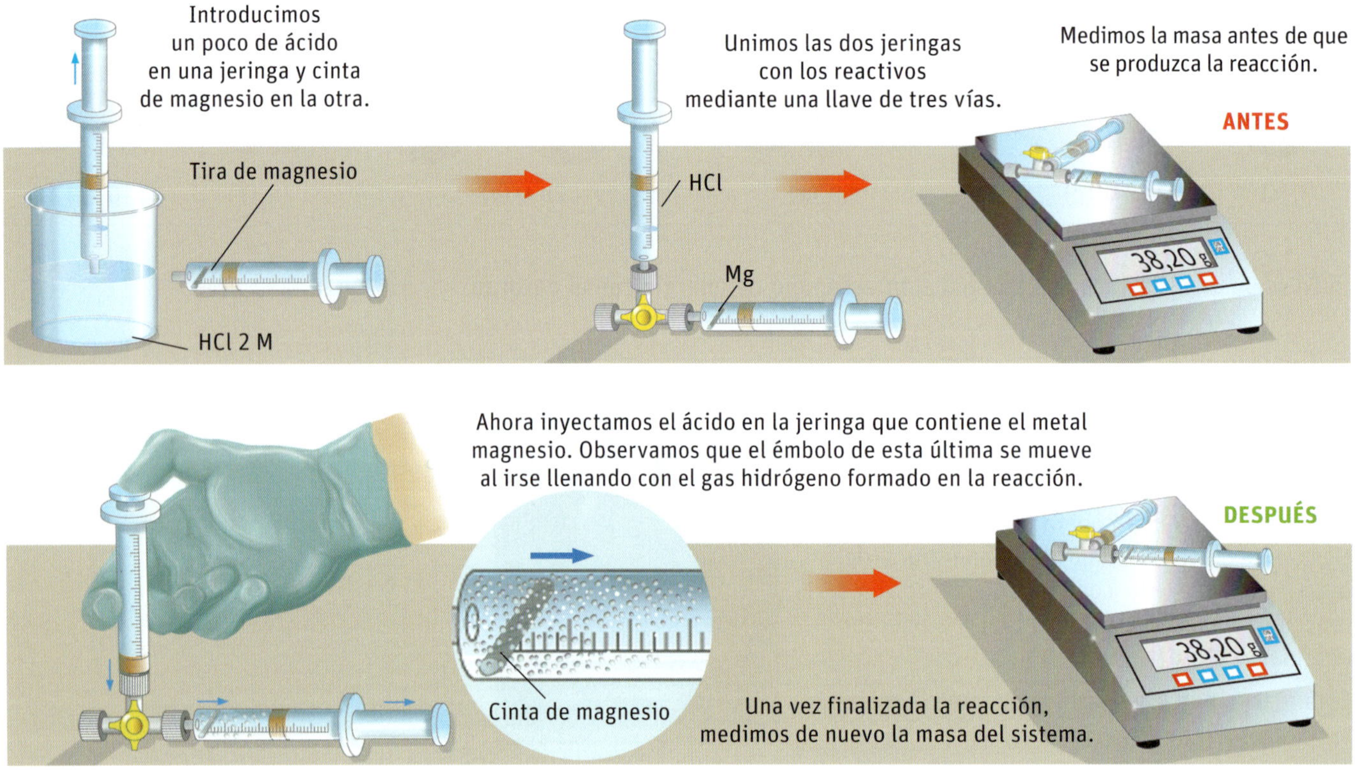

Ley de la conservación de la masa

El químico francés Antoine Lavoisier (fig. 4.2), estudiando las reacciones de combustión, llegó a la conclusión de que, en las reacciones químicas, la masa de los reactivos siempre es igual a la de los productos.

Si consideramos cómo interactúan los átomos en las reacciones, nos damos cuenta de que estos únicamente se reordenan a partir de los reactivos para formar los productos, pero sigue habiendo el mismo número.

Figura 4.2. A. Lavoisier y su mujer, Marie Anne, que no solo fue la ilustradora de sus publicaciones, sino que contribuyó en gran manera a sus investigaciones.

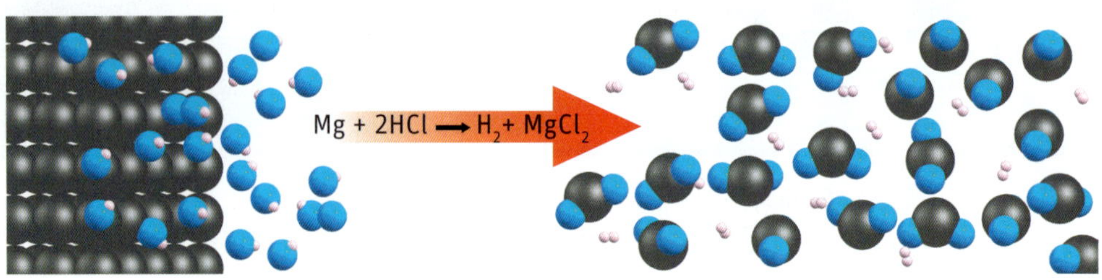

Ley de la conservación de la masa. En una reacción química, la masa total de los reactivos es igual a la masa total de los productos de la reacción.

Laboratorio en el aula: ¿De veras se conserva la masa?

La lana de acero está formada por hilos muy finos de acero y se usa para pulir los suelos. El acero es una aleación de hierro.

Hemos dispuesto, en una balanza de brazos, una masa de 9,33 g de lana de acero.

Acercamos una llama a la lana para activar la reacción, y el hierro de esta reacciona rápidamente con el oxígeno del aire, ardiendo.

¿Cuáles son los reactivos?

Debido a la reacción, la balanza se inclina hacia la izquierda. ¿Significa esto que el hierro ha ganado o ha perdido masa?

Al equilibrar de nuevo la balanza, ahora la masa es de 13,33 g. ¿Qué masa de oxígeno ha reaccionado con el hierro?

¿Qué producto se ha formado en la reacción?

¿Podemos concluir que en este experimento no se conserva la masa? ¿Qué nos faltaría medir para asegurarnos de que la masa se conserva en esta reacción química?

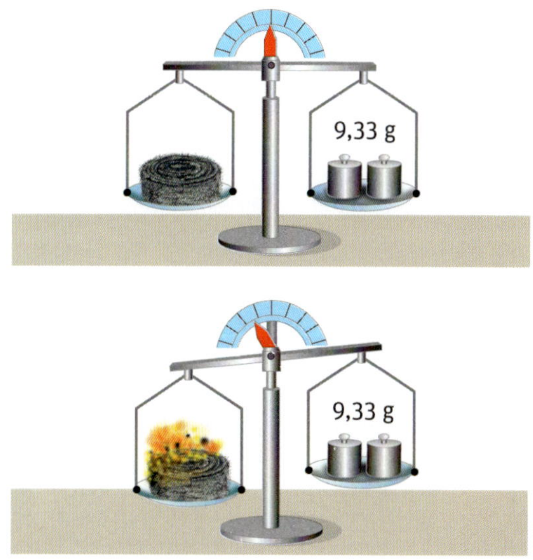

smSaviadigital.com PRACTICA

Aplica la ley de Lavoisier

1. En un experimento hacemos reaccionar una solución de ácido clorhídrico con el metal cinc. Para ello, hemos usado 6,5 g de cinc y 7,1 g del ácido. Como productos obtenemos 13,4 g de cloruro de cinc y gas hidrógeno. ¿Cuál es la masa de gas obtenida?

SOLUCIÓN

Aplicamos la ley de la conservación de la masa:

masa de los reactivos = masa de los productos

cinc + ácido = cloruro de cinc + hidrógeno

$$(6,5\text{ g}) + (7,1\text{ g}) = (13,4\text{ g}) + m_{\text{hidrógeno}}$$

$$\text{masa de gas } H_2 = (6,5\text{ g} + 7,1\text{ g}) - 13,4\text{ g} = 0,2\text{ g}$$

ACTIVIDADES

4. Un trozo de 0,254 g del metal magnesio se oxida y se convierte en óxido de magnesio. El compuesto formado tiene una masa de 0,421 g. ¿Cuánta masa de oxígeno ha reaccionado?

5. Cuando una barandilla de hierro de un balcón se oxida, su masa aumenta. ¿Cómo se explica el aumento de masa?

6. Sobre el plato de una balanza hay una botella con agua y tres comprimidos efervescentes. La balanza marca 52,53 g. Echamos los comprimidos en el agua e inmediatamente cerramos con un tapón (fig. 4.3).

   Cuando acaba la reacción, ¿la balanza marcará más, menos o igual masa? Razona tu respuesta.

Figura 4.3

4 Factores que afectan a la velocidad de reacción

Un aspecto muy importante de la química es el control de la velocidad a la que transcurren las reacciones. ¿Qué factores influirán?

La temperatura

Experimenta

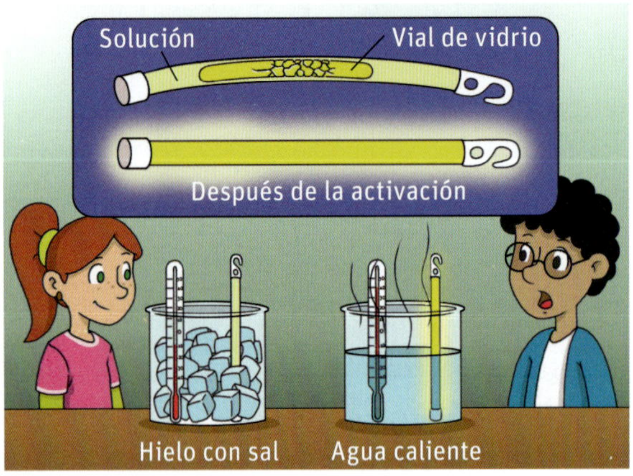

Ricardo se pregunta si las "barritas de luz química" (al doblarlas se activa una reacción que produce luz) serán igual de eficaces en expediciones a alta montaña donde la temperatura es de varios grados bajo cero. Para ello, prepara una mezcla frigorífica (hielo y sal) y coloca la barrita doblada en la mezcla. La barrita apenas emite luz.

Eso le hace pensar que la baja temperatura "frena" la reacción química. Para confirmar su suposición o descartarla, Anabel prepara agua caliente en un vaso; toma otra barrita de luz, la dobla y la coloca dentro del agua caliente. Observan que la luminosidad es muy viva, aunque dura menos tiempo que la otra barrita.

Explica qué razonamientos han hecho Anabel y Ricardo en cada paso de su investigación. ¿Qué conclusiones puedes sacar?

smSaviadigital.com OBSERVA

La teoría cinético-molecular nos indica que, a más temperatura, las partículas tienen más energía y más velocidad; por tanto, el choque entre moléculas será más probable.

A mayor temperatura, mayor velocidad de reacción.

La concentración

Experimenta

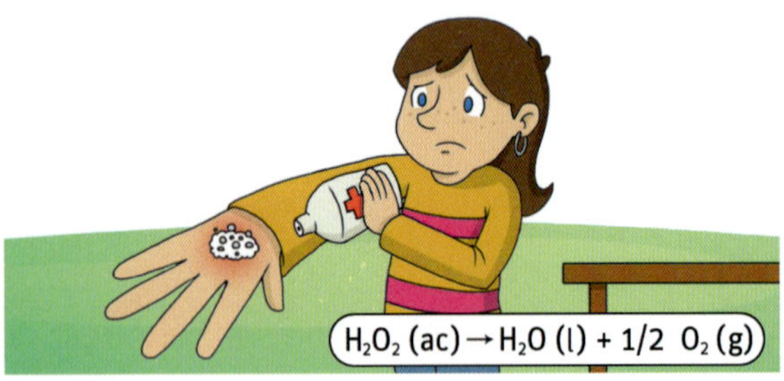

$$H_2O_2\ (ac) \rightarrow H_2O\ (l) + 1/2\ O_2\ (g)$$

Lucía se desinfecta con agua oxigenada una pequeña herida y observa que salen unas burbujas.

Se ha informado de que estas burbujas son gas oxígeno, que se genera al descomponerse el agua oxigenada en oxígeno, O_2, y agua, H_2O, por la acción de unas proteínas presentes en la sangre.

La etiqueta del agua oxigenada indica una concentración del 3 % en volumen. ¿Se producirán menos burbujas si la concentración es menor?

Para encontrar una respuesta, repetimos el experimento, sustituyendo la sangre por unos dados de patata.

¿En qué tubo se observa la formación de más burbujas?

¿De qué son las burbujas? ¿Qué factor se ha estudiado en este experimento?

¿Qué magnitudes se ha procurado que sean las mismas en los dos tubos?

smSaviadigital.com OBSERVA

En este experimento, las moléculas de H_2O_2 en la solución más concentrada tendrán más posibilidad de entrar en contacto con las proteínas de la patata que en la solución diluida.

A mayor concentración, mayor velocidad de reacción.

El grado de división

Experimenta

¡Qué dolor de cabeza! Para aliviarlo, solemos recurrir a los fármacos. Muchos de estos se presentan como comprimidos efervescentes. ¿Crees que se disolverá antes un comprimido entero o uno que previamente hemos triturado?

Para contestar a la pregunta, debemos analizar previamente los factores que debemos estudiar y las magnitudes que tenemos que mantener constantes.

Para ello, Ana y Marcos proponen dos métodos diferentes: Ana quiere echar un comprimido en un vaso con agua y medir el tiempo que tarda en disolverse. Luego, triturar otro comprimido y echarlo en el mismo vaso de antes. Marcos dice que hay que hacer lo mismo pero en dos vasos distintos con igual volumen de agua. ¿Cuál de los dos sugiere el mejor método?

¿Crees que todavía falta algún detalle importante en el diseño del experimento? Recuerda los factores que has estudiado hasta ahora.

smSaviadigital.com OBSERVA

En este experimento, el comprimido triturado se disuelve mucho más rápido porque presenta mayor superficie de exposición para reaccionar con el agua que la pastilla entera. Como el sólido está finamente dividido, hay más superficie donde pueden chocar las moléculas del agua, por lo que la reacción es más rápida.

A mayor grado de división, mayor será la velocidad de reacción.

¿Qué son los catalizadores?

Los catalizadores son sustancias que permiten controlar la velocidad de reacción, como las proteínas en el experimento del agua oxigenada, pero no son reactivos; es decir, su papel implica acelerar o frenar la velocidad de reacción, pero no intervenir en la formación de nuevas sustancias.

Los factores que afectan a la velocidad de reacción son: la **temperatura**, la **concentración**, el **grado de división** y el uso de **catalizadores**.

Te interesa saber

Los catalizadores en los automóviles facilitan la conversión de gases contaminantes en gases inofensivos para el medioambiente.

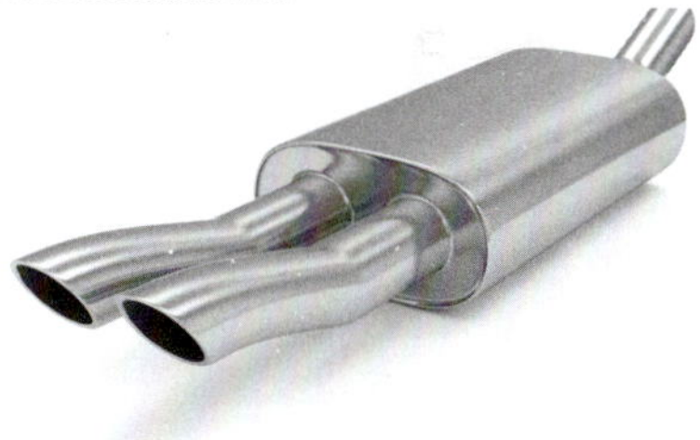

ACTIVIDADES

7. En la estación espacial, los astronautas necesitan eliminar el dióxido de carbono que se produce al respirar. Para ello, el aire de la estación se hace pasar a través de filtros con un reactivo que convierte el CO_2 en un compuesto fácilmente eliminable. De las características siguientes, ¿cuáles deben ser fundamentales para el diseño de estos filtros?
   a) Esponjosos para tener una gran superficie de contacto.
   b) Deben funcionar a muy baja temperatura.
   c) El reactivo debe estar finamente dividido.

8. Hemos hecho una lista de algunas acciones que se suelen llevar a cabo en la cocina. ¿En cuáles de ellas se produce la actuación de un catalizador?
   a) Echar sal al agua para que hierva a más de 100 °C.
   b) Añadir zumo de piña natural a la carne para que la cocción sea mejor.
   c) Usar detergente para limpiar manchas de grasa de un cazo.

5 La cara y cruz de la química

La cara

Imagina un mundo sin química. Ninguno de estos productos sería posible: cosméticos, fármacos, conservantes para alimentación, abonos agrícolas, metales, etc.

La química hace posible, mediante la conversión de materias primas en materiales útiles y productos muy diversos, una vida cómoda y confortable.

Materias primas transformadas

Con las materias primas obtenemos nuevos materiales, como metales, papel, vidrio, caucho y productos de todo tipo.

Derivados del petróleo

Con el petróleo como materia prima se obtienen, además de combustibles para la calefacción y para los vehículos, plásticos y otros polímeros de propiedades variadas, disolventes, fibras flexibles, etc.

Ácidos y bases

En los medicamentos se utilizan antiácidos que sirven para neutralizar la acidez de estómago. Muchos productos de limpieza son disoluciones acuosas de algunos ácidos o bases.

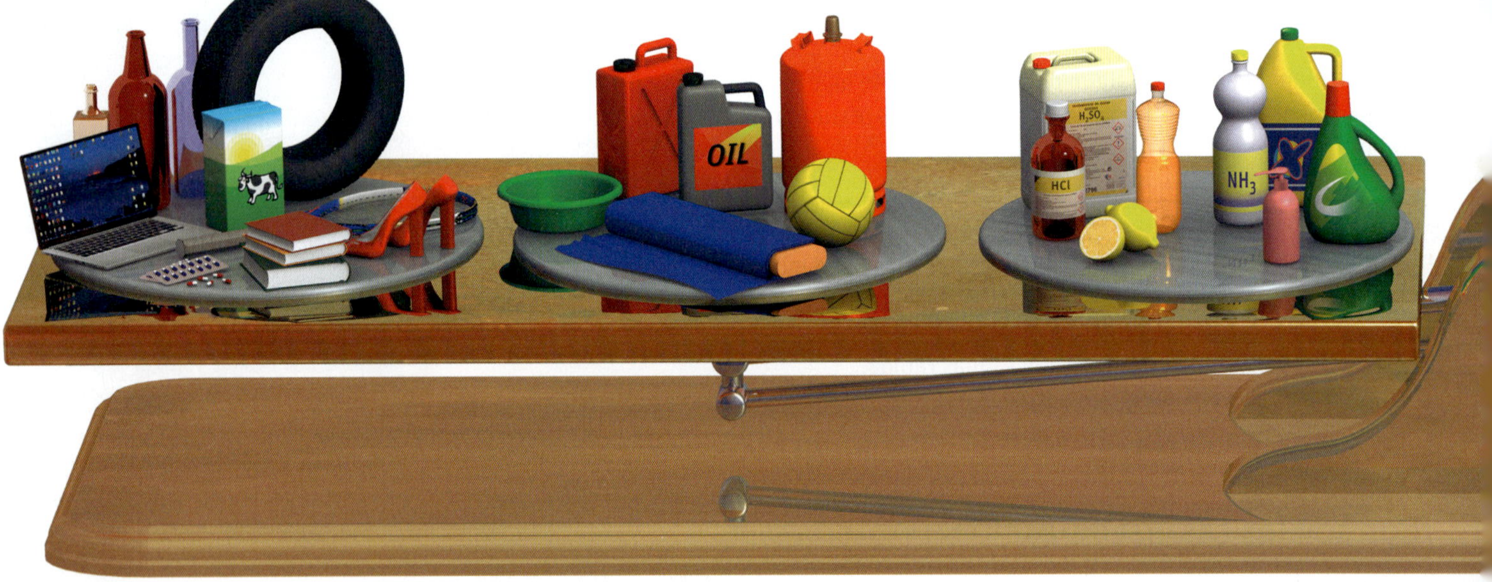

En la web

En el siguiente enlace encontrarás factores positivos de la química en nuestra vida.

www.e-sm.net/svfq2eso04_02

ACTIVIDADES

9. Clasifica los objetos que aparecen en el contenedor de materias primas transformadas según correspondan a agricultura y alimentación, comunicaciones, limpieza, cosmética o transporte.

10. ¿Cómo contribuye la química a conseguir frutas y hortalizas para el consumo?

11. ¿Qué origen tienen y cómo se obtienen los metales como el aluminio o el hierro de las latas? ¿Y los metales que se encuentran en los teléfonos móviles?

12. ¿Qué materiales conoces que sean a la vez ligeros y resistentes para fabricar un casco de protección para los ciclistas? ¿De dónde se obtienen las materias primas para su fabricación?

13. ¿Qué aporta la química al sector farmacéutico y a la cosmética? ¿Qué origen tienen las materias primas para su fabricación? ¿Cómo intervienen en su elaboración?

14. ¿De qué material están hechos los neumáticos? Busca información sobre cómo se mejoran las propiedades de un elastómero mediante el proceso de vulcanización.

La cruz

La industria química utiliza, en sus procesos de producción, una amplia gama de recursos: combustibles sólidos, líquidos y gaseosos, minerales, cal, productos naturales, etc.

Es frecuente que en las reacciones se produzca una gran variedad de contaminantes que producen efectos potencialmente perjudiciales, y es necesario controlar sus emisiones.

Contaminación del aire

En las combustiones se generan óxidos de azufre, óxidos de carbono y óxidos de nitrógeno procedentes de las calderas y el tráfico. En los procesos industriales, amoniaco, compuestos orgánicos, dioxinas (que se bioacumulan), etc.

Contaminación del agua y del suelo

En la industria química se emplean grandes cantidades de agua para el proceso, enfriamiento y lavado, y es importante controlar los vertidos de agua que contengan sustancias peligrosas para la salud.

Riesgos y accidentes

La mayoría de los materiales utilizados en la fabricación de químicos y petroquímicos son inflamables y explosivos, un peligro para la seguridad. Otros son muy tóxicos y hay que almacenarlos siguiendo las normativas de seguridad.

ACTIVIDADES

15. La metalúrgica, las refinerías de petróleo y la industria papelera son actividades de alto impacto ambiental, mientras que la industria de química fina (fragancias, aditivos, tintas sintéticas, productos farmacéuticos, etc.) casi siempre tiene un menor impacto. Busca qué tipo de industrias hay en tu comunidad autónoma, y clasifícalas según su impacto ambiental realizando un mapa mental.

16. Hay equipos de control para minimizar y tratar adecuadamente las emisiones de todos los efluentes gaseosos o vertidos de líquidos al agua. Existen métodos correctivos, entre otros, el filtrado de humos y gases de las chimeneas industriales, la depuración de vertidos, o el confinamiento en depósitos de seguridad de los residuos tóxicos.

a) ¿Qué métodos correctivos se pueden utilizar para minimizar el impacto ambiental?

b) ¿Qué otras estrategias pueden favorecer la conservación del medioambiente?

PON EN VALOR

Utilizar la química con finalidades beneficiosas o perjudiciales para el planeta y los seres vivos es una responsabilidad personal y social.

¿Cuáles son vuestros argumentos para decidir quién es responsable de la cruz de la química?

6 Simulación de reacciones mediante ordenador

Para comprender mejor las reacciones químicas, se suelen utilizar las simulaciones informáticas, como la del siguiente enlace: www.e-sm.net/svfq2eso04_03. Estudiaremos tres reacciones importantes mediante este simulador.

Síntesis del agua

Teoría

En la formación de agua intervienen moléculas de hidrógeno y de oxígeno en unas determinadas proporciones.

De este modo, para formar dos moléculas de agua (H_2O), es necesario tener como reactivos dos moléculas de hidrógeno ($2\ H_2$) y una molécula de oxígeno (O_2):

$2H_2$ O_2 $2H_2O$

Inserta en el simulador estos reactivos. ¿Cuántos productos de reacción se forman? ¿Por qué?

Simulación

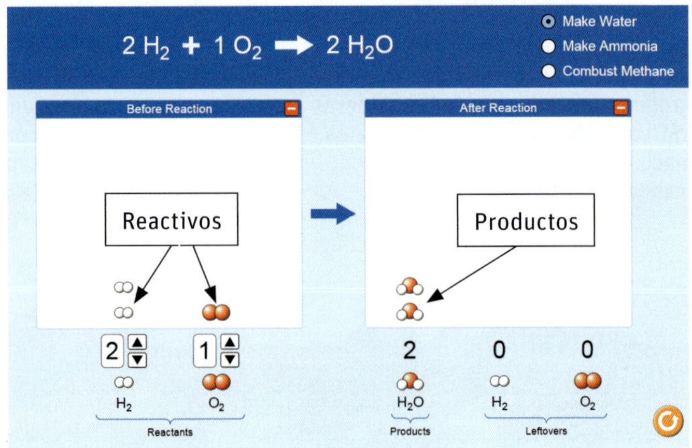

Formación del amoniaco

Teoría

El amoniaco es un compuesto químico formado por la unión de moléculas de hidrógeno y nitrógeno.

Para formar dos moléculas de amoniaco ($2\ NH_3$), se requiere una molécula de nitrógeno (N_2) y tres de hidrógeno ($3\ H_2$).

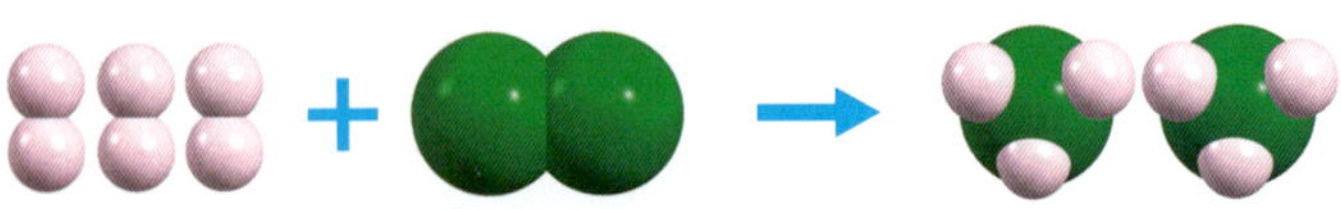

$3H_2$ N_2 $2NH_3$

Inserta en el simulador el mismo número de moléculas de cada reactivo. ¿Han sobrado algunas? ¿Por qué?

Simulación

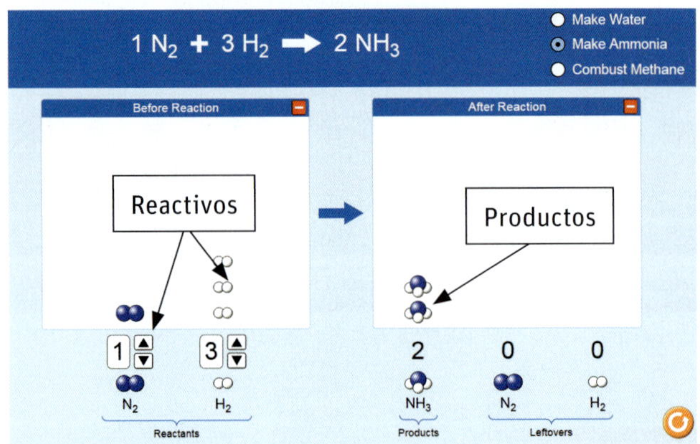

Combustión del metano

Teoría

El metano es un hidrocarburo cuya combustión da lugar a moléculas de dióxido de carbono y de agua.

En la combustión de una molécula de metano (CH_4), este reacciona con dos moléculas de oxígeno ($2\ O_2$), dando lugar como productos una molécula de dióxido de carbono (CO_2) y dos moléculas de agua ($2\ H_2O$).

CH_4 $2O_2$ CO_2 $2H_2O$

Inserta en el simulador otra cantidad de reactivos. ¿Qué ocurre ahora? ¿Ha quedado alguna sustancia sin reaccionar?

Simulación

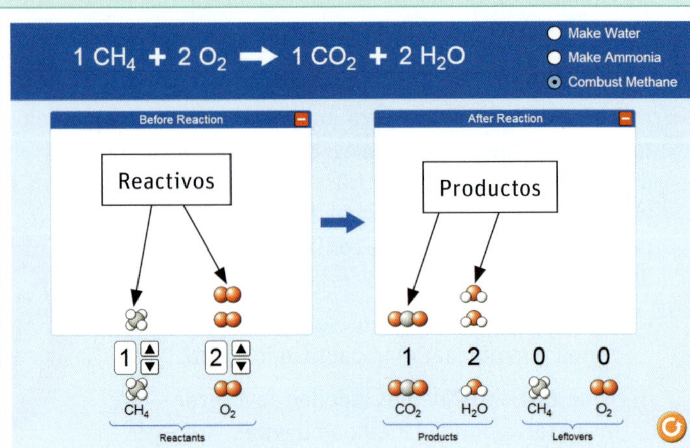

Procedimientos de la ciencia

En busca de la composición del aire

Conocer la historia de los pioneros de la química es una buena forma de aprender ciencia. Así que nos trasladamos al siglo XVIII. Los científicos todavía dudaban si el fuego era una sustancia pura, y discutían acerca de la naturaleza y composición del aire. Algunos, como el inglés Robert Boyle, hacían experimentos con animales: encerró un pájaro en un recipiente hermético del que fue extrayendo el aire... hasta que el pobre pájaro murió. ¡Dramática demostración de que el aire es indispensable para vivir!

Pero... ¿es todo el aire o solo una parte? El aire es una mezcla de gases invisibles. El mismo componente que permite la vida ¿es el que hace que pueda arder una vela?

Aquí intervino A. Lavoisier, en Francia, en un laboratorio excelentemente dotado, con balanzas de gran precisión y su hipótesis acerca de que el aire contenía al menos dos sustancias distintas: una que permitía la vida y las combustiones y otra, un gas inerte. A. Lavoisier decidió medir cuantitativamente la composición del aire utilizando un sofisticado método. Nosotros vamos a calcular la composición del aire mediante un método más sencillo.

1 MÉTODO DE LA LANA DE ACERO

Para poder medir la composición del aire, necesitamos recoger una muestra. Para ello, utilizaremos una probeta de 100 mL.

Introducimos lana de hierro por su extremo hasta el fondo de la probeta. Echamos un poco de agua que cubra la lana.

A continuación llenamos un recipiente con agua y colocamos la probeta con la lana boca abajo sobre el recipiente, de forma que queden atrapados 100 mL de aire, y esperamos un día.

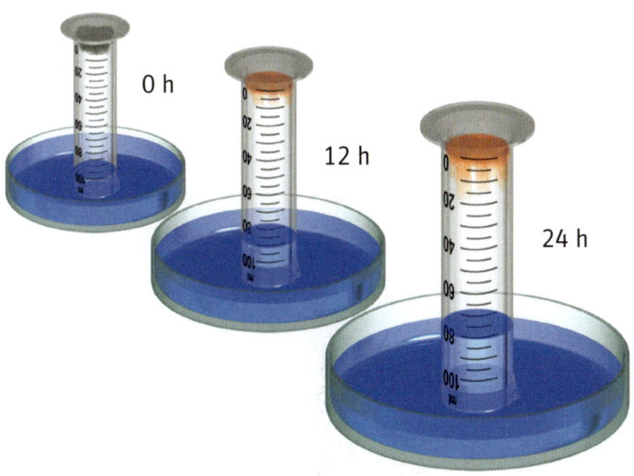

El agua sube por la probeta. Al cabo de un día llega hasta la marca de 80 mL y ya no sube más.

2 INTERPRETACIÓN DE LOS RESULTADOS

¿Qué le ha pasado al hierro? ¿Por qué ya no sube más el nivel de agua? ¿Qué proporción del aire ha desaparecido?

El hierro de la lana húmeda reacciona con el oxígeno del aire y **se oxida** produciendo un nuevo compuesto, el óxido de hierro. De ahí su aspecto rojizo cuando termina la reacción. Esta reacción química consume el oxígeno del aire atrapado en el interior de la probeta:

$$4\ Fe\ (s) + 3\ O_2\ (g) \rightarrow 2\ Fe_2O_3\ (s)$$

Por tanto, podemos determinar la concentración de oxígeno en el aire.

$$V_{oxígeno} = V_{inicial} - V_{final} = (100 - 80)\ mL = 20\ mL$$

La concentración de oxígeno en el aire es del 20 %.

3 EL MODELO EXPLICA...

Las moléculas de oxígeno reaccionan con el hierro, de modo que en el aire quedan solo las de nitrógeno.

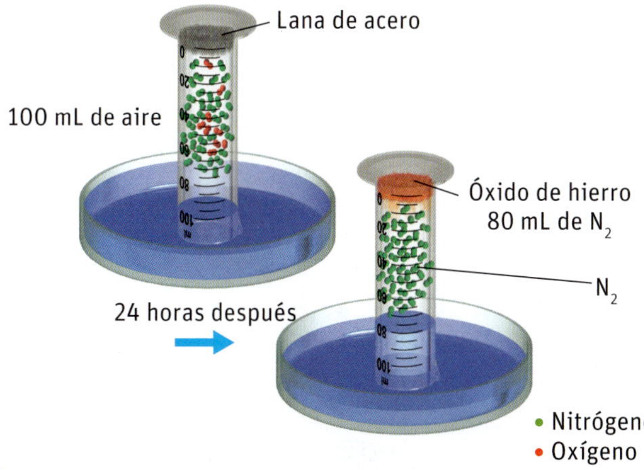

smSaviadigital.com OBSERVA

ACTIVIDADES

17. ¿Qué ha pasado con el oxígeno que había en el interior de la probeta?

18. ¿Qué errores puede haber en este método? ¿Cómo podría mejorarse el experimento?

Lo esencial en imágenes

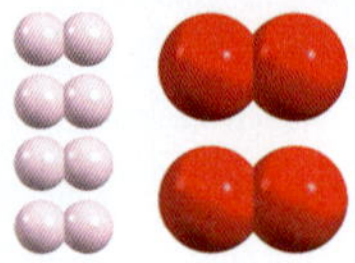

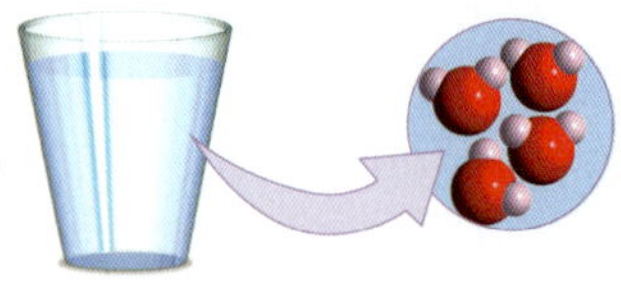

Los cambios en la naturaleza

- Aparecen sustancias nuevas y desaparecen las iniciales → **CAMBIOS QUÍMICOS** → **REACCIÓN QUÍMICA**
- Se conservan las sustancias → **CAMBIOS FÍSICOS**

REACCIÓN QUÍMICA

Lavoisier demostró que en las reacciones → **SE CONSERVA LA MASA**

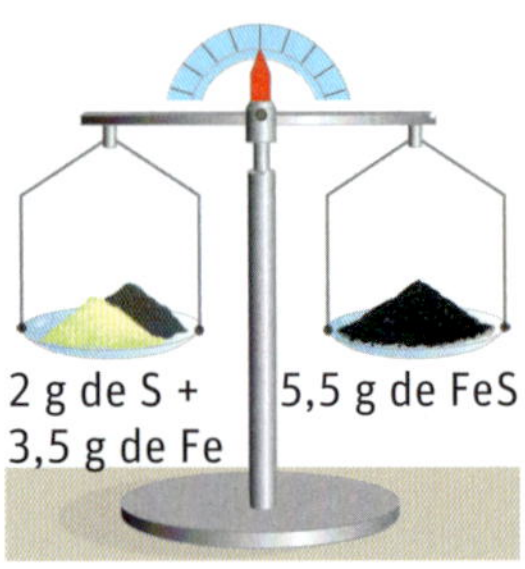

Se pueden describir a

Nivel macroscópico

Nivel submicroscópico

Nivel simbólico

$CH_4\ (g) + 2O_2\ (g) \rightarrow CO_2\ (g) + 2H_2O\ (l)$ + energía

Hay factores que influyen en la → **VELOCIDAD DE REACCIÓN**

- Naturaleza de los reactivos
- Grado de división
- Concentración
- Temperatura
- Catalizadores

LA QUÍMICA

Contribuye a mejorar la

Calidad de vida y bienestar

Su uso no responsable puede provocar

Contaminación y riesgos

smSaviadigital.com VALORA LO APRENDIDO > Resumen

Lo esencial en problemas

1. Juan y Andrea comparan el cambio de aspecto de una manzana que han dejado un tiempo al aire libre.

a) En este caso, ¿en qué deberán fijarse para saber que se trata de un cambio químico?

b) ¿Qué tipo de proceso químico se ha producido? ¿Se han formado nuevas sustancias?

SOLUCIÓN

a) Juan y Andrea deben fijarse en que ha habido un cambio de color y en que no podemos volver a tener de manera idéntica la manzana inicial.

b) Se ha producido un tipo de cambio que se llama oxidación porque la manzana está en contacto con el oxígeno del aire, el cual reacciona con alguna de las sustancias que contiene la manzana.

2. En la fabricación de polímeros (plásticos, fibras, etc.) a partir de materias primas del petróleo es frecuente añadir catalizadores en la reacción de polimerización.

a) ¿Por qué se añaden los catalizadores? ¿Qué son estas sustancias?

b) ¿Podrían obtenerse efectos similares si se disminuyera la concentración de alguna disolución de los reactivos? ¿Y si se aumentara la temperatura? ¿Por qué?

c) Valora el papel de la química en la obtención de materiales como los plásticos o las fibras textiles.

SOLUCIÓN

a) Se añaden catalizadores para aumentar la velocidad de reacción. Son sustancias que se recuperan inalteradas al final de la reacción.

b) Si se disminuye la concentración, disminuye la velocidad, puesto que hay menor probabilidad de choque entre partículas. Si aumenta la temperatura, aumenta la velocidad y la probabilidad de choque.

c) La química transforma materias primas en materiales (fibras, plásticos, etc.) de propiedades idóneas para cada uso y, así, mejorar el bienestar.

3. Una de las causas de la lluvia ácida es la formación inicial del trióxido de azufre mediante la reacción del oxígeno con el azufre que contienen los carbones de mala calidad.

En un experimento de laboratorio se han combinado diferentes masas de azufre con oxígeno y se han medido las masas de trióxido de azufre que se han formado.

Masa de azufre (g)	Masa de oxígeno (g)	Masa de trióxido de azufre (g)
20	30	●●●
●●●	60	100
●●●	15	●●●

a) Ayuda al técnico del laboratorio a completar la tabla de resultados y explica en qué te has basado para poderla completar.

b) ¿Qué solución/es podría/n proponerse para impedir que el trióxido de azufre gas salga por la chimenea de la central térmica, y evitar de este modo el efecto de la lluvia ácida sobre el medio ambiente?

SOLUCIÓN

a) En rojo aparecen los datos que debes completar, basados en la conservación de la masa en las reacciones químicas.

Masa de azufre (g)	Masa de oxígeno (g)	Masa de trióxido de azufre (g)
20	30	50
40	60	100
10	15	25

b) Una posible solución es utilizar un combustible sin azufre, y otra sería minimizar las emisiones con filtros en la chimeneas u otros métodos correctivos.

Actividades

Cambios físicos y cambios químicos

19. Indica si se trata de cambios físicos o cambios químicos:

- **a)** La formación de gotitas de agua en los cristales cuando hace frío.
- **b)** La aparición de burbujas cuando introducimos un comprimido efervescente en agua.
- **c)** El humo blanco que se utiliza en algunos espectáculos y que se forma por sublimación de dióxido de carbono sólido, CO_2 (s), conocido como hielo seco.
- **d)** Encender una cerilla.

20. En los procesos siderúrgicos se obtiene hierro (Fe) principalmente a partir de la hematita, mineral de hierro que contiene óxido de hierro(III) (Fe_2O_3).

¿Por qué se puede afirmar que en la siderurgia se producen cambios químicos?

Reacción química

21. Comprueba que en todos los casos aparece el mismo número de átomos de cada elemento en los reactivos que en los productos. ¿Por qué ocurre así?

- **a)** Cl_2 (g) + 2 NaI (ac) $\rightarrow$ 2 NaCl (ac) + I_2 (s)
- **b)** 2 Fe (s) + 3 Cl_2 (g) $\rightarrow$ 2 $FeCl_3$ (g)
- **c)** NaOH (ac) + HCl (ac) $\rightarrow$ NaCl (ac) + H_2O (l)
- **d)** 2 $KClO_3$ (s) + calor $\rightarrow$ 2 KCl (s) + 3 O_2 (g)

¿Cuál de estas reacciones es de síntesis? ¿Y cuál endotérmica?

22. Cuando se mezclan dos soluciones transparentes, una de yoduro de potasio y otra de nitrato de plomo(II) aparece un sólido amarillo.

- **a)** ¿Qué evidencias te indican que se trata de una reacción química?
- **b)** ¿Qué sustancias son los reactivos? ¿Qué papel tiene el agua?

23. ¿Cuál de los cuatro diagramas representados muestra correctamente la reacción entre los gases nitrógeno (N_2) y oxígeno (O_2) para formar el dióxido de nitrógeno (NO_2)?

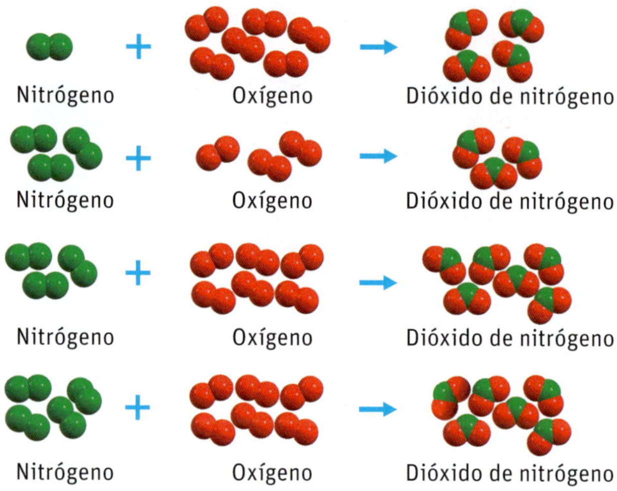

Conservación de la masa

24. En las reacciones químicas, la masa de los reactivos es la misma que la de los productos formados. Queremos averiguar la masa de gas que se forma al disolver un comprimido efervescente en agua. ¿Qué procedimiento debemos seguir?

25. En la Edad Media, los alquimistas pasaban días, incluso años, haciendo experimentos en busca de la piedra filosofal. Se trataba de encontrar un método para convertir metales como el plomo o el mercurio en oro puro. Uno de ellos divulgó su método:

"He usado 205 g de plomo, 15 g de mercurio, junto con 10 g de sales de arsénico. El conjunto lo he calentado noche y día a fuego fuerte durante cinco días. Durante este tiempo, unos humos blancos han salido del matraz. Al cabo de este tiempo, he recogido en el fondo del matraz 150 g de restos de plomo y mercurio junto con 98 g de oro puro. He observado que las sales de arsénico se han volatilizado".

- **a)** Ya conoces qué caracteriza los átomos de plomo, de mercurio y de oro. ¿Crees que es posible que con este método se formen nuevos núcleos atómicos?
- **b)** Hay una manera más fácil de demostrar que el alquimista falsificó sus resultados. ¿Cuál es? Explícalo.

26. Luis dice a Marta que, cuando la leña se quema, solo quedan las cenizas, que pesan menos que la leña, y que, por tanto, no hay conservación de la masa. ¿Qué le contestaría Marta, que es una experta en reacciones químicas?

- **a)** Que se tendría que tener en cuenta la masa de oxígeno que ha reaccionado, y la de dióxido de carbono y vapor de agua que se han formado, para poder comprobar que la masa se conserva.
- **b)** Que en las reacciones químicas la masa se conserva, pero en las combustiones siempre disminuye.

27. En el siglo XVII, el científico Johannes Baptista van Helmont realizó un crucial experimento, que explicó así:

"Cogí una maceta, puse en su interior 200 libras (90 kg) de tierra que había secado en un horno, la empapé en agua y planté en ella un vástago de sauce que pesaba 5 libras (2,25 kg). La maceta únicamente fue regada con agua de lluvia o con agua destilada; y para evitar que el polvo del aire de su alrededor se mezclara con la tierra, el borde de la maceta se resguardó, cubriéndose con una lámina de hierro recubierta de estaño y horadada por muchos agujeros. No calculé el peso de las hojas que cayeron en los cuatro otoños. Por último, sequé de nuevo la tierra de la maceta y se encontraron las mismas 200 libras (90 kg) menos unas 2 onzas (56 gramos); por lo tanto, 164 libras (73,8 kg) de madera, corteza y raíz habían crecido solo del agua".

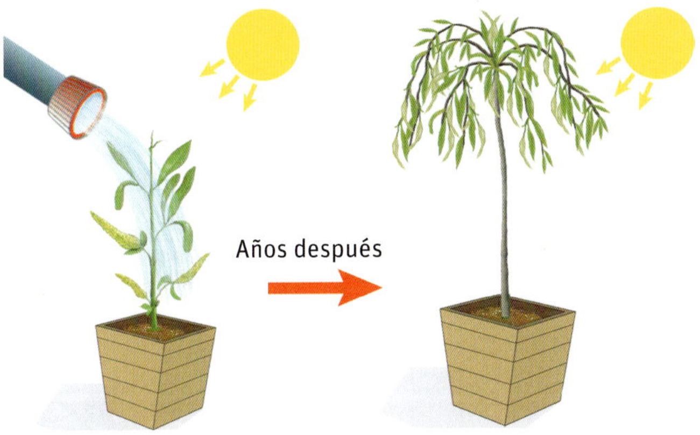

a) La conclusión que sacó J. B. van Helmont es que los 73,8 kg de árbol eran debidos al agua. Sin embargo, ahora sabemos que el dióxido de carbono es el otro reactivo responsable del crecimiento. ¿Qué debería haber medido para poder comprobar que no era solo el agua el factor del crecimiento de la planta?

b) Cuando se hizo este experimento, no se conocían los trabajos de A. Lavoisier. Actualmente sabemos que en la fotosíntesis se forma, además de glucosa ($C_6H_{12}O_6$), gas oxígeno. En un experimento reciente, la reacción entre 33 g de CO_2 y 12,5 g de agua forma 22,5 g de glucosa. ¿Qué masa de gas oxígeno se desprende?

Factores que afectan a la velocidad de una reacción

28. Las estatuas de mármol se estropean por acción de la lluvia ácida. Se trata de una reacción lenta entre el carbonato de calcio cristalizado (el mármol) y un ácido.

¿En qué condiciones esta reacción será más rápida?

a) Si llueve y la temperatura ambiente es muy baja.

b) Cuando llueve en días muy calurosos.

c) Si la estatua es un bloque de mármol con numerosos relieves e irregularidades.

d) Cuando llueve en días de elevada producción de nubes ácidas contaminantes.

29. Tras hacer varios experimentos, unos estudiantes han obtenido la gráfica siguiente del tiempo(trazado en rojo) que tarda en disolverse un comprimido en agua en función de la temperatura:

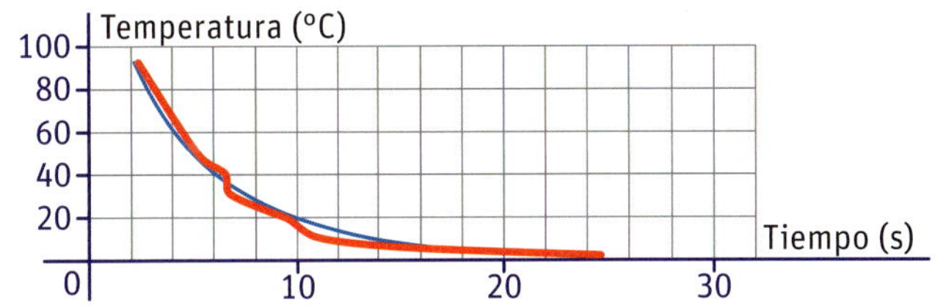

a) ¿Qué variable han estudiado?

b) Describe con detalle el procedimiento que han seguido, especificando qué magnitudes han medido, con qué instrumentos y qué magnitudes han debido de mantener constantes.

c) Propón una explicación de por qué en la gráfica obtenida se ha trazado, además, una curva de color azul.

30. El agua oxigenada genera oxígeno más rápidamente en contacto con la sangre que si está en contacto con la piel sin herida. En la sangre hay unas proteínas, llamadas enzimas, que actúan de catalizador en la reacción de descomposición del agua oxigenada en oxígeno y agua:

$$2\ H_2O_2\ (ac) \rightarrow 2\ H_2O\ (l) + O_2\ (g)$$

a) ¿Qué es un catalizador? ¿Por qué no se escribe en la ecuación química?

b) ¿Qué efecto tiene un catalizador sobre la velocidad de reacción?

La cara y la cruz de la química

31. En una planta química que fabrica ácido nítrico, se emiten gases de color pardo (dióxido de nitrógeno). Las fábricas de ácido sulfúrico pueden ser causantes de emisiones de dióxido de azufre gas.

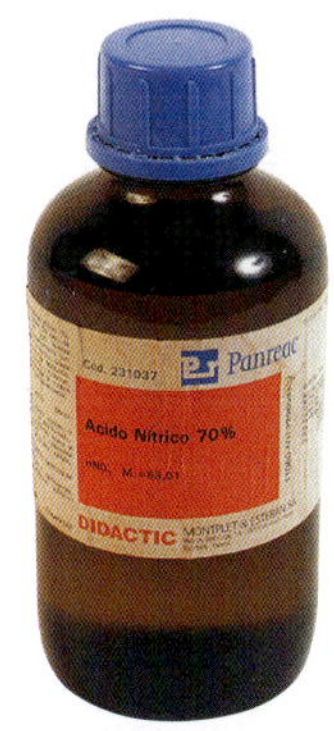

a) Busca información sobre las aplicaciones del ácido sulfúrico y el ácido nítrico. ¿Qué ventajas aporta la producción de estos ácidos?

b) ¿Qué desventajas conllevan?

c) Ahora que ya conoces las ventajas y desventajas de estas producciones, expón tu idea sobre si es adecuado o no continuar con estos procesos.

d) ¿Cómo podrían reducirse las consecuencias de las emisiones de estos óxidos?

e) ¿Por qué los problemas de contaminación se agravan cuando aumenta la producción? ¿Y por qué se agravan también cuando no se toman las medidas necesarias?

32. Los fármacos antiácidos combaten la acidez del estómago, neutralizando el exceso de ácido producido por un problema digestivo. Como la temperatura en el estómago es de unos 38 °C, ¿qué características debe tener un antiácido para que, al tomarlo por vía oral, actúe con la máxima rapidez al llegar al estómago?

Ponte a prueba

Determinando piedra caliza

La piedra caliza está formada mayoritariamente por carbonato de calcio ($CaCO_3$). Para diferenciar una piedra caliza de otra que no contiene carbonato, se pueden añadir unas gotas de ácido clorhídrico (HCl) sobre ambas piedras. En el caso de la piedra caliza se observará el desprendimiento de un gas (CO_2).

1. ¿Qué fenómeno puede hacer pensar que se trata de un cambio químico?
2. Escribe el nombre de un reactivo y de un producto que intervienen en la reacción.
3. En el laboratorio se han añadido 20 gramos de una disolución de ácido clorhídrico sobre una piedra caliza que pesaba 100 gramos. Cuando la reacción se detiene, no se aprecia burbujeo en la piedra. Al volver a pesar la piedra con las gotas de ácido sobre ella, se obtiene una masa de 107,7 gramos. Explica por qué no se han obtenido 120 gramos al final del experimento.
4. La contaminación del ambiente está formada normalmente por óxido de azufre y óxidos de nitrógeno, que, combinados con el agua atmosférica, generan la denominada lluvia ácida. Esta lluvia cae sobre las esculturas de mármol, que, al igual que la piedra caliza, está compuesto por una gran cantidad de carbonato de calcio y da lugar a una reacción similar a la que se daba con el ácido clorhídrico.

   ¿Qué le pasará a la escultura de mármol cuando pase mucho tiempo expuesta a la lluvia ácida? ¿Pesará más o menos? Razona tu respuesta.

Representando reacciones

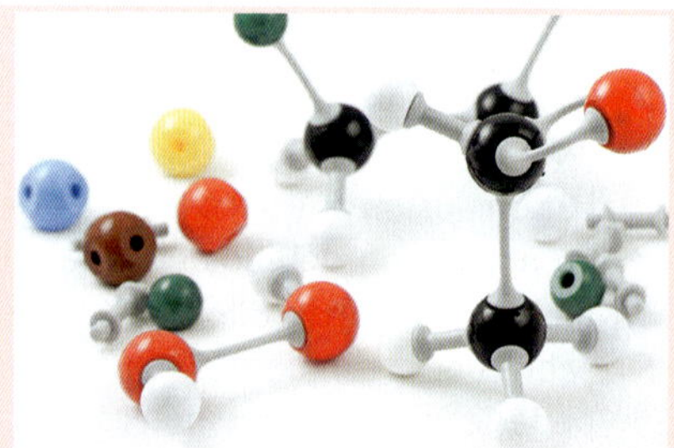

Para representar una reacción química, se pueden utilizar los modelos moleculares, que son un conjunto de piezas entre las cuales encontramos esferas de colores que representan los distintos tipos de átomos.

En la representación se usarán bolas blancas para los átomos de hidrógeno, bolas azules para los átomos de cloro, bolas marrones para los átomos de carbono y bolas rojas para el oxígeno.

1. Se utilizarán estos modelos para representar las siguientes reacciones:

$$Cl_2 + H_2 \rightarrow 2\ HCl$$

$$CH_4 \rightarrow 2\ H_2 + C$$

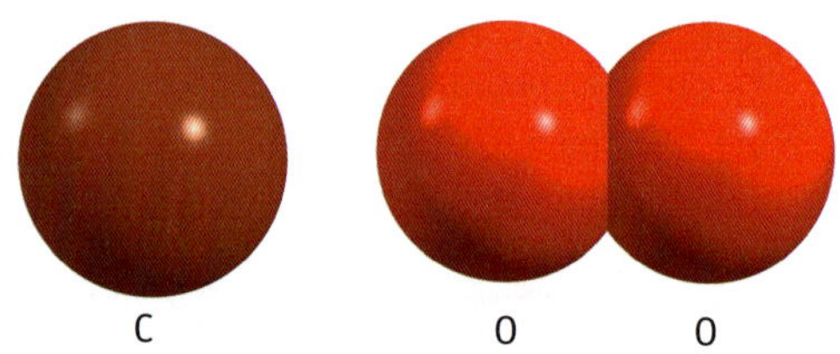

2. Construye primero los reactivos y a partir de ellos prepara los productos.
3. ¿Permanece constante el número de átomos (bolas) de cada elemento en cada una de estas reacciones?
4. La reacción de combustión del carbón (C) con el oxígeno (O_2) puede dar dióxido de carbono (CO_2) o monóxido de carbono (CO).

$$C\ (s) + O_2\ (g) \rightarrow ¿?$$

   Escribe las dos reacciones para poder obtener los dos productos (CO_2 y CO). Ten en cuenta que tienes que ajustar la reacción para que el número de átomos de los reactivos sea igual al número de átomos de los productos.

   Utiliza los modelos atómicos para representar estas reacciones, y comprueba que se pueden generar diferentes productos a partir de los mismos reactivos.

5. ¿Qué diferencia encuentras entre las dos reacciones para que, con los mismos reactivos, obtengas diferentes productos? Busca información y razona la respuesta.

Aliviando picaduras

Un tipo de reacción muy cotidiana es la que se produce cuando aplicamos un preparado farmacéutico sobre una picadura de insecto para aliviar el picor. Esta reacción se denomina reacción de neutralización, y se da cuando una base contrarresta el efecto de un ácido, o al revés, un ácido contrarresta el efecto de una base.

1. Considerando que la picadura de mosquito tiene carácter ácido, ¿qué tipo de sustancia será el preparado farmacéutico para picaduras?
2. ¿Por qué es adecuado utilizar este producto?
3. Busca información sobre esta reacción. ¿Por qué nombre se conoce también?

AUTOEVALUACIÓN

1. Indica cuál de estos cambios es físico.
   - a) Se añade una disolución de ácido clorhídrico a unos trocitos de chatarra de hierro y se observa un burbujeo.
   - b) Se separa el carbón activo añadido en el tratamiento de potabilización de agua mediante una filtración.
   - c) Se calienta una mezcla de azufre y hierro y se forma un sólido negro que no tiene propiedades magnéticas.
   - d) Se deja un clavo al aire libre y tras varios días vemos que posee una capa anaranjada.

2. En un matraz hay una mezcla de 8 g de gas oxígeno (O_2) y 1 g de gas hidrógeno (H_2), proporciones adecuadas para que la reacción sea completa. Después de reaccionar se obtendrán:

   - a) 8 g de agua
   - b) 9 g de agua
   - c) No se forma agua, no hay suficiente masa de hidrógeno.
   - d) 1 g de agua

3. Indica si es verdadero o falso.
   - a) En una reacción química hay los mismos átomos antes de reaccionar que después.
   - b) En los cambios químicos, la energía involucrada puede ser en forma de calor que se libera o que se absorbe.
   - c) Un catalizador es una sustancia que acelera la velocidad de la reacción química.
   - d) En una combustión, la masa de los productos que se forman es igual a la masa de oxígeno que reacciona.

4. Se realiza un experimento en el laboratorio: se sumerge una lámina de cinc en un vaso de precipitados que contiene una disolución de ácido clorhídrico de una determinada concentración.

   ¿Cuál de estas medidas aumentaría la velocidad de la reacción?
   - a) Enfriar suavemente la disolución del ácido.
   - b) Disminuir la concentración del ácido clorhídrico.
   - c) Añadir la lámina de cinc sin trocear.
   - d) Calentar suavemente la concentración del ácido clorhídrico.

5. En la formación del agua, ¿qué reacción es la correcta?
   - a) $H_2(g) + O_2(g) \rightarrow H_2O(l)$
   - b) $2\ H_2(g) \rightarrow H_2O(l) + O_2(g)$
   - c) $H_2(g) + O_2(g) \rightarrow H_2O(l) + HCl(aq)$
   - d) $2\ H_2(g) + O_2(g) \rightarrow 2\ H_2O(l)$

6. Cuando se sumerge un clavo de hierro (Fe) en una disolución de sulfato de cobre(II) ($CuSO_4$), el hierro se recubre de cobre.

   ¿Qué afirmación consideras cierta?
   - a) Se puede afirmar que no se ha formado ninguna sustancia nueva.
   - b) El hierro es un reactivo y el cobre un producto.
   - c) El hierro es un reactivo pero el sulfato de cobre no lo es.
   - d) No se trata de una reacción química; por tanto, no existen reactivos ni productos.

smSaviadigital.com VALORA LO APRENDIDO > Autoevaluación con sus soluciones

PROYECTO DE

INVESTIGACIÓN

A LIMPIAR LA PLATA

Jorge acaba de encontrar aquel colgante de plata que su amiga Luna le regaló hace dos años, que tanto le gustaba y que ya había dado por perdido.

Pero... ¡desagradable sorpresa!: cuando lo toma en sus manos, observa que el colgante de plata se ha ennegrecido. ¿Qué le ha pasado?

¿Habrá alguna manera de limpiarlo para que vuelva a brillar?

En casa no encuentra productos para limpiar metales, pero le han hablado de métodos caseros "infalibles y fáciles". ¿Cuáles serán? ¿Limpiarán realmente la plata? ¿Son tan eficaces? ¿Se pueden mejorar?

Vamos a ayudar a Jorge a encontrar respuestas a sus preguntas.

BÚSQUEDA DE INFORMACIÓN Y PRUEBA INICIAL

Una primera respuesta la podemos encontrar en **Savia**digital **OBSERVA**.

- Humedece el papel de aluminio (1) y añade bicarbonato en polvo (2). Envuelve el colgante (3) y mantenlo tapado durante unos 15 minutos (4). ¿Qué ha ocurrido al cabo de ese tiempo?
- ¿Cuál es la causa del ennegrecimiento de la plata?
- ¿Se produce alguna reacción química con el método empleado para limpiarla? Si es así, ¿cuáles son los reactivos?
- ¿Para qué sirve el bicarbonato en este método?

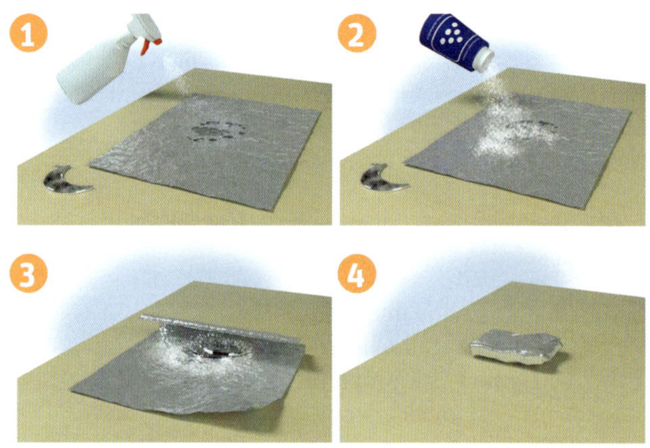

PREPARACIÓN DE LA INVESTIGACIÓN

Jorge y su grupo quieren aprovechar el experimento para presentar su trabajo de fin del trimestre. Para ello, se proponen investigar qué otros materiales y productos que tienen a mano, en casa, pueden conseguir el mismo efecto que el bicarbonato.

Los padres de Jorge aprovechan la ocasión y les encargan que prueben a limpiar toda una serie de objetos de plata: pendientes, colgantes, etc.

¡A Jorge se le ha complicado la tarea!

¡Todo esto tiene que brillar!

REALIZACIÓN DE LA INVESTIGACIÓN

Diseña el procedimiento para comprobar qué combinación de sustancias es la que limpia más eficazmente la plata.

- ¿Pondrás los objetos simplemente en contacto o los envolverás bien?
- ¿Qué cantidades de sustancias usarás y cómo las medirás?
- ¿Dará el mismo resultado con agua caliente que con agua fría?
- ¿Cuál crees que es la mejor combinación de factores para que la plata brille de nuevo? Emite tu hipótesis.

Antes de continuar, debes mostrar al profesor o a la profesora la descripción del procedimiento y de la predicción. No sigas adelante sin su autorización.

Puedes recoger los resultados en una tabla como la siguiente:

Aspecto previo	Simplemente en contacto o envuelto	Con sal	Con vinagre	Con bicarbonato	Tiempo (minutos)	Aspecto final
	Envuelto	X	X	Sí	15	
	•••	•••	•••	•••	•••	•••

Recuerda que puedes probar tanto con agua fría como con agua caliente.

CONCLUSIONES DEL EXPERIMENTO

Redacta un informe en que expliques qué combinación de factores has utilizado; qué sustancia has añadido, cuánto tiempo ha actuado esta; si el objeto aparece brillante o hay que frotarlo, etc. También si influye la temperatura del agua en el tiempo que se tarda en obtener el abrillantado.

Relaciona tus conclusiones con la información inicial y amplía la investigación

A partir de la información inicial, razona si tu método ideal coincide con el de dicha información. Y ahora te puedes plantear si este procedimiento serviría para devolver el brillo a unas monedas de cobre ennegrecidas.

5 Los movimientos

Abre tu mirada

Las abejas son capaces de medir la distancia a una fuente de alimento y comunicársela a toda la colmena mediante una danza de movimientos ondulatorios. Del mismo modo, otros animales, como el delfín, pueden determinar el tamaño y la velocidad de los peces, así como la distancia a la que se encuentran. Para ello, emiten ondas acústicas, a 1,5 km/s, que rebotan en estos y regresan en forma de eco.

- ¿Qué es el movimiento y cómo se describe?
- ¿En qué se diferencia la trayectoria del desplazamiento?
- ¿Cómo medimos el tiempo transcurrido entre varios sucesos?
- ¿Qué es la velocidad?

Piensa y estima

Cuando una rata detecta comida y un depredador cerca, calcula el tiempo que tardará en correr a recoger la comida y luego huir de regreso a su refugio. También estima la distancia de su depredador al alimento y la velocidad de este para predecir si será cazada.

a Si la rata puede correr a 10 m/s, ¿cuánto tiempo tardará en alcanzar una fuente de alimento situada a 20 m?

b ¿Crees que la rata necesita un tiempo para pasar de estar parada a correr a 10 m/s, o puede alcanzar esta velocidad inmediatamente?

Piensa y reflexiona

Cuando las hormigas detectan comida, siempre eligen la ruta más rápida para llegar a su objetivo. Para ello, tienen en cuenta los materiales que han de atravesar. ¿La ruta más corta es siempre la más rápida?

Y tú, ¿qué opinas?

El ser humano ha desarrollado distintas herramientas y fórmulas matemáticas que le permiten medir distancias y calcular velocidades. Galileo Galilei, el gran físico italiano que nació en el siglo XVI, afirmó en una de sus obras que "la naturaleza es un libro escrito con signos matemáticos y solamente quien sepa matemáticas podrá interpretarla". ¿Estás de acuerdo con esta afirmación?

1 El movimiento

¿Qué es el movimiento?

En un parque de atracciones, todo parece moverse de las formas más variadas posibles. Si observamos durante unos minutos, veremos multitud de objetos que cambian de lugar, y cada uno lo hace de una manera diferente.

En las atracciones de caída libre se pueden diferenciar varios tipos de movimiento, todos ellos en **línea recta**. Primero un ascenso pausado hasta parar en lo más alto, y después una caída en la que cada vez se va más rápido hasta que actúa el sistema de frenado.

Norias y tiovivos hacen viajar a los pasajeros en círculo. Otras atracciones combinan los **movimientos circulares** con un movimiento de vaivén para hacerlas más emocionantes.

En las montañas rusas se experimentan todo tipo de giros imposibles, inversiones y tramos vertiginosos con cambios en la velocidad, para volver al punto de partida después de unos **segundos**.

En los parques de atracciones también existen vehículos que nos pueden transportar sin brusquedades, manteniend una **rapidez constante**.

En la web

Experimenta, en el siguiente enlace, creando atracciones en las que deberás tener en cuenta los distintos tipos de movimiento.

www.e-sm.net/svfq2eso05_01

La mayoría de las atracciones están basadas en el movimiento.

> El **movimiento** es el cambio de posición de un cuerpo a lo largo del tiempo.

Evidentemente, no solo se pueden encontrar objetos desplazándose en un parque de atracciones, sino que, si te fijas un poco a tu alrededor, observarás gran cantidad de ejemplos, desde una hoja que cae de un árbol hasta la Luna cuando recorre el cielo.

Figura 5.1. Navegador vía satélite.

Posición

Cada vez es más habitual disponer, en el coche, de un navegador que nos indica dónde nos encontramos en cada momento. Nos informa de la calle por la que circulamos, la distancia a distintos puntos de interés, o nos sitúa en la Tierra por medio de la longitud y la latitud. En definitiva, nos habla de nuestra posición.

> La **posición** es el lugar en el que se encuentra un cuerpo en un instante de tiempo determinado.

Para establecer la posición de un objeto, deberemos dar una información precisa que nos permita localizarlo de manera inequívoca.

Tomando referencias

Situamos a Daniel entre Carlos y Sonia, y preguntamos a estos últimos dónde se encuentra Daniel. ¿Qué responderán?

Experimenta

Cada uno nos da una respuesta diferente. Carlos dice que se encuentra a su izquierda, a una distancia de 4 m. Sin embargo, para Sonia, Daniel está a su derecha, a 2 m.

La posición depende del punto de vista del observador. Para que todo el mundo sepa a qué nos referimos, debemos comunicar desde dónde se realiza la observación. Por tanto, antes de realizar medidas, debemos fijar un lugar respecto al cual describiremos las posiciones y movimientos de los objetos que estudiamos.

Amplía

En física, para situar la posición de un objeto, se suelen utilizar ejes de coordenadas.

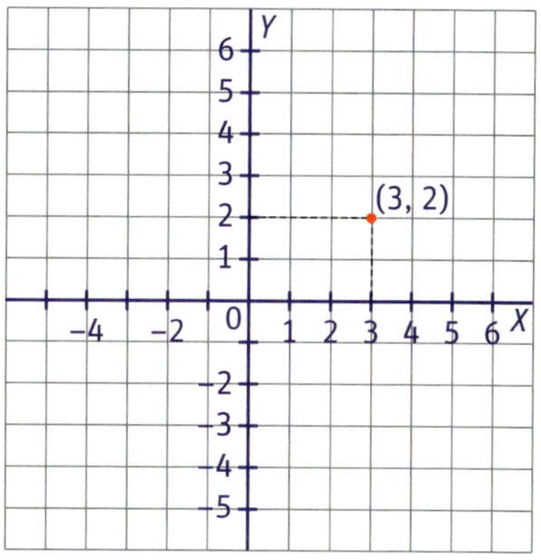

La relatividad del movimiento

Analiza

Podríamos pensar que un hombre sentado en una silla no está en movimiento, pero no creeríamos lo mismo si fuésemos un astronauta y pudiésemos observarlo desde fuera de la Tierra.

El chico que está sentado no se mueve con respecto al suelo de la Tierra, pero, para el astronauta, será similar a observar a una persona montada en una noria (en la Tierra) que cada cierto tiempo, 24 horas en este caso, vuelve al punto de partida. Por tanto, respecto al astronauta, el chico de la silla se estará moviendo.

smSaviadigital.com OBSERVA

El movimiento es relativo.

Un mismo objeto puede estar en reposo para un observador y en movimiento para otro. Esto es lo que se conoce como relatividad del movimiento. Por tanto, cuando digamos que algo se está moviendo, deberemos especificar con respecto a qué otra persona u objeto se mueve.

Imaginemos a un hombre al lado de una mujer sobre una escalera mecánica que sube. Para la mujer, el hombre estará parado con respecto a ella.

El hombre pensará lo mismo de la mujer. Sin embargo, si los observamos desde la escalera fija, ambos se estarán moviendo.

ACTIVIDADES

1. Abre Google Maps en un ordenador y escribe estas coordenadas en el cuadro de búsqueda: 41º 24' 13'' N, 2º 10' 27'' E. ¿Delante de qué monumento nos encontraremos?

2. Escribe tres ejemplos donde se ponga de manifiesto la relatividad del movimiento.

2 La trayectoria y el desplazamiento

Trayectoria

Los navegadores suelen marcar en la pantalla, con una línea de color, las carreteras por las que hemos circulado con nuestro coche. De la misma manera, más de una vez, al mirar al cielo, hemos observado cómo un avión que vuela sobre nuestras cabezas va dejando una estela muy parecida a las nubes. Este rastro nos da una idea de los puntos por los que ha pasado el avión.

Esta línea descrita por el avión en el cielo revela la trayectoria que ha recorrido.

> La **trayectoria** es el camino que sigue un cuerpo en movimiento.

Ten en cuenta

Tanto el desplazamiento como la distancia recorrida sobre la trayectoria se miden en metros (m) en el sistema internacional.

Debemos tener en cuenta que:

1 km = 1000 m
1 hm = 100 m
1 dam = 10 m
1 dm = 0,1 m
1 cm = 0,01 m
1 mm = 0,001 m

Desplazamiento

Experimenta

Pedimos a un amigo que se mueva libremente. Observamos dónde empieza a caminar, y después nos tapamos los ojos. Cuando termine el recorrido, los abriremos para ver dónde ha acabado. En estas condiciones no seríamos capaces de decir cuál ha sido la trayectoria que ha seguido, pero sí podríamos decir cuál ha sido el desplazamiento.

> El **desplazamiento** de un cuerpo es la distancia en línea recta que hay entre el punto inicial y el final de su trayectoria.

¿Cuál es la diferencia entre trayectoria y desplazamiento?

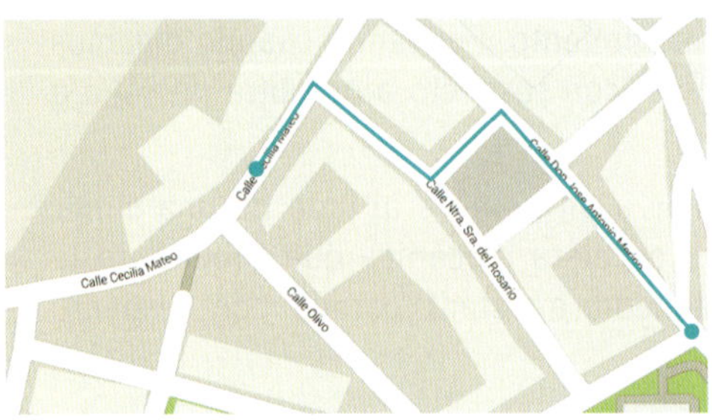

Se marca en azul la ruta que sigue una persona desde que sale de su casa hasta que llega al mercado. Es decir, su **trayectoria**.

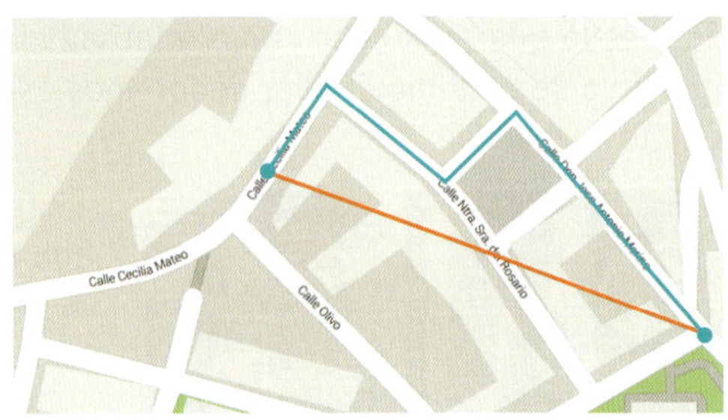

Sin embargo, en naranja hemos trazado una línea recta desde la casa hasta el mercado. Esa distancia es el **desplazamiento**.

ACTIVIDADES

3. ¿Podríamos encontrar un caso donde la trayectoria coincida con el desplazamiento?

4. Busca en internet un mapa de Ciudad Real, imprime el pantallazo y traza sobre él tres trayectorias distintas para llegar desde el Museo del Quijote hasta la plaza del Pilar. ¿Qué relación hay entre los tres desplazamientos?

3 El tiempo

Duración del movimiento

Antes de iniciar la prueba de los 100 metros lisos, los atletas esperan inmóviles la señal que da comienzo a la carrera y, apenas 10 segundos después de escuchar el pistoletazo de salida, ya se encuentran cruzando la línea de meta.

Todos los competidores han recorrido la misma distancia; sin embargo, para estudiar los diferentes movimientos de cada atleta, es imprescindible referirse a otra importante magnitud física: el tiempo que ha tardado cada uno.

> El **tiempo** es una magnitud física con la que medimos la duración de un suceso o la separación entre varios.

Cálculo de la duración del movimiento

1. Un avión despega de Madrid a las 6:48 y aterriza en París a las 9:03. ¿Cuánto tiempo ha durado el viaje? Expresa el resultado en segundos.

SOLUCIÓN

Hacemos la resta del momento en el que llegó a París menos el instante en el que partió de Madrid:

$$\begin{array}{r} 9\text{ h }03\text{ min} \\ -\ 6\text{ h }48\text{ min} \\ \hline \end{array}$$

Los minutos en París (03) son menores que en Madrid (48), por lo que convertimos una hora de París a minutos para poder restar.

$$\begin{array}{r} 8\text{ h }63\text{ min} \\ -\ 6\text{ h }48\text{ min} \\ \hline 2\text{ h }15\text{ min} \end{array}$$

Vamos a pasar las 2 horas y 15 minutos a segundos de la siguiente forma:

2 horas

Las convertimos a minutos multiplicando por 60:

$$2\text{ h} = 2 \cdot 60 = 120\text{ min}$$

Y estos minutos pasan a segundos al multiplicarlos otra vez por 60:

$$120\text{ min} = 120 \cdot 60 = 7200\text{ s}$$

15 minutos

Los multiplicamos por 60 para pasarlos a segundos:

$$15\text{ min} = 15 \cdot 60 = 900\text{ s}$$

Sumando estas cantidades obtendremos los segundos que tardó el avión en ir de Madrid a París:

$$(7200 + 900)\text{ s} = 8100\text{ s}$$

Ten en cuenta

El tiempo se expresa en segundos (s) en el sistema internacional.

Si queremos expresar las horas o minutos en segundos es preciso utilizar los factores de conversión:

HORAS → x60 → MINUTOS → x60 → SEGUNDOS

SEGUNDOS → :60 → MINUTOS → :60 → HORAS

ACTIVIDADES

5. La británica Paula Radcliffe estableció en 2003 una marca de 2 h 15 min 25 s en el maratón de Londres.

a) Si la carrera empezó a las 8 h 52 min 40 s de la mañana. ¿A qué hora terminó Paula la carrera?

b) Una ciclista salió a la misma hora y finalizó el recorrido a las 10 h 23 min 52 s. ¿Cuánto tardó?

4 La velocidad

Figura 5.2. Podio de los 100 metros lisos en los Juegos Olímpicos de Londres

¿Qué es la velocidad?

Los tiempos que los tres medallistas emplearon en recorrer los 100 metros lisos en la final de los Juegos Olímpicos de Londres fueron los siguientes:

Posición	Corredor	Tiempo
1	Usain Bolt	9,63 s
2	Yohan Blake	9,75 s
3	Justin Gatlin	9,79 s

A la vista de los resultados podemos afirmar que Usain Bolt fue el más rápido de los tres, porque fue el que menos tiempo empleó. La rapidez o lentitud con la que se produce un movimiento está relacionada con la velocidad.

La **velocidad** expresa el espacio recorrido por un cuerpo sobre una trayectoria en una unidad de tiempo.

smSaviadigital.com PRACTICA

Juega y controla el tráfico con el radar de tramo.

La velocidad media

Con el fin de evitar accidentes, la Dirección General de Tráfico instala radares que miden la velocidad de los vehículos. Uno de los más precisos es el radar de tramo.

Funcionamiento del radar de tramo

En un punto se sitúa una cámara que lee la matrícula y la hora a la que pasa un vehículo.

Tras recorrer el tramo, otra cámara conectada con la primera vuelve a detectar la matrícula y la hora a la que cruza el mismo vehículo.

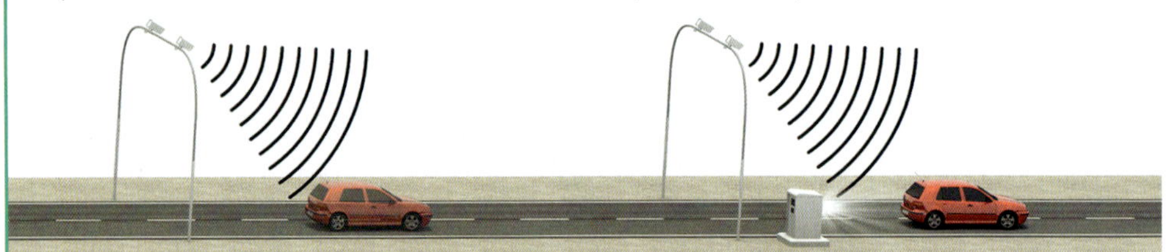

Un programa informático hace la resta entre ambos registros de tiempo y facilita la velocidad media del vehículo.

Para calcular la **velocidad media** (v_m) de un móvil, debemos dividir el **espacio recorrido** (e) entre el **tiempo empleado** (t) en ese desplazamiento.

$$\text{velocidad media} = \frac{\text{espacio recorrido}}{\text{tiempo empleado}} \rightarrow v_m = \frac{e}{t}$$

Velocidad media; Espacio; Tiempo

Amplía

Para indicar la velocidad de un móvil, además de lo rápido que circula, se marca la dirección hacia la que se dirige y el sentido en que lo hace, con una flecha llamada **vector**.

Unidades de velocidad

Como hemos visto, en el sistema internacional, el espacio se mide en metros (m), y el tiempo, en segundos (s). Por tanto, al ser la velocidad una división de ambos, esta se medirá en metros/segundo (m/s).

Aunque esta es la unidad utilizada en el sistema internacional, resulta frecuente encontrar velocidades expresadas en kilómetros/hora (km/h).

Calcula la velocidad media

2. ¿Cuáles son las velocidades medias de los tres atletas en la final de los 100 metros lisos de los Juegos Olímpicos de Londres?

SOLUCIÓN

Dividimos el espacio recorrido, 100 m, entre los tiempos de cada uno; por tanto, la velocidad media será:

Usain: $v_m = \frac{e}{t} = \frac{(100\,\text{m})}{(9{,}63\,\text{s})} = 10{,}38\ \text{m/s}$

Yohan: $v_m = \frac{e}{t} = \frac{(100\,\text{m})}{(9{,}75\,\text{s})} = 10{,}26\ \text{m/s}$

Justin: $v_m = \frac{e}{t} = \frac{(100\,\text{m})}{(9{,}79\,\text{s})} = 10{,}21\ \text{m/s}$

Velocidad instantánea

Los automóviles están constantemente cambiando de velocidad. El velocímetro que llevan incorporado es capaz de medirla en intervalos de tiempo muy pequeños para mostrar la velocidad a la que circula el vehículo en cada instante.

> La **velocidad instantánea** es el valor que toma la velocidad en cada momento.

Figura 5.3. El velocímetro de un coche nos indica la velocidad del coche en ese instante.

Conversión de unidades de velocidad

Si vemos por televisión una etapa de una vuelta ciclista, podremos observar que, al terminar, cuando cruza la línea de meta el ganador, suele aparecer sobreimpresionada en pantalla la velocidad media de este ciclista en km/h.

Pasar de kilómetros a metros o de horas a segundos resulta bastante sencillo. Pero ¿cómo podemos convertir una velocidad de km/h a m/s?

Supongamos que, en una etapa de la Vuelta Ciclista a España, la velocidad media de los corredores ha sido de 45 km/h. Si queremos conocer a cuántos m/s equivale, deberemos utilizar simultáneamente los factores de conversión de longitudes y tiempo. Es decir:

El ciclista recorre de media 45 km cada hora.

Convertimos los kilómetros a metros multiplicando por 1000.

$$45\,\text{km/h} = \frac{(45\,\text{km})}{(1\,\text{h})} = \frac{(45\,\text{km})}{(1\,\text{h})} \cdot \frac{(1000\,\text{m})}{(1\,\text{km})} \cdot \frac{(1\,\text{h})}{(3600\,\text{s})} = 12{,}5\,\text{m/s}$$

Al mismo tiempo, pasamos las horas a segundos multiplicando por 3600.

Figura 5.4. Tiempo empleado y velocidad media de un ciclista durante una etapa

ACTIVIDADES

6. Calcula la velocidad media de Paula Radcliffe en el maratón de Londres (42,195 km) de 2003. Consulta los datos del ejercicio 5.

7. En la naturaleza podemos encontrar grandes velocistas. El guepardo alcanza una velocidad de hasta 114 km/h y el halcón peregrino puede llegar a los 360 km/h. Expresa estas velocidades en m/s.

5 La aceleración

¿Qué es la aceleración?

En la mayoría de los movimientos, la velocidad no se mantiene constante. En una carrera, los atletas parten del reposo y poco a poco van aumentando su velocidad. Cuando hacemos un viaje en coche, debemos variar nuestra velocidad para adecuarla a la vía por la que circulamos. Incluso al lanzar una pelota, la velocidad de esta no permanece constante en su recorrido.

Experimenta

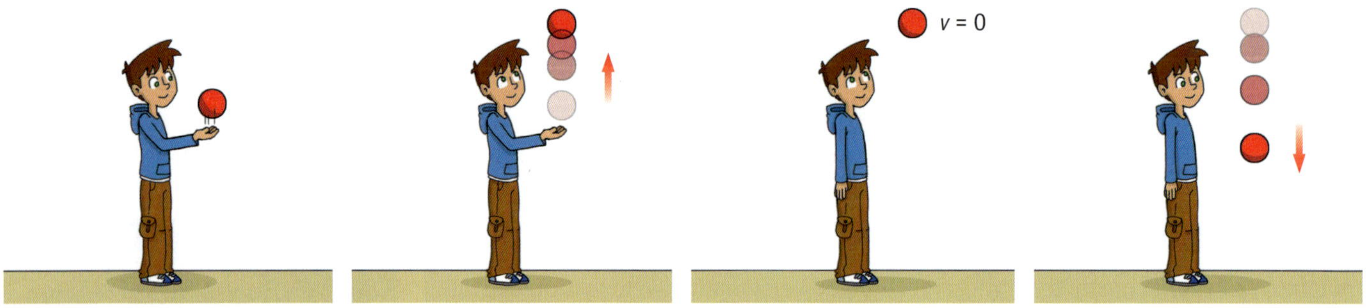

Lanza una pelota verticalmente hacia arriba.

Observa que, a medida que la pelota asciende, su velocidad disminuye.

Cuando alcance su punto más alto, la velocidad será nula.

Al descender, la velocidad de la pelota volverá a aumentar.

En cada uno de estos casos podemos definir una nueva magnitud que describe cómo **cambia la velocidad**. Esta magnitud se denomina aceleración.

> La **aceleración** expresa la variación de la velocidad de un cuerpo en la unidad de tiempo.

Si un móvil siempre lleva la misma velocidad, entonces no habrá aceleración.

Laboratorio en casa: Investiga un movimiento

Coge un hilo de nailon de más de dos metros de longitud. Ata ambos extremos de manera que uno quede más elevado que el otro. Marca el punto medio del hilo y mide la distancia. Desliza un llavero desde la parte más alta (el hilo debe permanecer tenso).

¿Se trata de un movimiento acelerado? Emite tu hipótesis y compruébala.

Para ello, mide con un cronómetro el tiempo que tardará en llegar desde el inicio hasta el punto medio y, sin parar el llavero, desde el punto medio hasta el final. Calcula la velocidad media en cada tramo.

	Espacio	Tiempo
1.º tramo	1 m	●●●
2.º tramo	1 m	●●●

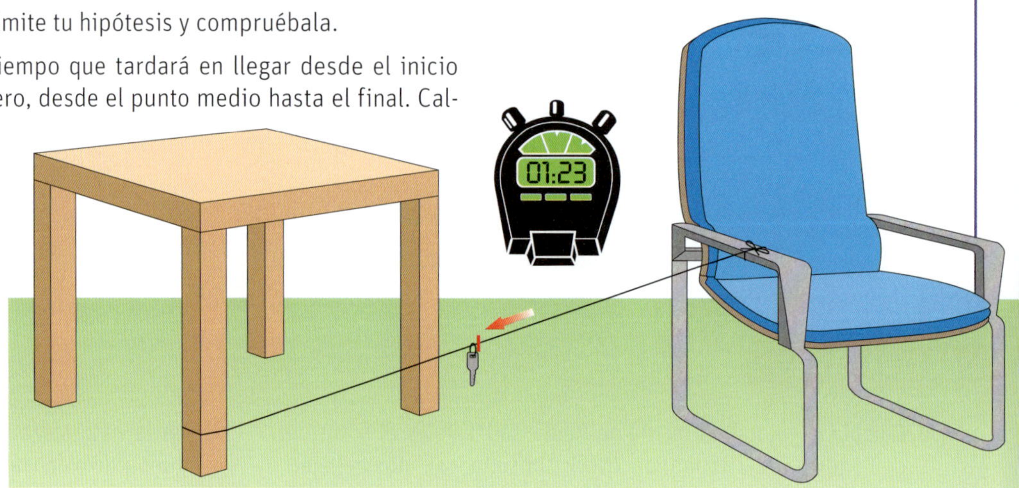

Repite la operación variando la altura. Para ello, ata el hilo en otra posición en la silla.

Aceleración media

Observa

MOTOR	1.6
Número de cilindros	4
Cilindrada (cm³)	1 598
Válvulas por cilindro	2
Potencia (CV)	98
Transmisión	Manual
Velocidad máxima km/h	176
Aceleración 0-100 km/h (s)	10,5

Una de las características que facilitan los fabricantes de coches a los compradores es el tiempo que tarda un vehículo, partiendo de una situación de reposo, en alcanzar los 100 km/h.

Este dato se encuentra relacionado con la aceleración.

El coche de la imagen tarda 10,5 s en pasar de los 0 km/h a los 100 km/h. La magnitud que nos da idea en este caso de cuánto ha aumentado la velocidad **cada segundo** es la **aceleración media**.

La **aceleración media** (a_m) de un móvil se calcula dividiendo la **variación de la velocidad** entre el **tiempo transcurrido**.

$$\text{aceleración media} = \frac{\text{variación de velocidad}}{\text{tiempo transcurrido}} \longrightarrow a_m = \frac{v_f - v_o}{t}$$

- v_f: Velocidad que alcanza al final
- v_o: Velocidad inicial
- t: Tiempo transcurrido

Si el intervalo de tiempo en el que medimos el cambio de la velocidad es muy pequeño, podemos hablar de **aceleración instantánea**. Su unidad en el sistema internacional es el metro por segundo al cuadrado (m/s²).

Calcula la aceleración media

3. Calcula la aceleración media de un galgo que corre a 2 m/s y que, tan solo 4 segundos después, alcanza los 18 m/s.

SOLUCIÓN

La velocidad inicial del galgo era de v_o = 2 m/s; y la velocidad final, de v_f = 18 m/s. El tiempo transcurrido entre ambas velocidades es t = 4 s. Por tanto, la aceleración media será:

$$a_m = \frac{v_f - v_o}{t} \Rightarrow a_m = \frac{(18-2)\ \text{m/s}}{4\ \text{s}} = \frac{16\ \text{m/s}}{4\ \text{s}} = 4\ \text{m/s}^2$$

De media, cada segundo que pasa, el galgo aumenta su velocidad 4 m/s.

Te interesa saber

Cuando un móvil reduce su velocidad, se habla de aceleración negativa o **deceleración**.

¿Sabías que...?

La **distancia de frenado** es el espacio que recorre un coche para detenerse después de accionar el pedal de freno. Depende de la velocidad a la que se circula.

Con el piso seco	Velocidad	Distancia de frenado
	50 km/h	10 m
	90 km/h	32 m
	120 km/h	57 m

A fin de evitar accidentes, hay que tener en cuenta que a estas distancias hay que sumarles el espacio que se recorre hasta que se acciona el freno (**distancia de reacción**).

ACTIVIDADES

8. El dibujo muestra dónde se encuentra un caracol en distintos instantes de tiempo. ¿Podemos afirmar que se trata de un movimiento acelerado? Razona tu respuesta.

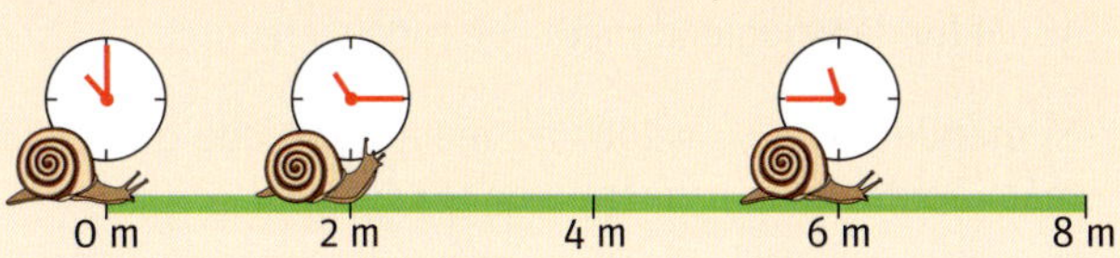

9. Un corredor circula a 7 m/s. Cuatro segundos después, su velocidad es de 9 m/s. Calcula su aceleración media en ese intervalo de tiempo.

10. Un automóvil eléctrico es capaz de pasar de 0 a 100 km/h en 11,4 segundos. ¿Podrías calcular cuál es su aceleración media en ese tiempo? Nota: Pasa la velocidad a m/s.

6 Gráficas del movimiento

Gráfica espacio-tiempo: *e-t*

Por razones de salud, el doctor recomienda a Rosa que cada día dedique media hora a caminar. El primer día empieza andando a ritmo constante y registra con un podómetro la distancia que recorre cada 5 minutos.

Espacio (m)	500	1000	1500	2000	2500	3000
Tiempo (min)	5	10	15	20	25	30

Para visualizar mejor el comportamiento de un móvil, se representa el **espacio recorrido** en función del **tiempo**. El tiempo se suele colocar en el eje horizontal y el espacio en el eje vertical. Veamos la gráfica del movimiento de Rosa:

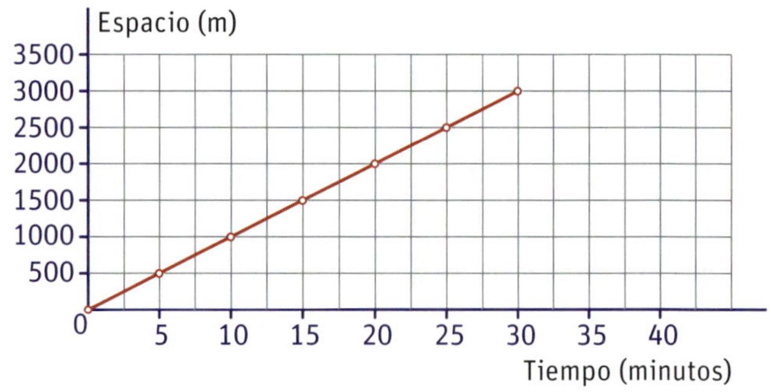

Ten en cuenta

Una línea inclinada en la gráfica *e-t* no significa que el móvil vaya cuesta arriba.

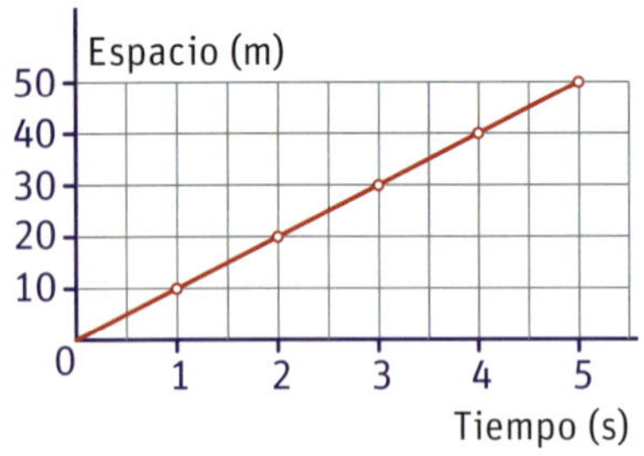

En este caso indica que recorre 10 metros cada segundo.

La Física ayuda a la Ornitología

Liberación de una águila marcada

Para estudiar las migraciones de las aves, los ornitólogos equipan con sistemas de localización por satélite a algunos individuos de varias especies, que les permiten seguir cada uno de sus movimientos. Datos como la distancia que recorren o la velocidad que alcanzan son recogidos y representados para estudiar su comportamiento.

El siguiente gráfico muestra el espacio recorrido por un pato en cada uno de los 30 días que duró su migración desde Canadá hasta México. Ayudemos al ornitólogo a interpretarlo.

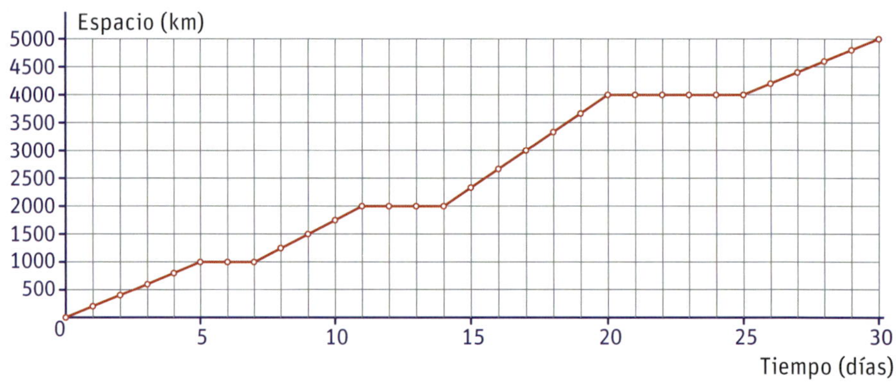

CUESTIONARIO

1. ¿Qué espacio recorrió el pato en los cinco primeros días? ¿Y en los cinco últimos?
2. ¿Cuál fue la distancia recorrida en total por el ave?
3. Casi todas las aves, después de cruzar largas distancias, descansan durante varios días para reponer energías. ¿Cuántos días descansó este pato durante su viaje?
4. ¿Cuántos días tardó en recorrer los primeros 3000 km? ¿Y los últimos 2000 km?
5. ¿Cuál fue la velocidad media en todo su recorrido?
6. Si atendemos a su velocidad media, ¿en qué quincena fue más rápido, en la primera o en la segunda?

Gráfica velocidad-tiempo: *v-t*

Al igual que podemos hacer una representación gráfica del espacio con respecto al tiempo, también se puede trazar una gráfica de la velocidad en función del tiempo transcurrido.

A continuación mostramos la gráfica velocidad-tiempo de tres móviles que se desplazan de diferentes maneras.

Movimiento con velocidad constante

En este caso, durante los 6 s representados en la gráfica, este móvil mantiene una velocidad constante de 5 m/s; es decir, no hay aceleración. Es un movimiento con velocidad constante.

$$a_m = \frac{v_f - v_o}{t} \Rightarrow a_m = \frac{(5-5)\ \text{m/s}}{6\ \text{s}} = 0\ \text{m/s}^2$$

Movimiento acelerado

Sin embargo, aquí empieza con una velocidad de 4 m/s y va aumentando su velocidad de 2 en 2 m/s hasta que, a los 6 s, su velocidad ya es de 16 m/s. Se trata de un movimiento acelerado.

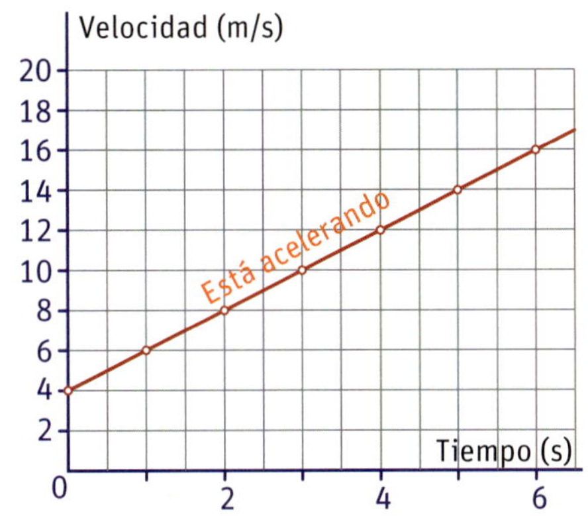

$$a_m = \frac{v_f - v_o}{t} \Rightarrow a_m = \frac{(16-4)\ \text{m/s}}{6\ \text{s}} = 2\ \text{m/s}^2$$

Movimiento decelerado

Esta gráfica describe un móvil que va disminuyendo su velocidad, desde los 10 m/s iniciales hasta los 4 m/s finales. Estamos ante un movimiento decelerado.

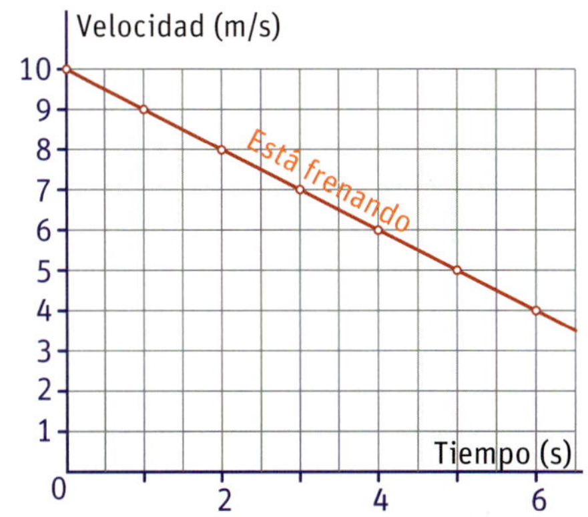

$$a_m = \frac{v_f - v_o}{t} \Rightarrow a_m = \frac{(4-10)\ \text{m/s}}{6\ \text{s}} = -1\ \text{m/s}^2$$

smSaviadigital.com PRACTICA

ACTIVIDADES

11. ¿Podríamos encontrar una gráfica *e-t* de una persona caminando como la que se muestra debajo? Razona tu respuesta.

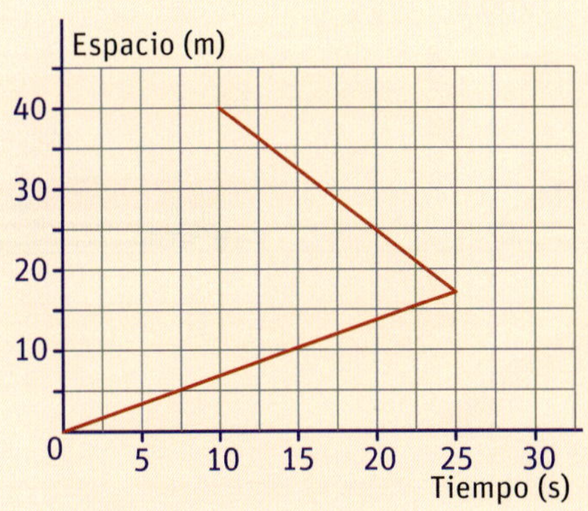

12. Completa la tabla en tu cuaderno con los datos de la gráfica:

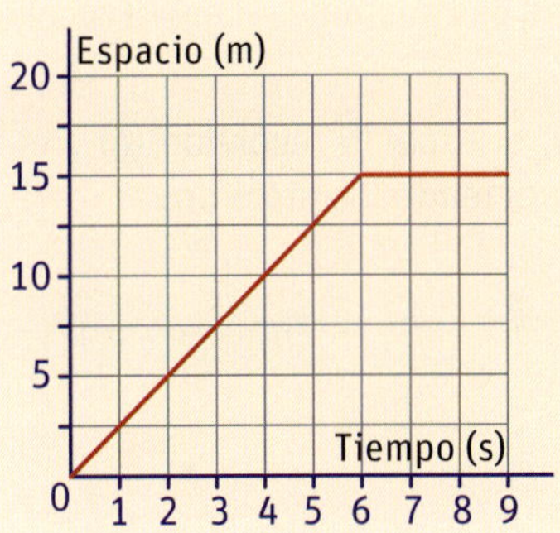

Tiempo (s)	Espacio (m)
0	●●●
2	●●●
4	●●●
6	●●●
8	●●●

13. Observa las gráficas *v-t* de dos móviles diferentes y responde a las preguntas que planteamos.

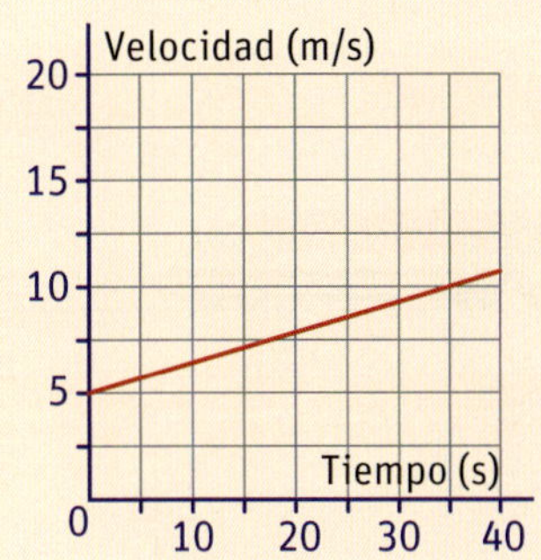

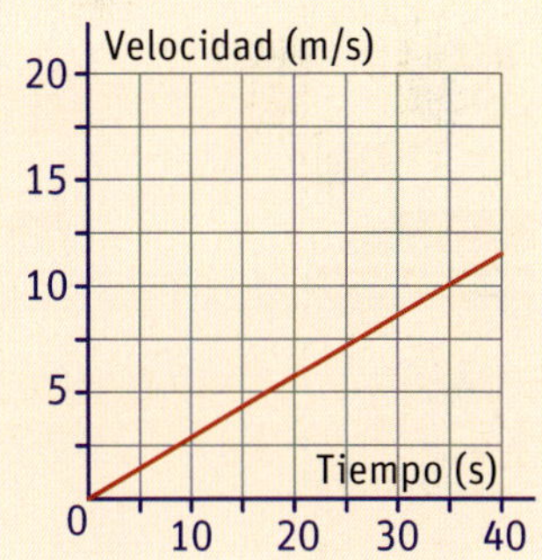

a) ¿Cuál de los dos móviles empieza desde el reposo?

b) ¿Cuál de los dos circula más rápido a los 35 s?

c) ¿Cuál es la aceleración en la segunda gráfica?

14. Representa los siguientes datos en una gráfica.

Tiempo (s)	0	1	2	3	4
Velocidad (m/s)	3	6	9	12	15

a) ¿Cuál es la velocidad inicial?

b) ¿Qué velocidad adquiere el móvil a los 5 s?

c) ¿Cuál es la aceleración media?

7 Movimientos rectilíneos

Tipos de movimientos rectilíneos

A nuestro alrededor podemos observar distintos tipos de movimientos, que podemos clasificar atendiendo a su **trayectoria**.

Uno de los más sencillos de estudiar es aquel que implica objetos que se mueven en **línea recta**, como un ascensor, una fruta cayendo del árbol después de madurar, o el desplazamiento de un nadador por su calle en una competición. Este tipo de movimientos reciben el nombre de **movimientos rectilíneos**.

Movimiento rectilíneo uniforme

Figura 5.5. Cinta transportadora

Una cinta transportadora es un sistema que sirve para desplazar productos industriales, agrícolas o personas entre dos puntos, normalmente en línea recta y a una velocidad constante. Este tipo de movimiento sobre la cinta es lo que se conoce como movimiento rectilíneo uniforme.

> Un cuerpo sigue un **movimiento rectilíneo uniforme** si su trayectoria es una línea recta y se desplaza con velocidad constante.

Veamos lo que sucede, en un tramo de la vía, con un tren que viaja con un movimiento rectilíneo uniforme.

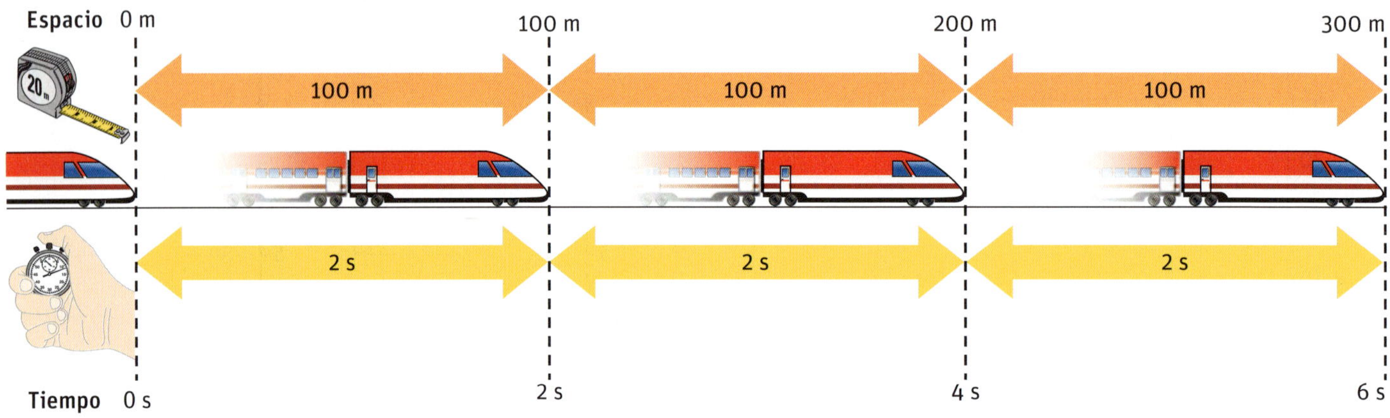

En este tipo de movimientos, en los que la velocidad es constante, el móvil recorre espacios iguales en tiempos iguales.

Existe una relación sencilla entre la velocidad (v), el espacio recorrido (e) y el tiempo empleado (t), que permite calcular uno de ellos conociendo los otros dos.

Velocidad	Espacio recorrido	Tiempo empleado
$v=\frac{e}{t}$	$e=v\cdot t$	$t=\frac{e}{v}$

Ten en cuenta

En un movimiento **rectilíneo uniforme**, la velocidad media es igual a la velocidad instantánea en cualquier momento.

Calcula el espacio y el tiempo

4. Un patinador se desliza en línea recta con una velocidad constante de 8 m/s. ¿Qué distancia recorrerá en 20 s? ¿Cuánto tiempo tardará en recorrer 136 m?

SOLUCIÓN

El espacio recorrido en 20 s a 8 m/s será: $e = v \cdot t \Rightarrow e = (8\ \text{m/s})(20\ \text{s}) = 160\ \text{m}$

Y para recorrer 136 m con esa velocidad constante, el tiempo empleado será:

$$t = \frac{e}{v} \Rightarrow t = \frac{(136\ \text{m})}{(8\ \text{m/s})} = 17\ \text{s}$$

Movimiento rectilíneo uniformemente acelerado

Experimenta

Coge una moneda, levanta la mano y déjala caer. Observarás que empieza parada, pero va ganando velocidad a medida que se acerca al suelo en **línea recta**. Es un ejemplo de movimiento rectilíneo **uniformemente acelerado**.

¿Sabías que...?

La aceleración que sufre un cuerpo cuando lo dejas caer en la Tierra tiene un valor de 9,8 m/s^2. Esto significa que en cada segundo la velocidad aumenta 9,8 m/s.

El **movimiento rectilíneo uniformemente acelerado** lo tienen los objetos que se desplazan en línea recta y con aceleración constante.

Un cuerpo se mueve con aceleración constante cuando su velocidad se incrementa de la misma forma en intervalos de tiempo iguales, como sucede en el siguiente gráfico:

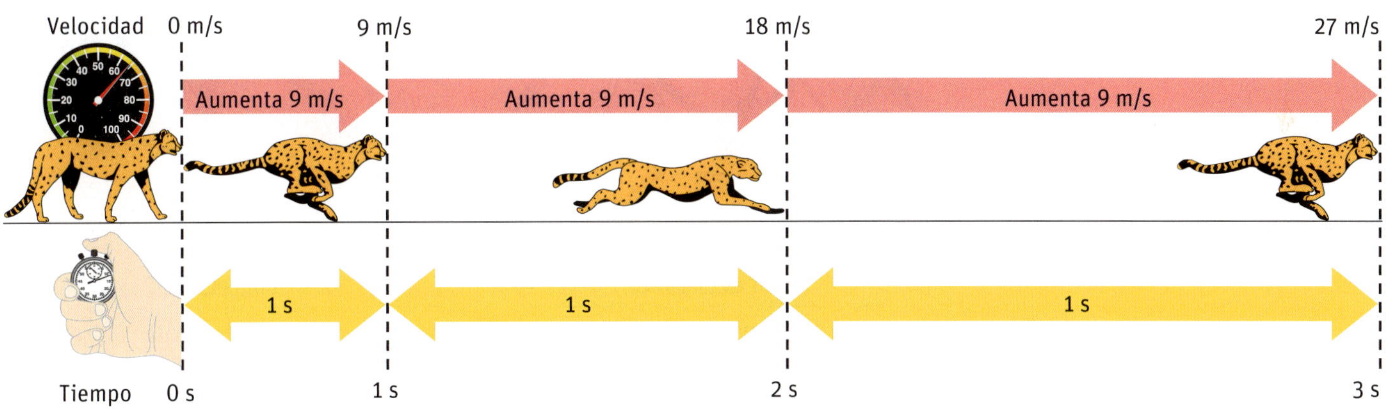

Cada segundo la velocidad del guepardo es 9 m/s mayor; por tanto, la aceleración será de 9 m/s^2. Al ir aumentando la velocidad, cada vez recorre más espacio en el mismo tiempo.

smSaviadigital.com PRACTICA

Congelando el movimiento.

ACTIVIDADES

15. Un deportista nada con un movimiento rectilíneo uniforme a una velocidad constante de 3 km/h.

a) ¿Cuánto tiempo tardará en atravesar un lago de 880 m de longitud?

b) ¿A qué velocidad tendría que nadar si tarda 12 min?

16. La tabla muestra la velocidad de un camión moviéndose en línea recta en función del tiempo. ¿Se trata de un movimiento rectilíneo uniformemente acelerado?

Tiempo (s)	0	10	20	30
Velocidad (km/h)	0	20	50	80

8 Movimientos no rectilíneos

Si observas a tu alrededor, probablemente te será más fácil descubrir movimientos cuya trayectoria **no sea una línea recta**.

Observa

Lanza una pelota a canasta y observa su trayectoria. ¿Qué tipo de trayectoria sigue?

La trayectoria que sigue la pelota no es rectilínea, sino que traza una curva llamada parábola. Por eso a este tipo de movimiento se le llama **movimiento parabólico**.

Este movimiento es consecuencia de la fuerza de la gravedad, que actúa sobre la pelota y hace que se curve su trayectoria.

Amplía

En el movimiento circular, al igual que en los movimientos rectilíneos, podemos encontrar movimientos circulares uniformes (los que se realizan con rapidez constante) y movimientos circulares uniformemente acelerados (su velocidad aumenta de modo constante).

Existen movimientos no rectilíneos particularmente interesantes, entre otros: el movimiento **circular**, el **pendular**, el **elíptico** y el **parabólico**.

Movimiento circular

Un móvil tiene un movimiento circular si su trayectoria es una circunferencia. El movimiento circular ha sido muy utilizado por el ser humano en distintos mecanismos para cubrir necesidades o resolver problemas técnicos, como, por ejemplo, la rueda para desplazarse.

Movimiento pendular

En este caso, el móvil desarrolla un movimiento de vaivén a lo largo de un arco de circunferencia.

El péndulo de un reloj o un columpio son dos ejemplos donde podemos encontrar el movimiento pendular.

Movimiento elíptico

Este movimiento se encuentra relacionado con los movimientos de algunos cuerpos celestes que describen una trayectoria elíptica, como la que podemos encontrar en el movimiento de los cometas alrededor del Sol.

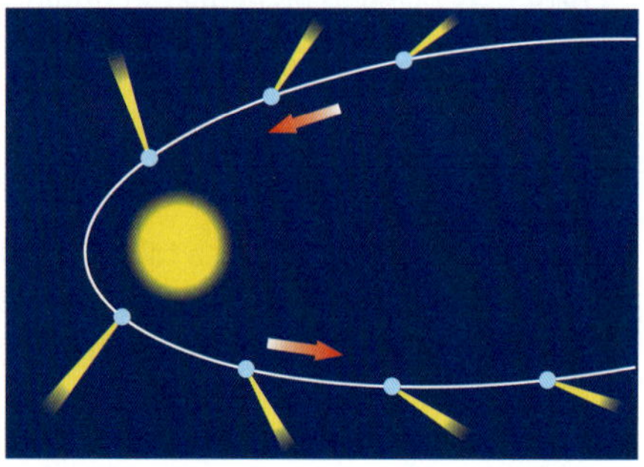

Movimiento parabólico

Este movimiento se produce cuando un objeto describe una parábola. En general sucede cuando lanzamos cualquier objeto que no vea variada su trayectoria por factores externos como, por ejemplo, el viento. El objeto lanzado recibe el nombre de proyectil.

ACTIVIDADES

17. Dibuja la trayectoria que sigue una persona montada en un columpio en movimiento.

18. Busca información sobre otros tipos de movimientos diferentes a los mostrados en esta página.

Gráficas del movimiento utilizando un programa informático

Construiremos gráficas de movimiento que previamente habremos grabado con una videocámara. Para ello utilizaremos Tracker, un *software* de código abierto que permite analizar el movimiento de objetos en vídeos y que puedes descargar de la siguiente web: www.e-sm.net/svfq2eso05_02.

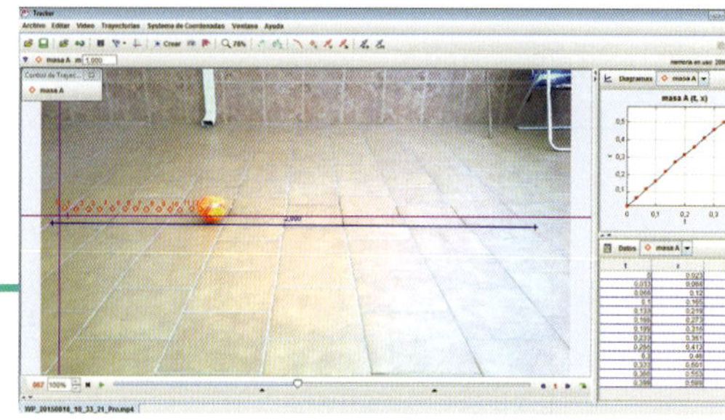

1 GRABA UNA PELOTA MOVIÉNDOSE

Dibuja dos marcas en el suelo y **mide** la distancia entre ellas. Lanza una pelota rodando en línea recta entre ambas marcas y graba la escena con una videocámara.

Utiliza un trípode para que la imagen sea más estable.

Cuando hayas terminado de grabar el vídeo, guárdalo en un ordenador donde tengas instalado Tracker.

2 ABRE EL VÍDEO CON TRACKER

Ejecuta Tracker, haz clic en **Abrir** y busca el vídeo que has grabado. Selecciónalo y pulsa **Abrir**.

En la parte inferior del vídeo puedes encontrar comandos para desplazarte por sus distintos fotogramas (aquí llamados **cuadros**). El primer número a la izquierda indica el cuadro en el que nos encontramos.

3 AJUSTA LA CONFIGURACIÓN DE TRACKER

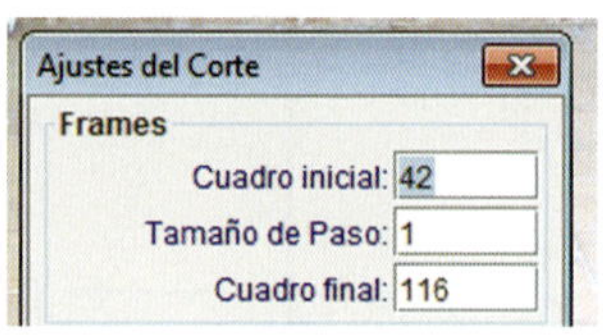

Utilizando el deslizador que hay en la parte inferior del vídeo, detecta en qué cuadro empieza el movimiento y cuándo termina. Luego, pulsa en **Ajustes del Corte** e introduce el número del **Cuadro inicial** y el del **Cuadro final**. Después pulsa **Aceptar**.

Haz clic en las herramientas de calibración y selecciona **Nuevo** > **Vara de Calibración**.

Arrastra cada uno de los extremos de la vara a las marcas que dibujaste en el suelo, y haz clic en el número que hay sobre ellas para introducir la longitud sin unidades.

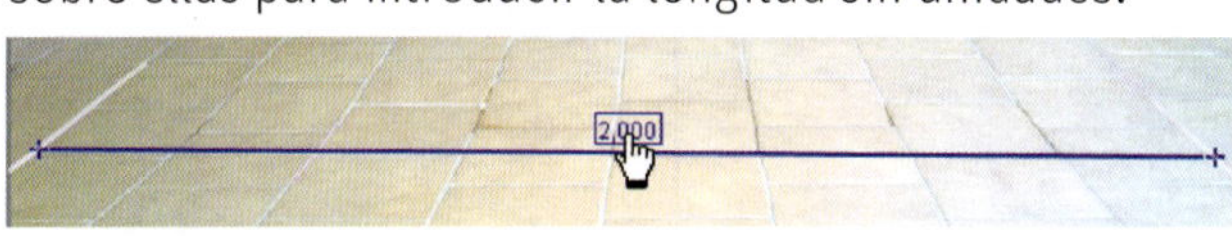

Haz clic en el botón de ejes de coordenadas y arrastra el punto central de los ejes a la posición inicial del objeto que quieras estudiar. Puedes variar el ángulo de los ejes para que el eje X coincida con la trayectoria del objeto.

4 MARCA LA TRAYECTORIA DEL OBJETO

Haz clic en **Crear** y selecciona **Masa puntual**. Después, manteniendo el botón de mayúsculas pulsado, haz clic en el lugar donde se encuentra el móvil en cada fotograma. Cada vez que hagas clic, el vídeo pasará automáticamente al siguiente fotograma. No te saltes ningún fotograma.

5 ABRE EL VÍDEO CON TRACKER

En la parte inferior derecha observa la tabla de datos de la posición en función del tiempo. Puedes variar las magnitudes que se muestran pulsando en **Datos**.

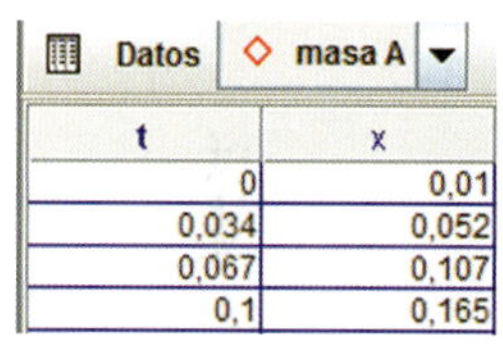

t	x
0	0,01
0,034	0,052
0,067	0,107
0,1	0,165

Encima de estos verás representadas las gráficas del movimiento. Haz clic en la etiqueta del eje X o Y para cambiar la variable que quieras representar.

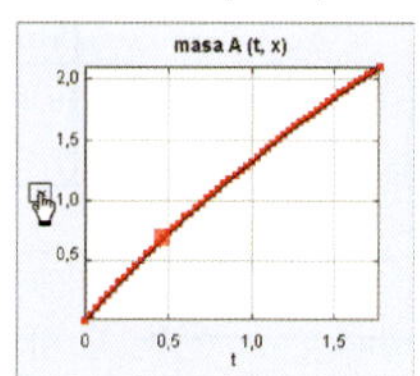

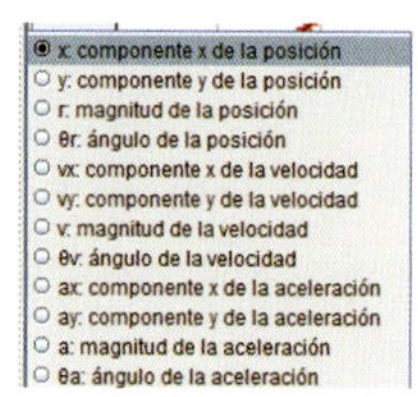

Puedes representar distintas magnitudes: posiciones, velocidades, aceleraciones, etc.

Guarda tu proyecto con la extensión .trk para no perder información.

ACTIVIDADES

19. Representa la gráfica espacio-tiempo de una pelota rodando con Tracker y deduce qué tipo de movimiento es.

20. Ajusta los ejes para que la pelota se mueva a lo largo del eje X y calcula cuál fue la velocidad media de la pelota.

Lo esencial en imágenes

MOVIMIENTO

- cambio de → POSICIÓN — a lo largo del → TIEMPO

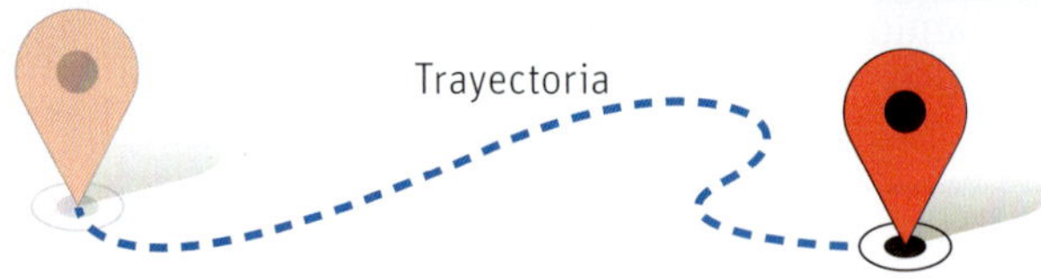

- Se clasifica según su
  - VELOCIDAD

    - UNIFORME
      Velocidad constante

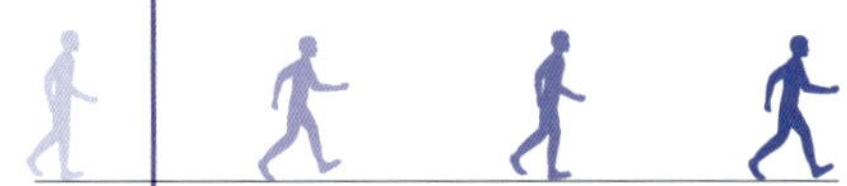

    - con ACELERACIÓN

  - TRAYECTORIA

    - RECTILÍNEA

    - NO RECTILÍNEA

      - Circular
      - Pendular
      - Elíptica
      - Parabólica

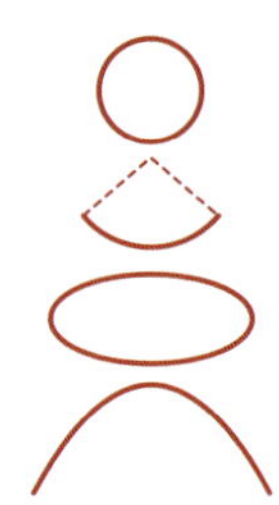

- Se representa mediante
  - Gráfica espacio-tiempo

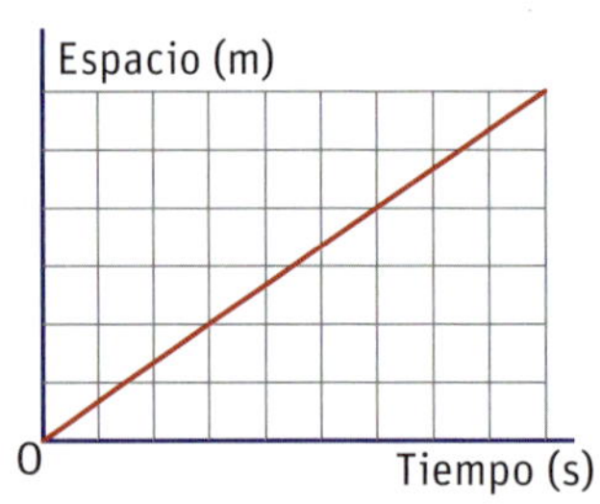

  - Gráfica velocidad-tiempo

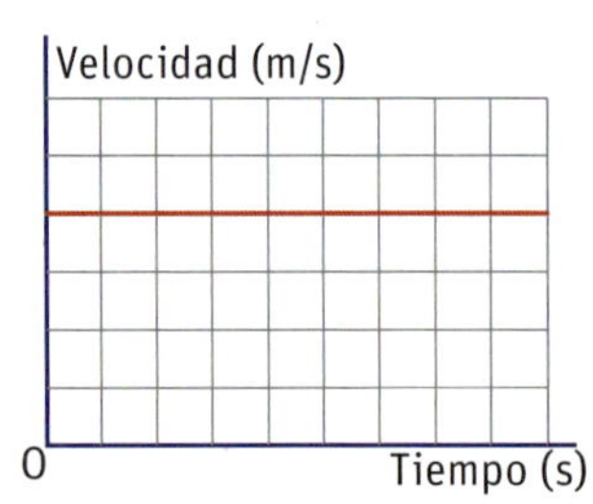

smSaviadigital.com VALORA LO APRENDIDO > Resumen

Lo esencial en problemas

1. Adaptada de PISA 2003. El siguiente esquema muestra parte del sistema de transporte de una ciudad de Zedlandia, con tres líneas de ferrocarril. Se señala la estación en la que uno se encuentra en un momento (Desde aquí), y la estación a la que tiene que ir (Hasta aquí).

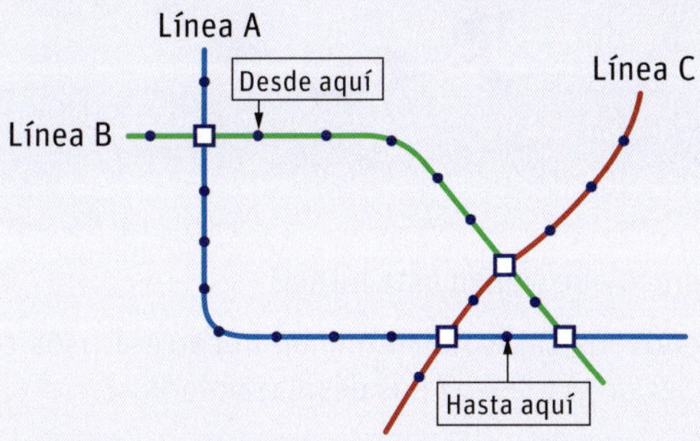

El tiempo que se tarda en ir de una estación a la siguiente es de aproximadamente 2 min. En los transbordos de una línea a otra se emplean unos 5 min.

Marca en el esquema el trayecto más rápido e indica el tiempo aproximado del viaje.

SOLUCIÓN

El trayecto más rápido es de 21 min, porque tienen que hacerse 8 paradas (2 min en cada trayecto) y un transbordo (5 minutos): $8 \cdot (2 \text{ min}) + (5 \text{ min}) = 21 \text{ min}$.

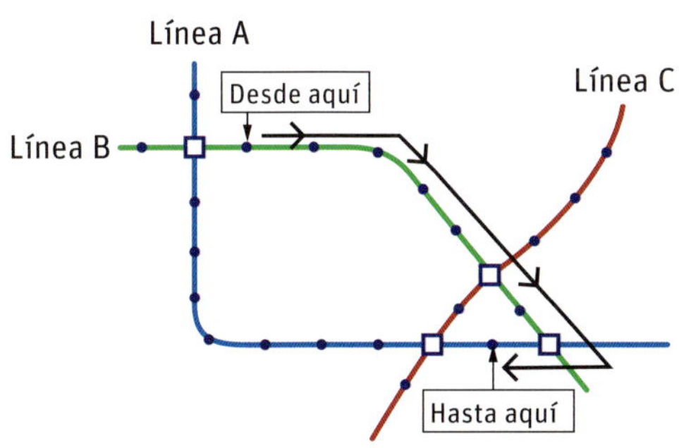

2. Jack Zuback es un golfista que consiguió impulsar una pelota a 324 km/h. De manera similar, Fu Haifeng logró alcanzar 92,2 m/s con el volante usado en bádminton. ¿Cuál de los dos consiguió una mayor velocidad?

SOLUCIÓN

Para comparar velocidades, debemos expresar ambas en las mismas unidades. Expresaremos la velocidad de la pelota de Jack Zuback en m/s:

$$324 \text{ km/h} = \frac{(324 \text{ km})}{(1 \text{ h})} \cdot \frac{(1000 \text{ m})}{(1 \text{ km})} \cdot \frac{(1 \text{ h})}{(3600 \text{ s})} = 90 \text{ m/s}$$

Por tanto, fue más rápido el volante de Fu Haifeng.

3. El biatlón es un deporte que combina esquí de fondo y tiro con rifle. En la prueba de esprint femenina, las participantes recorren 7 km y deben detenerse en dos momentos para disparar a unas dianas. Esta es la gráfica espacio-tiempo de una participante:

a) ¿En qué minuto se paró a disparar la primera vez? ¿Y la segunda?

b) ¿Cuánto tiempo estuvo disparando la primera vez?

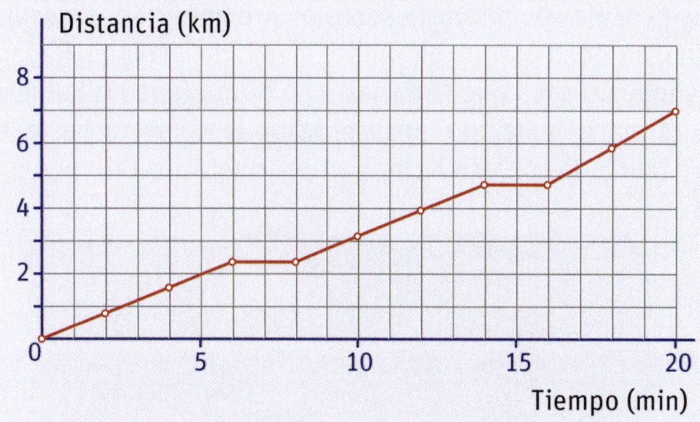

c) ¿Cuál fue la velocidad media del recorrido?

SOLUCIÓN

a) A los 6 minutos se para, porque empieza una recta paralela al eje del tiempo (no aumenta el espacio); por tanto, este será el primer momento en el que dispara. La segunda tanda de disparos comienza a los 14 minutos.

b) Cada tanda de disparos dura 2 minutos (la primera del minuto 6 al 8 y la segunda, del 14 al 16).

c) Los 7 km (7000 m) los recorrió en 20 min (1200 s); por tanto, la velocidad media será:

$$v_m = \frac{e}{t} = \frac{(7000 \text{ m})}{(1200 \text{ s})} = 5{,}83 \text{ m/s}$$

4. Los delfines emiten señales acústicas para detectar obstáculos. La onda sonora viaja en línea recta con una velocidad constante de 1500 m/s, rebota en el objeto y regresa al delfín en forma de eco. Suponiendo que un delfín tarda 0,2 s en escuchar un sonido que emitió, ¿podrías calcular a qué distancia se encontraba el objeto en el que rebotó?

SOLUCIÓN

Hallamos la distancia que recorre la onda sonora en 0,2 s:

$$e = v \cdot t \quad \Rightarrow \quad e = (1500 \text{ m/s})(0{,}2 \text{ s}) = 300 \text{ m}$$

Ya que en ese tiempo la onda tiene que hacer un viaje de ida y vuelta, debemos dividir esta cantidad entre 2; es decir, el objeto se encontrará a 150 m del delfín.

Actividades

Posición, desplazamiento y trayectoria

21. Las siguientes afirmaciones son falsas. ¿Podrías explicar por qué?

a) La longitud de la trayectoria siempre es mayor que el desplazamiento.

b) El desplazamiento nunca puede ser nulo.

c) El desplazamiento de una persona que se mueva en círculos siempre será nulo.

d) En un movimiento, sabiendo la posición inicial de un móvil y la final, podemos conocer la trayectoria.

22. En las películas de piratas, estos siempre entierran un tesoro que luego tienen que encontrar por medio de un mapa. Redacta las indicaciones que le darías a un pirata (que no hubiese visto el mapa) para que llegase desde la calavera hasta el tesoro marcado con una X. Indica tres itinerarios diferentes.

23. Dibuja en tu cuaderno una trayectoria de 8 cm de longitud, pero de tan solo 2 cm de desplazamiento.

24. El Camino de Santiago es una ruta que recorren los peregrinos para llegar a Santiago de Compostela. En el plano se muestran algunos de sus itinerarios. Al lado del nombre de cada ciudad, entre paréntesis, podemos observar la distancia de ese punto a Santiago en kilómetros.

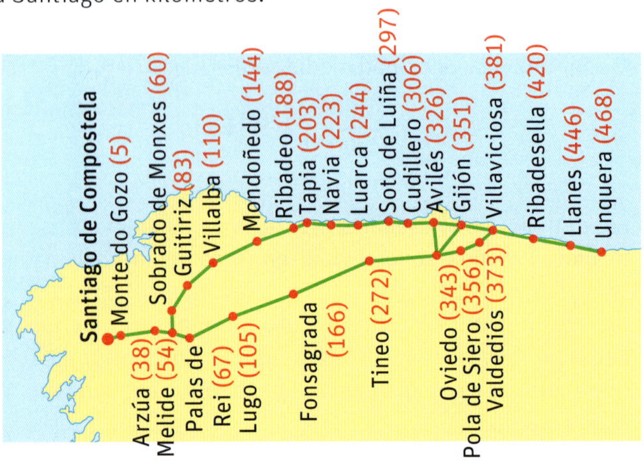

Siguiendo las trayectorias marcadas, responde a las siguientes preguntas:

a) ¿Qué distancia hay entre Llanes y Ribadesella?

b) ¿Y entre Ribadesella y Fonsagrada?

c) ¿Cuántos caminos distintos hay para ir de Villaviciosa hasta Avilés?

d) ¿Qué distancia recorre un peregrino entre Oviedo y Melide?

e) Busca información en internet sobre otros itinerarios del Camino de Santiago.

25. Las pistas de carreras de caracoles tienen forma de diana. En el centro se colocan los competidores y gana el primero que alcanza la circunferencia exterior.

a) ¿Por qué crees que tienen esta forma?

b) Cuando todos los caracoles terminen la carrera, ¿sus trayectorias serán iguales? ¿Y sus desplazamientos?

c) ¿Puede ganar el caracol que recorra más distancia sobre su trayectoria?

d) ¿Gana siempre el caracol más rápido?

Velocidad y aceleración

26. Almudena camina a 6 km/h; y José Luis, a 1,5 m/s. ¿Cuál de los dos está andando más rápido?

27. Los corredores suelen medir su velocidad mediante los minutos que tardan en recorrer un kilómetro (min/km). ¿Cuál sería la velocidad en m/s de un corredor que tarda 4 minutos y medio en recorrer cada kilómetro?

28. El hipódromo de Ascot es un circuito de 4023 m donde anualmente se celebra la Ascot Gold Cup, una carrera famosa por los estrambóticos sombreros que allí se lucen. En 1988 fue ganada por Sadeem, un caballo que necesitó tan solo 4 minutos, 15 segundos y 67 centésimas.

a) ¿Cuál fue la velocidad media de Sadeem?

b) ¿Crees que hubo aceleración en su movimiento?

29. smSaviadigital.com APLICA

En la siguiente web de Google Maps haz clic en Cómo llegar. En el punto de partida introduce Saldaña (Palencia); y en el lugar de destino, Logroño. Si no está seleccionado, haz clic en el icono En coche. Anota la distancia y el tiempo que se tarda en recorrer cada una de las rutas que ofrece.

a) ¿Cuál es la velocidad media en cada una de las rutas?

b) ¿Qué razones puede haber para que la velocidad media en cada trayecto sea diferente?

30. Di si existe aceleración en los siguientes movimientos, y razona tu respuesta.

a) Un tren que parte de León y llega a Madrid.

b) La carrera de un atleta en un maratón.

c) Salto desde un trampolín a una piscina.

31. Un ciclista sube una montaña a una velocidad media de 4 m/s, y, medio minuto después de coronar la cima, ya se encuentra descendiendo a 72 km/h. ¿Cuál fue la aceleración media en ese tiempo?

Gráficas del movimiento

32. Representa la gráfica espacio-tiempo que se corresponde con la siguiente tabla:

Tiempo (s)	1	2	3	4	5	6
Espacio (m)	3	6	9	12	15	18

33. La siguiente gráfica refleja la altura sobre el suelo que alcanza un globo aerostático que está despegando:

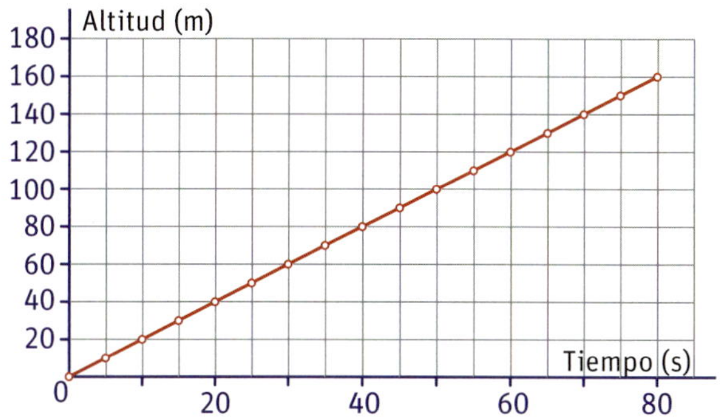

a) ¿A qué altura se encuentra después de 1 minuto?

b) ¿Cuánto tiempo tarda en alcanzar los 100 m?

c) ¿Qué distancia ha recorrido entre el segundo 20 y el 40?

d) Si siguiese con esta progresión, ¿cuánto tiempo tardaría en llegar a los 200 m?

34. Una hormiga se desplaza más rápido por una superficie lisa que por una rugosa. Observamos cómo atraviesa ambas para acercarse a una semilla. Representamos su movimiento en la siguiente gráfica.

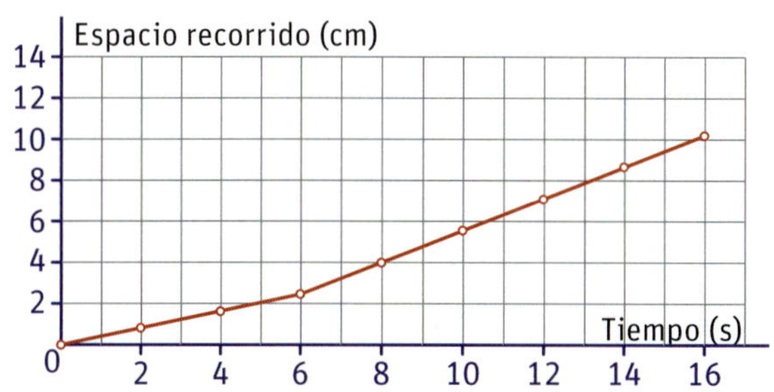

¿Cuánto tiempo tarda en cruzar la superficie rugosa? ¿Y en atravesar la lisa? Razona tu respuesta.

35. Representa una gráfica velocidad-tiempo en la que se muestre una velocidad constante durante los 5 primeros segundos y luego una aceleración uniforme durante los siguientes 4 segundos.

36. La velocidad de un coche teledirigido en función del tiempo se muestra en la siguiente gráfica:

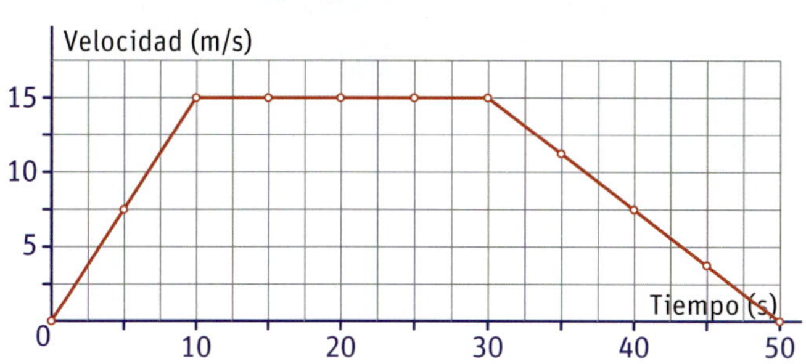

a) ¿Qué velocidad lleva a los 23 s?

b) ¿Se movía más rápido a los 5 s o a los 35 s?

c) ¿Durante cuánto tiempo se movió a velocidad constante?

d) ¿Cuánto tiempo estuvo decelerando?

e) ¿Cuál fue su aceleración en los 10 primeros segundos?

Movimientos rectilíneos y no rectilíneos

37. La luz viaja en línea recta desde el Sol hasta la Tierra con una velocidad de 300 000 000 m/s. Si sabemos que tarda 8 min y 20 s en llegar hasta nosotros, ¿podrías averiguar a qué distancia de la Tierra se encuentra el Sol?

38. Un socorrista acude al auxilio de un bañista en el mar. El socorrista es capaz de correr en la arena a una velocidad constante de 5 m/s y de nadar a 1,6 m/s. Para realizar el rescate, tiene que correr en línea recta 15 m y nadar 48 m. ¿Cuánto tiempo tardará en llegar hasta el bañista?

39. El Lunar Roving Vehicle es un vehículo empleado por los astronautas para su desplazamiento por la Luna. Si avanza con un movimiento rectilíneo uniforme desde el pie de la nave a una velocidad de 4 km/h, ¿qué tiempo tardará en alejarse 9,6 km (distancia máxima de seguridad en caso de avería) de la nave?

40. Aquiles, el mítico héroe griego, desafió a una tortuga a una carrera. Como él era más rápido, dejó una ventaja de 100 m al reptil. Si sabemos que ambos llegaron a la meta al mismo tiempo y que la velocidad de Aquiles era de 8 m/s, calcula la velocidad de la tortuga.

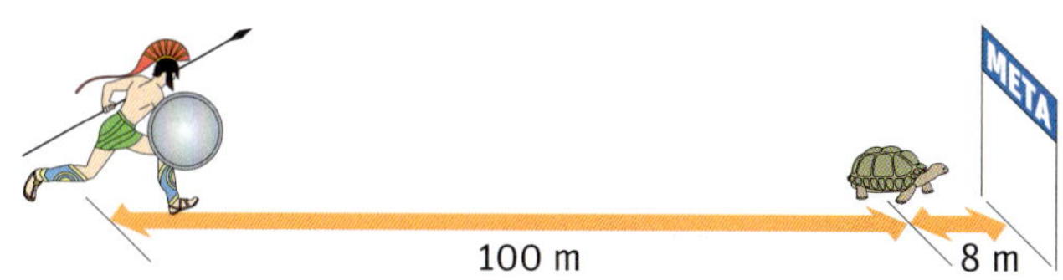

41. En la prueba del salto de longitud, el atleta debe correr en línea recta y efectuar un salto al final de la carrera. El entrenador de Saúl le ha pedido que en la carrera de aproximación debe intentar acelerar uniformemente durante 5 s, de manera que en cada segundo vaya 2 m/s más rápido que en el anterior. Copia y completa la tabla según estos datos:

Tiempo (s)	0	1	2	●●●	5
Velocidad (m/s)	0	●●●	●●●	6	●●●

a) ¿Se trata de un movimiento rectilíneo uniforme?

b) ¿Cuál fue su aceleración?

42. Atamos un pañuelo azul en el punto medio de una comba y empezamos a saltar con ella como aparece en la imagen.

a) ¿Qué tipo de movimiento sigue el pañuelo? Dibuja la trayectoria.

b) ¿Cómo sería la trayectoria del pañuelo si lo atásemos en otro punto de la comba?

Ponte a prueba

Velocidad de un coche de carreras

Adaptado de PISA 2000. Este gráfico muestra cómo varía la velocidad de un coche de carreras a lo largo de una pista llana de 3 km durante su segunda vuelta.

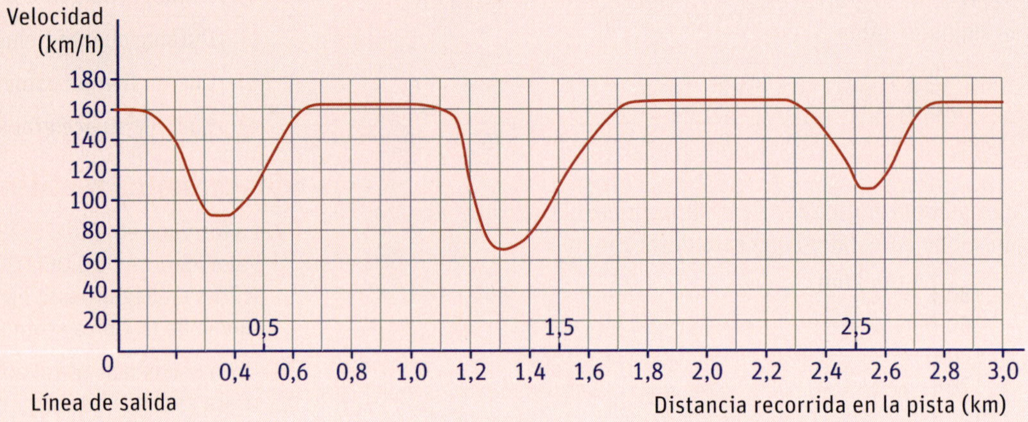

1. ¿Cuál es la distancia aproximada desde la línea de salida hasta el comienzo del tramo recto más largo que hay en la pista?
   a) 0,5 km.
   b) 1,5 km.
   c) 2,3 km.
   d) 2,6 km.

2. ¿Dónde alcanzó el coche la velocidad más baja durante la segunda vuelta?
   a) En la línea de salida.
   b) Aproximadamente en el km 0,8.
   c) Aproximadamente en el km 1,3.
   d) A mitad del recorrido.

3. ¿Qué se puede decir sobre la velocidad del coche entre el km 2,6 y el 2,8?
   a) La velocidad del coche permanece constante, es decir, no tiene aceleración.
   b) La velocidad del coche es creciente.
   c) La velocidad del coche es decreciente.
   d) La velocidad del coche no se puede hallar a partir de este gráfico.

4. ¿Qué se puede decir sobre la velocidad del coche entre el km 0,7 y el 1,0?
   a) La velocidad del coche permanece constante.
   b) La velocidad del coche es creciente, es decir, presenta aceleración.
   c) La velocidad del coche es decreciente.
   d) La velocidad del coche no se puede hallar a partir de este gráfico.

5. Aquí están dibujadas cinco pistas:

   ¿En cuál de ellas se condujo el coche para producir el gráfico de velocidad mostrado anteriormente?

   S: Línea de salida

Midiendo la velocidad desde el aire

La Dirección General de Tráfico ha instalado radares en helicópteros para controlar el tráfico desde el cielo. Para medir velocidades, el radar detecta dónde se encuentra un mismo vehículo cada tres segundos. Con cada una de las medidas, el sistema calcula tres velocidades medias, una en cada tramo de tres segundos. Al final, hace la media de esas velocidades y, si supera los límites establecidos, tramita la infracción vía telemática.

Supongamos que un coche circula por una autovía cuyo límite de velocidad es 120 km/h y es detectado por este tipo de radar.

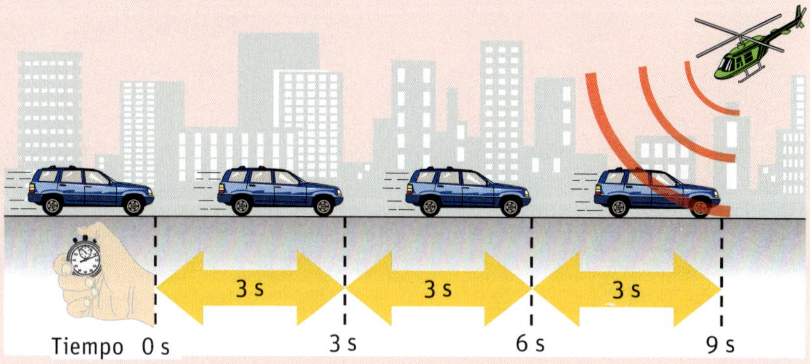

1. Observa los datos obtenidos y completa en tu cuaderno las casillas que faltan.
2. Pasa el límite de velocidad de 120 km/h a m/s. Compara el resultado con la media de las velocidades. ¿Habrá que multar a este vehículo?

Tiempo (s)	Espacio (m)
0	0
3	90
6	175
9	264

Velocidades medias: ●●● m/s; ●●● m/s; ●●● m/s

Media de las velocidades: ●●● m/s

AUTOEVALUACIÓN

1. Observamos un objeto que se mueve. Razona si:
   a) Cualquier observador que lo vea, forzosamente verá que cambia de posición.
   b) Es posible que algún observador aprecie que no cambia de posición.
   c) Cada observador advertirá una velocidad distinta en él.
   d) La aceleración de ese objeto siempre será nula.
2. ¿Cuál de las siguientes afirmaciones sobre la trayectoria es cierta?
   a) La trayectoria de un cuerpo siempre es una línea recta.
   b) Su longitud puede ser mayor que el desplazamiento.
   c) El punto final de la trayectoria no puede ser igual al inicial.
   d) La trayectoria mide el cambio de velocidad en función del tiempo.
3. ¿A cuántos m/s equivalen 54 km/h?
   a) 54 m/s.
   b) 15 m/s.
   c) 194,4 m/s.
   d) 108 m/s.
4. ¿Qué es la aceleración?
   a) Es la división del espacio entre el tiempo empleado.
   b) Es la variación de la velocidad por unidad de tiempo.
   c) Es la división de la velocidad que lleva un móvil en un momento entre la hora que es.
   d) Es el tiempo que tarda un móvil en aumentar su velocidad.
5. ¿Qué podemos deducir del siguiente gráfico?

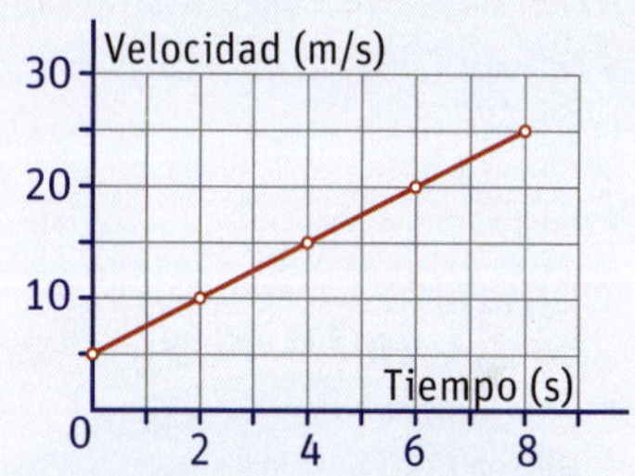

   a) Representa un movimiento rectilíneo.
   b) Representa un movimiento acelerado.
   c) Representa un movimiento con velocidad constante.
   d) Se trata de un coche frenando.
6. ¿Qué espacio recorrerá un coche que circula a 60 km/h con un movimiento rectilíneo uniforme durante 30 s?
   a) 1000 m.
   b) 500 m.
   c) 1800 m.
   d) Ninguna de las anteriores es cierta.
7. Al disparar con un arco a una diana, ¿qué tipo de trayectoria seguirá la flecha si despreciamos el rozamiento?
   a) Rectilínea.
   b) Circular.
   c) Elíptica.
   d) Parabólica.

smSaviadigital.com VALORA LO APRENDIDO > Autoevaluación con sus soluciones

6 La gravedad y el universo

Abre tu mirada

En 1960, Joseph Kittinger realizó un salto desde un globo aerostático a una altura de 31 333 m de la Tierra y, con ello, estableció un récord que 52 años más tarde batiría el paracaidista austriaco Felix Baumgartner al saltar desde 39 068 m. Baumgartner se convirtió en la primera persona que rompió la barrera del sonido. Dos años más tarde, Alan Eustace se lanzó en caída libre desde 41 150 m. ¿Por qué estos saltadores acaban posándose en la Tierra y no se quedan suspendidos en el aire?

- ¿Por qué no se cae la Luna?
- ¿De qué depende la fuerza de la gravedad?
- ¿Qué diferencia hay entre masa y peso?
- ¿Qué mantiene unidos los planetas del sistema solar?

Observa y decide

La fuerza de la gravedad es la responsable de que los saltadores acaben llegando a la Tierra.

Analiza cada una de las situaciones que te proponemos arriba e indica si, a tu juicio, la fuerza de la gravedad también interviene en ellas.

Piensa y reflexiona

El gran filósofo griego Aristóteles pensaba que los cuerpos caían buscando su posición natural en el universo y que los elementos más pesados caían a mayor velocidad. ¿Qué opinas de esta teoría? ¿Crees que se equivocaba en algo?

Y tú, ¿qué opinas?

La NASA nos muestra, en unos mapas del espacio que rodea la Tierra, millones de puntos entre los que no parece haber huecos. Es la basura espacial: más de 500 000 restos de satélites y cohetes, que vagan por la órbita terrestre. ¿Crees que estos residuos suponen algún peligro para nosotros o para el medioambiente?

- **¿Existe algo más rápido que la luz?**
- **¿Cómo se formó el universo?**
- **¿En qué se parecen y en qué se diferencian las fuerzas gravitatoria y eléctrica?**

1 La Luna y la pelota

Observa

Si lanzas una pelota con las manos hacia delante, observarás que, después de recorrer unos metros con una trayectoria parabólica, acaba cayendo al suelo. Sin embargo, la Luna, aunque también hace una curva no llega a impactar en la superficie de la Tierra.

Parecen fenómenos distintos, pero Isaac Newton descubrió que el movimiento de los cuerpos celestes (la Luna) y de los terrestres (la pelota) es producido por la misma causa.

Para comprender la semejanza entre ambos movimientos, imaginemos un gigante, en un punto de la superficie terrestre, que lanza una pelota, cada vez con más velocidad.

Reflexiona

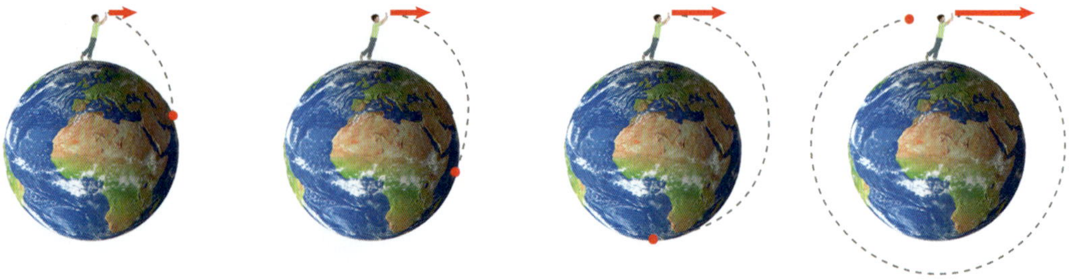

La pelota atraída por la Tierra describe una curva y finalmente cae al suelo; cuanto mayor sea la velocidad del lanzamiento, más lejos llegará la pelota. Si esa velocidad se incrementa cada vez más, podría llegar un momento en que la pelota rodease la Tierra sin tocarla y volviese a la posición desde la que fue lanzada. Si eso sucediera, la pelota describiría la misma curva una y otra vez; algo similar a lo que ocurre con la Luna.

smSaviadigital.com PRACTICA

Juega y aprende con el gigante lanzapelotas.

ACTIVIDADES

1. Haz una lista de objetos celestes que puedan ser observados desde la superficie terrestre. Ordénalos según diferentes criterios: tamaño, distancia a la Tierra, luminosidad, etc.

2. Se dice que Newton planteó su teoría al ver caer una manzana del árbol. Investiga sobre esta anécdota y haz una redacción de unas 100 palabras sobre ella.

2 La fuerza de la gravedad

La responsable de que la Luna gire alrededor de la Tierra y de que los objetos lanzados en la superficie terrestre caigan al suelo es la **fuerza de la gravedad**.

La fuerza de la **gravedad** es la atracción que hay entre los objetos que tienen masa.

Experimenta

Si acercamos un lapicero a un libro, veremos que entre ellos no se produce fuerza de atracción apreciable alguna. Esto es debido a que estamos hablando de cuerpos con una masa muy pequeña.

Si enfrentamos el lápiz a la Tierra, cuya masa es enorme, la fuerza gravitatoria hará que el lápiz se precipite sobre la superficie terrestre. En cambio, el efecto de la fuerza de atracción del lápiz sobre la Tierra es inapreciable.

La fuerza de la gravedad es muy débil, razón por la cual solo es apreciable cuando al menos uno de los objetos tiene una masa muy grande.

Propiedades de la fuerza gravitatoria

Existen dos factores que influyen en la fuerza de atracción gravitatoria entre dos objetos: la masa de cada uno de ellos y la distancia que los separa.

Fuerza gravitatoria y masa	Fuerza gravitatoria y distancia
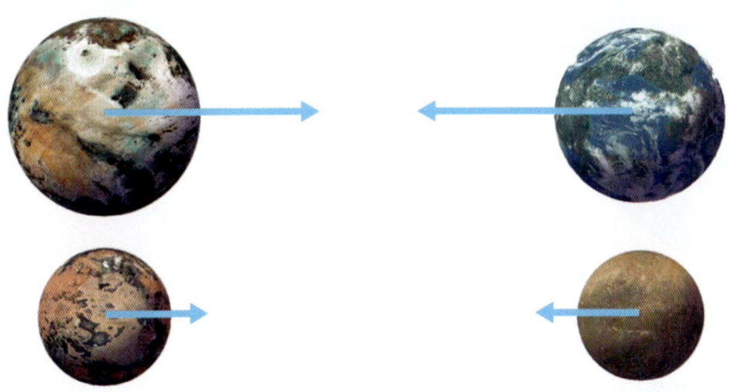	
Si la masa de al menos uno de los cuerpos aumenta, las fuerzas de atracción gravitatoria aumentan; si la masa disminuye, las fuerzas también lo hacen.	Si la distancia entre los cuerpos aumenta, las fuerzas de atracción gravitatoria disminuyen; si la distancia disminuye, las fuerzas aumentan.

ACTIVIDADES

3. Observa las siguientes medidas tomadas con una báscula.

Selecciona en cuál de las siguientes situaciones se produce una mayor fuerza gravitatoria.

a) 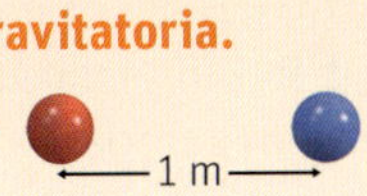

b) 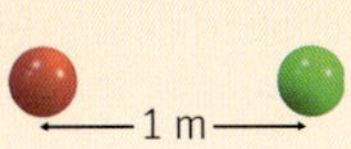

c) 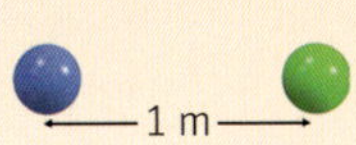

En la web

Accede al simulador de fuerza gravitatoria y observa cómo cambia al variar los parámetros.

www.e-sm.net/svfq2eso07_01

3 Fuerza gravitatoria terrestre

Observa

En numerosas ocasiones, la ONU lleva a cabo lanzamientos de ayuda humanitaria desde el aire para civiles que se encuentran sitiados por conflictos armados.

La fuerza de atracción que ejerce la Tierra sobre los paquetes es la responsable de que la ayuda aterrice en su destino, incluso aunque se lance desde miles de metros.

La enorme masa de la Tierra hace que, aunque se dejen caer desde grandes alturas, los objetos sean atraídos hacia la superficie terrestre. Esta fuerza de atracción será cada vez más débil a medida que nos alejemos de nuestro planeta, y a grandes distancias es prácticamente inapreciable.

El **campo gravitatorio** terrestre es una propiedad física del espacio alrededor de la Tierra en el cual nuestro planeta ejerce una fuerza de atracción sobre cualquier objeto.

¿Sabías que...?

La fuerza de la gravedad es la responsable de que la Tierra sea redonda.

Infinidad de partículas fueron atrayéndose y compactándose en torno a un centro hasta formar una esfera, que es la figura geométrica en la que todos los puntos de su superficie están a la misma distancia del centro.

Razona dónde se equilibran la fuerza de la Luna y la de la Tierra

1. Entre la Tierra y la Luna existe un punto en el que, si colocamos un objeto, las fuerzas de atracción que sobre él ejercen la Tierra y la Luna se equilibran. ¿Dónde se sitúa ese punto?

a) Más cerca de la Tierra que de la Luna.

b) Más cerca de la Luna que de la Tierra.

c) Justo en el punto medio entre la Luna y la Tierra.

SOLUCIÓN

La respuesta correcta es la **b)**. La Tierra tiene más masa que la Luna. Si colocamos el objeto a mitad de camino entre la Tierra y su satélite, la fuerza que ejerce nuestro planeta será mayor. Por tanto, debemos alejar el objeto de la Tierra para que disminuya el efecto gravitatorio de nuestro planeta con la distancia y vaya aumentando el de la Luna, al acercarlo a ella, hasta que se compensen.

ACTIVIDADES

4. Imagina a un paracaidista que se lanza desde un avión. ¿En qué momento es mayor la fuerza de la gravedad que la Tierra ejerce sobre él, al saltar del avión o al llegar al suelo?

5. El hecho de que la Tierra tenga atmósfera y la Luna no, también está relacionado con la gravedad. Razona esta circunstancia teniendo en cuenta las fuerzas gravitatorias.

Fuerza radial

La Tierra, como cualquier otro objeto, atrae al resto de los cuerpos hacia su centro; y esta es, precisamente, la dirección y sentido de la fuerza sobre los objetos situados en su radio de acción.

Por tanto, lo correcto no sería decir que los objetos caen, sino que se precipitan hacia el centro del planeta. Este es el motivo por el que, si observásemos la Tierra desde el espacio, podríamos afirmar que las direcciones arriba y abajo dependerían del lugar donde nos encontrásemos.

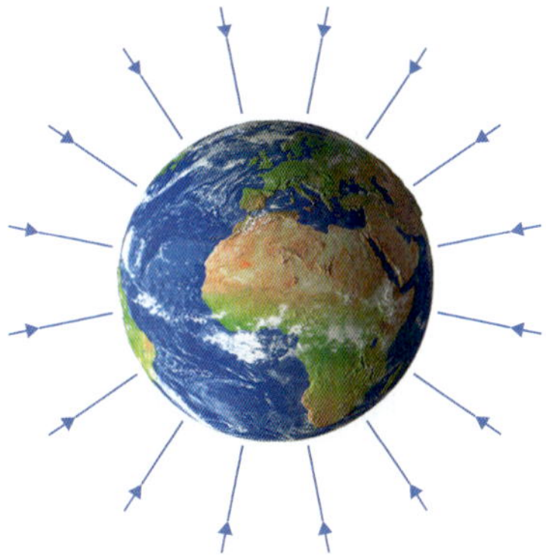

Te interesa saber

Un agujero negro es una elevada concentración de masa que genera tal campo gravitatorio que ninguna partícula puede escapar de él.

La aceleración de la gravedad

Los paquetes de ayuda humanitaria que hemos dejado caer desde cierta distancia sobre la superficie de la Tierra incrementan su velocidad a medida que se acercan al suelo, es decir, describen un **movimiento acelerado**.

> La aceleración que la Tierra produce en los objetos se conoce como **aceleración de la gravedad** y varía ligeramente de un punto a otro de nuestro planeta. En cualquier caso, se trata de un valor cercano a 9,8 m/s^2.

Todos los cuerpos, en el vacío, caen hacia el centro de la Tierra con la misma aceleración, es decir, esta no depende de la masa del objeto.

Dicha aceleración también es diferente en cada planeta, dependiendo de su masa. Por ejemplo, en la Luna es seis veces menor que en la Tierra.

Laboratorio en casa: investiga qué llega antes al suelo

Toma dos cajas de cartón iguales. En una introduce un martillo; y en la otra, una pluma.

Tápalas y déjalas caer a la vez desde una misma altura.

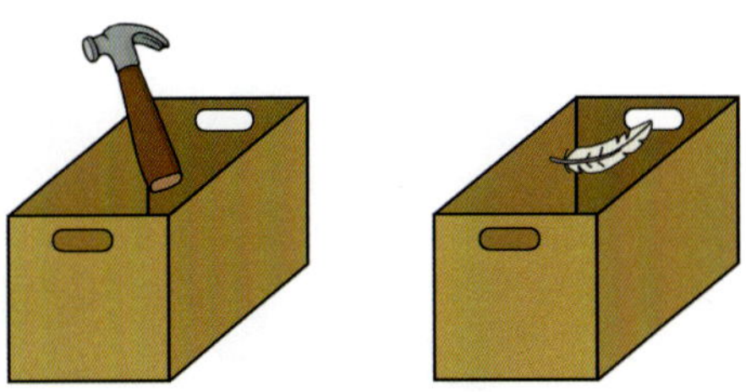

¿Cuál llegará antes al suelo? Antes de hacer el experimento, elabora una hipótesis para justificar tu respuesta; y después compruébala.

Metemos los dos objetos en cajas idénticas para evitar que se den fuerzas de rozamiento diferentes en cada caso que puedan afectar al resultado del experimento.

smSaviadigital.com OBSERVA

El martillo y la pluma: ¿quién toca antes el suelo? En el vídeo se muestran variantes del experimento y cómo lo hizo el astronauta David Scout en la superficie de la Luna.

ACTIVIDADES

6. ¿Por qué crees que los saltos que una persona podría realizar en la Luna son hasta seis veces más altos que los que puede dar en la Tierra?

7. Investiga: ¿cuál es la gravedad en el resto de los planetas del sistema solar? ¿Es el planeta que más masa tiene el que más gravedad posee en su superficie?

4 El peso

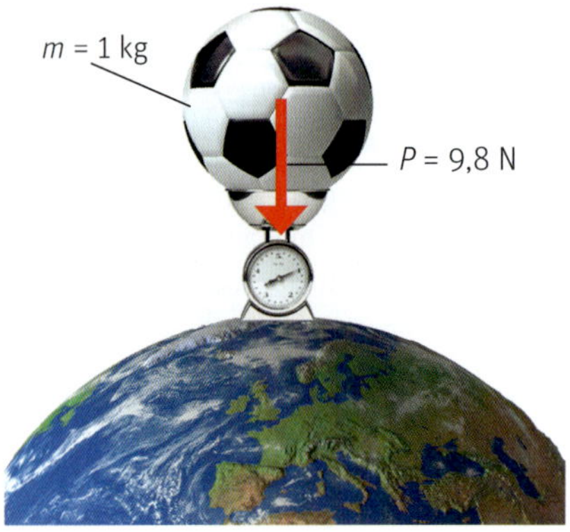

Figura 7.1. Relación entre la masa y el peso en la superficie de la Tierra

¿Sabías que...?

La gravedad terrestre varía en función de la distancia al centro de la Tierra. Por eso tu peso es ligeramente diferente en función de la latitud y de la altitud del lugar donde te encuentres, pero esa diferencia es prácticamente inapreciable.

ACTIVIDADES

8. ¿Quién pesa más en Lugo: Ana, cuya masa es de 60 kg, o Nacho, cuyo peso es de 590 N?

9. Después de una consulta médica en la que han medido y pesado a Paco, el doctor le indica que pesa 75 kg. ¿Es correcta esta afirmación?

10. Miguel, cuyo peso en la Tierra es de 833 N, realiza una misión espacial a Venus y descubre que allí pesa 748 N. Calcula la aceleración de la gravedad en Venus.

El **peso** es la fuerza con que la Tierra atrae un cuerpo.

Para calc ular el peso, *P*, se multiplica la masa, *m*, por la aceleración de la gravedad, *g*.

$$P = m \cdot g$$

Al ser el peso una fuerza, su unidad en el sistema internacional es el newton (N). En la superficie de la Tierra, un objeto que tenga una masa de 1 kg tiene un peso de 9,8 N.

El peso de un objeto es diferente en distintos planetas, ya que la gravedad en cada uno depende de la masa del planeta y de la distancia que separa el objeto del centro del planeta.

Diferencias entre masa y peso

A menudo se suele confundir la masa de un objeto con su peso; sin embargo, son dos propiedades distintas. Observemos algunas de las principales diferencias.

- Como hemos estudiado, la masa es simplemente la cantidad de materia que tiene un cuerpo, mientras que el peso es la fuerza con la que esa masa es atraída.
- La masa es constante, independientemente de dónde se realice la medida. En cambio, el peso varía según dónde se calcule. Un objeto no tiene el mismo peso en la Tierra que en la Luna o que en Marte.

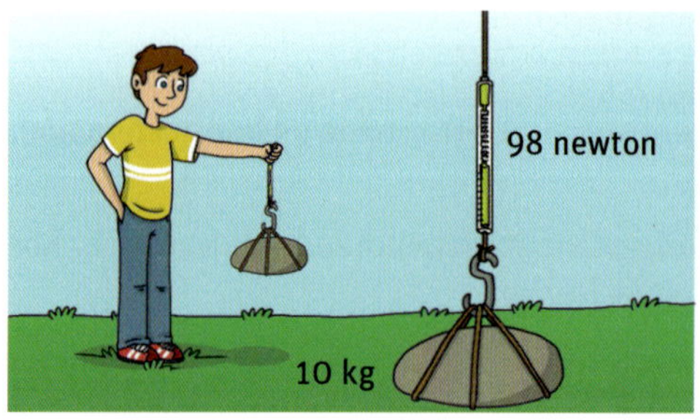

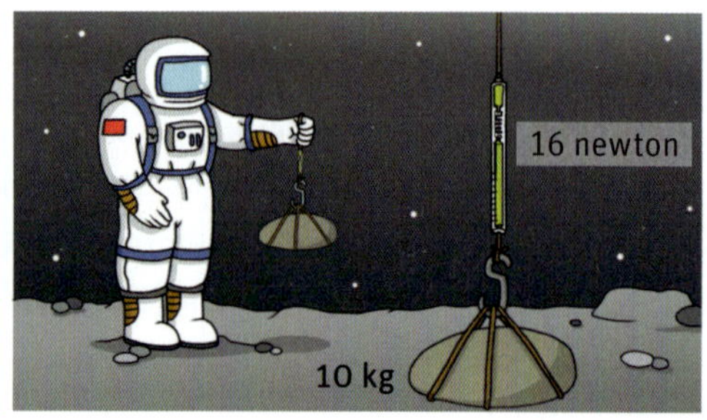

- La masa se mide con una balanza; el peso se mide con un dinamómetro.
- La masa se mide en kilogramos (kg); el peso, en newtons (N).

Calcula tu peso en Mercurio

2. En la Tierra el valor de la aceleración de la gravedad es de 9,8 m/s^2. En cambio, en el planeta Mercurio es de 3,7 m/s^2.

¿Cuánto pesaría en Mercurio una persona que en la Tierra pesa 490 N?

SOLUCIÓN

Tendrá un peso distinto dependiendo del planeta en el que esté; sin embargo, su masa es siempre la misma. Calculemos su masa a partir de su peso en la Tierra.

$$P_{Tierra} = m \cdot g_{Tierra} \Rightarrow 490\ N = m \cdot (9{,}8\ m/s^2)$$

Despejamos la masa: $m = (490\ N) / (9{,}8\ m/s^2) = 50\ kg$

Con este valor, calculamos el peso que tendría en Mercurio, haciendo uso de la aceleración de la gravedad en este planeta.

$$P_{Mercurio} = m \cdot g_{Mercurio} \Rightarrow P_{Mercurio} = (50\ kg)\ (3{,}7\ m/s^2) = 185\ N$$

El peso de esta persona, que en la Tierra es de 490 N, en Mercurio sería de 185 N.

La Física ayuda al astronauta

El peso del traje espacial

El precursor

En 1935, Emilio Herrera, un ingeniero granadino, inventó una escafandra de 130 kg que puede considerarse como una precursora de los modernos trajes espaciales.

Su invento, elaborado con aluminio, lana y caucho, aislaba de temperaturas extremas y bajas presiones y suministraba oxígeno a la persona que lo vestía.

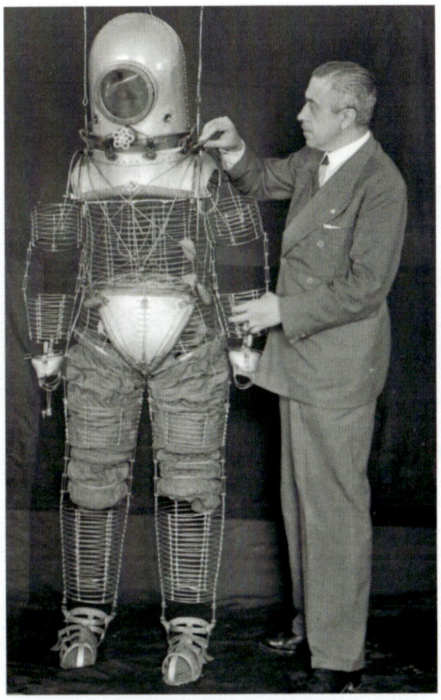

El traje lunar

Los posteriores diseños que se han ido introduciendo para la conquista lunar han permitido que el astronauta gane movilidad, aunque no han disminuido su masa.

Los actuales trajes están compuestos de una gran cantidad de piezas que se ensamblan hasta completar cerca de 120 kg.

Este traje resulta muy pesado en la Tierra; sin embargo, en la Luna es más ligero.

El prototipo marciano

La NASA prepara el traje que los astronautas vestirán en un futuro viaje a Marte.

El Z-2, un traje que incluye piezas impresas en 3D para adaptarse mejor al astronauta, fue el ganador de un concurso organizado por la agencia espacial norteamericana.

Además de los sistemas de seguridad, los diseñadores deberán tener en cuenta cuál será el peso del traje en el planeta rojo.

CUESTIONARIO

1. ¿Cuánto pesa un astronauta en la Tierra, en la Luna y en Marte si su masa es de 80 kg y usa un traje de 130 kg?

(Para realizar los cálculos, busca los valores de la gravedad en cada uno de esos lugares y en el espacio).

	Tierra	Luna	Marte	Espacio
Masa (kg)	•••	•••	•••	•••
Peso (N)	•••	•••	•••	•••

2. Equilibramos una balanza en la Tierra situando a un astronauta y una pesa tal y como se muestra en el siguiente dibujo.

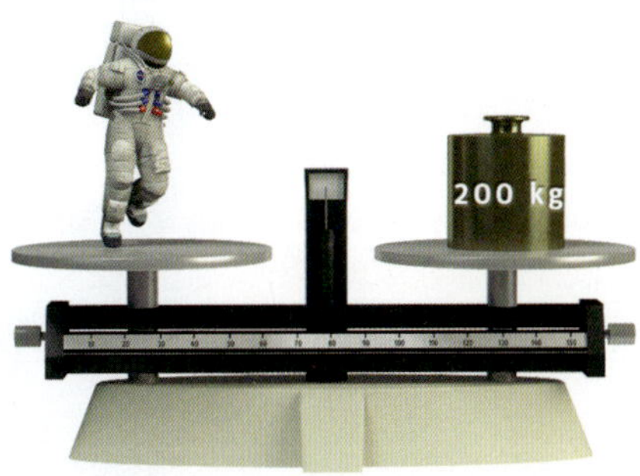

a) Explica la diferencia entre masa y peso.

b) ¿Qué masa tendría que tener esta pesa si la medición se hubiera hecho en la Luna? ¿Y si se hubiera realizado en Marte?

5 El sistema solar y la gravedad

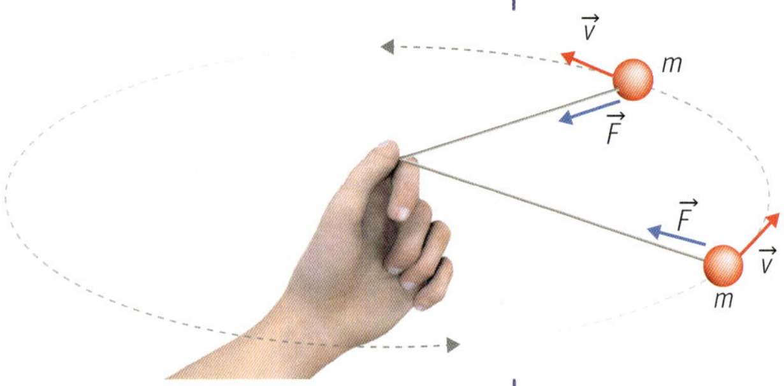

Experimenta

Fija una pelota, u otro objeto, a una cuerda y hazla girar. Observarás que la fuerza de tensión ejercida en la cuerda hace que la pelota cambie constantemente de dirección. La pelota describe una trayectoria circular alrededor de la mano.

Del mismo modo, la Tierra orbita alrededor del Sol debido, en este caso, no a la tensión de una cuerda, sino a la fuerza de la gravedad, que los mantiene unidos a cierta distancia. En este caso, la Tierra y los demás planetas del sistema solar se trasladan describiendo órbitas elípticas, casi circulares.

smSaviadigital.com PRACTICA

Mide tu peso en el sistema solar. ¿Varía tu masa?

La fuerza de la gravedad es la causa de que una serie de planetas, asteroides y cometas se encuentren girando alrededor del Sol.

El **sistema solar** es el sistema planetario organizado en torno al Sol.

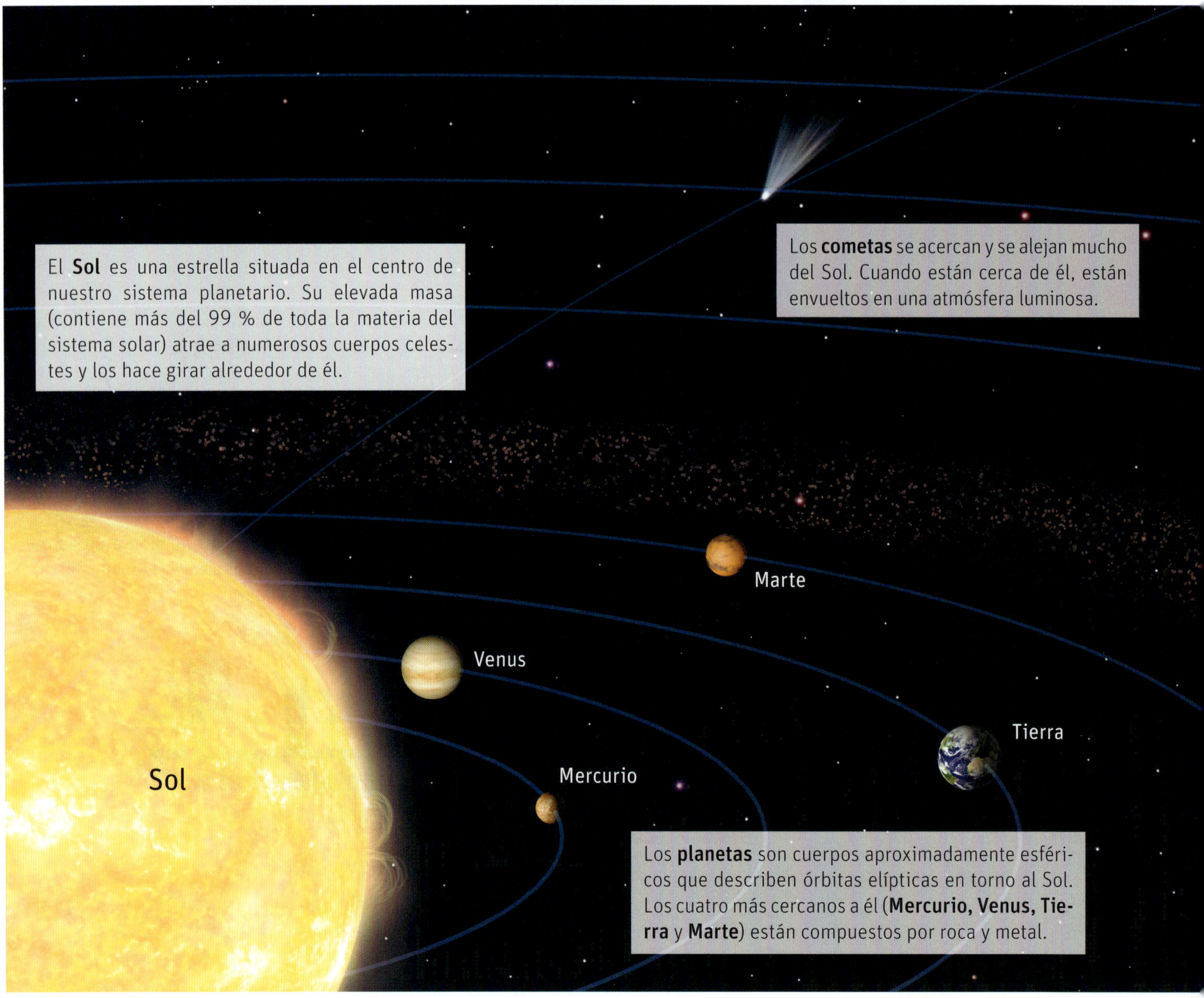

El **Sol** es una estrella situada en el centro de nuestro sistema planetario. Su elevada masa (contiene más del 99 % de toda la materia del sistema solar) atrae a numerosos cuerpos celestes y los hace girar alrededor de él.

Los **cometas** se acercan y se alejan mucho del Sol. Cuando están cerca de él, están envueltos en una atmósfera luminosa.

Los **planetas** son cuerpos aproximadamente esféricos que describen órbitas elípticas en torno al Sol. Los cuatro más cercanos a él (**Mercurio, Venus, Tierra** y **Marte**) están compuestos por roca y metal.

Satélites naturales

Los satélites naturales son aquellos cuerpos celestes que giran alrededor de los planetas debido a las fuerzas de la gravedad.

Los cuatro planetas más cercanos al Sol tienen pocos o ningún satélite; sin embargo, los cuatro más alejados llegan a sumar entre ellos más de 150 satélites.

La Luna es el satélite natural de la Tierra. Tarda aproximadamente 27 días y 8 horas en completar un giro alrededor del planeta en una trayectoria casi circular.

¿Sabías que...?

La Luna completa un giro sobre su eje en el mismo tiempo que da una vuelta alrededor de la Tierra, por lo que siempre nos muestra la misma cara.

La Luna y las mareas

Periódicamente, las aguas de los océanos ascienden hasta una altura máxima conocida como **pleamar** y, después de un tiempo, descienden hasta un nivel mínimo llamado **bajamar**. Entre una pleamar y una bajamar transcurren aproximadamente 6 horas.

Este fenómeno se debe a las fuerzas de atracción que la Luna y, en menor medida, el Sol ejercen sobre el agua del planeta.

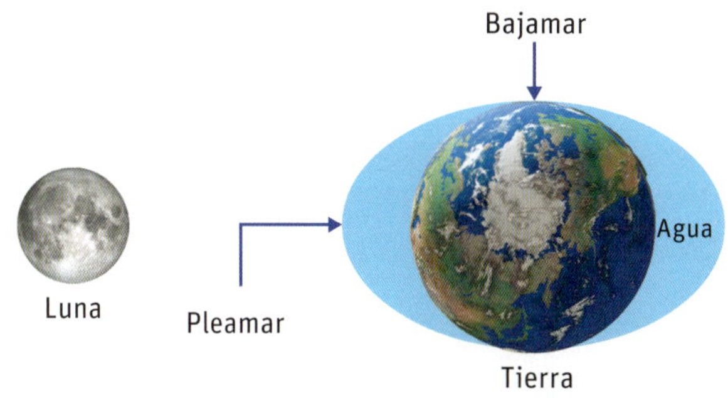

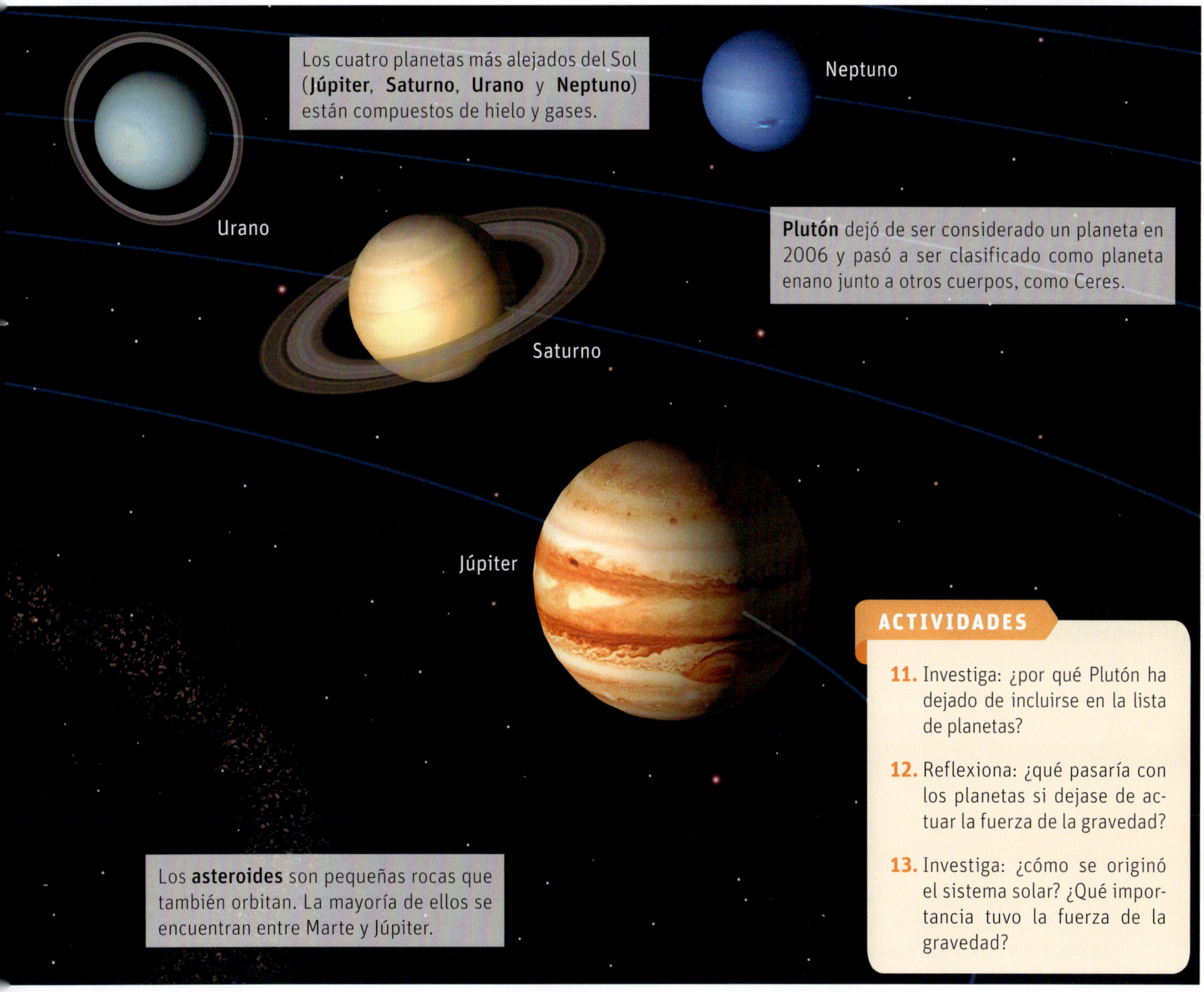

ACTIVIDADES

11. Investiga: ¿por qué Plutón ha dejado de incluirse en la lista de planetas?

12. Reflexiona: ¿qué pasaría con los planetas si dejase de actuar la fuerza de la gravedad?

13. Investiga: ¿cómo se originó el sistema solar? ¿Qué importancia tuvo la fuerza de la gravedad?

6 La velocidad de la luz

Observa

Al contemplar las estrellas, te habrás preguntado a qué distancia se encuentran. Pues bien, la más cercana, exceptuando el Sol, está a varios billones de kilómetros de distancia.

Además, la luz que emiten no llega instantáneamente hasta nosotros, sino que tarda varios años en cruzar el espacio y alcanzar nuestro planeta.

Para saber el tiempo que tarda la luz que emiten las estrellas en llegar a la Tierra, necesitamos conocer la velocidad a la que viaja.

La luz viaja a una velocidad de 300 000 km/s.

Calcula la distancia entre cuerpos celestes

3. La luz que emite la estrella polar tarda 431 años en llegar a la Tierra. Calcula la distancia en kilómetros que nos separa de este astro.

SOLUCIÓN

La relación que existe entre la velocidad (v), el espacio (e) y el tiempo (t) es:

$$e = v \cdot t$$

Como la velocidad de la luz están en km/s, pasaremos los 431 años a segundos.

(431 años) (365 días) (24 horas) (60 minutos) (60 s) = 13 592 016 000 s

Por tanto, la distancia a la que nos encontramos de la estrella polar es:

e = (300 000 km/s) (13 592 016 000 s) = 4078 billones de km

¿Sabías que…?

Además del año luz, en astronomía también se usa la unidad astronómica (UA). Se trata de una unidad igual a la distancia media de la Tierra al Sol.

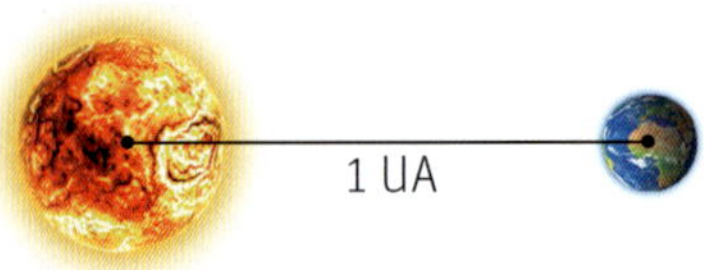

Su valor es aproximadamente 150 000 000 km.

Año luz

Debido a las gigantescas distancias que se manejan cuando estudiamos el universo, parece complicado expresar estas longitudes en kilómetros, ya que, como hemos visto, en la mayoría de las ocasiones hablamos de billones de kilómetros.

Por esta razón, los astrónomos utilizan otra unidad mucho más adecuada para medir distancias en el universo: el año luz.

Un **año luz** es la distancia que recorre la luz en un año.

Decimos que la estrella polar se encuentra a 431 años luz de la Tierra, porque un rayo de luz que viaja desde esa estrella hasta nuestro planeta tarda 431 en alcanzarlo.

ACTIVIDADES

14. Con los datos de que dispones en esta página, calcula el tiempo que tarda la luz del Sol en llegar a la Tierra. Investiga: ¿tardará lo mismo en llegar a la Luna?

15. La distancia en línea recta entre Cádiz y Barcelona es de 910 km. ¿Cuánto tardaríamos en viajar de un punto a otro si pudiéramos desplazarnos a la velocidad de la luz?

7 El universo

El **universo** es el conjunto de todas las cosas que podemos percibir.

El universo no está formado solo por estrellas y planetas, sino que también está compuesto por nubes de polvo y gas.

Actualmente no se conoce su tamaño con exactitud, ya que hemos sido incapaces de detectar sus bordes. Sin embargo, sabemos por métodos indirectos, que tiene una extensión de más de 90 000 millones de años luz.

El universo contiene miles de millones de galaxias.

Las **galaxias** son conjuntos de millones de estrellas, polvo interestelar, gases y partículas.

¿Sabías que...?

Los científicos sitúan el origen del universo en una gran explosión, conocida como ***Big Bang***, ocurrida hace 13 700 millones de años. A partir de ese momento, el universo empezó a expandirse y actualmente continúa extendiéndose. Debido a que el espacio entre galaxias se dilata, estas se alejan entre sí.

La Vía Láctea

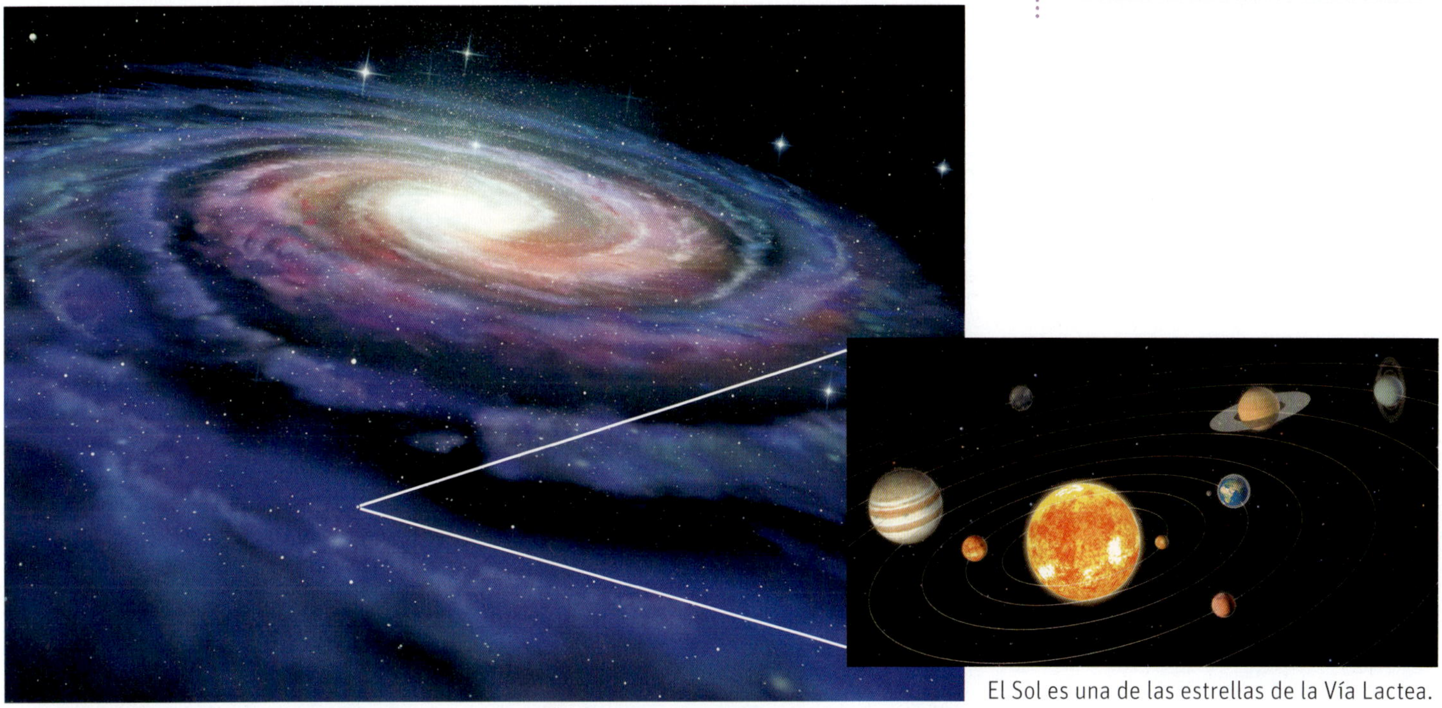

El Sol es una de las estrellas de la Vía Lactea.

La galaxia en la que se encuentra nuestro sistema solar se conoce como Vía Láctea. Está formada por más de 200 000 millones de estrellas y tiene forma de gran espiral que tarda unos 200 millones de años en dar un giro completo.

La Vía Láctea tiene un diámetro de unos 150 000 años luz. El Sol se encuentra en uno de los brazos de la espiral, a mitad de camino del centro de la galaxia.

Nuestra galaxia no viaja sola por el espacio, sino que pertenece a un grupo de galaxias llamado **Grupo Local**. Se trata de un grupo de más de 40 galaxias. Andrómeda y la Vía Láctea son las dos más grandes del conjunto.

En la web

Explora el sistema solar.

www.e-sm.net/svfq2eso07_02

ACTIVIDADES

16. *New Horizons* es una sonda destinada a explorar Plutón. Es capaz de alcanzar una velocidad de 15 km/s. ¿Cuánto tiempo tardaría en cruzar la Vía Láctea?

17. Busca el nombre de otras galaxias que formen parte del Grupo Local. ¿Qué son las Nubes de Magallanes?

En la web

¿Cuál será el fin del universo?

www.e-sm.net/svfq2eso07_03

8 Comparación entre la fuerza gravitatoria y la fuerza eléctrica

Amplía

En la unidad anterior descubrimos que electricidad y magnetismo eran dos fenómenos relacionados. ¿Tendrán algo que ver con la gravedad? ¿Y si las tres fuerzas fuesen una misma interacción? Sobre esta hipótesis trabajan actualmente equipos de científicos en lo que se conoce como **teoría del todo**.

Ten en cuenta

La fuerza eléctrica depende del medio en el que se encuentran las cargas, mientras que la fuerza gravitacional es independiente del medio.

	Fuerza gravitatoria	Fuerza eléctrica
Masa y carga	 Este tipo de interacción depende de la masa de los objetos. Se incrementa al aumentar la masa de los cuerpos que se enfrenten.	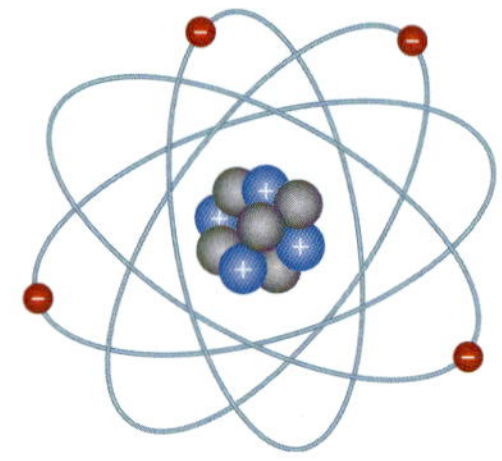 Las responsables de esta fuerza son las cargas eléctricas. También se hace más grande al aumentar el número de cargas que se opongan.
Intensidad de las fuerzas	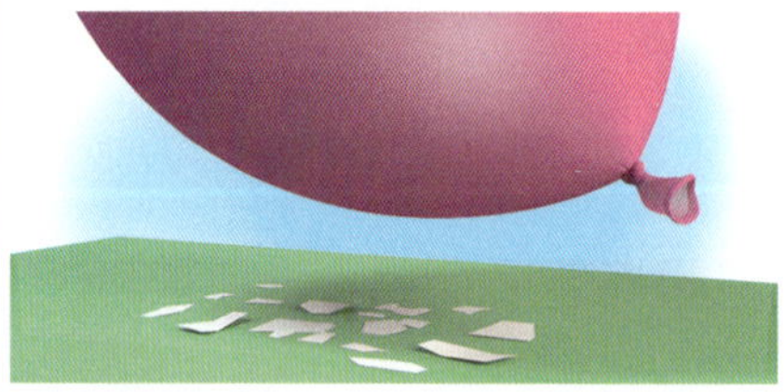 Si acercas un globo sin electrizar a unos trozos de papel, verás cómo estos no se mueven. En este caso, la atracción gravitatoria entre el globo y los papeles es tan débil que no consigue levantarlos.	 Frota el globo en una prenda de lana para electrizarlo, y repite el experimento. En esta ocasión, los trozos de papel se desplazan hacia el globo debido a la fuerza eléctrica, que es mucho más intensa que la gravitatoria.
Atracción y repulsión	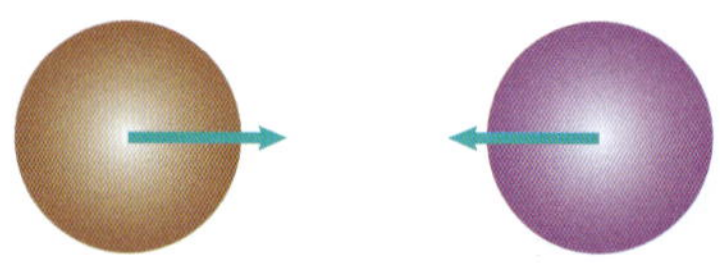 La fuerza gravitatoria siempre es atractiva. Cada cuerpo atrae a los demás objetos hacia su centro. La dirección de la fuerza es la de la línea que une las dos masas.	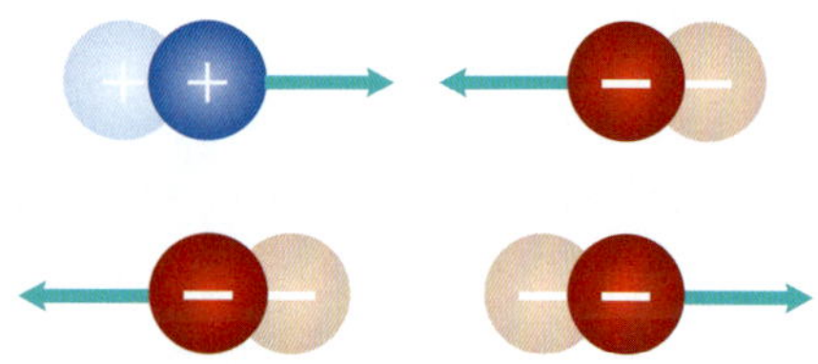 La fuerza eléctrica puede ser atractiva o repulsiva, dependiendo del signo de las cargas que se enfrenten. La dirección de la fuerza eléctrica es la de la línea que une las cargas.
Distancia	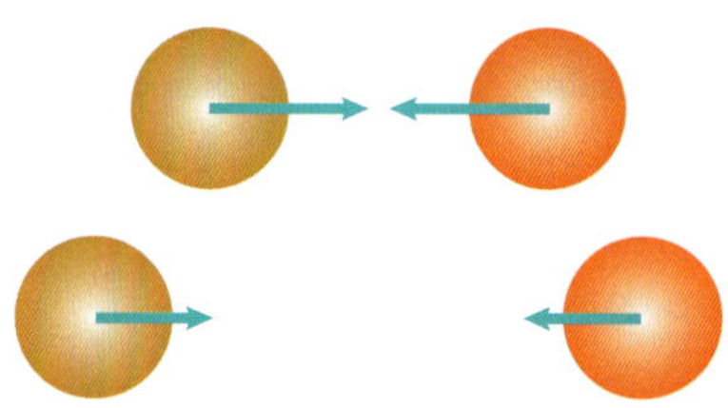 A medida que la distancia entre las masas aumenta, la fuerza gravitatoria disminuye.	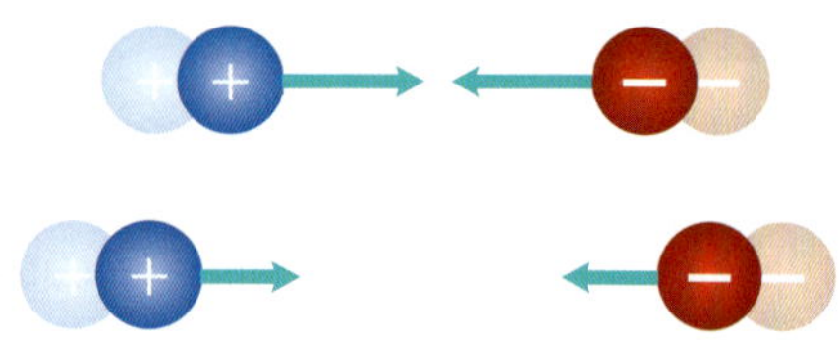 Lo mismo sucede con la fuerza eléctrica: disminuye al alejar las cargas.

ACTIVIDADES

18. ¿Qué ocurriría entre los objetos situados en la Tierra si la fuerza de la gravedad fuese repulsiva?

19. Recuerda el modelo atómico de Rutherford e indica las analogías y diferencias que existen con el sistema solar.

20. Compara las ideas de campo gravitatorio, campo magnético y campo eléctrico.

Procedimientos de la ciencia

Creación de una aplicación para calcular el peso

Los científicos utilizan distintas aplicaciones para llevar a cabo su trabajo. Algunas veces, son ellos mismos los que tienen que desarrollar nuevas aplicaciones que se ajusten a sus necesidades. Con esta premisa, vamos a diseñar un programa que nos pregunte por la masa de un objeto y que, con ese dato, calcule su peso en la Tierra.

1 NOS UNIMOS A SCRATCH

Para realizar el programa, utilizaremos Scratch, un lenguaje de programación visual. Primero debemos acceder a su página web www.e-sm.net/svfq2eso07_04 y pulsar en **Únete a Scratch**.

Antes de poder usar **Scratch**, tenemos que rellenar una serie de formularios con nuestros datos personales. Una vez registrados, para acceder una segunda vez, seleccionamos **Ingresar**.

2 COMENZAMOS A CREAR

Pulsamos Crear para acceder al espacio de trabajo.

En la parte superior izquierda incluimos el nombre del programa. En nuestro caso, lo llamamos **Peso y masa**.

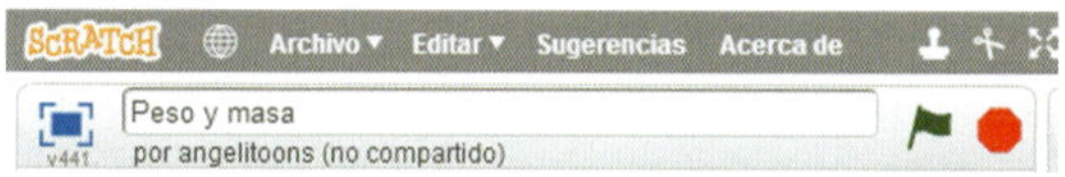

Para empezar a programar, en la pestaña **Programas** seleccionamos Eventos y, manteniendo el botón izquierdo del ratón pulsado, arrastramos al presionar a la parte derecha de la zona de trabajo. Con esta orden, indicamos que el programa empezará cuando alguien pulse la bandera verde.

3 EL PROGRAMA NOS PREGUNTA

Hacemos clic en Sensores y arrastramos hacia la derecha preguntar What's your name? y esperar, uniéndolo a la anterior orden.

Pulsamos sobre el texto *What's your name?* y lo sustituimos por: *¿Cuál es la masa del objeto en kg?* Esta será la pregunta que nos hará el programa al acceder a él.

4 ALMACENANDO LA RESPUESTA

Dentro de Datos, seleccionamos Crear una variable. En **Nombre de la variable** escribimos *masa* y pulsamos **OK**. La variable **masa** guardará la respuesta que los usuarios del programa hayan dado a la pregunta. Después situamos fijar masa a 0 debajo de la pregunta.

Sustituimos el 0 que se muestra por la respuesta que el usuario haya dado a la pregunta. Para ello, accedemos a Sensores y arrastramos respuesta sobre el 0.

De este modo, cada vez que en el programa aparezca la variable masa, interpretará que se trata de la respuesta que el usuario dio a la pregunta.

5 OBTENEMOS LA RESPUESTA

Para que el programa responda, pulsamos sobre Apariencia y situamos decir Hello! debajo de la anterior orden. Arrastramos unir hello world, que encontramos en Operadores, sobre el texto *Hello!* que aparece en la anterior orden.

Escribimos ***El peso en newtons es*** en la casilla donde está escrito *Hello!*, y arrastramos el **operador** ( ) * ( ) (que sirve para realizar una multiplicación) sobre *world*. En Datos encontramos la variable masa. La situamos en el primer círculo del **operador** ( ) * ( ) y escribimos 9.8 en el segundo. El programa nos dirá el producto de la masa introducida por la aceleración de la gravedad.

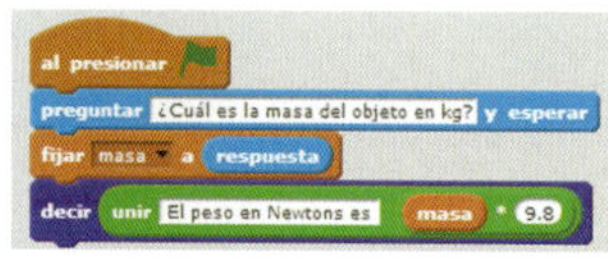

6 PROBANDO EL PROGRAMA

ACTIVIDADES

21. ¿De qué depende el peso de un cuerpo?

22. En función de la respuesta a la actividad anterior, expresa matemáticamente el peso.

23. Modifica el programa para que calcule el peso de un objeto en la Luna.

24. Diseña un programa que calcule la masa de un cuerpo si introducimos su peso en la Tierra.

Lo esencial en imágenes

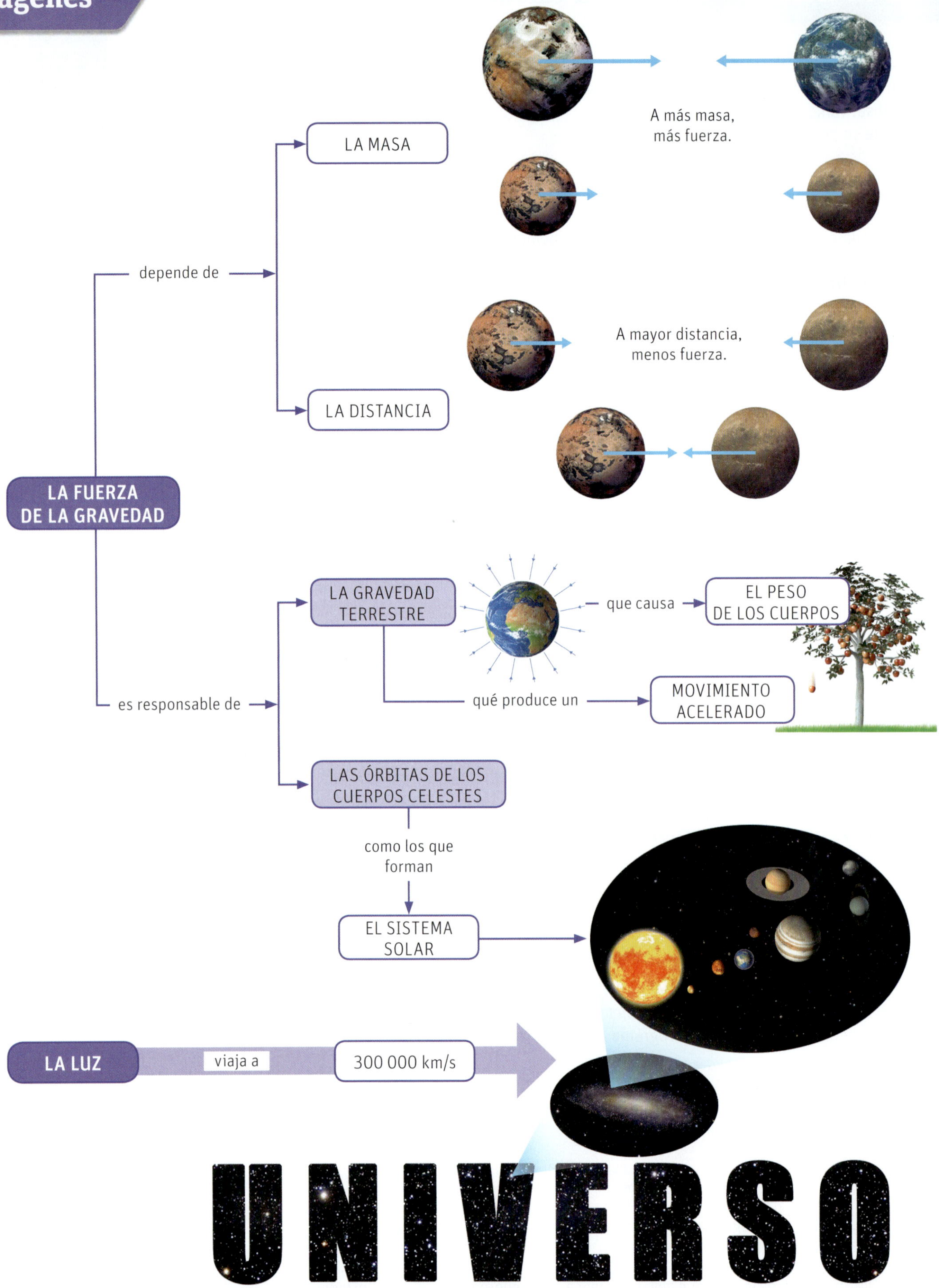

smSaviadigital.com VALORA LO APRENDIDO > Resumen

Lo esencial en problemas

1. Teniendo en cuenta la siguiente medida que se ha hecho en la Tierra:

¿Cuál de las siguientes opciones sería cierta en la Luna?

a)

b)

c)

SOLUCIÓN

La masa es la misma en la Luna y en la Tierra. En la medición que se ha hecho en la Tierra (que también sería válida en la Luna), se observa que un altavoz tiene la misma masa que dos despertadores; por tanto, en la Luna, la opción correcta será la b), donde dos altavoces tienen la misma masa que cuatro despertadores.

2. ¿Qué pesaría más: una furgoneta de 4000 kg en la superficie de Ceres, cuya aceleración de la gravedad es de 0,27 m/s^2, o una motocicleta de 110 kg en la Tierra?

SOLUCIÓN

Para calcular el peso de cada objeto, utilizamos $P = m \cdot g$.

La furgoneta en Ceres pesaría:

P = (4000 kg) (0,27 m/s^2) = 1080 N

Mientras que la motocicleta en la Tierra pesaría:

P = (110 kg) (9,8 m/s^2) = 1078 N

Curiosamente, pesarían casi lo mismo. La furgoneta en Ceres pesaría solo 2 newtons más que la moto en la Tierra.

3. Disponemos de dos tipos de sandías, unas de 2 kg y otras de 1 kg. ¿En cuál de las siguientes situaciones la fuerza de atracción entre ellas será mayor?

a)

b)

c)

SOLUCIÓN

La fuerza gravitatoria es mayor cuanto mayor es la masa de los objetos que interactúan y cuanto menor es la distancia entre ellos; por tanto, la respuesta correcta es la b), que es la que presenta sandías con mayor masa y menor distancia entre ellas. En la práctica, al tratarse de masas tan pequeñas, esta fuerza es indetectable.

4. En noviembre de 1572, los astrónomos divisaron la explosión de una estrella, un fenómeno visible incluso a plena luz del día. Si sabemos que esta supernova se produjo a 11 000 años luz de la Tierra, ¿podrías decir en qué año explotó realmente esta estrella?

SOLUCIÓN

Si esta supernova se encuentra a 11 000 años luz, quiere decir que su luz tarda 11 000 años en llegar a la Tierra. Por tanto, esa fue la cantidad de años que tardamos en ver su luz desde que explotó. Es decir, desde el año 1572 tenemos que remontarnos 11 000 años atrás, hasta el año 9428 a. C., aproximadamente.

5. Di si son verdaderas o falsas las siguientes afirmaciones:

a) El universo tiene una extensión de 1000 años luz.

b) Dentro de una galaxia, la mayor parte del espacio situado entre las estrellas está vacío.

c) El universo se contrae.

SOLUCIÓN

a) Falso; el universo tiene una extensión de más de 90 000 millones de años luz.

b) Verdadero.

c) Falso; desde el *Big Bang* el universo está en expansión.

Actividades

La fuerza de la gravedad

25. Equilibramos una balanza utilizando un osito, un jarrón y varias pelotas, según se muestra en las imágenes:

a) ¿A cuántas pelotas equivale la masa de un osito?

b) Ordena los objetos de mayor a menor masa.

c) Si realizamos el experimento en la Luna, ¿necesitaríamos más o menos pelotas que en la Tierra para equilibrar la balanza con un jarrón en el otro platillo?

26. Acercamos una caja fuerte a un piano a una distancia de 1 metro:

120 Kg

200 Kg

Después retiramos la caja fuerte y acercamos un yunque a la misma distancia.

160 Kg

200 Kg

a) ¿En qué caso la fuerza gravitatoria es mayor?

b) ¿Podríamos conseguir que la fuerza entre el yunque y el piano sea igual a la fuerza entre la caja fuerte y el piano, alejando o acercando el yunque?

c) Si existe una fuerza de atracción entre estos objetos, ¿por qué no se mueven hasta quedar pegados?

27. Enfrenta dos bolígrafos a una distancia de 2 cm. ¿Existirá una fuerza gravitatoria entre ellos?

28. Disponemos de varios cubos macizos de hierro. Los acercamos de dos en dos. ¿En qué situación será mayor la fuerza de la gravedad? Razona tu respuesta.

a)

b)

c)

29. ¿Cuáles de las siguientes circunstancias no influyen en la fuerza gravitatoria entre dos cuerpos?

a) La distancia que los separa.

b) El color de los cuerpos.

c) La carga de los cuerpos.

d) La masa de los cuerpos.

30. Si quedamos sepultados por una avalancha de nieve, tenemos que intentar salir hacia la superficie lo antes posible. En caso de no tener claro en qué dirección excavar, los manuales de supervivencia recomiendan hacer un pequeño hueco y usar nuestra saliva u orina para orientarnos. ¿De qué manera nos pueden ayudar estos fluidos a saber dónde está la superficie? ¿Qué tiene que ver este consejo con la gravedad?

31. Acercamos dos objetos de poliestireno e inmediatamente vemos que se repelen. ¿Puede deberse este fenómeno a la interacción gravitatoria entre los objetos? ¿Qué crees que está sucediendo?

32. Rellena, en un diagrama de Venn, las características de la fuerza gravitatoria y de la eléctrica (coloca en el centro las características comunes).

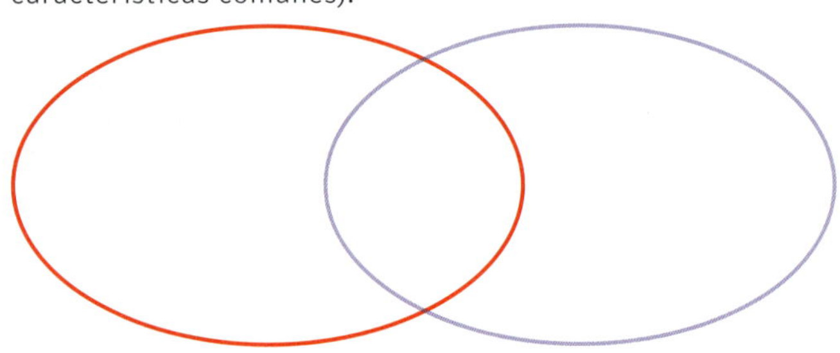

33. Las fuerzas gravitatorias son fuerzas:

a) De contacto.

b) A distancia.

Razona tu respuesta.

El peso

34. ¿Cuánto pesará en la Tierra una persona cuya masa es de 44 kg? ¿Pesará lo mismo en Marte? ¿Por qué?

35. Hipólito sabe que el sofá que hay en casa de los González pesa 637 N, y ha calculado que en Plutón pesaría 42,25 N. ¿Cuál será la gravedad en Plutón?

36. ¿Qué perro tiene mayor peso en la Tierra: un dálmata de 23 kg o un chow chow que pesa 205,8 N?

37. ¿Dónde es mayor tu peso, en el polo norte o en el ecuador? Razona tu respuesta.

38. En un reconocimiento médico, el doctor mide el peso de Mamen y anota que es 450,6 N. Sin embargo, Mamen se da cuenta de que se ha pesado con unas botas de 300 g, cada una, y le pide al médico que repitan la medida sin las botas. ¿Cuánto pesará en las nuevas condiciones?

39. Angelines es una intrépida astronauta que pisa por primera vez el planeta Z. Si sabemos que la aceleración de la gravedad en este planeta es la mitad que en la Tierra, ¿cuál será su peso en este nuevo planeta si en la Tierra pesa 607,6 N? ¿Cuál será la masa de Angelines en la Tierra? ¿Y en el planeta Z?

El universo y la velocidad de la luz

40. La distancia entre la Tierra y la Luna es de 384 400 km. ¿Cuánto tardaría la luz en llegar de nuestro planeta a dicho satélite?

41. Usain Bolt es capaz de cubrir una distancia de 100 m en 9,58 s. ¿Qué distancia recorre la luz en ese tiempo?

42. ¿A cuántos kilómetros equivalen 10 años luz? ¿A cuántos años luz equivale 1 billón de kilómetros? ¿A cuántas unidades astronómicas equivale un año luz?

43. ¿Cuáles de las siguientes afirmaciones sobre el sistema solar son ciertas?

a) Contiene ocho planetas.

b) La órbita de la Tierra es circular.

c) La fuerza gravitatoria es la responsable de que los planetas giren alrededor del Sol.

44. Accede a la web www.e-sm.net/svfq2eso07_05. Utiliza la barra de desplazamiento para aumentar o disminuir el zum sobre el universo. ¿Es la nebulosa Mantarraya más grande que el sistema solar? ¿Qué información da esta página sobre la nebulosa Ojo de Gato? Anota algún dato que te haya llamado la atención.

45. ¿Cuáles de las siguientes afirmaciones sobre las fuerzas gravitatorias dentro de nuestro sistema solar son falsas? Razona tu respuesta.

a) El Sol ejerce una fuerza gravitatoria sobre la Luna.

b) La Luna no ejerce fuerza gravitatoria sobre la Tierra.

c) El movimiento de los cometas alrededor del Sol no está relacionado con la fuerza gravitatoria.

d) La fuerza que ejerce la Tierra sobre la Luna es mayor que la que ejerce la Luna sobre la Tierra.

e) Las mareas en los océanos dependen de la Luna.

46. ¿Qué le pasaría a la Luna si dejase de girar alrededor de la Tierra y se quedase quieta?

a) Se quedaría flotando en el espacio.

b) Caería sobre la Tierra de forma acelerada.

47. ¿Crees que los satélites artificiales que el ser humano pone en órbita también giran alrededor de la Tierra por el efecto de la gravedad? Investiga sobre el tema.

48. Di si la fuerza gravitatoria que el Sol ejerce sobre Marte es mayor o menor que la que ejerce sobre la Tierra. Razona tu respuesta.

49. Relaciona cada término con su definición:

Big Bang •	• Conjunto de galaxias del que forma parte la Vía Láctea.
Universo •	• Galaxia que forma parte de la Vía Láctea.
Andrómeda •	• Explosión en la que se sitúa el origen del universo.
Grupo Local •	• Conjunto de todas las cosas que podemos percibir.

50. Busca información sobre Isaac Newton, Nicolás Copérnico, Galileo Galilei y Claudio Ptolomeo.

Ordénalos temporalmente en un cronograma y señala la aportación más importante de cada uno de ellos en este tema.

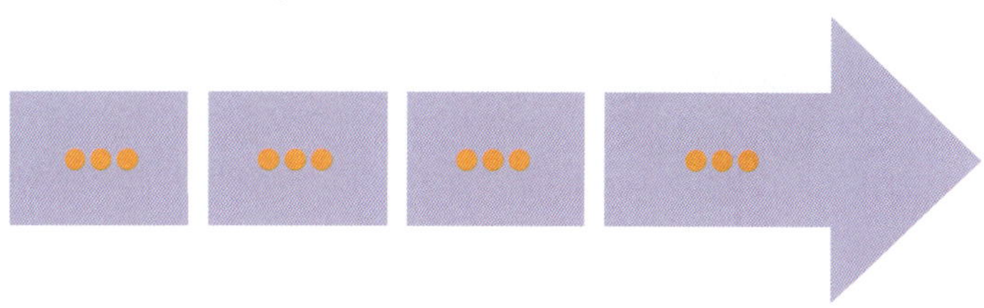

Ponte a prueba

Los poderes de Superman

A continuación, te ofrecemos un extracto de un artículo aparecido en la edición digital de *El País*, donde se analizaban los poderes de Superman desde un punto de vista científico:

"[...] Hay un ensayo estupendo llamado The Science of Superman, escrito por Mike Wolverton, que dio pie además a un excelente documental para National Geographic. Es especulación científica, y fascinante. Vamos a resumir aquí algunas de las explicaciones de estos superpoderes.

Supervuelo. Es la característica más llamativa. ¿Cómo consigue Superman remontar el vuelo? En las antiguas series de televisión, nuestro héroe necesitaba tomar un poco de carrerilla para apoderarse de los cielos. Y sabemos que, en las primeras viñetas, Superman brincaba, un poco a la manera de Hulk, aunque de forma más elegante. ¿Cómo lo logra?

La respuesta es la magia de la gravedad. Si asumimos que Krypton es un planeta un poco más grande que la Tierra, pero extraordinariamente denso, y que, por ejemplo, la gravedad allí fuera mil veces superior a la nuestra, Superman no tendría aquí un problema de peso. ¡En Krypton pesaría 90 toneladas! Pero aquí la báscula indicaría lo normal para un hombre alto y forzudo, 90 kilos. Eso le convertiría en un hombre extraordinariamente ligero. Y muy resistente.

Los astronautas de las misiones Apolo saltaban en sus paseos por la Luna, un lugar con un sexto de la gravedad terrestre, con la agilidad de los tigres de Bengala. Levantaban cosas muy pesadas, habituados a una gravedad seis veces mayor. En cierto sentido, eran como superhombres. Imaginen lo que podría hacer el joven Kal-El en un mundo con una gravedad mil veces menor que el suyo natal. ¡Sería capaz de dar saltos casi kilométricos! Claro que vivir en baja gravedad tiene sus desventajas para los humanos de la estación espacial: debilitamiento a la larga de los músculos, descalcificación de los huesos. No para los superhéroes. Superman está hecho de otra pasta [...]".

FUENTE: www.e-sm.net/svfq2eso07_06

Cartel promocional de la película Man of Steel (Superman), dirigida por Zack Snyder en 2013

1. ¿Sería correcto decir que Superman pesa en la Tierra 90 kg? Justifica tu respuesta.
2. ¿Cuál sería realmente el peso de este superhéroe en la Tierra? ¿Y en el planeta Krypton?
3. Completa la siguiente tabla donde se muestra el peso de diferentes objetos en la Tierra, en el planeta Krypton y en la Luna:
4. ¿Cuál es la masa de los objetos que se muestran en la actividad anterior?
5. ¿Cómo crees que influye la densidad en la masa de un planeta?
6. Investiga sobre los efectos de los vuelos espaciales sobre los astronautas (despegue, estancia y regreso).

Objeto	Tierra	Krypton	Luna
	3 N	•••	•••
	•••	•••	266 000 N
	•••	597,4 N	•••

Asistencia gravitatoria

Cuando se lanza una nave para explorar la galaxia, se tiene en cuenta la fuerza gravitatoria que ejercen los distintos planetas para calcular la trayectoria que debe seguir.

Los científicos se ayudan de esta fuerza para ahorrar combustible. Hacen pasar las naves espaciales cerca de los planetas y, de esta manera, consiguen aumentar o disminuir su velocidad o redirigir su camino.

1. Supón que realizas una misión interestelar desde el planeta X hasta el planeta Y, tal y como se muestra en la siguiente figura:

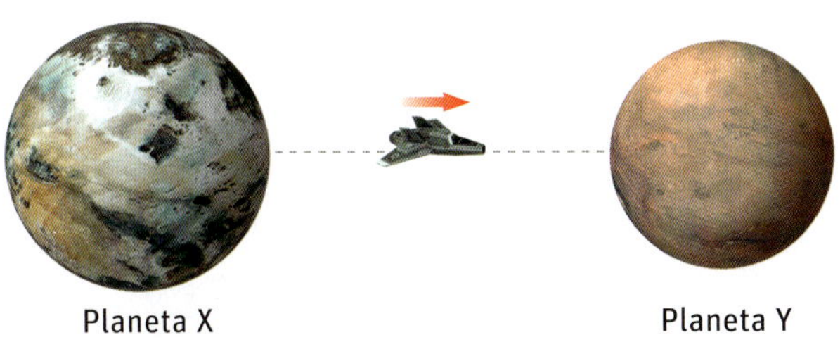

¿Crees que la nave deberá llevar los motores encendidos en todo el recorrido? ¿Se detendrá si los apaga? Razona tus respuestas.

2. Una segunda misión tiene el objetivo de viajar más allá del planeta Y, siguiendo la trayectoria punteada que se indica en esta figura:

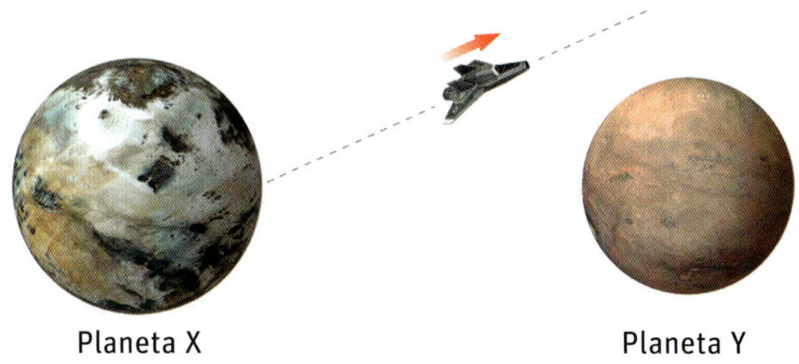

Haz un boceto de cuál sería la trayectoria de la nave si apagase los motores en un momento dado. ¿Seguiría la línea recta discontinua marcada en el dibujo?

AUTOEVALUACIÓN

1. La fuerza gravitatoria entre dos cuerpos aumenta si...

a) Reducimos la distancia entre los cuerpos.
b) Reducimos la masa de los cuerpos.
c) Aumentamos la distancia entre los cuerpos.
d) Reducimos la masa solo de uno de los cuerpos.

2. La aceleración de la gravedad que experimentan los cuerpos que caen hacia el centro de la Tierra...

a) Aumenta si el objeto tiene una masa mayor.
b) Disminuye si el objeto tiene una masa mayor.
c) Disminuye si el objeto tiene una masa menor.
d) Es independiente de la masa del objeto.

3. El peso de Inés en la Tierra es de 421,4 N. ¿Cuál es su masa?

a) 4,4 kg.
b) 43 kg.
c) 421,4 kg.
d) 4129,7 kg.

4. ¿A qué distancias habría que separar dos cuerpos para que la fuerza gravitatoria fuese mayor?

a) 0,00045 km.
c) 0,23 m.
b) 45 mm.
d) 0,003 dam.

5. La fuerza gravitatoria no es la responsable de...

a) Las mareas.
b) El giro de los planetas alrededor del Sol.
c) La caída de los cuerpos hacia el centro de la Tierra.
d) La atracción electrostática.

6. ¿Cómo es la órbita de los planetas del sistema solar?

a) Circular.
b) Elíptica, pero casi circular.
c) Parabólica.
d) Muy elíptica.

7. ¿Qué distancia recorre la luz en 1 minuto?

a) 18 000 000 km.
b) 1 800 000 km.
c) 5000 km.
d) 1 año luz.

8. ¿Qué afirmación es cierta sobre el universo?

a) Actualmente se contrae.
b) Se encuentra en expansión.
c) Ni se contrae ni se expande.
d) Ninguna de las afirmaciones es correcta.

smSaviadigital.com VALORA LO APRENDIDO > Autoevaluación con sus soluciones

7 Las fuerzas y las máquinas simples

Abre tu mirada

En el año 213 a. C., un hombre se enfrentó a un imperio, pero, al contrario que otros personajes de ficción, como Astérix y Obélix, que usaban pócimas mágicas y la fuerza bruta, él empleó su inteligencia y la fuerza ampliada por sus máquinas. Se llamaba Arquímedes de Siracusa y logró resistir, durante dos años, el asedio del ejército romano. Entre otros inventos, diseñó unas enormes “garras” que levantaban los barcos romanos y los estrellaban contra las rocas.

- ¿Qué es el trabajo?
- ¿Cómo nos ayudan las máquinas? ¿Ahorran trabajo?
- ¿Cuáles son las máquinas simples?

Piensa y reflexiona

Arquímedes, para construir estas máquinas, aplicó sus investigaciones en física y matemáticas. Era un genio y un auténtico "monstruo" con los números. Busca información sobre este gran científico y sus inventos.

a ¿Cómo es posible que solo con la fuerza de unos bueyes pudiesen levantar un barco romano?

b En la imagen se observan palancas y poleas. ¿Ahorran trabajo las máquinas?

Observa y decide

Fíjate en esta máquina, similar a la que inventó Arquímedes, y observa los mecanismos que utiliza para levantar los barcos.

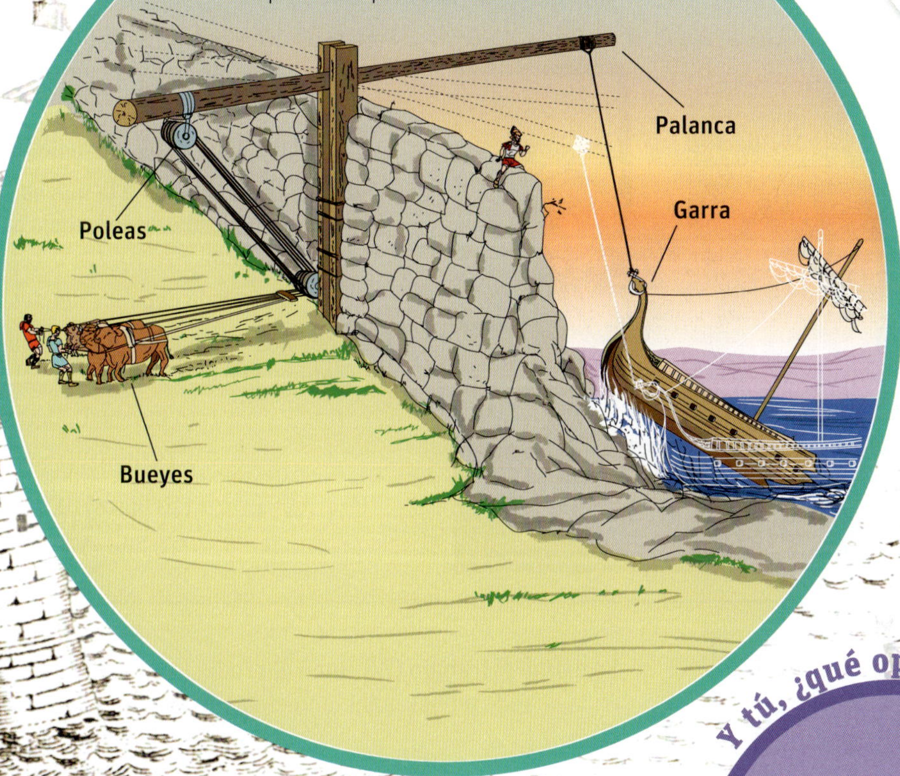

Y tú, ¿qué opinas?

Hoy día, las herederas de las "garras" de Arquímedes son las enormes grúas de la construcción. ¿Cómo crees que funcionan? ¿Quién sube la carga, es decir, quién hace de "bueyes"?

- ¿Qué ley cumplen las máquinas simples?
- ¿Qué es la fuerza de rozamiento?
- ¿Cómo actúa la fuerza de rozamiento?

1 ¿Qué es el trabajo?

La fuerza de la gravedad mantiene unidas la atmósfera y la hidrosfera a la Tierra, lo cual permite la vida. Pero, a la vez, la fuerza con que atrae la Tierra a los cuerpos (su peso) siempre ha exigido una lucha constante contra ella a lo largo de la historia; para sacar agua de los pozos, para levantar piedras y hasta para subir la compra a tu casa.

Para llevar a cabo cada una de esas acciones, realizamos un trabajo mecánico.

¿De qué depende el trabajo realizado?

El trabajo es una magnitud física que depende de la fuerza ejercida, pero también de la distancia que se desplaza el objeto en la dirección de la fuerza aplicada. Cuanto mayores son la fuerza y el desplazamiento, mayor es el trabajo realizado.

Experimenta

Para subir 10 libros desde el suelo hasta la taquilla abierta, se realiza el doble de trabajo que si subimos solo 5 libros. Por tanto:

El trabajo depende de la **fuerza ejercida**.

También influye la altura a la que hay que subirlos: para subir 10 libros a 1 m de altura, se trabaja el doble que para subirlos a 0,5 m. Por tanto:

El trabajo depende del **desplazamiento**.

Así, podemos ordenar de menor a mayor el trabajo realizado por el alumno en los cuatro casos del ejemplo:

(5 libros) (0,5 m) = 2,5

(5 libros) (1 m) = 5

(10 libros) (0,5 m) = 5

(10 libros) (1 m) = 10

Se define el **trabajo** (W) como el producto de la fuerza ejercida y la distancia recorrida cuando ambas coinciden en la misma dirección:

$$W = F \cdot d$$

¿Sabías que...?

En el SI utilizamos como unidad el julio (J), que es el trabajo realizado por una fuerza de 1 N cuando se desplaza 1 m.

Por ejemplo, para subir una botella de 1 litro de agua (aproximadamente 10 N) a la altura de 1 m, gastamos 10 J.

Los levantadores de piedras

1. En el País Vasco los deportistas rurales levantan enormes piedras hasta su hombro. En un concurso, Joseba levanta una piedra de 200 kg a una altura de 1,80 m; y Txomin, más bajito, levanta otra, de 220 kg, a una altura de 1,60 m.

a) ¿Quién ha ejercido más fuerza?

b) ¿Cuál de los dos ha realizado más trabajo?

SOLUCIÓN

a) Txomin ha ejercido 2200 N; y Joseba, 2000 N.

b) W_{Txomin} = (2200 N) (1,60 m) = 3520 J
W_{Joseba} = (2000 N) (1,80 m) = 3600 J

Joseba levantó menos peso, pero realizó más trabajo.

ACTIVIDADES

1. Calcula el trabajo en julios que realiza el chico de la figura para subir los libros desde el suelo en cada caso. Dato: masa de un libro: 400 g.

2 Las máquinas nos ayudan

Los primeros ingenieros y físicos de la historia diseñaron artilugios primitivos para llevar a cabo el trabajo de una manera más cómoda y eficaz: las **máquinas simples**.

Las máquinas modifican las fuerzas

Fijémonos en algunas soluciones que encontraron los antiguos sumerios, 3000 años a. C.

smSaviadigital.com OBSERVA

Con esta variante de palanca subían el agua del río. Haciendo poca fuerza, bajaban el recipiente... Y una vez lleno de agua, el contrapeso A equilibraba el peso de B, lo cual facilitaba la subida. Ingenioso, ¿eh?

Cuando el agua no estaba tan accesible como en un río, usaban la polea. Curiosamente, la fuerza que se hace es la misma que el peso del cubo con el agua que hay que subir, pero es más cómodo tirar de la cuerda hacia abajo que hacia arriba.

Las máquinas transmiten y transforman el movimiento

Además de modificar las fuerzas, las máquinas también nos ayudan a transmitir el movimiento o a transformarlo. Por ejemplo:

- Con los engranajes se aumenta o disminuye la velocidad de giro y el sentido de giro de estos.
- Al subir una persiana, tiramos de la correa hacia abajo, el tambor gira y así conseguimos que la persiana suba.
- En un tren cremallera, el giro del engranaje hace avanzar al tren en línea recta.
- En las catapultas, el brazo es muy largo para ganar velocidad.

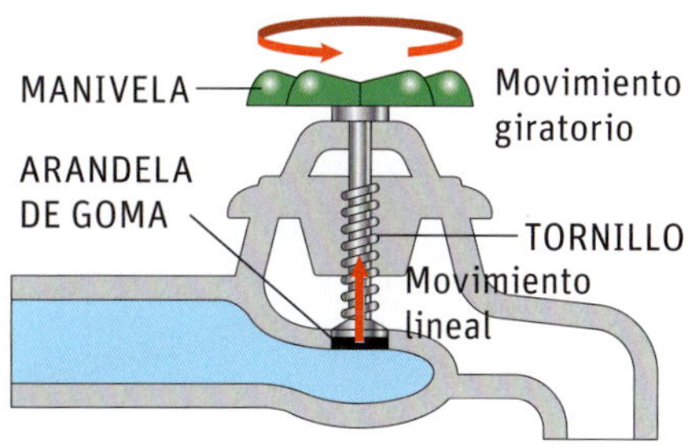

Figura 8.1. El movimiento de giro que aplicamos al grifo se transmite al tornillo, que sube cerrando la salida del agua.

3 La palanca

La palanca es una máquina simple muy conocida. Todos los días usamos muchas palancas aunque no nos percatemos de ello.

Investiga

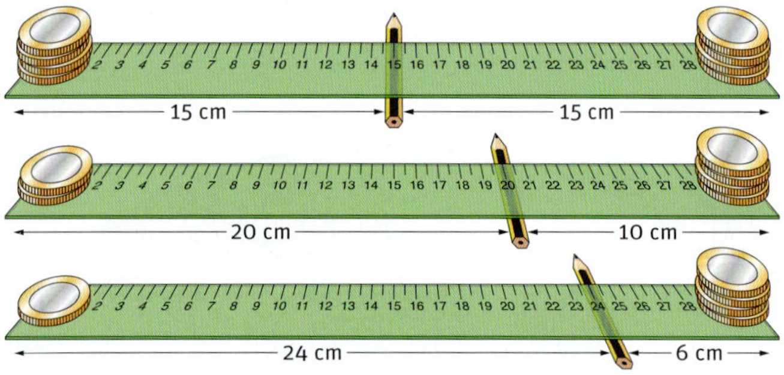

(4 monedas)	·	(15 cm)	=	(4 monedas)	·	(15 cm)
(2 monedas)	·	(20 cm)	=	(4 monedas)	·	(10 cm)
(1 moneda)	·	(24 cm)	=	(4 monedas)	·	(6 cm)

Coloca una regla sobre un lápiz y reproduce estas situaciones utilizando 8 monedas iguales. Si el punto de apoyo está en el centro, hacen falta 4 monedas en cada extremo para que se equilibre la regla.

Podemos levantar 4 monedas usando solo dos. Colócalas en el extremo y mueve el lápiz hasta lograr el equilibrio.

Incluso se pueden levantar 4 monedas usando solo una. Colócala en el extremo y mueve de nuevo el lápiz hasta lograr el equilibrio.

Mide las distancias de las monedas al punto de apoyo en cada uno de los casos.

La regla se ha utilizado en este caso como una palanca.

Es fácil observar que, cuanto mayor es la distancia desde el lápiz hasta el extremo izquierdo, menos monedas tenemos que usar para levantar las cuatro del otro extremo, pero ¿qué ley se esconde tras este hecho? Arquímedes la descubrió: la fuerza por su brazo es igual al producto de la resistencia por el suyo: $F \cdot b_F = R \cdot b_R$.

Ley de la palanca

$$R \cdot b_R = F \cdot b_F$$

Brazo. Es la distancia del punto de aplicación de las fuerzas al punto de apoyo y se representa por la letra ***b***.

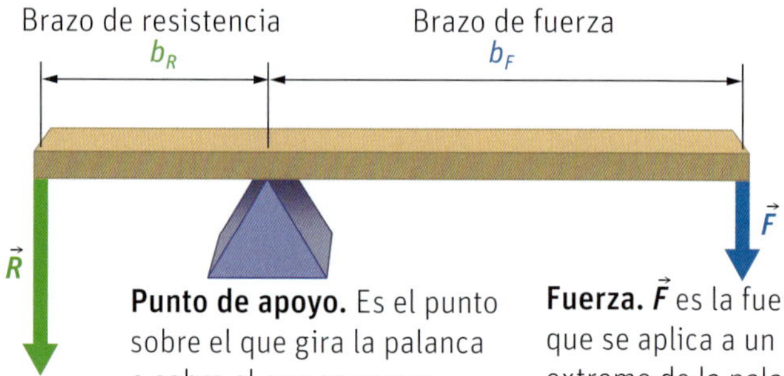

Resistencia. $\vec{R}$ es la fuerza que se vence o se obtiene como resultado de usar la palanca.

Punto de apoyo. Es el punto sobre el que gira la palanca o sobre el que se apoya.

Fuerza. $\vec{F}$ es la fuerza que se aplica a un extremo de la palanca.

Laboratorio en el aula: Levanta a tu profe

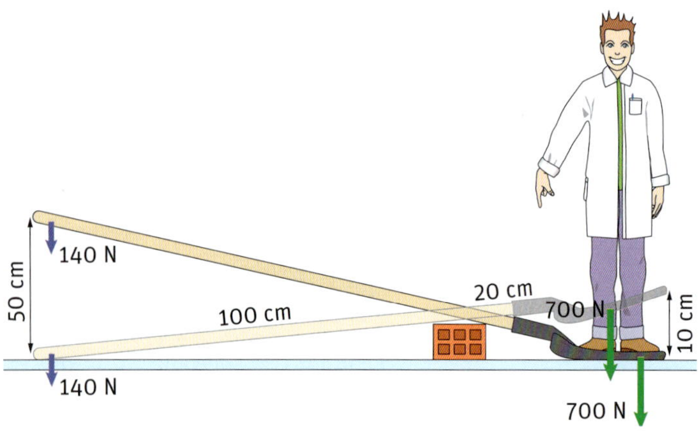

Con una pala y un ladrillo puedes levantar a tu profe. ¿Qué fuerza tienes que hacer para lograrlo?

Si la masa de tu profesor es de 70 kg, su peso será 700 N. Aplicamos la ley de la palanca:

$$F \cdot b_F = R \cdot b_R \rightarrow F \cdot (100 \text{ cm}) = (700 \text{ N})(20 \text{ cm})$$

$$F = \frac{(700 \text{ N})(20 \text{ cm})}{(100 \text{ cm})} = 140 \text{ N}$$

Como el brazo largo es 5 veces mayor que el corto, la fuerza que necesitas es 5 veces menor. Observa que, a cambio de usar menos fuerza, tienes que bajar el extremo de la palanca 50 cm para subir al profe solo 10 cm. ¡Menos fuerza, más recorrido!

Tipos de palancas

Aparentemente, la cizalla, la guillotina y las pinzas tienen un funcionamiento similar. Sin embargo, si nos fijamos con atención, veremos que la posición del punto de apoyo y de las fuerzas varía en cada caso. Según donde se encuentren situadas, existen tres tipos de palancas: de **primer género**, de **segundo género** y de **tercer género**.

smSaviadigital.com PRACTICA
Juega y practica con las palancas.

Palancas de primer género	Palancas de segundo género	Palancas de tercer género
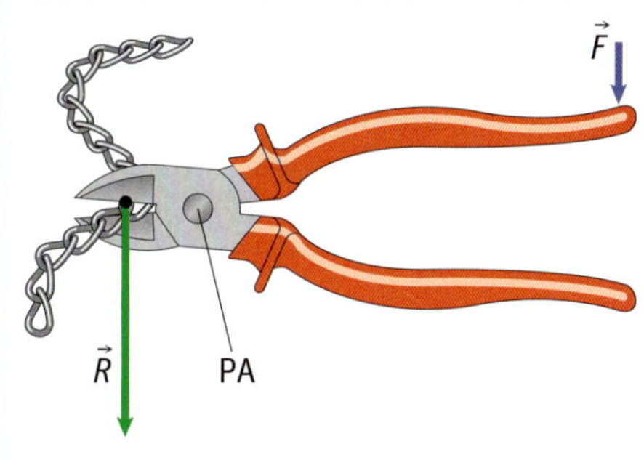	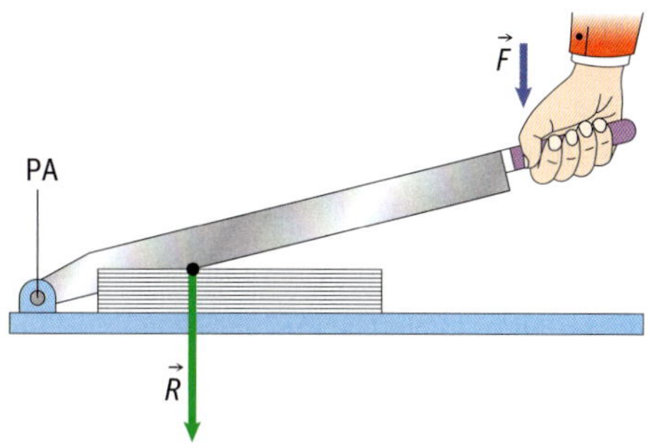	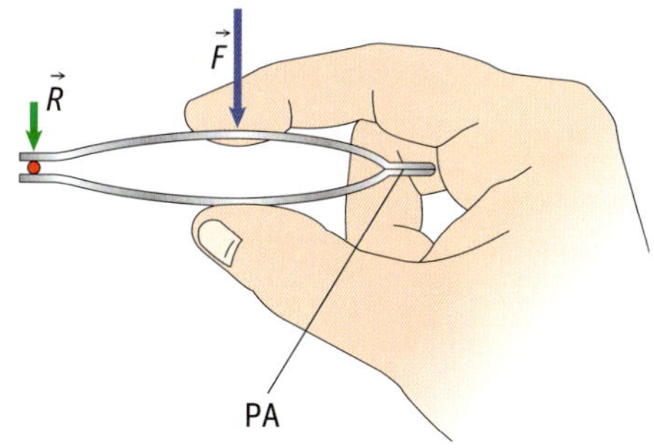
El punto de apoyo está entre la fuerza ($\vec{F}$) y la resistencia ($\vec{R}$). Pueden multiplicar, dividir o conservar constante la fuerza.	La resistencia ($\vec{R}$) está entre la fuerza ($\vec{F}$) y el punto de apoyo. Siempre multiplican la fuerza.	La fuerza ($\vec{F}$) está entre la resistencia ($\vec{R}$) y el punto de apoyo. Disminuyen la fuerza, pero amplían el movimiento y la precisión.

El torno, una palanca redonda

Si queremos levantar un cuerpo, la palanca puede resultar útil. Sin embargo, tiene un problema, ya que, al bajar el brazo donde aplicamos la fuerza, este llega al suelo y, por tanto, no se puede seguir subiendo la carga. Una buena solución es el **torno**.

En realidad, el torno es una palanca que, al girar el extremo de la manivela, nos permite que actúe la fuerza todo el tiempo que queramos sin chocar contra el suelo. ¡Una gran ventaja!

En el ejemplo del dibujo, como el brazo de la fuerza b_F es 3 veces mayor que el de la resistencia b_R, la fuerza para subir el cubo es 3 veces menor.

A cambio, para levantar la carga 10 cm, debemos mover el extremo de la manivela 30 cm.

Con el torno, tenemos la ventaja de poder girar todas las vueltas que queramos, ya que la manivela no choca contra el suelo.

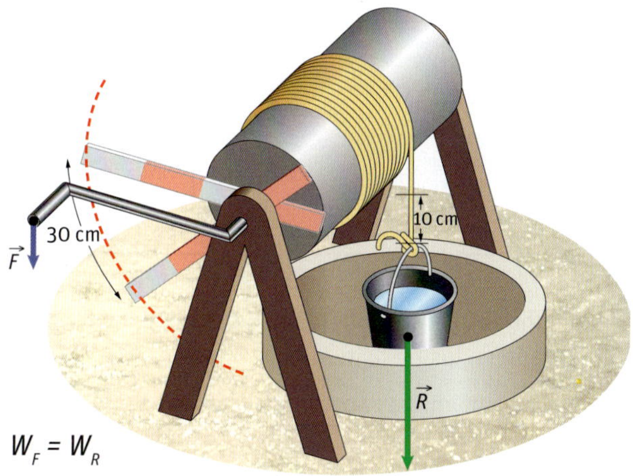

$W_F = W_R$

$F \cdot 30 = R \cdot 10$

¿Sabías que...?

El volante de un coche, el destornillador y el pomo de la puerta son una especie de "torno".

ACTIVIDADES

2. Muchas herramientas que puedes encontrar en tu entorno son palancas. Dibuja en cada caso el punto de apoyo y las fuerzas implicadas.

a)

b)

4 El plano inclinado y los tornillos

Figura 8.2. El castigo de Sísifo

En la mitología griega, uno de sus personajes, Sísifo, fue condenado por los dioses a empujar una enorme piedra por una ladera hasta la cima de una montaña, desde donde la piedra caía de nuevo hasta la base. Sísifo tenía que volver a subirla una y otra vez, eternamente... (fig. 8.2).

El trabajo era extenuante, pero al menos Sísifo sabía física, porque, en vez de llevar la piedra a hombros, se ayudaba de una máquina maravillosa, el plano inclinado. ¿Es realmente la rampa una máquina?

El plano inclinado

Al igual que la palanca, la rampa o plano inclinado es una máquina que nos permite vencer la fuerza peso utilizando una fuerza menor. Pero ¿a cambio de qué?

Investiga

Si observamos la ilustración, vemos que, cuanto más larga sea la rampa, menos fuerza hay que realizar para subir la piedra de 100 kg (1000 N); a cambio, la distancia recorrida es cada vez mayor.

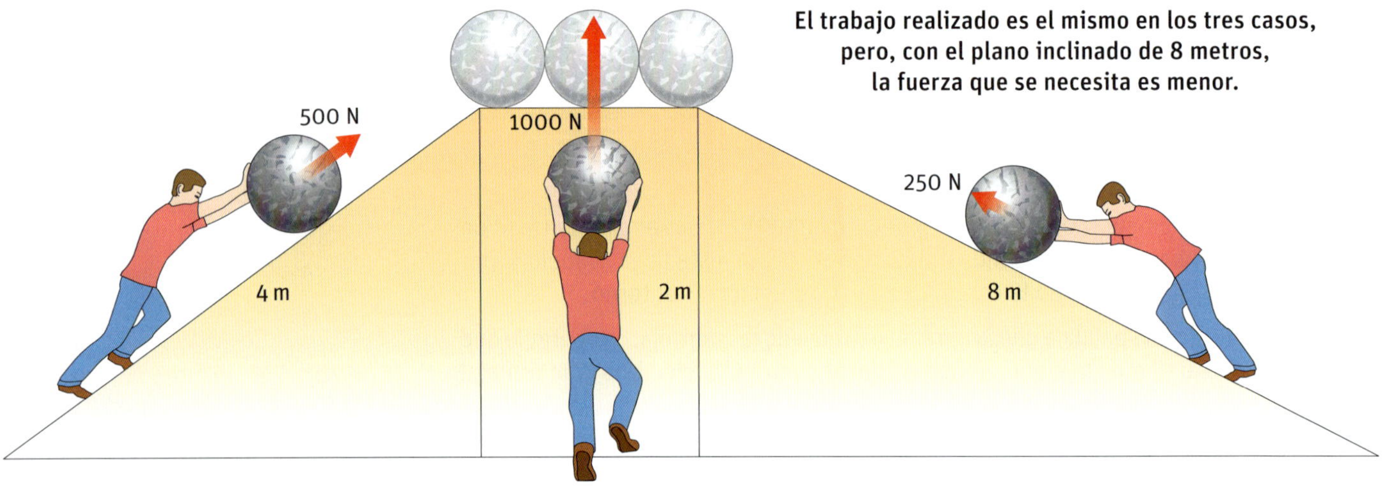

W_1 = (500 N) (4 m) = 2000 J

W_2 = (1000 N) (2 m) = 2000 J

W_3 = (250 N) (8 m) = 2000 J

Si tenemos en cuenta la fuerza aplicada y la distancia recorrida, podemos calcular el trabajo realizado en las tres situaciones anteriores y comprobar que siempre es el mismo.

Así pues, las máquinas no ahorran trabajo, simplemente hacen que este sea más cómodo.

Figura 8.3. Las fuerzas $\vec{F}_2$ son más grandes que la $\vec{F}_1$.

Uniendo planos: la cuña

Si "juntamos" dos planos inclinados, obtenemos una nueva máquina, la cuña, que es muy útil para separar y romper cuerpos. La fuerza ejercida sobre la cuña produce dos fuerzas mucho mayores en las caras de los planos (fig. 8.3), por lo que estos van separando el objeto.

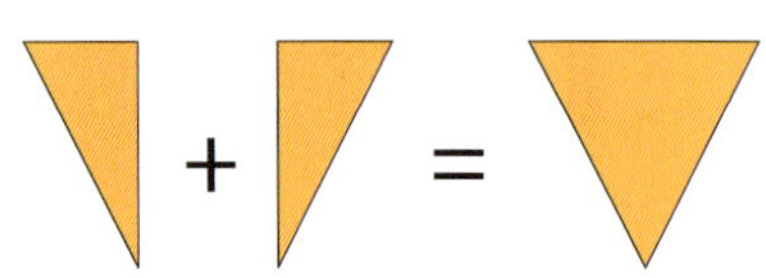

Cuanto más fina sea la cuña, más eficaz resultará, ya que la fuerza que hay que hacer será menor.

El hacha y el cincel son buenos ejemplos de cuñas, pero también lo son el cuchillo y el clavo.

Enrollando el plano inclinado: el tornillo

El plano inclinado es muy útil, pero también tiene un problema: para vencer una fuerza muy grande, la rampa tendría que ser muy larga, y no es muy cómodo transportar objetos sobre largos planos inclinados.

La solución a este problema es genial: "enrollar" el plano. Así, el plano puede ser todo lo largo que queramos, pero no ocupará casi espacio. ¡Es el tornillo!

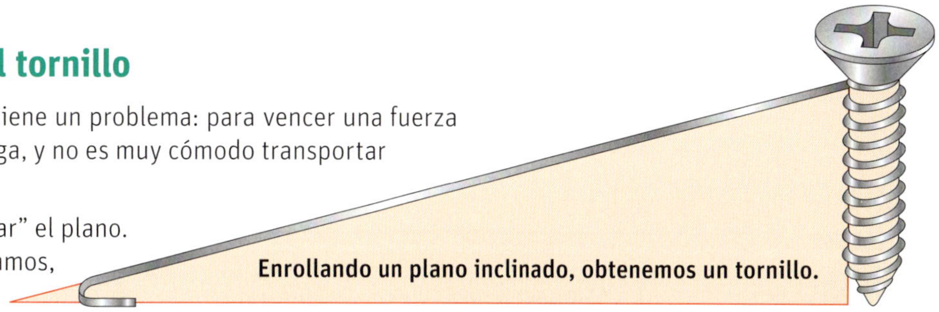

Esta solución la encontramos a veces en lugares insospechados, como el aparcamiento de la fig. 8.4 o en los puertos de montaña, en los que las rampas con poca inclinación permiten a coches y ciclistas subir con menos esfuerzo, aunque el recorrido debe ser mayor.

Los tornillos son muy útiles, sobre todo para unir piezas. Por ejemplo, solo con la fuerza de la mano podemos introducirlos en una madera o una pared, aunque, eso sí, tengamos que dar muchas vueltas con el destornillador.

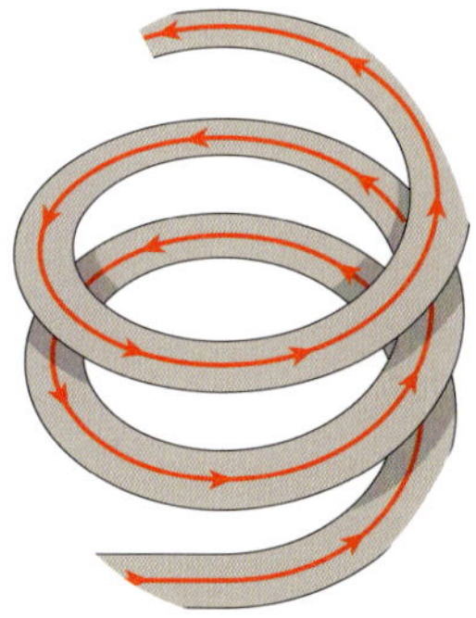

Figura 8.4. Aparcamiento helicoidal en forma de "tornillo".

El **plano inclinado**, la **cuña** y el **tornillo** son máquinas que, con poca fuerza, vencen fuerzas mayores, a cambio de aumentar el recorrido de la fuerza aplicada.

Subiendo al Tourmalet

2. En esta famosa curva del Tour de Francia, el ciclista A decide tomar un atajo. ¿Es una buena idea o es mejor ir por donde va el B?

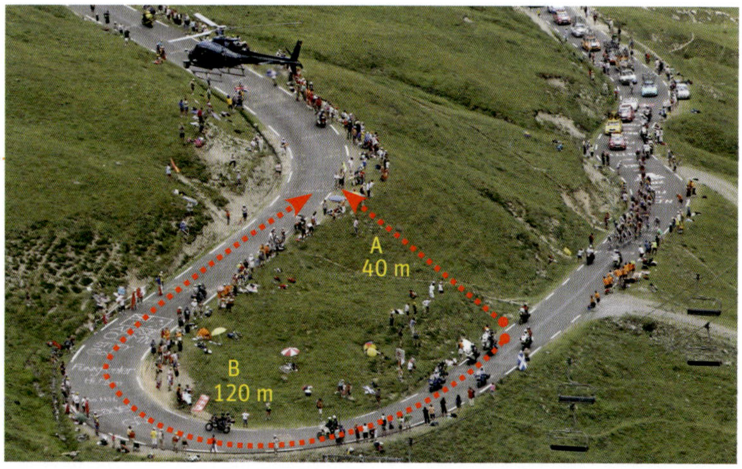

SOLUCIÓN

El ciclista A solo tiene que subir una rampa de 40 m; sin embargo, tiene que desarrollar el triple de fuerza que el ciclista B.

Como la subida al puerto es muy larga, el ciclista A se agotaría antes y no podría seguir mucho rato a ese ritmo. Por eso es mejor la opción del B, que recorre más espacio, 120 m, pero más cómodamente.

ACTIVIDADES

3. Explica qué máquina facilita el trabajo en las siguientes situaciones:

a)

b)

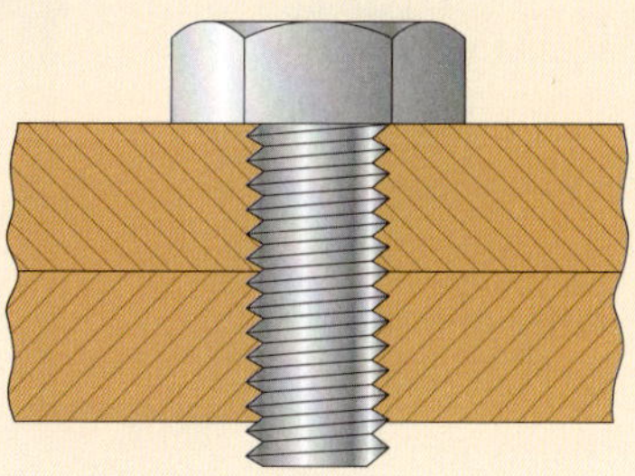

c)

5 La rueda y las poleas

Otra máquina simple universalmente conocida es la **rueda**. Desde la Antigüedad ya se usaban troncos para arrastrar cuerpos pesados más fácilmente. Con la invención del eje aparecieron las ruedas de los carros (4000 a. C.) y los tornos de los alfareros.

Una variante de la rueda es la **polea**, otra máquina simple. ¿Ampliará también la fuerza, como el plano inclinado y la palanca?

Opina

Los padres de Pedro y Sara les han pedido que suban la compra a la planta superior. ¿Cuál de los dos crees que hace menos fuerza para subir la cesta?

- Pedro.
- Sara.
- Los dos igual.

Si encuestamos a la clase, la mayoría contestará que "lógicamente" Sara es la que hace menos fuerza, porque usa una máquina.

Pero en física no es una buena idea contestar lo que parece más "lógico" a primera vista; de hecho, si colocásemos un dinamómetro en las cuerdas, observaríamos que marcan lo mismo en ambos casos.

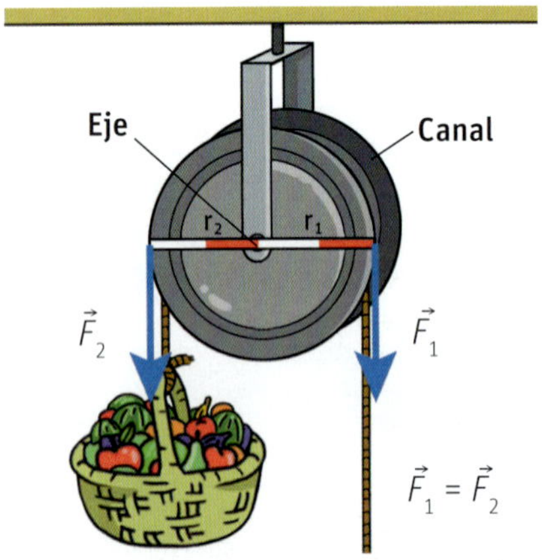

Figura 8.5. La fuerza que aplicamos ($\vec{F}_1$) es igual al peso de la cesta ($\vec{F}_2$).

La polea, una palanca redonda

Si a una rueda le hacemos una hendidura (canal o garganta) en el borde por la que pueda pasar una cuerda, y la colgamos de un eje, obtenemos una nueva máquina, la **polea**.

La polea, en realidad, es una palanca redonda con los dos brazos iguales, los radios r_1 y r_2, por lo que la fuerza ($\vec{F}_1$) que tenemos que realizar para subir la carga es igual al peso de esta ($\vec{F}_2$). Se cumple la ley de la palanca:

$$F_1 \cdot r_1 = F_2 \cdot r_2 \qquad F_1 = F_2$$

Así pues, en el ejemplo inicial, tanto Sara como Pedro hacen la misma fuerza, que es igual al peso de la cesta.

La ventaja de la polea es que permite cambiar la dirección o el sentido de la fuerza, y es más cómodo tirar hacia abajo, como hace Sara, que hacia arriba, como hace Pedro.

ACTIVIDADES

4. En una obra, un palé con ladrillos (200 kg) está colgando de una polea a la altura de un primer piso. Un obrero desata el nudo para subir el palé hasta el segundo piso. ¿Qué ocurre?

a) Puede subirlo, porque la polea es una máquina y amplía su fuerza.

b) Haciendo mucha fuerza solamente puede sujetarlo, porque los ladrillos pesan mucho.

c) El palé baja al suelo y levanta al obrero hasta el primer piso.

d) Suben y bajan alternativamente como un balancín.

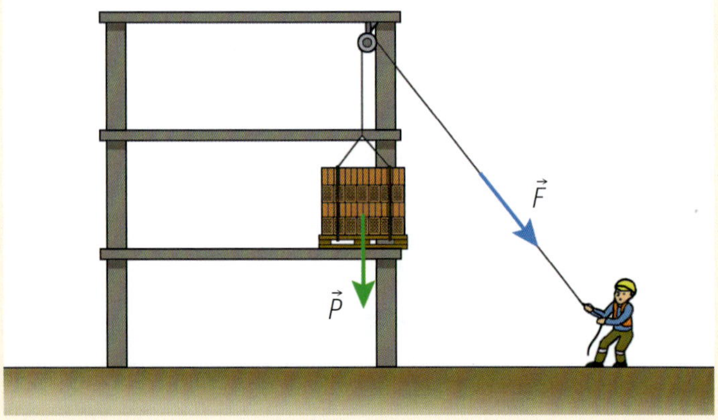

Sumando poleas: el polipasto

Para aumentar nuestra fuerza usando poleas, tenemos que utilizar dos o más combinadas entre sí. Ese conjunto de poleas se denomina **polipasto.** Por ejemplo, si conectamos 4 poleas, al tirar de la cuerda, se puede subir la carga haciendo una fuerza 4 veces menor.

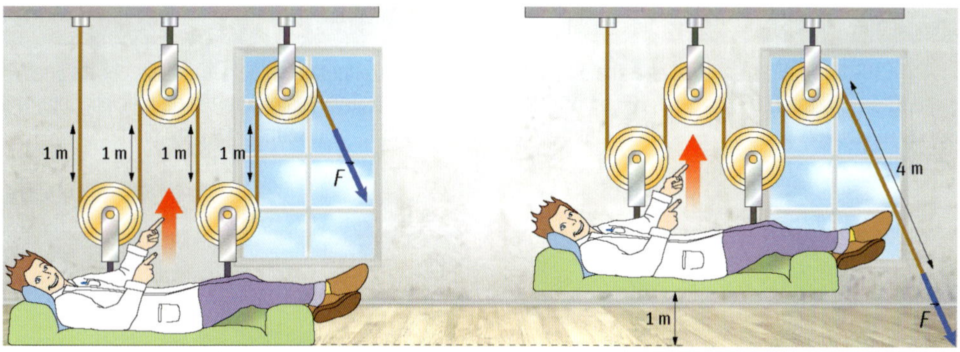

Figura 8.6. La fuerza $\vec{F}$ que aplicamos para levantar la carga es 4 veces menor que el peso del profe.

Como siempre, a cambio de ganar fuerza, hay que desplazar más cuerda. En este caso, hay que tirar de 4 metros de cuerda para subir al profesor solo 1 metro.

La **polea** es una máquina simple que sirve para transmitir una fuerza, pero sin ampliarla. El **polipasto** es un conjunto de poleas enlazadas que sí amplían la fuerza, aunque a costa de un mayor recorrido de la fuerza aplicada.

¿Sabías que...?

Los polipastos se usaron mucho en la Antigüedad para subir cuerpos pesados y para izar las velas de los barcos, y se siguen utilizando en la actualidad, especialmente en las grúas.

Así es como se cree que Arquímedes logró levantar las naves romanas en el asedio de Siracusa. (Ver portada de la unidad).

Laboratorio en casa: Reta a tus padres

Puedes construir un polipasto casero con dos palos de escoba y una cuerda.

1. Ata un extremo de la cuerda en uno de los palos.
2. Encera la cuerda y colócala alrededor de los dos palos como muestra el dibujo (unas 10 vueltas).
3. ¡Reta a tus padres! Cada uno de ellos intentará separar los extremos de los palos y tú tienes que tirar de la cuerda para que se junten.

¿Quién ha ganado? ¿Por qué?

Para juntar los palos de escoba unos 10 cm, ¿cuánta cuerda has tenido que desplazar? Mídela y explica el porqué.

smSaviadigital.com OBSERVA

ACTIVIDADES

5. Señala si son verdaderas o falsas las siguientes afirmaciones:

a) La polea simple aumenta la fuerza.

b) Con poleas se puede multiplicar la velocidad de giro.

c) Con los polipastos se aumenta la velocidad y la fuerza ejercida.

d) La polea simple no reduce la fuerza aplicada para levantar un cuerpo, pero es más cómodo tirar hacia abajo.

6. Esta grúa moderna ¿qué tipo de máquina utiliza?

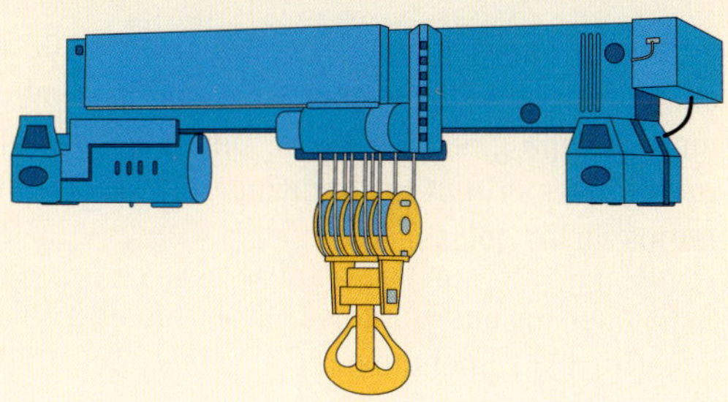

6 Transmisión del movimiento

En las máquinas es muy útil poder modificar la velocidad de sus componentes o su sentido de giro. Básicamente lo logramos con **poleas** y **engranajes**.

Poleas y correa

Con la palanca y la polea simple, la transmisión del movimiento es lineal; sin embargo, si unimos dos poleas con una correa, podemos transmitir el movimiento circular de una a la otra y también variar su velocidad.

Por ejemplo, si el radio de la polea A es 2 veces mayor que el de la polea B, cuando A da una vuelta, B dará dos. ¡Es un multiplicador de velocidad!

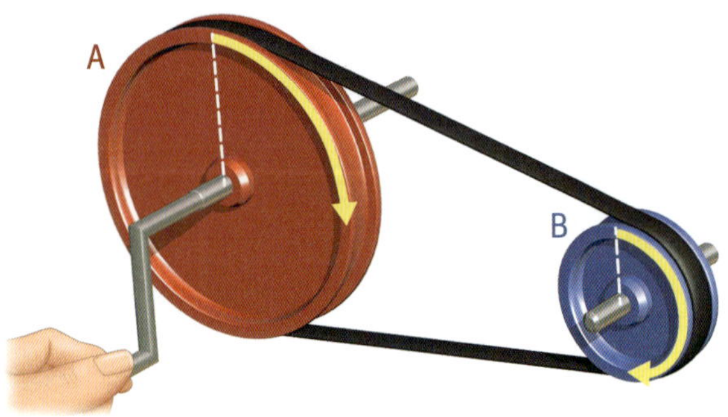

También se puede invertir el sentido de giro. En el ejemplo anterior, si cruzamos la correa sigue pasando lo mismo con las velocidades, pero ahora el sentido de giro de la polea B es el contrario que el de la polea A.

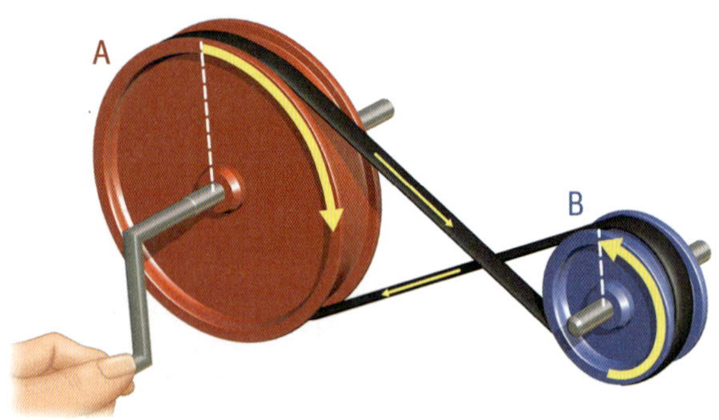

Aplicaciones: mecanismo de una lavadora, cinta transportadora, ascensores, etc.

Engranajes y cadena

Otra forma de transmisión circular se logra mediante engranajes, uniéndolos de forma que sus dientes "engranen" entre sí.

Si el engranaje A tiene 20 dientes y el engranaje B solo 10, cuando A da una vuelta, B dará dos. Como se puede observar, es otra forma de multiplicar la velocidad de giro. En este caso, se invierte el sentido del movimiento.

Si queremos mantener el mismo sentido de giro, podemos acoplar un tercer engranaje en medio de los dos o unirlos mediante una cadena.

En algunas ocasiones, al transmitir fuerzas elevadas, las correas que unen las poleas patinan y se pierde eficacia en la transmisión del movimiento. Si usamos engranajes y cadenas, resolvemos el problema.

Aplicaciones: mecanismos de juguetes, maquinaria, sistemas en bicicletas y motos, etc.

Las **poleas** y **los engranajes** permiten las transmisiones circulares, los cambios de sentido de giro y aumentar o disminuir su velocidad.

ACTIVIDADES

7. En una lavadora, el eje del motor gira a 1800 rpm (revoluciones por minuto) y queremos que el tambor donde se mete la ropa gire a 360 rpm. Dibuja el montaje de poleas para conseguirlo. ¿Cuál tiene que ser la proporción entre los radios de las poleas?

8. Señala, en los dos montajes, el sentido de giro de las piezas y justifica si aumentan o reducen la velocidad de giro (ω_1).

a)

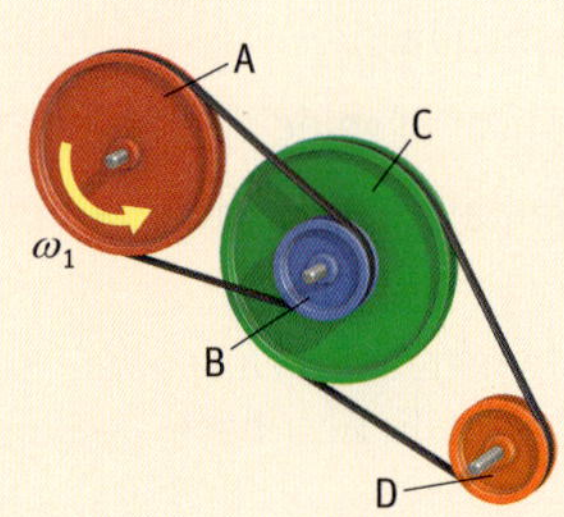

b)

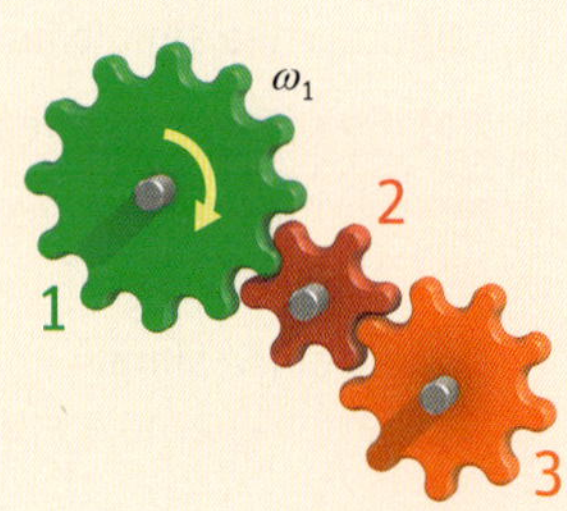

7 Transformación del movimiento

Para admirar las playas de Río de Janeiro, es una buena idea coger el famoso tren de Corcovado, que nos sube al cerro, a unos 700 metros de altura. Como tiene una pendiente de casi el 20 %, el tren funciona con un sistema de cremallera que permite transformar el movimiento circular en lineal. De esta forma, el tren puede ascender dichas cuestas sin resbalar.

Los mecanismos más importantes que hacen posible transformar el movimiento circular en lineal o viceversa son el sistema **piñón-cremallera** y el sistema **biela-manivela**.

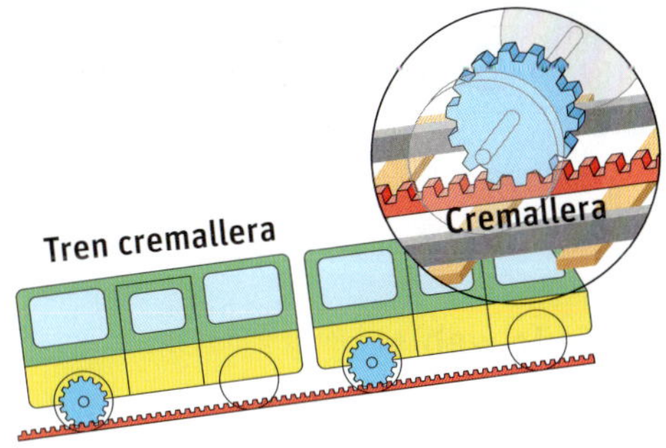

Figura 8.7. Los dientes de los engranajes conectan con la cremallera.

De circular a lineal: sistema piñón-cremallera

El sistema piñón-cremallera consta de un engranaje (piñón) sobre una barra con dientes (cremallera). Transforma el giro del piñón en un movimiento lineal de la barra. Y a la inversa, si la cremallera es la que se mueve, esta hace girar el piñón.

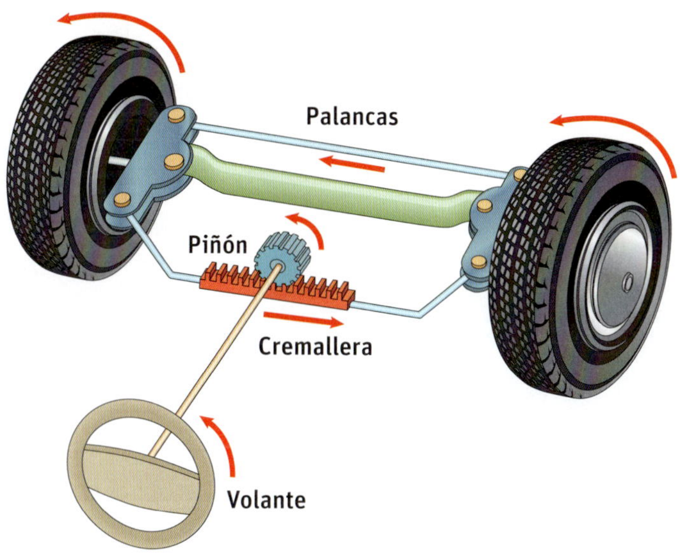

Un buen ejemplo de su uso lo encontramos en el sistema de giro de las ruedas de los coches. El volante con el eje es un torno que amplía nuestra fuerza, y el giro del piñón acoplado al eje empuja la cremallera ajustada a unas palancas que hacen girar a las ruedas.

Aplicaciones: puertas correderas de garaje, tren cremallera, antiguos sistemas de dirección en vehículos, sacacorchos, etc.

De lineal alternativo a circular: sistema biela-manivela

El sistema biela-manivela consta de dos palancas articuladas conectadas a un pistón que tiene un movimiento de vaivén. Al avanzar el pistón con la biela, hace girar media vuelta la manivela. Al retroceder el pistón, se completa el giro de la rueda.

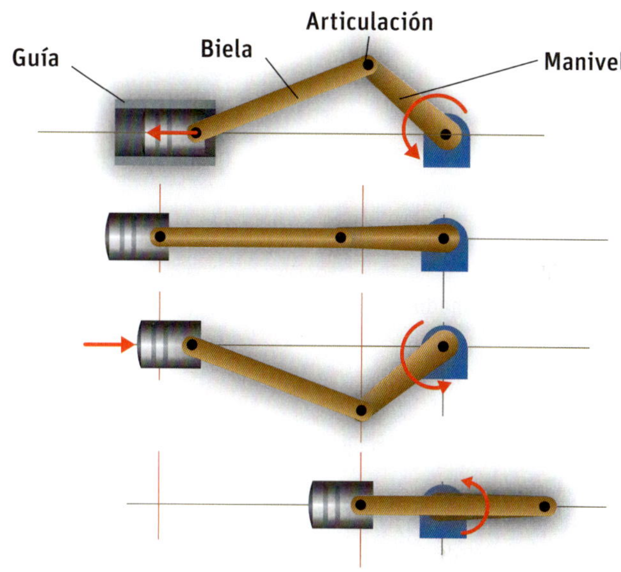

Se utiliza en el motor de los coches, donde la energía de la gasolina se transforma en el movimiento alternativo de los pistones, que mediante una biela hace girar a una pieza llamada cigüeñal.

Aplicaciones: motores de combustión, máquinas térmicas, trenes antiguos de vapor, etc.

Investiga

Haz un arco con una cuerda e introduce un palo, dando dos vueltas como muestra la figura.

Empuja el arco hacia delante y hacia atrás rápidamente. Así se transformará el movimiento rectilíneo de vaivén en un movimiento circular del palo vertical. El rozamiento con la madera de la base eleva la temperatura y se acabará generando humo.

Desplaza la cuerda de un extremo al otro y cuenta cuántas vueltas da el eje. Si lo hacemos muy rápido, unos 120 vaivenes por minuto, ¿cuántas vueltas dará el eje en ese tiempo?

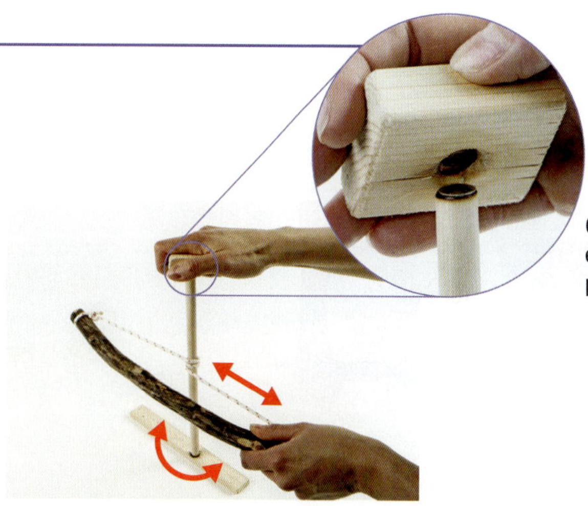

Coloca una chincheta en la parte superior para que gire rápido.

smSaviadigital.com OBSERVA

8 Sumando máquinas

En la web

En esta página podrás investigar cómo funcionan las máquinas compuestas.

www.e-sm.net/svfq2eso08_01

Si una máquina simple nos facilita el trabajo, normalmente ampliando la fuerza ejercida, es lógico que ya a los primeros ingenieros del antiguo Egipto, y especialmente a los griegos, se les ocurriese combinar varias máquinas simples para mejorar aún más su eficacia e incrementar mucho más la fuerza.

> Una **máquina compuesta** está formada por dos o más máquinas simples, de forma que la salida de cada una de ellas está conectada a la entrada de la siguiente.

Algunos ejemplos de máquinas compuestas son las tijeras y el tornillo de Arquímedes.

Tijera = Palanca + Plano inclinado

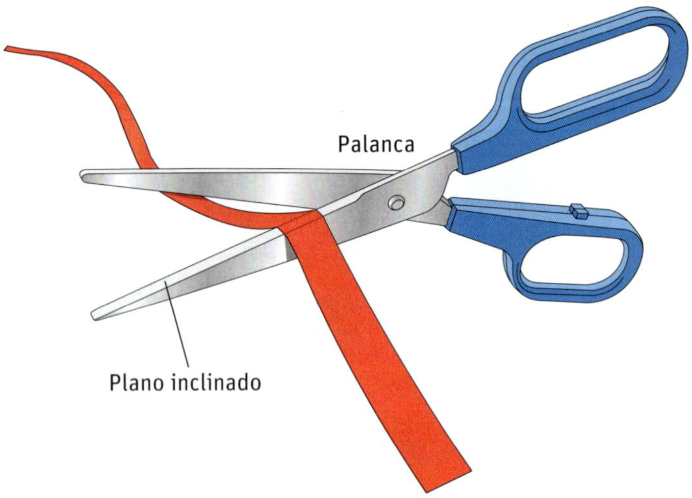

¿Por qué es tan fácil cortar con tijeras?

Las tijeras suelen explicarse como un ejemplo de máquina simple, ya que esencialmente son una palanca de primer género, pero, si las analizamos con cuidado, veremos que también actúan dos planos inclinados en sus hojas afiladas.

De ese modo, la fuerza ejercida por la mano se multiplica debido a la acción de las dos máquinas. Así que, en realidad, y a pesar de su sencillez, las tijeras constituyen una máquina compuesta.

Tornillo de Arquímedes = Torno + Plano inclinado + Tornillo

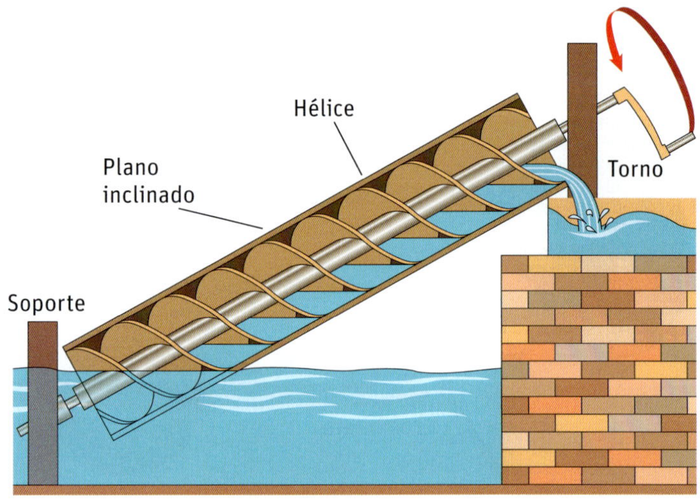

El tornillo más famoso del mundo

Arquímedes, además de enunciar la ley de la palanca, no cesó de inventar máquinas compuestas, como su famoso tornillo.

Al girar la manivela del torno, la hélice gira y en cada vuelta sube el agua al siguiente nivel. La fuerza que tenemos que hacer para subir el agua es mucho menor que su peso. A cambio, tenemos que girar muchas veces la manivela. Hoy se sigue usando su tornillo para subir agua, cereales a los silos o arena en las obras de construcción.

Experimenta

Arquímedes fue capaz de mover un barco solo con la fuerza de sus brazos. Probablemente utilizó un torno acoplado a polipastos. Nosotros vamos a imitarlo arrastrando un coche con un palo o un destornillador (palanca) y un simple tensor (tornillo).

smSaviadigital.com OBSERVA

La Física ayuda a la Ecología

Aunque no te lo creas, en España se consumen al año unos 7000 millones de latas de bebida. Algunas son de chapa y otras de aluminio, que es un metal que se obtiene de un mineral, la bauxita. El proceso de obtención del aluminio consume mucha energía, producir una lata equivale al consumo de un televisor durante 4 horas, y por eso es fundamental reciclar las latas.

Observa el diseño de la siguiente máquina compuesta (torno y tornillo), que pretende ayudar en el reciclado de las latas separando las de chapa de las de aluminio para su posterior reciclaje.

En la web

En esta página encontrarás el ciclo de vida de una lata de bebida desde su consumo hasta su reutilización.

www.e-sm.net/svfq2eso08_02

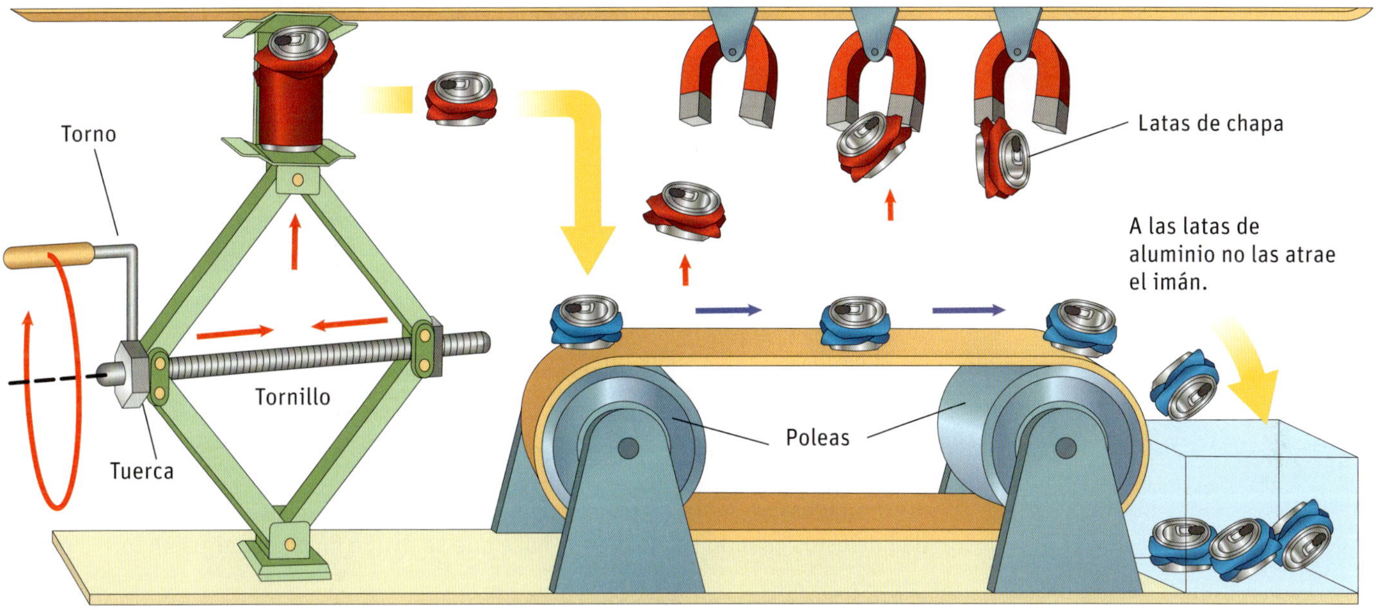

1. Para aplastar las latas y que ocupen poco espacio, usamos un gato elevador de coches. Esta máquina amplifica enormemente nuestra fuerza, y con un simple dedo podemos aplastarlas. ¿A cambio de qué? Como siempre..., a cambio de dar muchas vueltas a la manivela.

2. Las latas aplastadas pasan a la cinta transportadora (otra máquina), y los imanes atraen las de chapa, pero no las de aluminio. Así podemos separarlas y ahorrarnos mucha materia prima y energía.

CUESTIONARIO

1. Señala qué máquinas se encuentran en esta taladradora, y explica su funcionamiento paso a paso. ¿Cómo colocarías la correa entre las poleas para incrementar la velocidad de la broca?

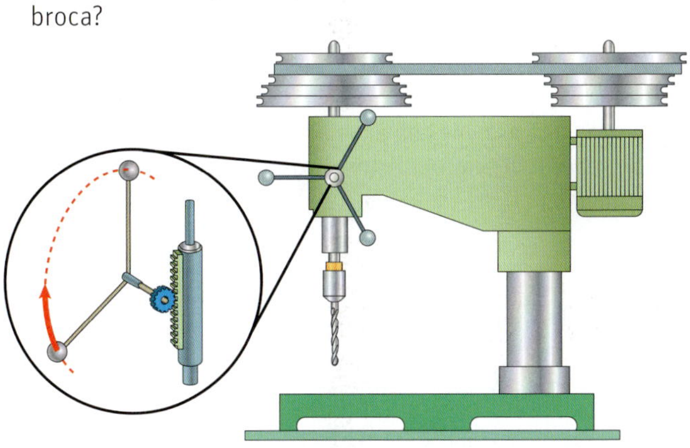

2. smSaviadigital.com APLICA

Entra en la página del museo Elder y observa la máquina de Betancourt. Repasa también los tipos de mecanismos. ¡Es muy divertido!

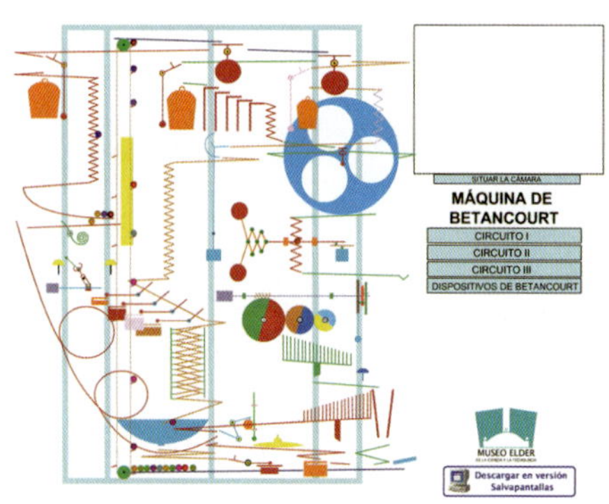

9 La fuerza de rozamiento

¿Sabías que...?

En el espacio no hay rozamiento, y eso es una gran ventaja, porque, al no frenarse los satélites, estos pueden mantener sus órbitas alrededor de la Tierra sin gastar combustible. También ocurre en los viajes interplanetarios, ya que, una vez que las naves han alcanzado una gran velocidad (unos 60 000 km/h), apagan sus motores y la mantienen todo el tiempo.

¿Te has planteado por qué nos cuesta tanto arrastrar los cuerpos sobre el suelo?

Analiza

Una consecuencia de la fuerza gravitatoria es que, debido al peso de los cuerpos, estos se "aprietan" contra la superficie sobre la que se apoyan. Por eso, cuando queremos desplazar un cuerpo, aparece una fuerza que se opone al deslizamiento. Dicha fuerza se conoce como fuerza de rozamiento.

Si observamos las superficies de contacto, vemos que no son tan lisas como parecen, y al desplazarse una sobre otra, las rugosidades causan dicha fuerza.

Si colocamos varias ruedas debajo del carro, el rozamiento que se produce al rodar es mucho menor que al arrastrar.

El rozamiento requiere ejercer más fuerza para desplazar los cuerpos, reduce la velocidad de estos cuando se mueven, y hace que se disipe mucha energía en forma de calor.

Cómo vencer el rozamiento

En la lucha constante para eliminar el rozamiento, los científicos han hecho grandes progresos. Entre todos ellos figuran los siguientes:

Rueda	Rodamientos	Lubricantes	Intercalar aire
El rozamiento al hacer rodar un cuerpo es mucho menor que cuando se arrastra. El sistema más primitivo era colocar troncos debajo del cuerpo. Después se inventaron el eje y la rueda.	Consisten en dos cilindros concéntricos con bolas en su interior, lo que permite que puedan girar libremente, y disminuir de esta forma el rozamiento. Puedes encontrarlos en la barra que conecta el manillar de la bici al cuadro, o en tus patines.	El aceite disminuye el rozamiento. Su aplicación en los coches es muy importante, porque las piezas del motor se mueven a velocidades muy altas, se calientan mucho y, sin aceite, se estropearían.	El aire intercalado entre la superficie y la máquina hace que no haya contacto entre ambas superficies y, de este modo, el cuerpo solo tiene rozamiento con el aire. Es el caso de los trenes de levitación, que, gracias a la repulsión de electroimanes, "flotan" sin tocar los raíles.

Lo que se "beben" los neumáticos

3. Si el rozamiento de las ruedas de un coche con el asfalto supone un 20 % del consumo, y un coche quema 5 L cada 100 km, ¿cuántos litros se han consumido de más debido al rozamiento de los neumáticos en un viaje de Vigo a Madrid (600 km)?

SOLUCIÓN

En el recorrido el coche necesita: $\frac{(5\text{ L})}{(100\text{ km})} \cdot (600\text{ Km}) = 30\text{ L}$

El 20 % de 30 L $\rightarrow$ 20 · (30 L)/(100) = 6 L que se han consumido por el rozamiento de los neumáticos. Este despilfarro es necesario porque, si reducimos demasiado la fuerza de rozamiento, el viaje sería más inseguro, especialmente al coger las curvas.

Investiga

Para desplazar un cuerpo que está sobre una superficie, tenemos que vencer la fuerza de rozamiento. Vamos a investigar qué variables influyen en ella.

Material necesario

- 1 CD
- 2 vasos de plástico
- 30 canicas
- Hilo

Montaje

1. Pega un vaso de plástico en el centro del CD, de forma que la cara irisada quede unida a la base del vaso. Así la cara más lisa del CD queda sobre la superficie de la mesa y rozará menos.

2. Ata un extremo de un hilo alrededor de la base, y el otro extremo al vaso que cuelga.

Influencia del peso en el rozamiento

Coloca 5 canicas en el vaso 1 y ve añadiendo canicas en el vaso 2 hasta que empiece a deslizarse.

En ese momento, el peso de las canicas que has añadido iguala la fuerza del rozamiento. Repítelo con más canicas y rellena una tabla de datos como esta en tu cuaderno.

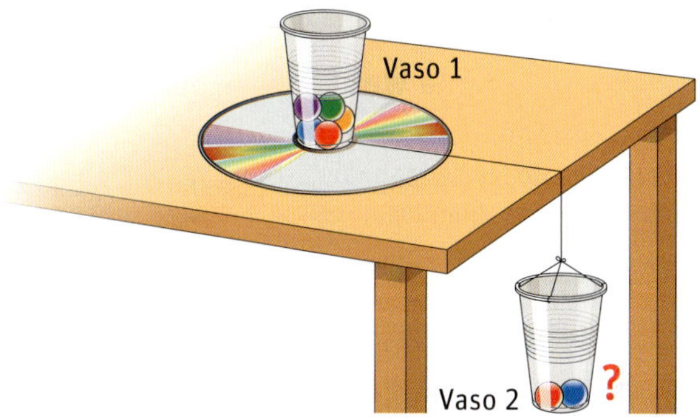

Canicas vaso 1	5	10	15	●●●
Canicas vaso 2	●●●	●●●	●●●	●●●

¿Cómo crees que influye el peso de las canicas del vaso 1 que hay que arrastrar?

Influencia del tipo de superficie

¿Cómo influirá el tipo de superficie sobre la que se desliza el CD? Veámoslo.

Ahora dejamos fijo el número de canicas (10) en el vaso 1 y vamos modificando el tipo de superficie. Para ello, incorpora sobre el plano de la mesa diferentes materiales, como un mantel. Añade canicas en el vaso 2 hasta que se deslice en cada caso, y rellena una tabla como esta en tu cuaderno.

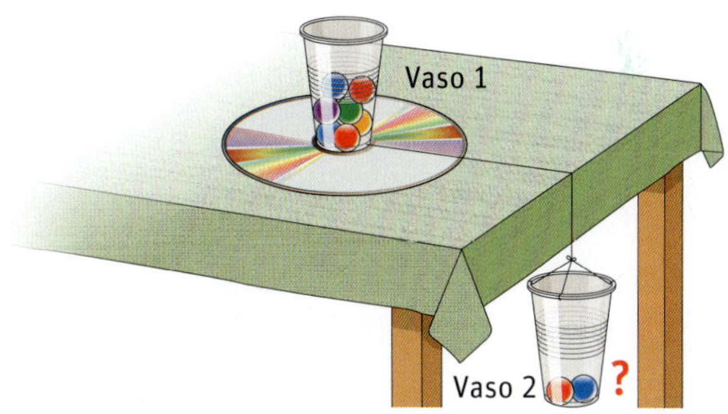

Tipo de superficie	Plástico	Tela	Agua jabonosa	Aire*
Canicas vaso 1	10	10	10	10
Canicas vaso 2	5	10	●●●	●●●

* Para lograr la superficie de aire, mete un extremo aplastado de una pajita de refresco debajo del CD y sopla.

ACTIVIDADES

9. Según algunos ingenieros, en el futuro, habrá trenes de levitación magnética moviéndose por túneles donde se ha hecho el vacío, por lo que no habrá rozamiento y los trenes alcanzarán velocidades cercanas a los 2000 km/h. Utiliza la estrategia de "vasos comunicantes" para debatir sobre este tema.

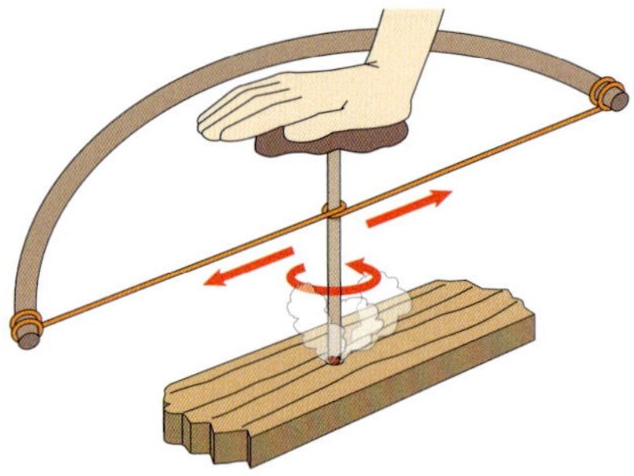

Figura 8.8. El primer método fue hacer fuego por rozamiento de un palo con madera seca.

• En la web

En este vídeo encontrarás cómo hacer fuego de forma manual con un arco y maderas blandas.

• www.e-sm.net/svfq2eso08_03

Las ventajas del rozamiento

Hace 1 300 000 años, el *Homo erectus,* antes de aprender a hablar, descubrió cómo hacer fuego. Para ello, se sirvió del rozamiento entre los cuerpos. Como hacer girar el palito con las manos no era muy eficaz, utilizaba un sistema parecido al experimento de la figura 8.8.

El rozamiento del palo vertical con la madera de la base hace que ambos se calienten, de tal forma que se acaba prendiendo la hierba seca. Gracias al fuego, los *Homo erectus* podían calentarse en invierno, ahuyentar a las fieras y cocinar.

El rozamiento y la seguridad

A pesar de que el rozamiento puede frenar el movimiento, paradójicamente puede ayudarnos también a movernos: para andar, tenemos que hacer fuerza con los pies sobre el suelo hacia atrás. Si no hubiese rozamiento, no podríamos hacerlo; si no, piensa en lo que cuesta caminar sobre una pista helada.

Algo parecido ocurre con los coches. Si no existiera el rozamiento, sus ruedas girarían pero no avanzarían. En las curvas, la fuerza de rozamiento "empuja" el coche hacia el interior (coche rojo), curvando la trayectoria. Si desaparece esa fuerza porque hay aceite o placas de hielo en la carretera, el coche no puede coger la curva (coche azul) y sigue por inercia en línea recta derrapando y saliéndose de la pista.

ACTIVIDADES

10. ¿Por qué en la acera de los pasos de cebra se utilizan baldosas con superficie rugosa?

11. ¿Qué es el *aquaplaning*? Busca información acerca de este fenómeno físico y relaciónalo con los surcos de la cubierta de las ruedas de los coches.

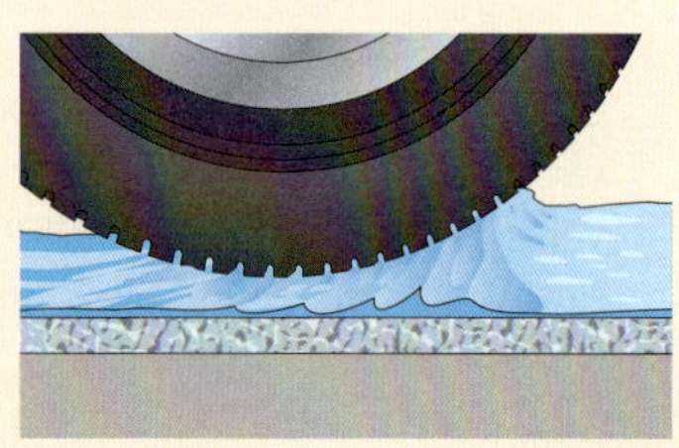

Procedimientos de la ciencia

Cómo innovar un prototipo de aerodeslizador casero

Descubrir una ley oculta de la naturaleza, como hizo sir Isaac Newton con la ley de la gravedad universal, es un logro fantástico, pero no está al alcance de todos.

Inventar nuevas máquinas, como hizo Arquímedes, también es difícil, pero hay un tercer nivel de investigación que es más asequible: innovar.

Innovar implica desarrollar mejoras de los inventos ya conocidos.

Descubrir
↓
Inventar
↓
Innovar

1 BUSCA INFORMACIÓN SOBRE LOS MODELOS YA EXISTENTES

Para reducir el rozamiento, una gran idea es interponer aire entre el vehículo y la superficie. En muchas páginas de internet encontrarás este prototipo de deslizador.

Retira la boquilla de una botella de bebida isotónica y pégala sobre la cara grabada de un CD.

Hincha al máximo un globo y colócalo sobre la boquilla. Abre la válvula; y el aire, al salir, creará un colchón que permitirá al "vehículo" moverse sin rozamiento. Mantén el globo bien vertical al principio para que al deshincharse no se ladee.

2 INDAGA SUS DEFICIENCIAS

¿Qué aspecto sería mejorable? El CD se desliza sin rozamiento pero con un movimiento algo caótico, sin una dirección fija, y eso hay que solucionarlo.

3 BUSCA ALTERNATIVAS Y PONLAS A PRUEBA

Si logramos que el aire del globo salga en un sentido determinado, el CD se moverá en el sentido contrario (acción y reacción). Para ello, haz una "tobera", una salida horizontal para el aire en la parte inferior de la boquilla.

Por último, pega una moneda de un céntimo en un extremo para darle estabilidad y... ¡a comprobarlo!

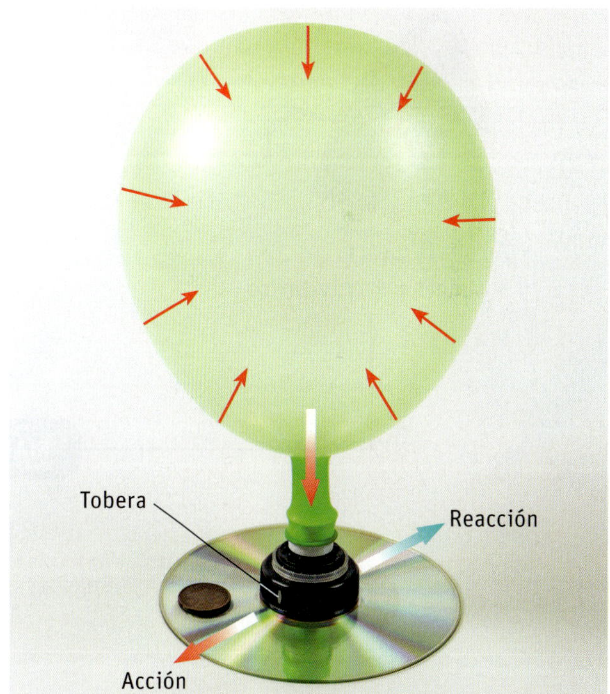

smSaviadigital.com OBSERVA

ACTIVIDADES

12. Otro de los problemas que te encontrarás es que, a veces, al ir perdiendo presión, el globo no se mantiene vertical. Diseña alguna solución para ese problema.

13. Busca en internet información sobre el funcionamiento del *hovercraft*.

Lo esencial en imágenes

MÁQUINAS SIMPLES → facilitan el trabajo → $W = F \cdot d$

PALANCA

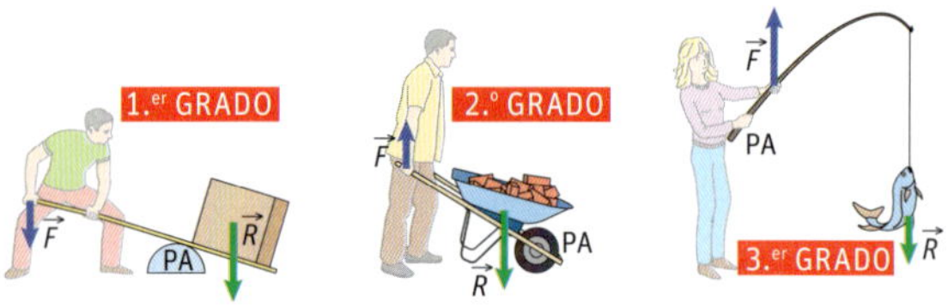

- Pueden ampliar o reducir la fuerza ejercida:

$F \cdot b_F = R \cdot b_R$

Combinándolas ↓

TORNO

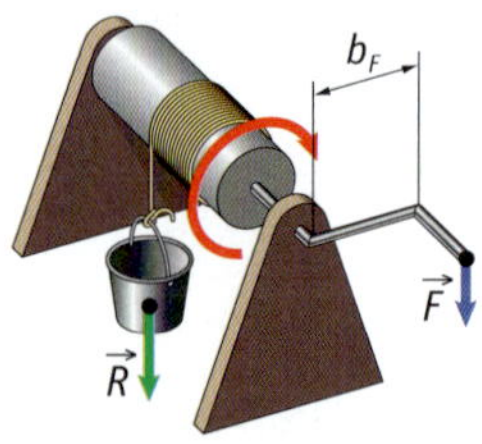

- Amplía la fuerza.
- A cambio, mayor recorrido

RUEDA O POLEA

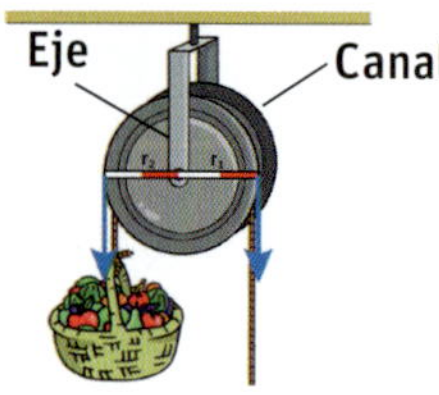

- La fuerza es la misma.
- Cambia el sentido.

Combinándolas ↓

POLIPASTO

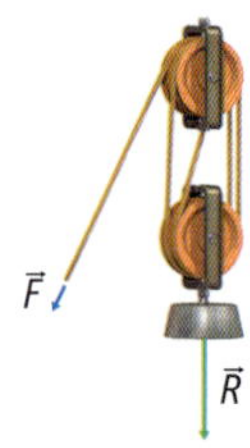

- Amplía la fuerza.
- A cambio, mayor recorrido

PLANO INCLINADO

- Amplía la fuerza.
- A cambio, mayor recorrido.

Si se unen dos planos ↓

CUÑA

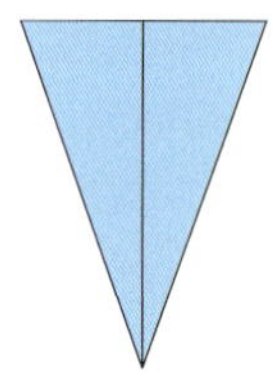

Si se enrolla el plano ↓

TORNILLO

- Amplía la fuerza.
- A cambio, mayor recorrido

MÁQUINAS COMPUESTAS

Debido a la fricción entre piezas aparece:

FUERZA DE ROZAMIENTO

Ventajas

- Permite andar.
- Nos protege de los meteoritos.
- Previene deslizamientos.

Inconvenientes

- Frena el movimiento.
- Se pierde energía en forma de calor.

smSaviadigital.com VALORA LO APRENDIDO > Resumen

Lo esencial en problemas

1. Describe las conclusiones más relevantes respecto a las máquinas simples.

SOLUCIÓN

- Las máquinas nos facilitan las tareas porque permiten ampliar la fuerza o cambiar su dirección. Con ellas también se puede reducir o aumentar la velocidad.
- Las máquinas no ahorran energía. El trabajo realizado es el mismo.
- La energía total en estas transformaciones se conserva (aunque se pierde algo de energía útil en forma de calor debido al rozamiento entre las piezas).
- Las máquinas simples están en todos lados (en el hogar, en ordenadores, en naves espaciales, etc.)

2. La frase más famosa de la historia respecto a las máquinas simples se debe a Arquímedes, que dijo: "Dadme un punto de apoyo y moveré el mundo". Analiza la frase.

SOLUCIÓN

La frase es una metáfora para indicar que con las máquinas se puede ampliar la fuerza, pero mover el planeta con ellas sería imposible por varias razones.

No hay un punto de apoyo donde colocar la palanca ni colgar el posible polipasto. La palanca tendría que medir más que nuestra galaxia. El pobre Arquímedes nunca llegaría a su extremo...

Mover, mover, más bien poco: aunque bajase el extremo de la palanca durante toda su vida, no llegaría a levantar el planeta ni una milmillonésima de micra.

3. Explica, ayudándote de la imagen, cómo funciona el sistema para subir las persianas.

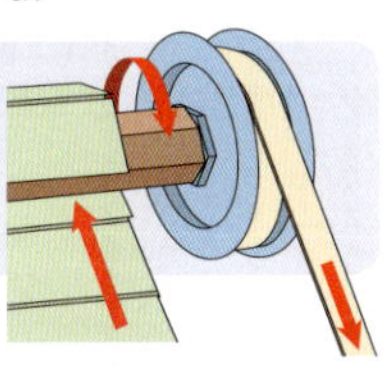

SOLUCIÓN

El mecanismo de una polea unida a un eje, en realidad, es un torno que nos permite levantar la persiana con poca fuerza.

Al tirar de la cinta hacia abajo, el movimiento lineal se transforma en un movimiento de giro del eje; y este, en un movimiento de nuevo lineal, pero ahora ascendente, de la persiana.

4. En una grúa se colocan unos contrapesos de 20 000 N en A. ¿Cuánto peso hay en B para que estén en equilibrio y no sufra la estructura de la grúa?

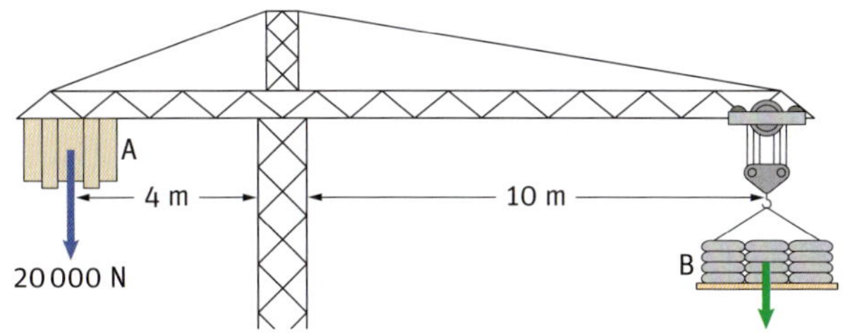

SOLUCIÓN

Aplicando la ley de la palanca:

$$F_B \cdot (10\ \text{m}) = (20\,000\ \text{N})\ (4\ \text{m})$$

$$F = (20\,000\ \text{N}) \cdot \frac{(4\ \text{m})}{(10\ \text{m})} = 8000\ \text{N}$$

5. Ángel tiene que subir a 1 metro de altura a este par de "pesados" de 60 kg cada uno.

a) Si los subiese a pulso, ¿qué fuerza tendría que hacer?

b) Con la ayuda de esta máquina, ¿qué fuerza realiza?

c) ¿Ahorra energía con la máquina?

SOLUCIÓN

a) Si los subiese a pulso:

$$F = [(60\ \text{kg}) + (60\ \text{kg})]\ (9{,}8\ \text{m/s}^2) \approx 1200\ \text{N}$$

b) La rampa reduce la fuerza a la mitad a cambio de recorrer 2 metros para subir 1 metro, luego la fuerza cuando usamos solo la rampa sería de (1200 N)/2 = 600 N.

Después, con el torno, como el radio grande (R) es 4 veces mayor que el pequeño (r), la fuerza será 4 veces menor, es decir, (600 N)/4 = 150 N, por lo que en total la fuerza ejercida será 8 veces menor.

c) La máquina no ahorra energía. Al emplear 8 veces menos fuerza, hay que hacer girar el torno un recorrido 8 veces mayor que la altura, es decir, 8 metros. El trabajo realizado es el mismo que si los subiese a pulso.

Actividades

Trabajo

14. Para que haya trabajo, hace falta:

a) Solo una fuerza.

b) Solo un desplazamiento.

c) Una fuerza y un desplazamiento en la misma dirección.

d) Ninguna de las anteriores.

15. Calcula el trabajo que realizas al subir a tu casa desde la calle. Para ello, sigue esta ruta:

Mide tu masa en kg con una balanza → Con ese dato, calcula tu peso en newton

Mide con una regla la altura de un escalón → Cuentalos y calcula la altura total en metros

→ Multiplica ambas magnitudes y tendrás el trabajo realizado

Máquinas simples

16. Estas tijeras están hechas del mismo material. ¿Con cuál de ellas podrías lograr más fuerza en la punta?

a) Con la A, porque es más grande.

b) Con la B, porque el punto de apoyo está más cerca de la punta.

c) Con las dos igual, porque son de la misma marca.

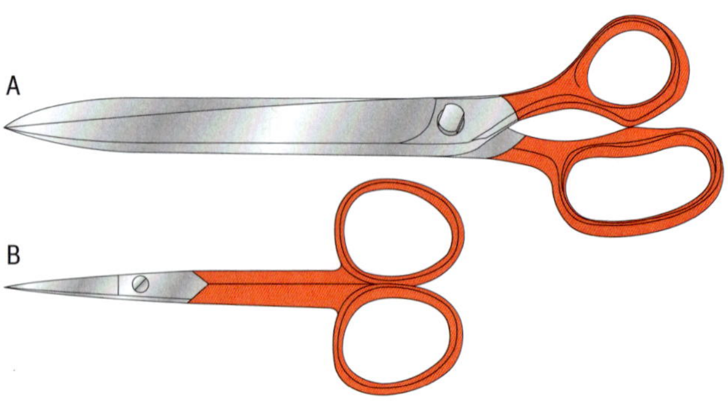

17. Al apretar en A, el aire contenido en el fuelle es empujado, sale por B hacia el fuego y lo aviva. Marca en el fuelle dónde se encuentran el punto de apoyo y las fuerzas. ¿A qué tipo de palanca corresponde?

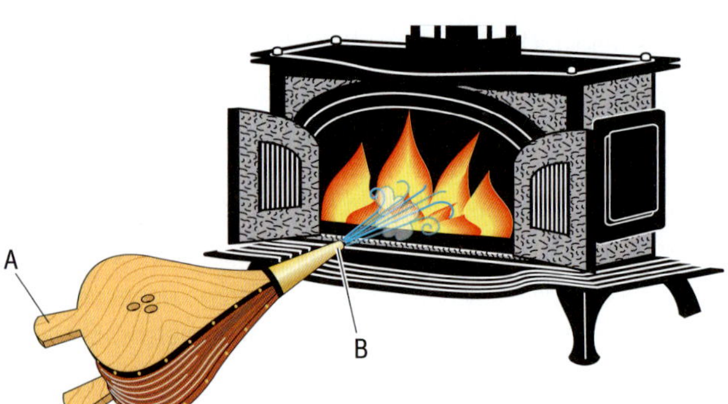

18. Este es el cráneo de un león. El músculo masetero es uno de los más potentes de su cuerpo, para poder cerrar con fuerza los colmillos sobre sus presas.

a) ¿Qué tipo de palanca es la mandíbula inferior?

b) ¿Incrementa la fuerza ejercida por el músculo?

c) ¿Qué ventajas tiene este tipo de palanca?

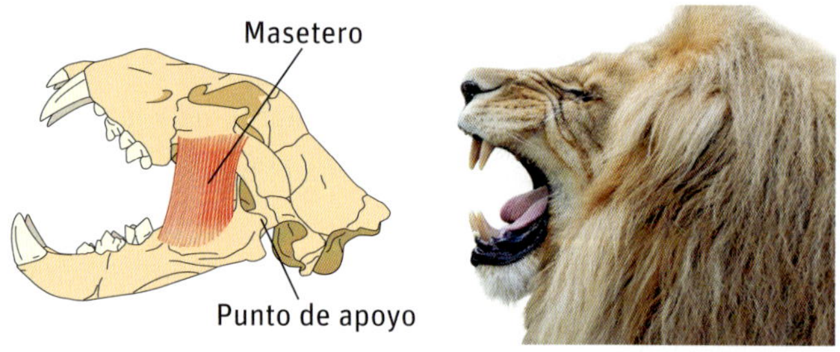

19. Ponte de puntillas y siente qué músculos levantan tu cuerpo.

a) ¿La fuerza que tienen que hacer para elevarte es mayor, menor o igual que tu peso? Ayúdate del dibujo para justificar tu respuesta.

b) Señala qué tipo de palanca es.

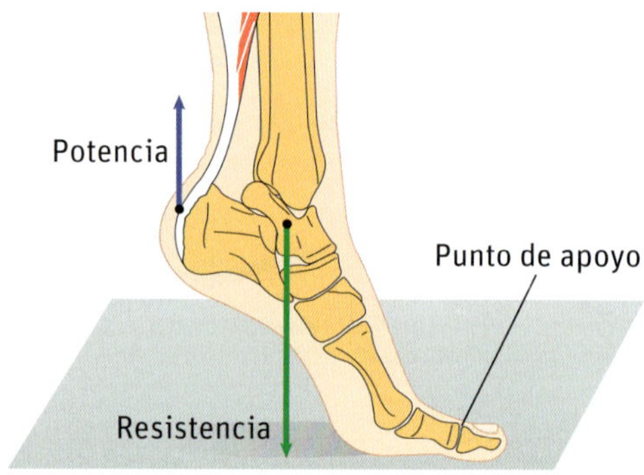

20. Completa en tu cuaderno este organizador gráfico sobre las palancas.

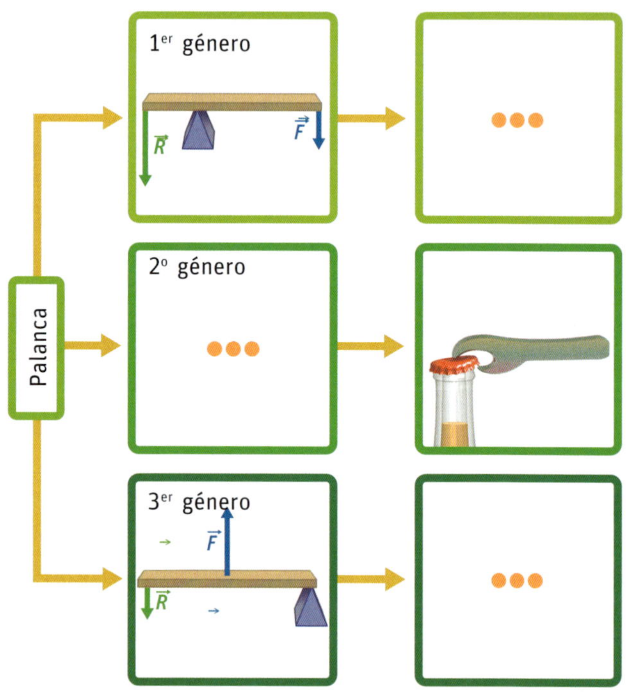

21. ¿Qué tornillo entrará más fácil en la madera, el A o el B?

a) Los dos igual, porque son igual de gruesos.

b) El A, porque los filetes tienen menos inclinación.

c) El B, porque los filetes tienen más inclinación.

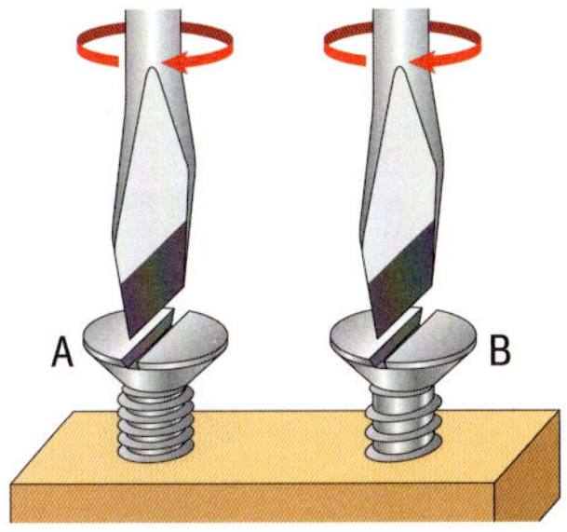

22. ¿Qué camino es el mejor para que el senderista no se canse? ¿Por qué? ¿Qué tiene que ver el camino de los senderistas con esos tornillos del dibujo?

23. Esta navaja suiza es muy útil porque tiene muchos accesorios. ¿Cuáles de ellos son máquinas simples?

24. Razona cuál de los dos tapones es más seguro para una botella de gaseosa, ¿el de presión o el de rosca?

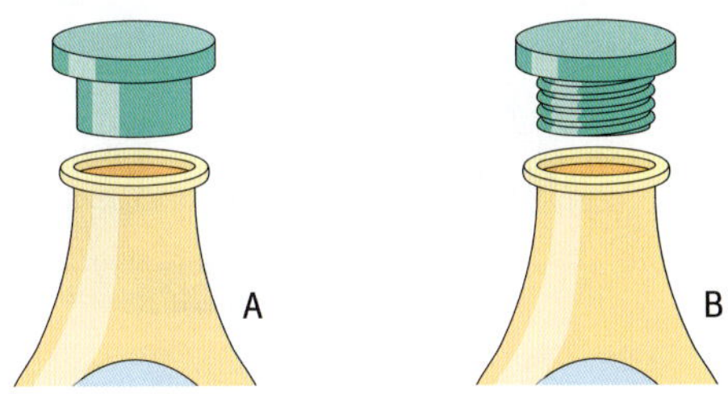

25. Cuenta los dientes de cada engranaje e indica el sentido de giro de cada uno de ellos. ¿Cuántas vueltas tiene que dar la rueda 1 para que la 4 dé una vuelta completa?

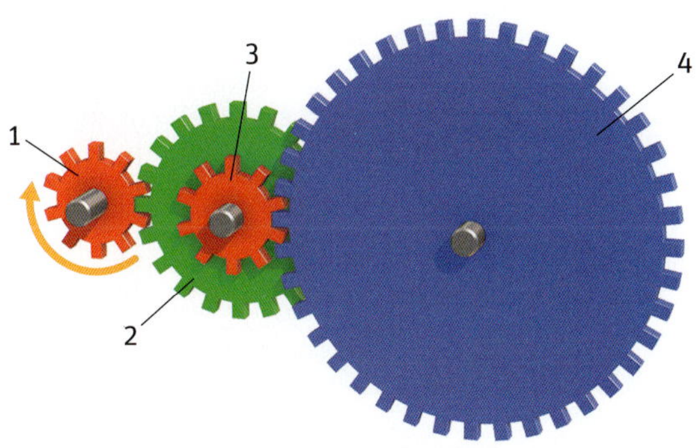

Máquinas compuestas

26. Leonardo da Vinci fue un genio combinando máquinas simples para incrementar la fuerza aplicada. Explica cómo funciona esta grúa atribuida al gran inventor de Pisa.

27. Emula a Arquímedes y Leonardo y diseña y dibuja una máquina compuesta para subir un cuerpo pesado, que use una palanca, un plano inclinado y una polea.

Calcula cuánto amplía la fuerza tu supermáquina.

La fuerza de rozamiento

28. Señala las ventajas y las desventajas de la fuerza de rozamiento rellenando en tu cuaderno la siguiente tabla.

Ventajas	Desventajas
●●●	●●●
●●●	●●●
●●●	●●●

29. Elisa decide investigar si influye o no el área de contacto en la fuerza de rozamiento. Para ello, hace este montaje. ¿Qué conclusiones puede obtener?

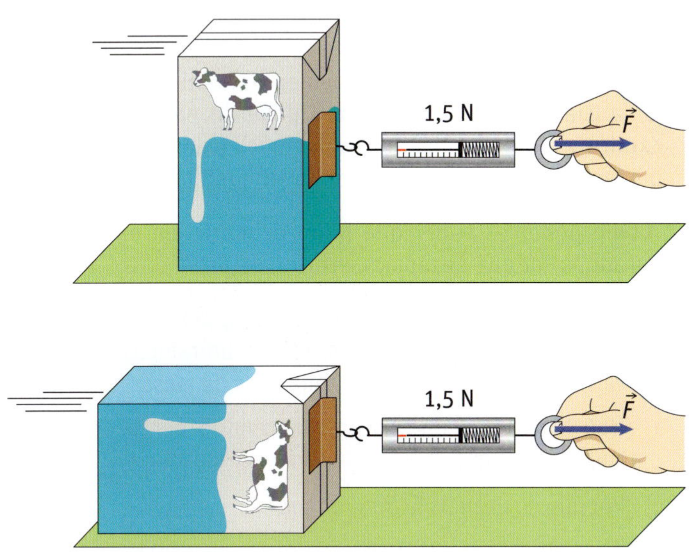

Ponte a prueba

Palancas en el parque

A pesar de que ya no tienen edad para jugar en el parque infantil, Andrés y Sara, alumnos de 2.° ESO, deciden investigar usando un balancín. Sara pesa 40 kg y Andrés 50 kg.

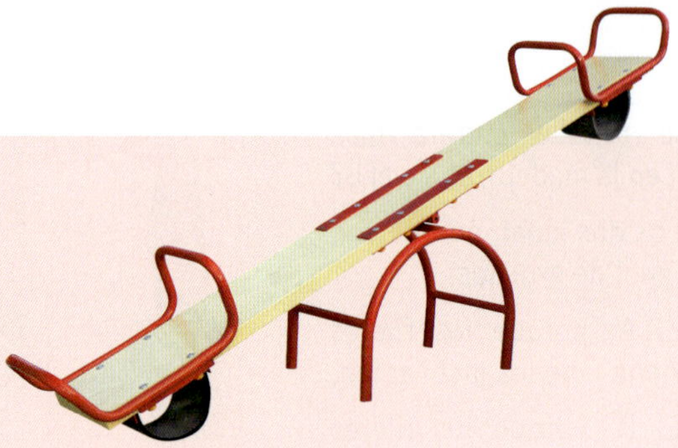

1. Si Andrés se coloca en C, ¿dónde tiene que colocarse Sara para equilibrarlo?
   - En A.
   - Entre A y B.
   - En B.
   - No puede equilibrarlo, porque pesa menos que Andrés.

2. Ahora le toca a Sara ponerse primero y elige la posición A. ¿Dónde debe situarse Andrés?
   - En C.
   - En D.
   - Entre C y D.
   - Siempre la levanta, porque pesa más.

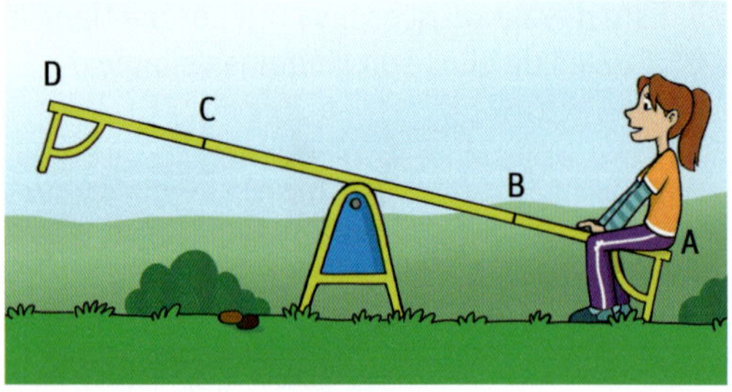

3. En el parque aparece otra compañera, Inés, de 40 kg, que decide participar en el juego-investigación. Si Sara e Inés se sitúan las dos en la posición B, determina dónde se tiene que situar Andrés para que estén en equilibrio.

El "sombrero" de los moái

En la isla de Pascua (Rapa Nui), situada en medio del océano Pacífico, se encuentran los famosos moái, que son estatuas de piedra con un tocado de piedra roja muy característico. Las estatuas se tallaban en las laderas de un volcán y después se trasladaban a su emplazamiento.

Hoy día, la isla no tiene árboles, pero sabemos que en el pasado había bosques de palmeras.

1. ¿Cómo crees que pudieron trasladar los habitantes de la isla las enormes estatuas y ponerlas en pie? Explica y dibuja las posibles soluciones y después busca en internet lo que opinan los arqueólogos.
2. ¿Cómo podemos saber que hubo palmeras en el pasado? ¿Por qué desaparecieron?
3. Los *pukaos* (sombreros), al ser cilíndricos, se trasladaban rodando; y para subirlos, utilizaban rampas de tierra. Si este *pukao* tiene 4 toneladas de masa:
   a) ¿Qué fuerza hay que hacer para subirlo por la rampa? Fíjate que la rampa mide 8 veces la altura.
   b) ¿Por qué no usamos la otra rampa?
   c) Si cada hombre podía hacer una fuerza de 500 N, ¿cuántos se necesitarían para subirlo?

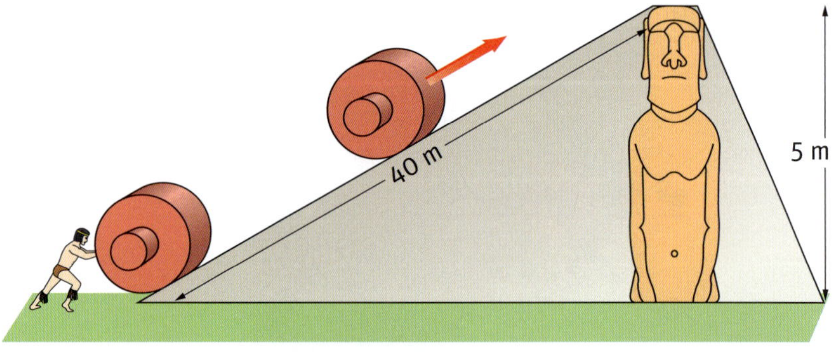

Ayuda: 1 tonelada son 1000 kg y su peso es 10 000 N.

El rozamiento en los coches

En España, el recorrido medio de un coche es de unos 10 000 km al año; y el consumo, alrededor de los 5 L cada 100 km. De esos 5 litros, ya hemos visto que uno se lo "beben" solo los neumáticos, debido a su gran rozamiento con el suelo.

1. Calcula cuántos litros en total consume (de media) al año un coche en nuestro país.

2. Además del rozamiento con el suelo, el coche también sufre otros rozamientos: las piezas del motor, al moverse a gran velocidad, hacen que este se caliente mucho; y la carrocería tiene que luchar contra el inevitable rozamiento con el aire. En la gráfica se muestra el consumo de un coche en función de su velocidad.

a) ¿Cuánto consume el coche a 140 km/h? ¿Y a 100 km/h?

b) ¿Son directamente proporcionales la velocidad y el consumo?

3. ¿Cuántos litros gasta cada coche al año por el rozamiento de los neumáticos?

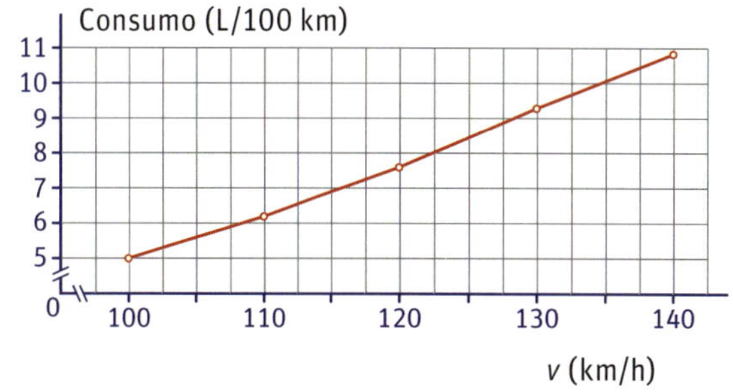

AUTOEVALUACIÓN

1. Sabiendo que un piso tiene una altura de 3 m, ¿en qué tarea de las siguientes se realiza más trabajo?

a) Subiendo una bombona de 25 kg a un primer piso.

b) Subiendo una caja de 12 tetrabriks (12 kg) al segundo piso.

c) Subiendo dos bolsas de la compra, de 5 kg cada una, al tercer piso.

d) La fuerza es diferente, pero el trabajo es el mismo.

2. ¿Qué fuerza tiene que hacer el tonelero para levantar el tonel? Recuerda que 1 kg pesa aproximadamente 10 N.

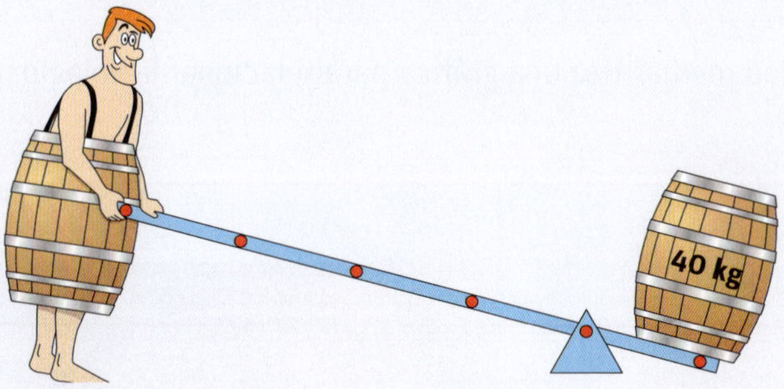

a) 40 N. b) 400 N. c) 10 N. d) 100 N.

3. Para subir un piano a un piso desde la calle utilizando una polea simple:

a) Hacemos una fuerza que es la mitad del peso del piano.

b) Hacemos una fuerza que es el doble que el peso del piano.

c) Hacemos la misma fuerza que el peso del piano.

d) Si la polea es grande, hacemos menos fuerza que si es pequeña.

4. Una máquina puede:

a) Incrementar la fuerza ejercida.

b) Ahorrar trabajo.

c) Ahorrar energía.

d) Todo lo anterior.

5. Si la polea A da 30 vueltas, señala qué observaciones son correctas:

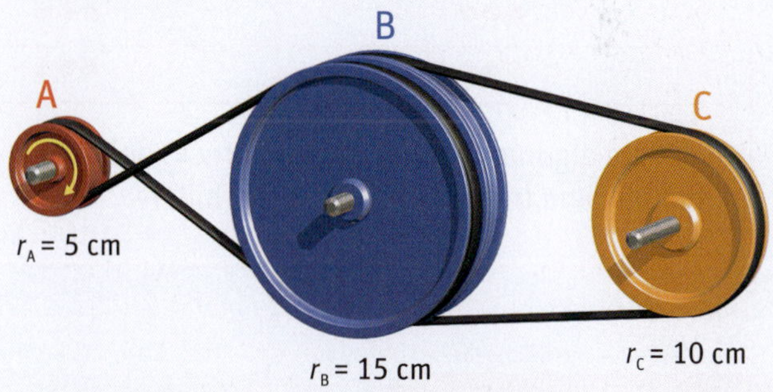

a) La B da 15 vueltas en sentido contrario.

b) La B da 10 vueltas en sentido contrario.

c) La C da 15 vueltas en el mismo sentido que A.

d) La C da 15 vueltas en sentido contrario que A.

6. La fuerza de rozamiento:

a) Depende solo del peso del cuerpo que hay que mover.

b) Depende del peso del cuerpo y de los tipos de superficie.

c) Depende de los tipos de superficie.

d) Ninguna de las anteriores.

smSaviadigital.com VALORA LO APRENDIDO > Autoevaluación con sus soluciones

PROYECTO DE INVESTIGACIÓN

EL TREN DE LA CIENCIA

Desde que, a principios del siglo XIX, el ingeniero inglés Richard Trevithick adaptara una máquina de vapor para arrastrar vagones, muchos han sido los avances que ha experimentado el ferrocarril, que se ha convertido en uno de los pilares fundamentales del transporte de mercancías y pasajeros.

La locomotora de Trevithick era capaz de desarrollar una velocidad de 8 km/h, muy lejos de los 600 km/h que son capaces de alcanzar algunos de los modernos trenes de levitación magnética.

INVESTIGAMOS LA VELOCIDAD MEDIA

Actualmente, en España disponemos de una extensa red de ferrocarriles que une las principales localidades de nuestra geografía. En algunas ocasiones, diferentes modelos de trenes, algunos de alta velocidad, realizan una misma ruta.

Busca información sobre los tipos de trenes que efectúan el trayecto Madrid-Ciudad Real, anota la duración del viaje con cada uno de ellos y obtén la velocidad media. Recuerda que, para ello, debes buscar información sobre la distancia recorrida por cada tren. Anota también el precio del billete.

Con los datos obtenidos completa una tabla como esta:

Tipo de tren	Duración del viaje	Velocidad media	Precio del billete
AVE	50 min	●●●	●●●
●●●	●●●	●●●	●●●
●●●	●●●	●●●	●●●
●●●	●●●	●●●	●●●

¿Existe alguna relación entre el precio del billete y la velocidad media? Haz una gráfica para relacionar la velocidad media de cada tren con el precio del billete.

SEGURIDAD VIAL

Aunque los ferrocarriles se desplacen por vías destinadas a tal efecto, no sería extraño que descarrilasen si no siguiesen las señales que regulan el tráfico de estos vehículos.

- ¿En qué tramos crees que la velocidad de los trenes se limita más?
- ¿En qué vehículo crees que es más fácil reducir la velocidad, en un coche o en un tren? Explica tu respuesta y busca información en la red que apoye tu hipótesis.
- La velocidad de la circulación por carretera también está limitada. Señala algunos de los peligros que se derivan del incumplimiento de estas señales.

INVESTIGA LA LEVITACIÓN MAGNÉTICA

La repulsión magnética entre electroimanes es la responsable de que algunos trenes sean capaces de levantarse de las vías y se desplacen sin tocarlas.

Se trata de vehículos muy silenciosos donde la ausencia de rozamiento con los raíles permite que se alcancen grandes velocidades.

EXPERIMENTO

Fija una varilla cilíndrica con plastilina a una base de madera.

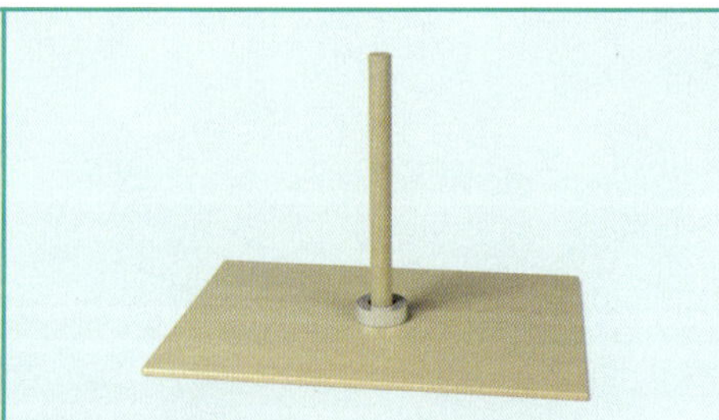

Inserta un imán de anillo en la varilla, como en el dibujo.

Introduce otro imán, de forma que se repela con el de la base.

- Describe lo que sucede en este experimento.
- Sustituye el último imán que has introducido por otros de diferentes tamaños y materiales y mide la distancia que hay entre ambos imanes en cada situación.
- ¿Influye la gravedad en este experimento?
- Busca información en internet sobre otros experimentos de levitación magnética y realiza alguno.

INVESTIGA LOS PLANOS INCLINADOS

El Lhasa Express es un tren que rodea el Himalaya y que alcanza cotas de más de 5000 m de altura.

Para la construcción de este tipo de trenes es necesario tener en cuenta la fuerza de la gravedad, ya que, en las bajadas, aporta un extra de aceleración.

EXPERIMENTO

Fabrica un plano inclinado con una tabla y deja caer un coche de juguete desde el punto más alto. Graba el experimento con una videocámara y analiza el movimiento con el programa Tracker, tal y como se indica en la unidad 5.

- A la vista de la gráfica espacio-tiempo, ¿cómo justificarías que se trata de un movimiento acelerado?
- Selecciona la gráfica velocidad-tiempo en Tracker y deduce si la aceleración es constante.

8 ¿Qué es la energía?

Abre tu mirada

El 15 de febrero de 2014, un atleta francés, Renaud Lavillenie, superó los 6,16 metros de altura usando una pértiga de fibra de carbono y rompió el récord de Serguéi Bubka, que duraba más de veinte años. Parece increíble que, sin más ayuda que sus músculos y la pértiga, los atletas puedan sobrepasar una altura de más de dos pisos. Para lograrlo, necesitan transformar, en una carrera de 21 pasos, parte de su energía interna en energía cinética a una velocidad de casi 10 m/s. ¿Y después...?

- ¿Qué es la energía? ¿Cuántos tipos de energía existen?
- Cuando la energía se transforma, ¿se conserva o se degrada?
- ¿Qué es la energía mecánica?

a

En la posición 3, hay un momento en el que el atleta se encuentra prácticamente parado. ¿En qué se ha transformado la energía cinética del atleta al doblar la pértiga?

b

En la posición 4, vuelve a estar prácticamente parado. ¿Qué tipo de energía posee el atleta en ese momento?

a) Cinética
b) Elástica
c) Potencial

Piensa y reflexiona

Una vez ejecutado el salto, no tiene ni energía cinética, ni potencial ni elástica. ¿Qué ha pasado con la energía?

Observa y determina

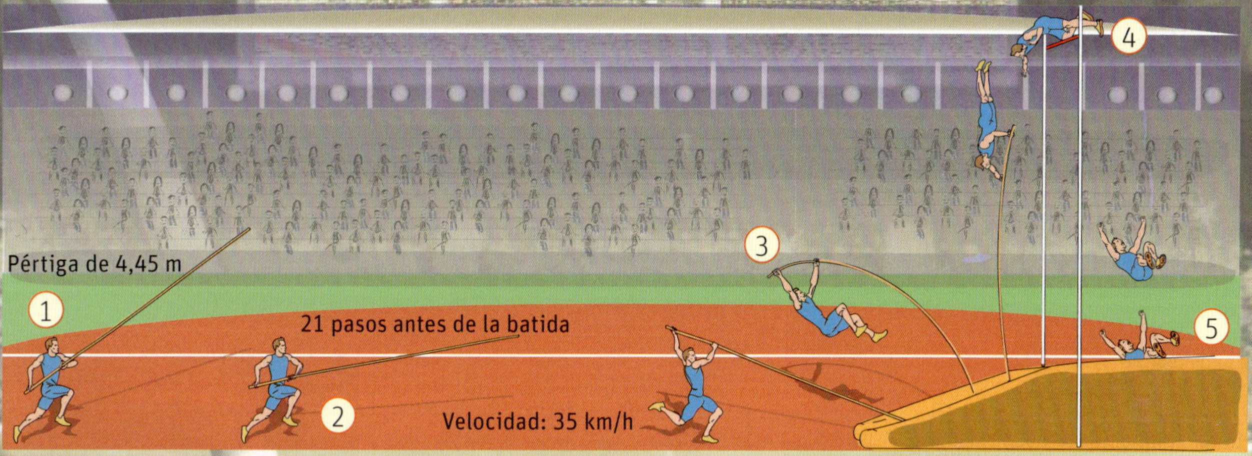

smSaviadigital.com OBSERVA

En el video te mostramos el record del mundo de Lavillenie.

Y tú, ¿qué opinas?

Lavillenie, antes de batir el récord del mundo, se tomó un plátano y un vaso de leche, sus fuentes de energía para la carrera y el salto. ¿Tiene que ver algo el récord con el Sol, que es la fuente de energía más importante en nuestro planeta?

a) Sí, porque al estar moreno saltas mejor.
b) No, porque ese día estaba nublado.
c) En parte sí, porque el plátano se produce gracias a la fotosíntesis, pero la leche, no.
d) Sí, porque con la fotosíntesis crecen tanto el platanero como la hierba, que se la come la vaca...

¿Qué fuentes de energía utilizamos?

¿Qué ventajas e inconvenientes conlleva el uso de la energía?

1 Si algo cambia, hay energía...

Echa un vistazo a tu alrededor y observarás que todo está en continuo cambio: la noche y el día; un avión que surca el cielo; el sonido de un timbre; la temperatura del aire; incluso tu cuerpo, que piensa, respira, se mueve, crece... ¿Qué tienen en común todos estos procesos? Es la energía, una propiedad de la materia que provoca cambios de distintos tipos.

Tipos de energía

Si algo cambia, seguro que hay alguna variación en el tipo de energía implicada. Cualquier proceso necesita energía, y esta se manifiesta de diferentes formas.

Formas de energía	
Energía mecánica Es la que posee un cuerpo a causa de su posición o de su velocidad. La hay de dos tipos: • **Energía potencial**, que puede deberse a la altura a la que se encuentra un cuerpo (potencial gravitatoria), o a la acumulada en un medio elástico, como un muelle o una pértiga (potencial elástica). • **Energía cinética**, que se debe a la velocidad del cuerpo. El avión tiene energía de los dos tipos, y su suma es la energía mecánica.	
Energía térmica Es debida a la energía cinética de las partículas (átomos o moléculas) que forman un cuerpo. Está relacionada con la temperatura de los cuerpos y su masa, y se transfiere de los cuerpos que están a más temperatura a los que están a menos temperatura. A esa forma de transferir energía la llamamos **calor**.	
Energía luminosa El Sol o los cuerpos que están a mucha temperatura, como un rayo o una bombilla, emiten luz, que se transmite por el vacío, el aire y otros medios transparentes, mediante ondas. La luz transporta una energía denominada luminosa o radiante. Gracias a ella se produce la fotosíntesis, que proporciona alimentos y el oxígeno necesario para la respiración. Los seres humanos percibimos los colores del rojo al violeta, pero no vemos la luz infrarroja y la ultravioleta.	
Energía química Los alimentos, los combustibles fósiles (carbón, gas y petróleo) y muchos compuestos químicos contienen energía química. Es una forma de energía potencial localizada en los enlaces entre los átomos de las sustancias. Se manifiesta en las reacciones, como, por ejemplo, en las combustiones.	
Energía eléctrica Es la energía potencial de las cargas eléctricas. En la naturaleza se encuentra acumulada en las nubes cargadas de electricidad estática. En nuestra vida cotidiana está en todas partes, o bien almacenada en las pilas y baterías, o como corriente eléctrica, que hace funcionar nuestros electrodomésticos y casi todas las máquinas de la industria.	
Energía nuclear Los núcleos de los átomos concentran una enorme energía, que se libera en las reacciones nucleares. Estas pueden ser de dos tipos: de fisión (se rompen los núcleos), como en las centrales nucleares actuales, o de fusión (se juntan los núcleos), como sucede en el Sol. El uranio es el combustible nuclear más utilizado.	

La energía se transforma

Una forma de entender la energía es comprobar su capacidad de producir un trabajo, algo que ocurre al transformarse una energía en otra. Veamos algunos ejemplos:

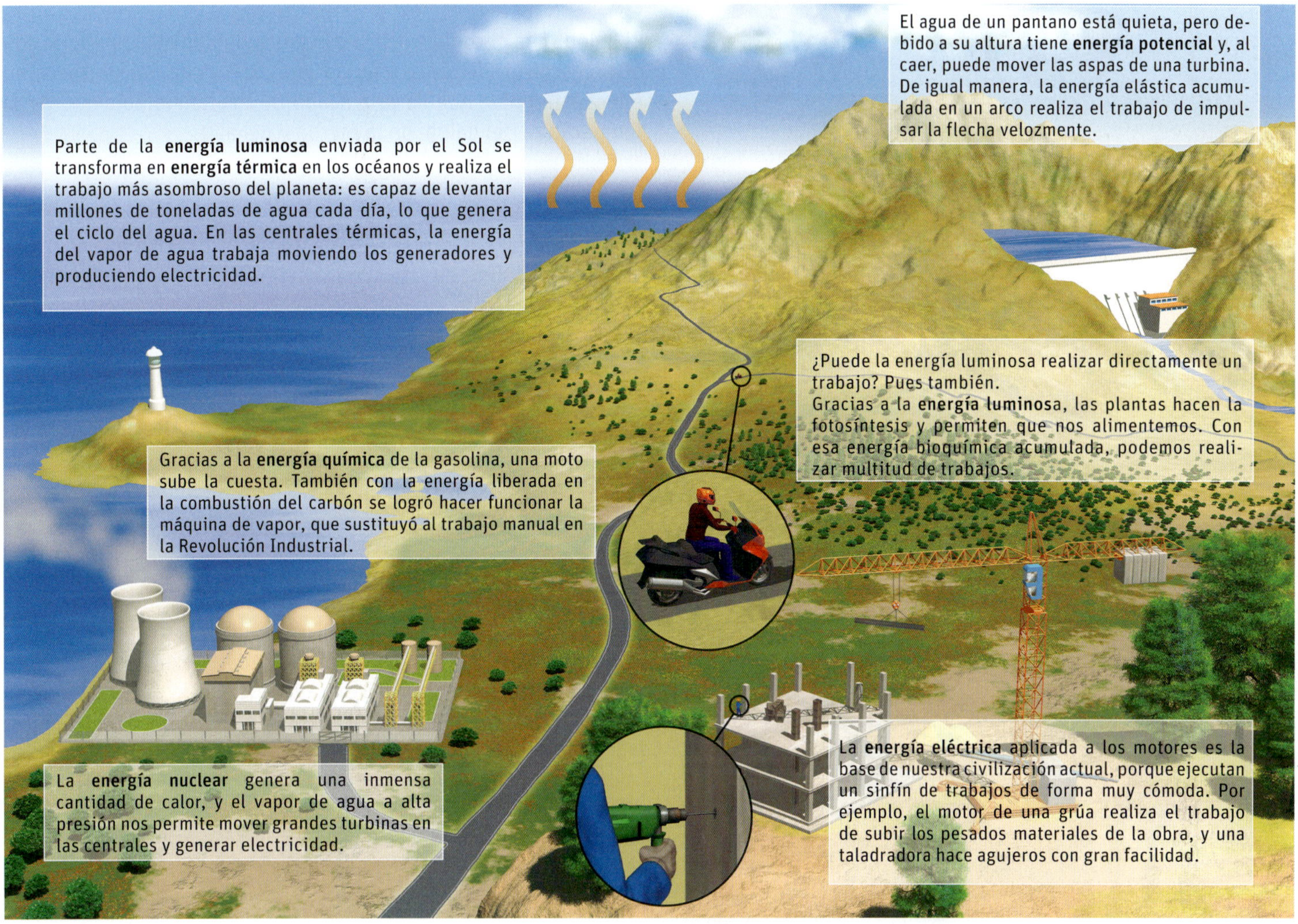

> La **energía** es una propiedad de la materia que puede producir diferentes cambios en esta. Puede transformarse y posee la capacidad de producir un trabajo.

smSaviadigital.com OBSERVA
Transformaciones de la energía eléctrica.

Por eso la unidad internacional de la energía es la del trabajo, el julio (J). También se usan la caloría (cal) y el kilovatio hora (kWh).

ACTIVIDADES

1. Analiza los cambios de energía que tienen lugar en cada uno de estos casos.

a) 

b) 

c) 

2 ¿La energía se conserva o se pierde?

En muchas situaciones, parece que la energía desaparece y "se pierde". Por ejemplo, si pegamos una patada a un balón, le transferimos parte de nuestra energía, por lo que este adquiere energía cinética y potencial, pero al cabo de un rato el balón se para. ¿Ya no tiene energía? ¿Ha desaparecido?

El balón sí ha perdido energía mecánica debido al rozamiento con el aire y con el suelo. Esa energía "perdida" se ha transformado en energía térmica, que ha provocado un ligerísimo aumento de la temperatura del balón, de la hierba y del aire.

La energía se conserva

Con el ejemplo del balón hemos mostrado que la energía no se pierde, sino que se transforma. En el lenguaje cotidiano hablamos de "consumir energía", como cuando ponemos en funcionamiento los aparatos eléctricos, pero lo que hacemos en realidad es transformarla continuamente de unos tipos en otros; y, en esos cambios, la energía total permanece constante.

La **energía** ni se crea ni de destruye, solo se transforma y pasa de unos cuerpos a otros.

La Medicina ayuda a la Física

Julius von Mayer (siglo XIX) midió el trabajo realizado por un caballo y la temperatura alcanzada, a causa del rozamiento, por la pulpa de papel que removía en un caldero. Enunció que la energía perdida por el caballo se transformaba en energía térmica del papel y del recipiente. Como no era físico, sino médico, y sus experimentos no eran muy precisos, no le hicieron mucho caso y la fama se la llevó James Prescott Joule (a quien estudiaremos en la siguiente unidad), pero la idea de la conservación de la energía es suya. Además, la supo aplicar también a los seres vivos.

El burro de la fotografía mueve una noria y, aunque sea indetectable, la temperatura de esta y la del agua aumenta.

La energía disipada le salvó la vida

1. Abbás Ibn Firnás, en el año 875, se tiró desde la torre de la Rusafa (Córdoba), desde casi 100 metros de altura, hacia un valle con unas alas de madera cubiertas de tela de seda. Aunque se rompió las dos piernas, fue la primera persona que "voló". Analiza la hazaña utilizando el principio de conservación de la energía.

SOLUCIÓN

Al dejarse caer, la energía potencial de Abbás se fue convirtiendo en cinética, pero, debido al rozamiento de las alas con el aire, llegó un momento en que la velocidad de caída no aumentó más, y parte de la energía en energía térmica.

Al aterrizar, la energía cinética se empleó en el trabajo de romper los huesos, en el sonido del impacto y en más energía térmica. Globalmente, la energía se conservó.

Degradación de la energía

La energía térmica es muy útil, por ejemplo, para cocinar, mover máquinas o calentarnos.

Sin embargo, en la mayoría de los casos, la energía térmica es poco aprovechable, como hemos podido ver en los ejemplos anteriores. En todas las transformaciones se pierde energía útil.

> En las transformaciones energéticas, una parte de la energía se **degrada** al transformarse en energía térmica, que es poco aprovechable.

Compara el rendimiento de un coche diésel y uno eléctrico

2. Para comprobar qué motor es más rentable, se ha hecho una prueba con dos coches de igual chasis, y se han obtenido los resultados de la tabla.

a) Interpreta la columna del rendimiento.

b) Si 1 L de gasóleo cuesta 1,2 €; y 1 kWh, unos 0,16 €, ¿cuánto cuesta recorrer 100 km en cada caso?

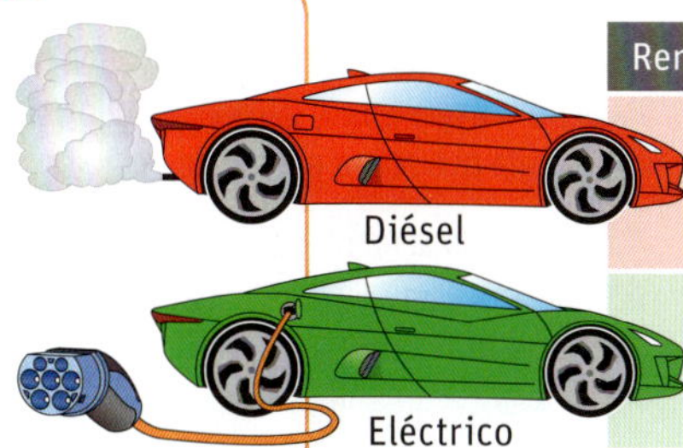

	Rendimiento	Consumo
Diésel	40 %	6 litros cada 100 km
Eléctrico	90 %	20 kWh cada 100 km

SOLUCIÓN

a) El 40 % del diésel significa que, de cada 100 J de energía, solo aprovecha 40 J; el resto, 60 J, se "disipa" en calor.

El eléctrico, sin embargo, solo "disipa" 10 J de cada 100 J.

b) El coste del coche de gasoil: (6 L) (1,2 €/L) = 7,2 € cada 100 km.

El coste del eléctrico: (20 kW h) (0,16) = 3,2 € cada 100 km. Si se recarga por la noche, se puede alcanzar un coste aproximado de 1 € cada 100 km.

Laboratorio en el aula: Central eléctrica "de percha"

En las centrales, parte de la energía se "disipa"; y la energía eléctrica generada nunca es igual a la energía de partida. Lo comprobamos con una central eléctrica manual.

Para ello, une un motor paso a paso de una impresora, que actúa como un alternador, a varias bombillas led. Coge una percha y mueve el rotor del motor como muestra la imagen. Y verás que se encienden los ledes. ¿Qué transformaciones de energía han ocurrido? Para contestar esta pregunta, copia en tu cuaderno el esquema y complétalo.

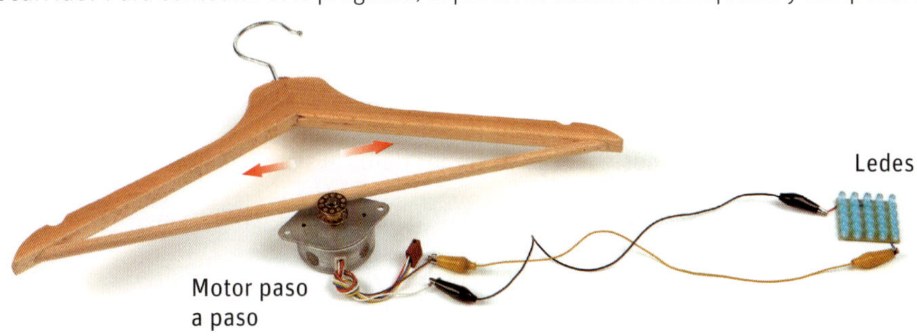

smSaviadigital.com OBSERVA

En la web

Visita la siguiente web y compara el coche eléctrico con el coche diésel.

www.e-sm.net/svfq2eso09_01

ACTIVIDADES

2. En una central hidroeléctrica se producen 10 000 kJ y solo se aprovechan 7000 en energía eléctrica.

a) ¿Cuál es el rendimiento de la central?

b) ¿Qué ha pasado con la energía restante?

3 La energía mecánica

En el ejemplo inicial del saltador con pértiga ya distinguimos varias formas de energía: una debida a la velocidad alcanzada, otra acumulada en la pértiga al doblarse, y una tercera debida a su altura sobre el suelo. Todas ellas son formas de energía mecánica.

Energía potencial (E_P)	Energía cinética (E_C)
Al deformar un cuerpo, como la pértiga, un muelle o un arco, el trabajo realizado para comprimirlo o estirarlo varía la **energía potencial elástica de dicho cuerpo**.	Cuando un cuerpo se mueve, decimos que tiene energía cinética. Si un cuerpo B tiene doble masa que otro cuerpo A, su energía cinética será también el doble, pero ¿cuánto aumentará la energía si doblamos la velocidad?

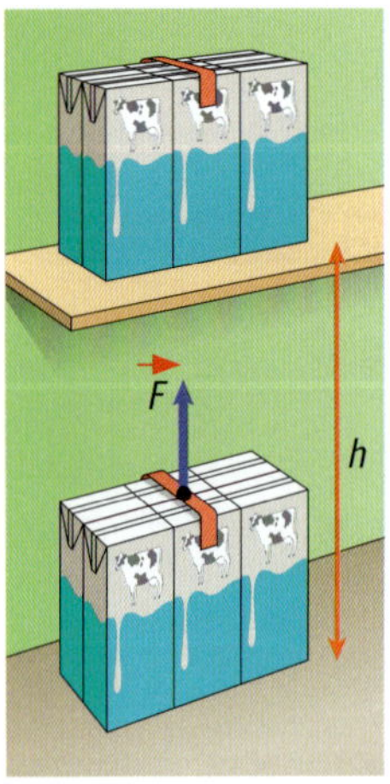

Al subir un paquete de cajas de leche a la estantería, también realizamos un trabajo:

W = fuerza × desplazamiento = mgh.

Mediante ese trabajo, transferimos una cantidad igual de energía (mgh) de nuestro cuerpo al paquete que ahora está en la estantería.

A esa energía acumulada por la masa m, debida a su altura, la llamamos **energía potencial gravitatoria**.

$$E_p = mgh$$

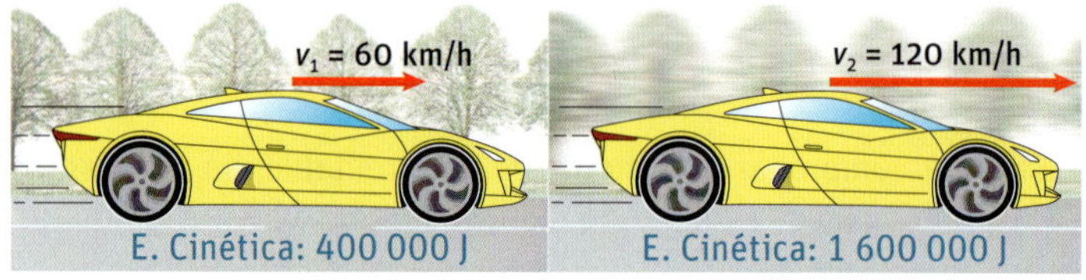

Observamos que en este caso la energía se hace 4 veces mayor. Si la velocidad se triplicase, la energía sería 9 veces mayor. Es decir, que la energía cinética depende de la masa y de la velocidad al cuadrado:

$$E_c = \frac{1}{2}mv^2$$

$$E_M = E_P + E_C = mgh + \frac{1}{2}mv^2$$

Si un cuerpo, como el avión de la figura, tiene ambos tipos de energía, la suma de ambas será su **energía mecánica**.

$$E_M = E_P + E_C = mgh + 1/2\ mv^2$$

En este caso, una parte de la energía química del combustible se ha transformado en energía mecánica del avión.

Te interesa saber

La energía cinética es muy importante, casi todos los cambios de energía "pasan" por ella.

Calcula la energía del Airbus 380 en pleno vuelo

3. El Airbus 380 es el gigante de los cielos. Tiene una masa de 420 toneladas y vuela a una altura de 10 km con una velocidad crucero de 1087 km/h. ¿Tendrá más energía potencial o más energía cinética? Calcúlalas, así como su energía mecánica.

SOLUCIÓN

Lo primero que debemos hacer es pasar los datos al sistema internacional:

420 toneladas = 420 000 kg; 10 km = 10 000 m

$$1087\ \text{km/h} = \frac{(1087\ \text{km})}{(1\ \text{h})} \cdot \frac{(1000\ \text{m})}{(1\ \text{km})} \cdot \frac{(1\ \text{h})}{(3600\ \text{s})} = 302\ \text{m/s}$$

$$E_P = mgh = (420\,000\ \text{kg})\ (10\ \text{m/s}^2)\ (10\,000\ \text{m}) = 4{,}2 \cdot 10^{10}\ \text{J}$$

$$E_C = 1/2\ mv^2 = 0{,}5 \cdot (420\,000\ \text{kg})\ (302\ \text{m/s})^2 = 1{,}9 \cdot 10^{10}\ \text{J}$$

La energía mecánica será: $E_M = E_P + E_C = 6{,}1 \cdot 10^{10}$ J

¿Se conserva la energía mecánica?

El péndulo de Newton es un juguete que nos puede enseñar mucha física.

Observa

La bola en la posición 1 en reposo, solo tiene E_p.

Al soltarla, esta energía potencial se transforma en energía cinética E_c, que se transmite por las bolas intermedias hasta la última, donde se vuelve a transformar en energía potencial E_p.

Al volver a caer, se repite el proceso en sentido inverso y se crea un curioso efecto "toc-toc-toc".

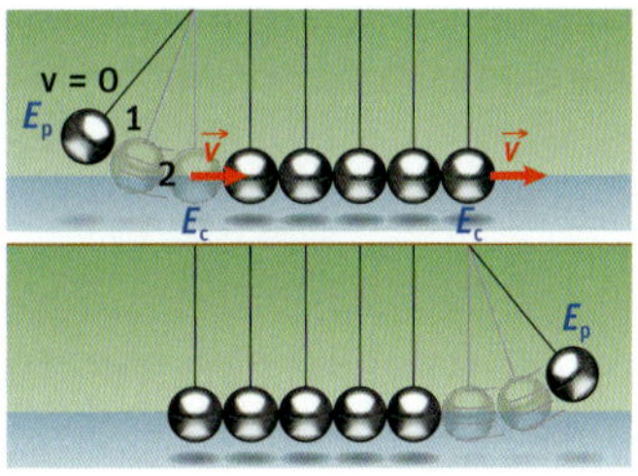

Durante la caída, la energía mecánica (la suma de la potencial y la cinética) se conserva y, si los choques fuesen perfectamente elásticos, se mantendría el movimiento, pero en la práctica observamos que al final se acaba parando.

¿Por qué se detiene?

En los choques de las bolas se disipa parte de la energía mecánica, que se transfiere al aire, originando el sonido ("toc-toc") y calentándose. Así, poco a poco, el conjunto de bolitas va perdiendo su energía mecánica.

Sin embargo, un satélite que orbita alrededor de la Tierra, donde no hay atmósfera y, por tanto, no hay rozamiento, conserva su energía mecánica y se mantiene girando sin necesidad de encender los motores.

smSaviadigital.com PRACTICA

Juega y aprende con el péndulo de Newton.

- Si **no hay fuerzas de rozamiento**, la energía mecánica (potencial + cinética) de un cuerpo se **conserva**.
- Si **hay fuerzas de rozamiento**, una parte de la energía se **disipa** en forma de calor.

Laboratorio en casa: Energía de un rebote

Para investigar cuánta energía mecánica se pierde en el rebote de una pelota contra el suelo, prepara el siguiente montaje:

1. Haz marcas con una tiza en la pared de 10 en 10 cm hasta 1 m de altura.
2. Elige tres tipos de pelotas distintas y mide sus masas con una balanza.
3. Deja caer cada una de ellas y marca hasta dónde rebotan (o grábalo con tu móvil). Asegúrate de que siempre utilizas la base de la pelota para hacer las mediciones.

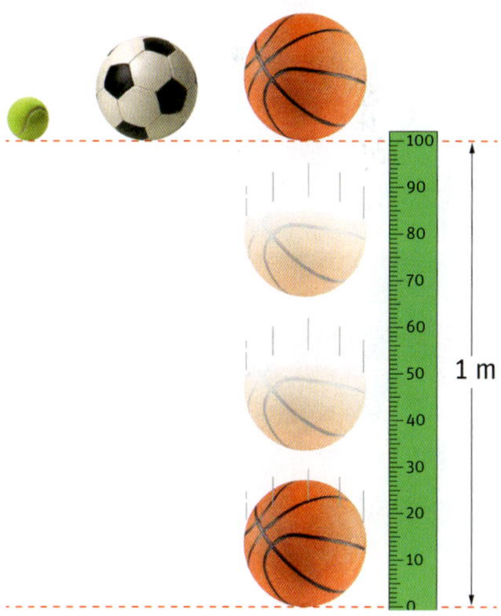

Rellena una tabla como esta en tu cuaderno y saca conclusiones:

	Altura inicial (cm)	Altura final (cm)	% de pérdida energía
Pelota 1	100	60	40
Pelota 2	●●●	●●●	●●●
Pelota 3	●●●	●●●	●●●

¿Qué ha ocurrido con la energía disipada? ¿En qué se ha transformado?

ACTIVIDADES

3. Los cochecitos antiguos de juguete no tenían pilas, sino un resorte elástico al que había que dar "cuerda".

Si la velocidad de salida de un coche de "cuerda" de 100 g de masa es de 2 m/s, ¿qué energía cinética tiene? Cuando se para, ¿qué le ha pasado a la energía?

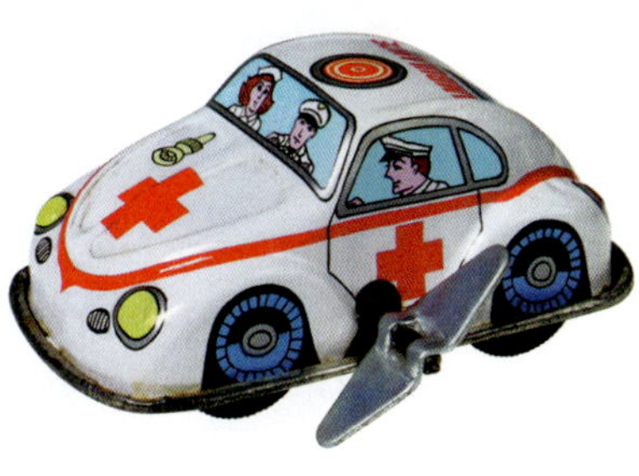

4 Las fuentes de energía. ¿Cuáles usamos?

smSaviadigital.com PRACTICA
Elige la fuente de energía.

Ya hemos visto los distintos tipos y formas de energía y cómo esta se transforma, pero ¿de dónde se obtiene la energía? La extraemos de las fuentes de energía, como el Sol, el petróleo, el viento, etc.

En el lenguaje cotidiano se mezclan las formas de la energía con sus fuentes. Un buen ejemplo para aclararlo es la "energía solar". Si queremos ser precisos, deberíamos explicar que esa **energía solar** es **luminosa** y que el **Sol** es la **fuente de energía** que la proporciona.

FUENTES

RENOVABLES

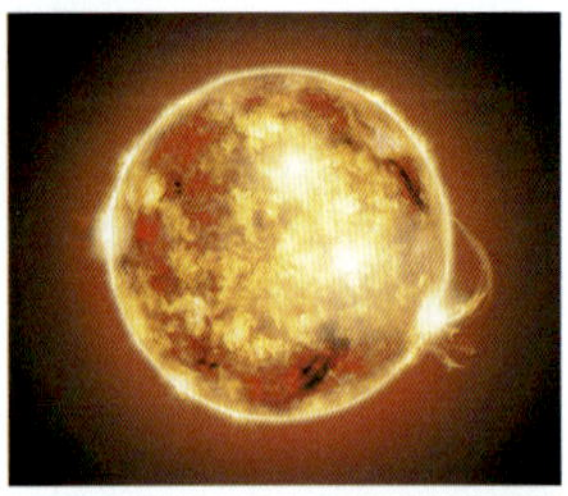

El Sol nos proporciona energía luminosa que permite la fotosíntesis, origen de la biomasa. También, la luz, al ser absorbida por la superficie terrestre se transforma en energía térmica.

El viento: Su energía cinética ha sido utilizada en barcos veleros y en molinos para moler el grano. Actualmente se emplea para generar electricidad.

El agua: Al almacenarse en los pantanos, se acumula en forma de energía potencial. Esta se transforma en energía cinética que hace girar las turbinas y el alternador, lo que genera energía eléctrica.

La biomasa. Los restos de vegetales contienen energía, que se aprovecha para fabricar alcoholes, generar calor para calefacción y también para producir electricidad.

NO RENOVABLES

El carbón: Fue el combustible fundamental para las máquinas de vapor. Hoy día se sigue usando, especialmente para generar electricidad. Es muy contaminante.

El petróleo: Fundamental para fabricar plásticos, fibras sintéticas, como el nailon, etc. Su uso más conocido es para el transporte (gasolinas, etc.).

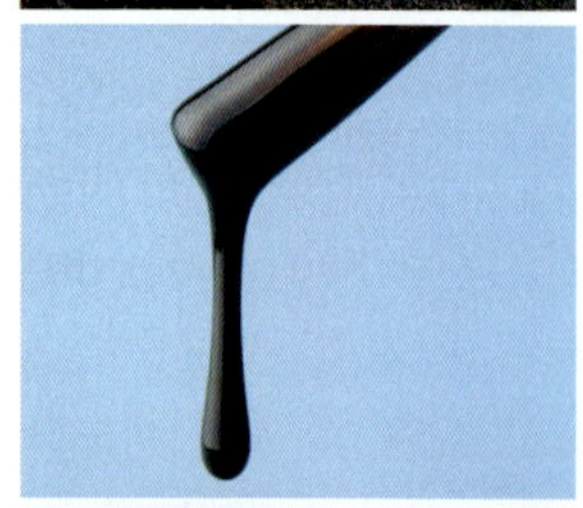

El gas: Junto con el carbón y el petróleo constituyen los combustibles fósiles. Es el menos contaminante de los tres y se utiliza para la calefacción y en centrales eléctricas.

El uranio: Es un mineral del que se extrae mucha energía mediante la ruptura de los núcleos de sus átomos (fisión nuclear). Genera residuos radiactivos que pueden durar incluso millones de años.

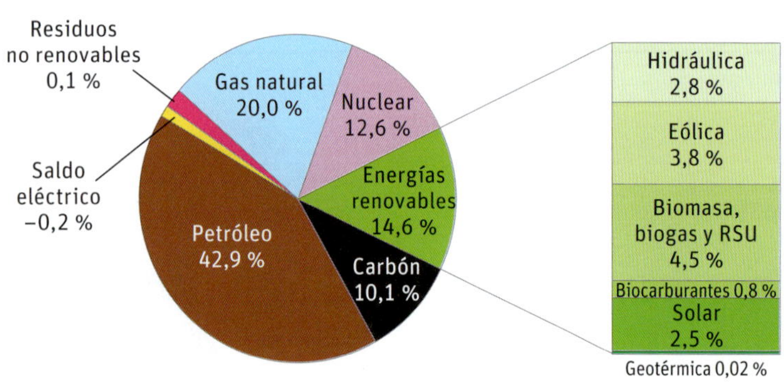

¿Cuáles usamos?

A pesar de tener un gran potencial de energías renovables, en España el mayor uso (el 73 % del total) corresponde a los combustibles fósiles, que tenemos que importar casi en su totalidad.

Además de estas fuentes de energía, se investiga en el aprovechamiento de la energía geotérmica, en la de las olas (undimotriz), corrientes marinas, etc.

El Sol, "la madre" de casi todas las fuentes de energía

Salvo el uranio y la geotérmica, todas las fuentes de energía son solares, directa o indirectamente. Veamos el porqué:

smSaviadigital.com OBSERVA
Energía solar: la isla autosuficiente.

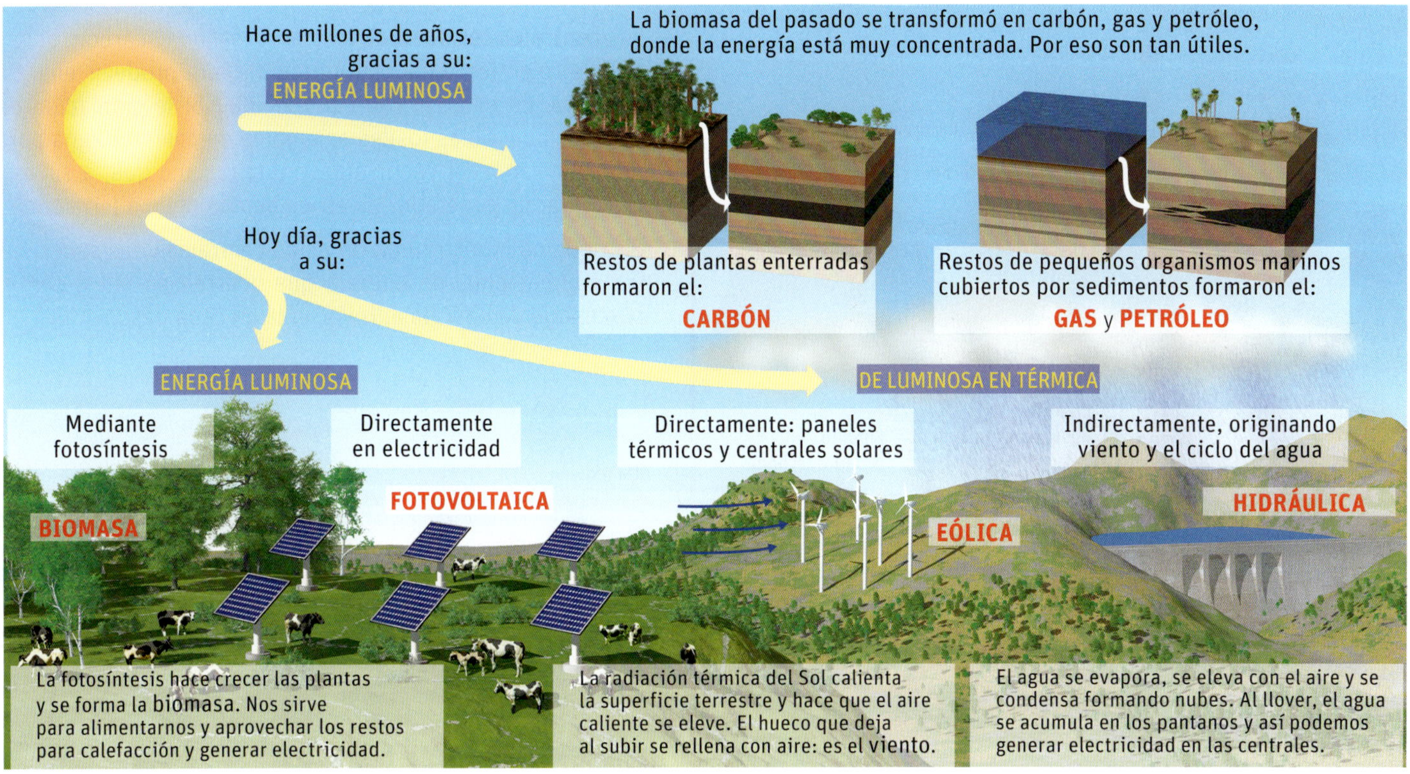

Laboratorio en casa: Cómo se origina el viento

1. Coge un pompero y haz burbujas. Observa si suben o bajan.
2. Después repite la operación sobre una fuente de calor, radiador, hornillo, tostadora, etc.

   ¿Por qué suben las pompas sobre el hornillo?
3. El experimento nos sirve para explicar el origen del viento en la naturaleza.

   Relaciona los siguientes términos con el dibujo:

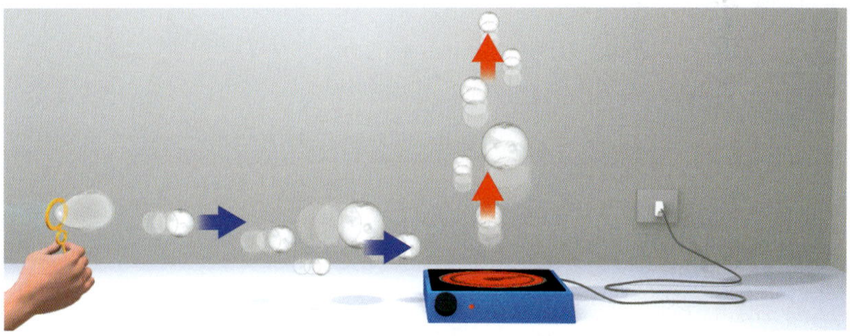

- Superficie caliente de la Tierra
- Viento
- Aire que asciende
- Sol

smSaviadigital.com OBSERVA

ACTIVIDADES

5. Busca en internet si ya es rentable instalar paneles fotovoltaicos en una casa y lograr el autoconsumo.

   ¿Permite el Gobierno vender la energía sobrante que se genera o no?
6. ¿Qué fuente de energía es la más usada en España? ¿Por qué?

   De las energías renovables, ¿cuál es la que más se utiliza en tu comunidad?

5 Producción de energía eléctrica

Cuando pones a cargar el móvil o enchufas un electrodoméstico, estás consumiendo energía eléctrica, pero ¿dónde se produce dicha energía y cómo llega a tu domicilio?

Centrales eléctricas que utilizan fuentes no renovables de energía

Las **centrales termoeléctricas** aprovechan el carbón, el gas y el petróleo (en menor proporción), para producir energía eléctrica. En ellas, el calor producido por la cremación de estos combustibles fósiles se emplea en calentar agua para producir vapor. El vapor mueve una turbina que, a su vez, hace girar un generador eléctrico denominado alternador.

El esquema muestra una de estas centrales y las sucesivas transformaciones de energía que ocurren en ellas, con el porcentaje de energía aprovechada en cada paso.

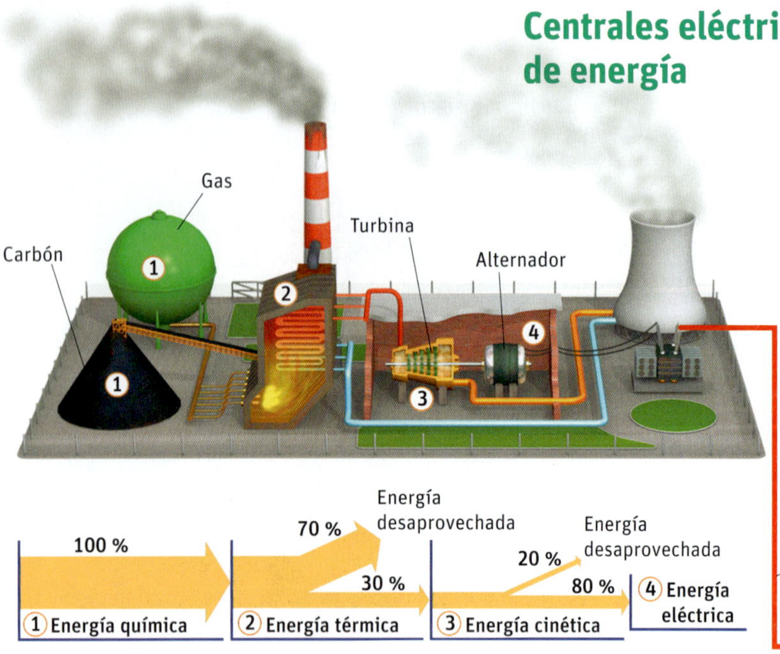

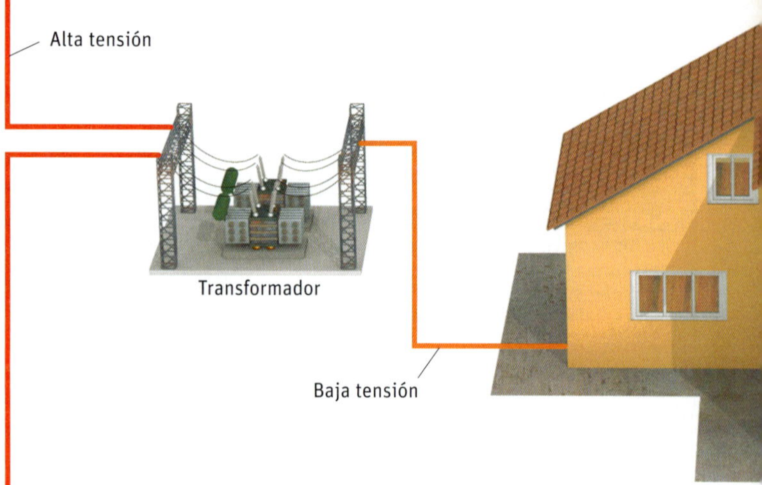

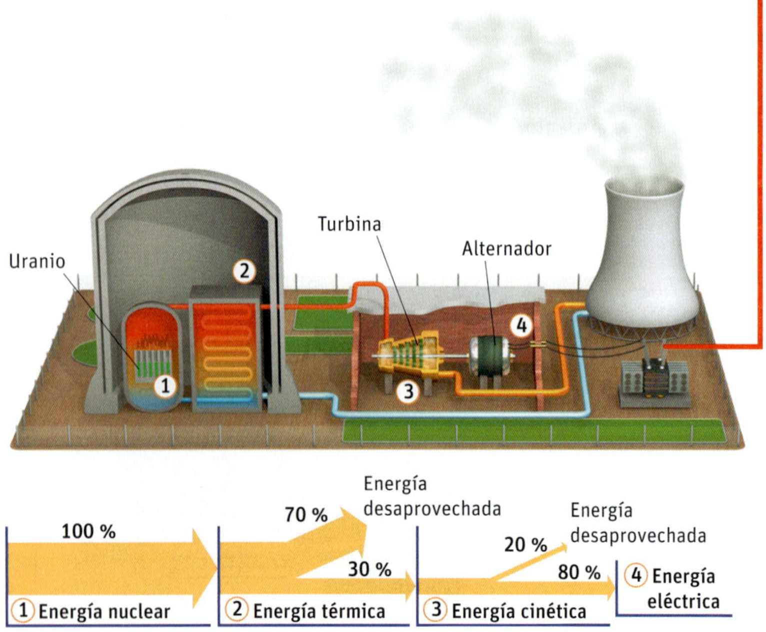

Las **centrales nucleares** son centrales termoeléctricas en las que la energía necesaria para transformar agua en el vapor que mueve la turbina se extrae de reacciones nucleares controladas.

La peligrosidad de los materiales radiactivos empleados y los residuos generados hacen que se extremen las precauciones para que no se produzcan fugas al medioambiente. Por el contrario, no emiten gases nocivos a la atmósfera ni contribuyen al efecto invernadero.

Te interesa saber

Una versión mejorada de las centrales térmicas son las centrales termoeléctricas de ciclo combinado, que emplean principalmente gas natural y añaden una turbina más, movida por los gases producidos en la combustión. Su rendimiento es mayor.

¿Cuánta energía proporciona el combustible?

La combustión de 1 kg de madera aporta unos 14 000 kJ de energía térmica; la combustión de 1 kg de carbón, unos 30 000 kJ; la de 1 kg de petróleo, unos 40 000 kJ, y la de 1 kg de gas, unos 48 000 kJ.

En las centrales nucleares, 1 g de combustible nuclear aporta la misma energía que 1,7 t de petróleo.

Centrales eléctricas que utilizan fuentes renovables de energía

Las **centrales hidroeléctricas** aprovechan la energía potencial del agua en desniveles naturales (rápidos de ríos) o artificiales (embalses) para producir energía eléctrica.

En muchas ocasiones, el caudal de los ríos es estacional, es decir, depende de la cantidad de lluvia que cae en las distintas épocas del año. Esto condiciona la cantidad de energía generada en estas centrales. Además, la construcción de grandes embalses inunda tierras fértiles y desplaza poblaciones de personas y animales.

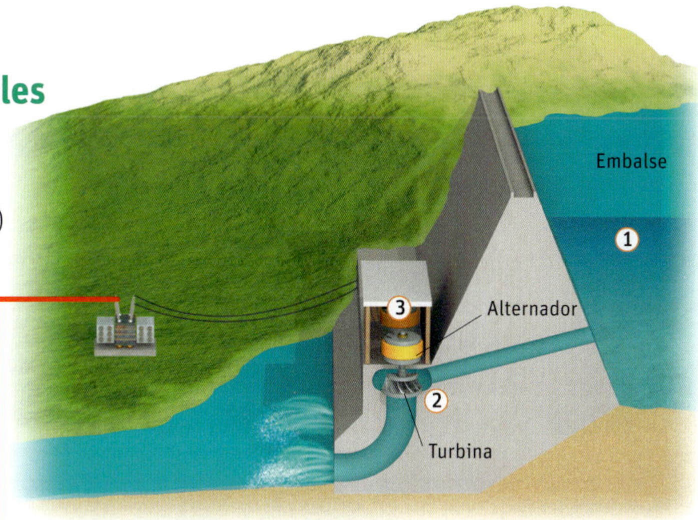

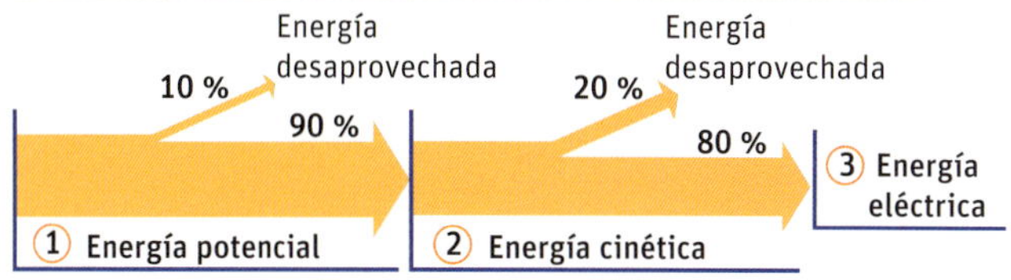

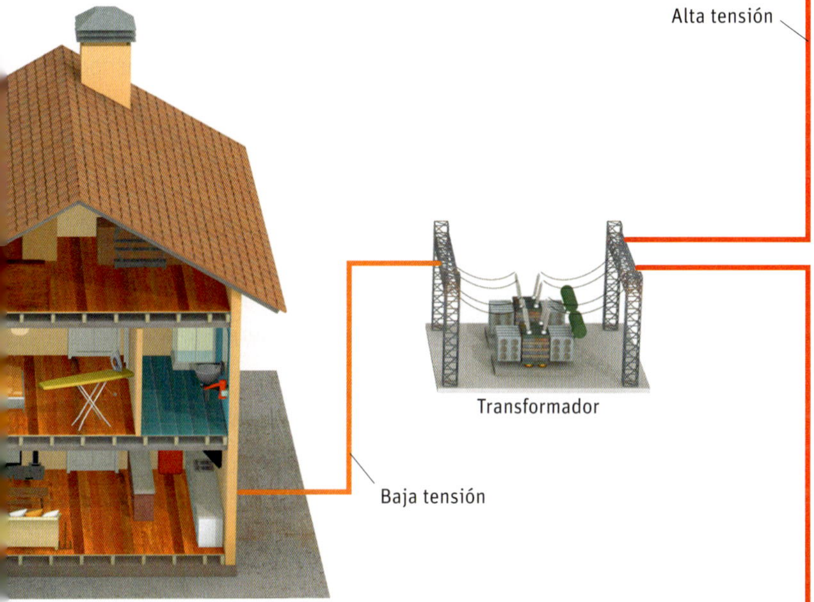

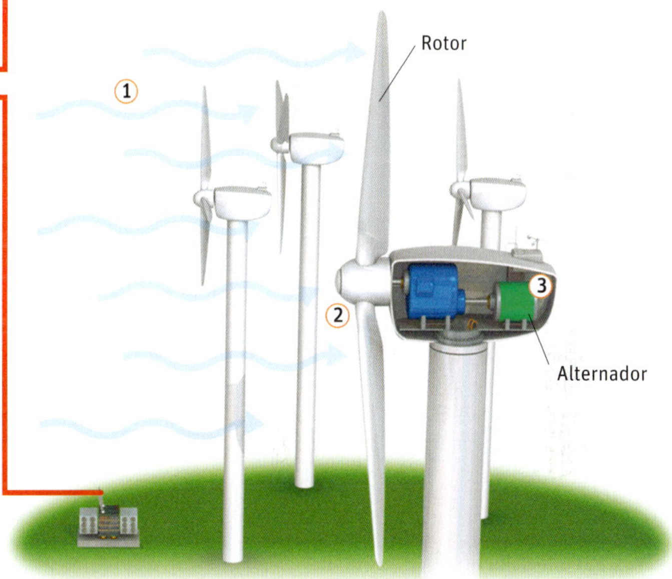

Los **aerogeneradores** transforman la energía cinética del viento en energía eléctrica. Estas máquinas han experimentado un gran desarrollo últimamente, aumentando su tamaño y potencia. Son habituales las máquinas de 5 MW de potencia y se llegan a alcanzar los 7 MW en algún caso.

Los **paneles fotovoltaicos** transforman directamente la energía luminosa del sol en energía eléctrica. Es una energía totalmente limpia, aunque discontinua, ya que depende de la luz solar.

Se espera que tengan un gran desarrollo en el futuro, aumentando su rendimiento.

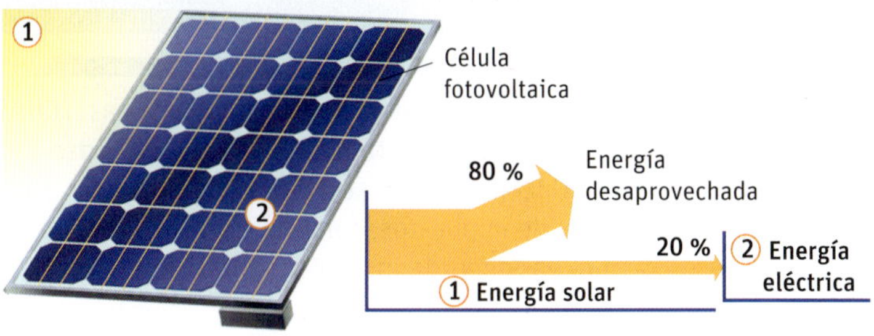

ACTIVIDADES

6. Debate Calcula cuántos julios de energía eléctrica se pueden obtener quemando 300 kg de gas natural en una central termoeléctrica. Debate con tus compañeros las ventajas e inconvenientes de cada tipo de central eléctrica.

6 Cara y cruz del uso de la energía

Piensa y reflexiona

El gran ciclista Miguel Induráin, al batir el récord de la hora, llegó a desarrollar una potencia media de 500 W, pero una persona en una actividad normal solo logra entre 50 y 100 W.

Si te pones a pedalear en una bici acoplada a un generador eléctrico, solo podrías encender una bombilla o el ordenador, así que imagínate la cantidad de personas pedaleando que necesitarías para utilizar todos los electrodomésticos de tu casa.

El coste de mantener un aparato de 100 W durante 10 h (1 kW h, que equivale al trabajo de una persona en un día) es de unos 0,16 €, que serían por tanto su salario. ¿Te imaginas ese tipo de vida?

¿Sabías que...?

Un horno de 1000 W encendido durante 2 horas consume 2 kilovatios-hora.

(1 kW) (2 h) = 2 kWh

La cara de la energía

Parece claro que, gracias a las fuentes de energía y su aprovechamiento mediante los inventos tecnológicos, vivimos "como reyes". Gracias a la energía, en nuestro hogar disponemos de los siguientes servicios:

Calefacción y agua caliente	Electricidad
Proporcionados fundamentalmente por el gas al quemarse en las calderas.	Consumida por los electrodomésticos (nevera, lavadora, plancha, lavavajillas, horno, ordenador, televisor, móvil, etc.).

Pero el consumo en el hogar solo supone un 20 % del total de la energía utilizada. ¿Dónde se consume la mayor parte de la energía? Además de en el hogar, la energía se usa en:

Transporte	Servicios	Agricultura	Industria
La gran mayoría de los medios de transporte (coches, autobuses, aviones, etc.) consumen productos derivados del petróleo (gasolina, gasóleo, queroseno).	Para construir edificios, puertos, carreteras, etc., se consume mucha energía, y también para mantener el funcionamiento de los hospitales, colegios, polideportivos, etc.	Toda la alimentación depende del Sol y de la fotosíntesis, pero también hace falta mucha energía para cultivar el campo (tractores, riego, etc.) y para cuidar a los animales.	Para preparar y trasladar los alimentos, y en las fábricas para elaborar todo tipo de objetos, se necesitan grandes cantidades de energía.

El uso de la energía nos permite el transporte, la calefacción y el empleo de la electricidad. Todo lo que consumimos conlleva un gasto energético.

Calcula cuánto cuesta ver una peli

5. Un ordenador o la televisión tienen una potencia media de 125 W. Si vemos una película que dura 2 horas y el coste del kWh es de 0,16 €:

a) ¿Cuánto nos cuesta ver la película?

b) El coste medio del recibo de la luz (consumo eléctrico) es de unos 50 euros al mes. ¿Por qué es tan abultada la factura si el coste de cada consumo es "tan barato"?

SOLUCIÓN

a) Primero pasamos los vatios a kilovatios: 125 W = 0,125 kW
El consumo será: potencia × tiempo = (0,125 kW) (2 h) = 0,250 KW h
Como el coste es de 0,16 €/kW h, en total será:
(0,16 €/kW h) (0,250 kW h) = 0,04 euros

b) Aunque el coste de cada consumo sea casi ridículo, estamos usando continuamente la electricidad. Además, el 50 % del recibo se debe a un coste fijo más varios tipos de impuestos, como el IVA, etc., por lo que la factura va "engordando" poco a poco.

La pobreza energética

Observa

Si analizamos estos dos mapas "deformados" de población (izquierda) y de producción de electricidad (derecha), comprobaremos que hay países proporcionalmente más "gordos" en consumo eléctrico. ¿Cuáles son? ¿Qué le ocurre a África? ¿Por qué?

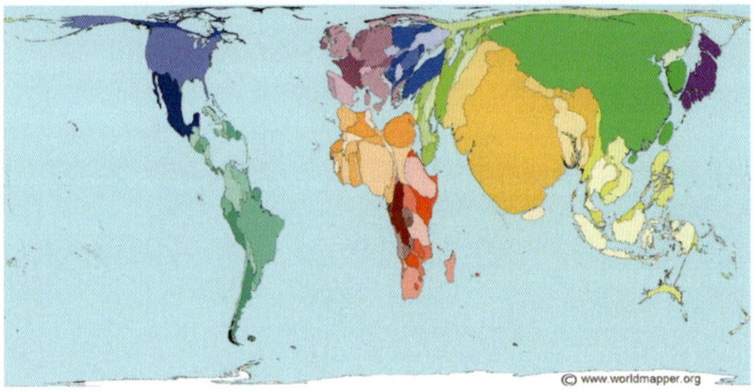

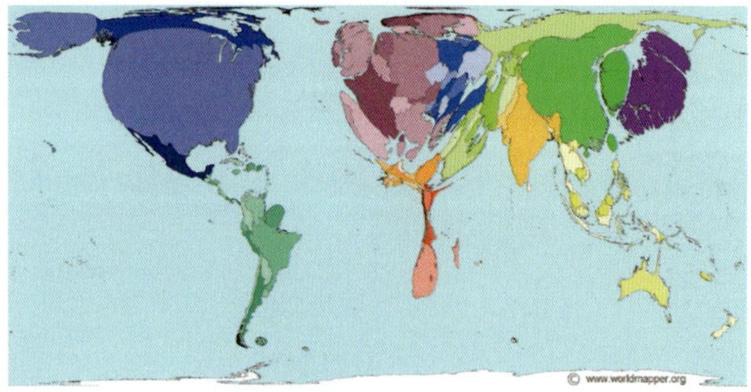

La desigualdad es evidente. El uso de la energía no es accesible para todo el mundo, e incluso en países como España, con un elevado consumo energético, ha aparecido el término **pobreza energética**, referido a hogares donde no pueden usar la calefacción o la electricidad. Si no se tiene acceso a la energía, la vida es mucho más dura.

Para garantizar una buena calidad de vida y un desarrollo sostenible, se necesitan aproximadamente 1,8 tep/cápita al año. España consume más del doble, casi 4 tep/cápita, por lo que hay que reducir los hábitos de consumo e incrementar el uso de las energías renovables.

Te interesa saber

1 tep (tonelada equivalente de petróleo) es una unidad de energía que equivale a la energía que contiene una tonelada de petróleo (1160 litros).

Impactos ambientales del uso de la energía

El uso de las fuentes de energía provoca impactos ambientales:

Combustibles fósiles	Su combustión contamina el aire fundamentalmente con óxidos de azufre y de nitrógeno. También emite dióxido de carbono (CO_2), que incide en el cambio climático.
Nuclear	Residuos radiactivos y muy nocivos que pueden durar incluso millones de años.
Hidráulica	Pérdida de terrenos valiosos por inundación de los valles. Alteración de la dinámica de los ríos.
Eólica	Impacto en el paisaje y muerte de aves.

Para reducir los impactos, la medida fundamental es **reducir y racionalizar el consumo**. También debemos incrementar el uso de las energías renovables, mejorar las leyes e investigar en avances tecnológicos.

PON EN VALOR

En el siguiente enlace podrás encontrar medidas para ahorrar energía en casa. Escribe cuáles de ellas pones en práctica.
www.e-sm.net/svfq2eso09_02

ACTIVIDADES

7. Las altas temperaturas de los motores y de las calderas de los coches y las centrales termoeléctricas generan óxidos de nitrógeno (NO y NO_2) que causan problemas respiratorios. Entre 2005 y 2011, la población de los Grandes Lagos de EE. UU. ha crecido y, sin embargo, la contaminación se ha reducido (fig. 9.1). ¿Qué crees que ha ocurrido?

a) La gente se ha concienciado, por lo que ha decidido consumir menos electricidad y usar menos el coche.

b) Se han aplicado nuevas leyes y mejoras tecnológicas en medios de transporte y en industrias.

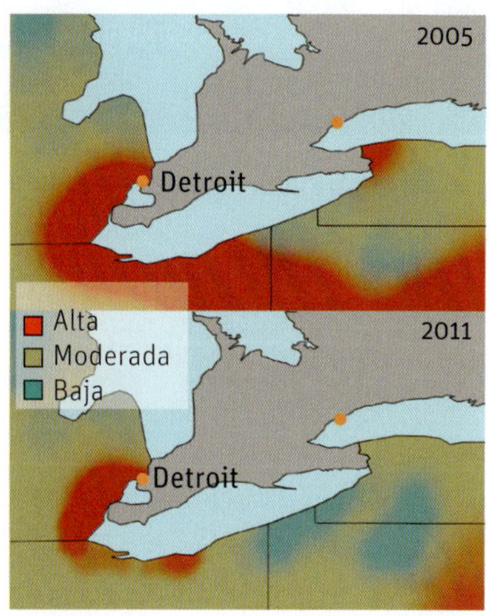

Figura 9.1. El color rojo representa la mayor concentración de contaminantes de óxidos de nitrógeno.

7 Energía y desastres naturales

¿Sabías que en el núcleo terrestre la temperatura es la misma que en la superficie del Sol, unos 6000 °C? Tanto la energía que proviene del Sol (externa) como la energía del interior del planeta son responsables de la mayoría de los desastres naturales. Terremotos, tsunamis y volcanes, así como huracanes e inundaciones, convierten algunas zonas de nuestro planeta en lugares peligrosos para vivir.

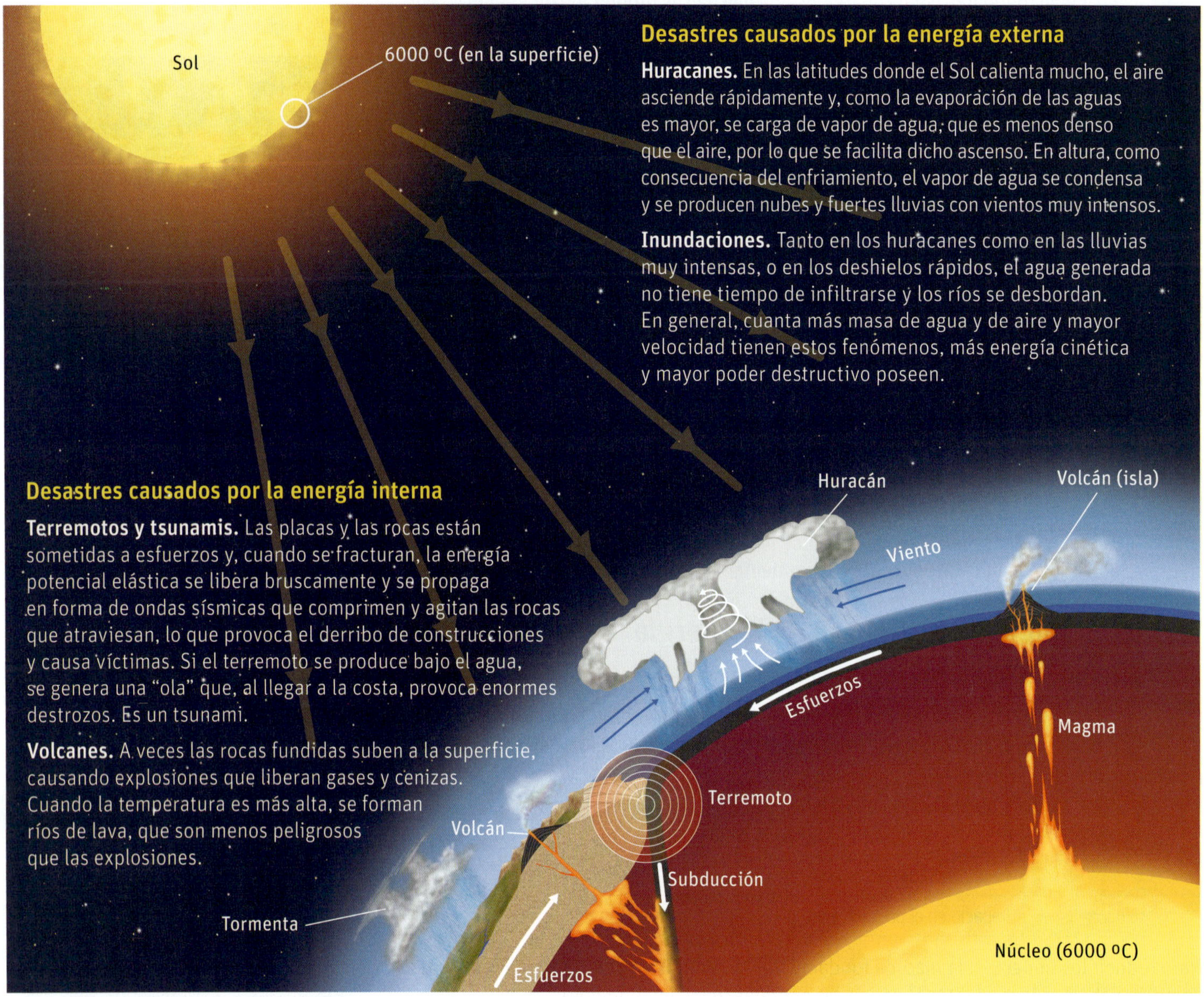

Desastres causados por la energía externa

Huracanes. En las latitudes donde el Sol calienta mucho, el aire asciende rápidamente y, como la evaporación de las aguas es mayor, se carga de vapor de agua, que es menos denso que el aire, por lo que se facilita dicho ascenso. En altura, como consecuencia del enfriamiento, el vapor de agua se condensa y se producen nubes y fuertes lluvias con vientos muy intensos.

Inundaciones. Tanto en los huracanes como en las lluvias muy intensas, o en los deshielos rápidos, el agua generada no tiene tiempo de infiltrarse y los ríos se desbordan. En general, cuanta más masa de agua y de aire y mayor velocidad tienen estos fenómenos, más energía cinética y mayor poder destructivo poseen.

Desastres causados por la energía interna

Terremotos y tsunamis. Las placas y las rocas están sometidas a esfuerzos y, cuando se fracturan, la energía potencial elástica se libera bruscamente y se propaga en forma de ondas sísmicas que comprimen y agitan las rocas que atraviesan, lo que provoca el derribo de construcciones y causa víctimas. Si el terremoto se produce bajo el agua, se genera una "ola" que, al llegar a la costa, provoca enormes destrozos. Es un tsunami.

Volcanes. A veces las rocas fundidas suben a la superficie, causando explosiones que liberan gases y cenizas. Cuando la temperatura es más alta, se forman ríos de lava, que son menos peligrosos que las explosiones.

Existen riesgos naturales externos, como los climáticos, originados por la energía solar, y riesgos naturales internos o terrestres, debidos a la energía interna de la Tierra.

ACTIVIDADES

8. Contesta las siguientes preguntas:

a) ¿Por qué las gotas frías y los huracanes se forman tras el verano y no en invierno?

b) ¿Qué variables hacen más destructivas las riadas?

c) ¿Qué tipo de energía contiene el agua en esos casos?

Procedimientos de la ciencia

Cómo realizar e interpretar mapas de riesgo sísmico

Los terremotos y volcanes hoy por hoy no pueden predecirse, pero ¿se pueden evitar o prevenir sus efectos? Sí, si se dispone de un mapa de riesgo. Diseña tu mapa.

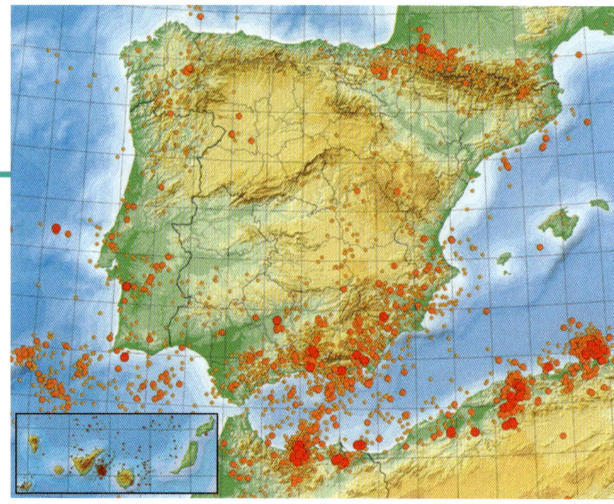

1 ANALIZA LA PELIGROSIDAD

Observa en el mapa los registros históricos de los terremotos y su intensidad (los círculos rojos más grandes implican mayor intensidad). Si esta es mayor, el seísmo posee más capacidad destructiva.

¿En qué zonas existe una mayor peligrosidad?

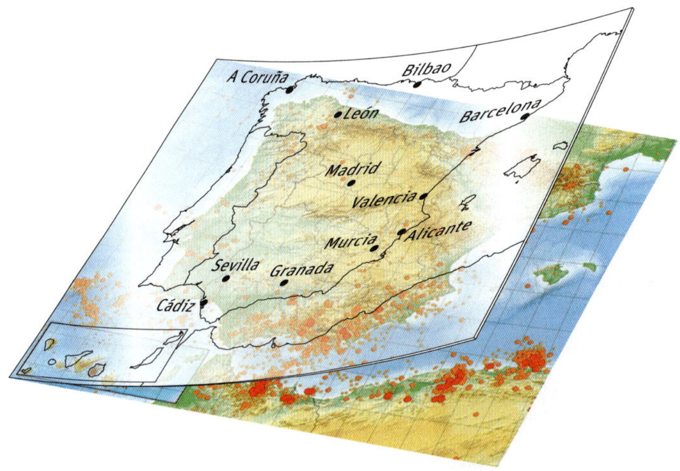

2 ¿QUÉ ES LA VULNERABILIDAD?

Con la distancia, la energía del seísmo queda repartida en un espacio mayor, y los daños materiales y las pérdidas de vidas disminuyen. Por tanto, si los núcleos urbanos están lejos del foco del terremoto, la vulnerabilidad global se reduce. También influye la calidad de las construcciones que pueden verse afectadas.

3 TU MAPA DE RIESGO SÍSMICO

Teniendo en cuenta los dos criterios de peligrosidad y vulnerabilidad, se hacen los mapas de riesgo, que nos permiten prevenir las pérdidas potenciales (vidas, edificios, etc.).

En un acetato con la silueta de España, marca las ciudades más importantes y superponlo al de focos sísmicos. Señala también la población donde habitas.

El riesgo *R* lo podríamos representar como:

Riesgo = Peligrosidad × Vulnerabilidad

Copia este mapa en tu cuaderno y **coloréalo** con los criterios marcados en la leyenda.

Un terremoto en el fondo marino, aun lejos de la costa, al generar un tsunami, puede tener unos efectos destructivos muy grandes.

Añade una línea roja en la zona de costa que tenga un mayor riesgo de verse afectada por un tsunami.

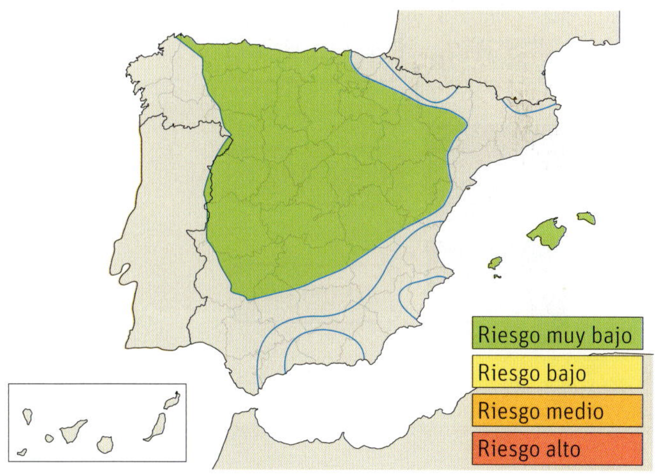

ACTIVIDADES

9. Señala dos afirmaciones correctas:

a) Granada tiene riesgo alto de terremotos.

b) Bilbao tiene riesgo alto de terremotos.

c) Vigo tiene riesgo alto de tsunami.

d) Cádiz tiene riesgo alto de tsunami.

10. Un terremoto de magnitud 7,3 en la escala de Richter provocó en 2010, en Haití, 316 000 muertos. En Japón, en 2011, un terremoto mucho mayor, de magnitud 9, acompañado además de un tsunami, causó, 33 600 defunciones.

¿A qué crees que puede deberse esta gran diferencia en el número de víctimas?

Lo esencial en imágenes

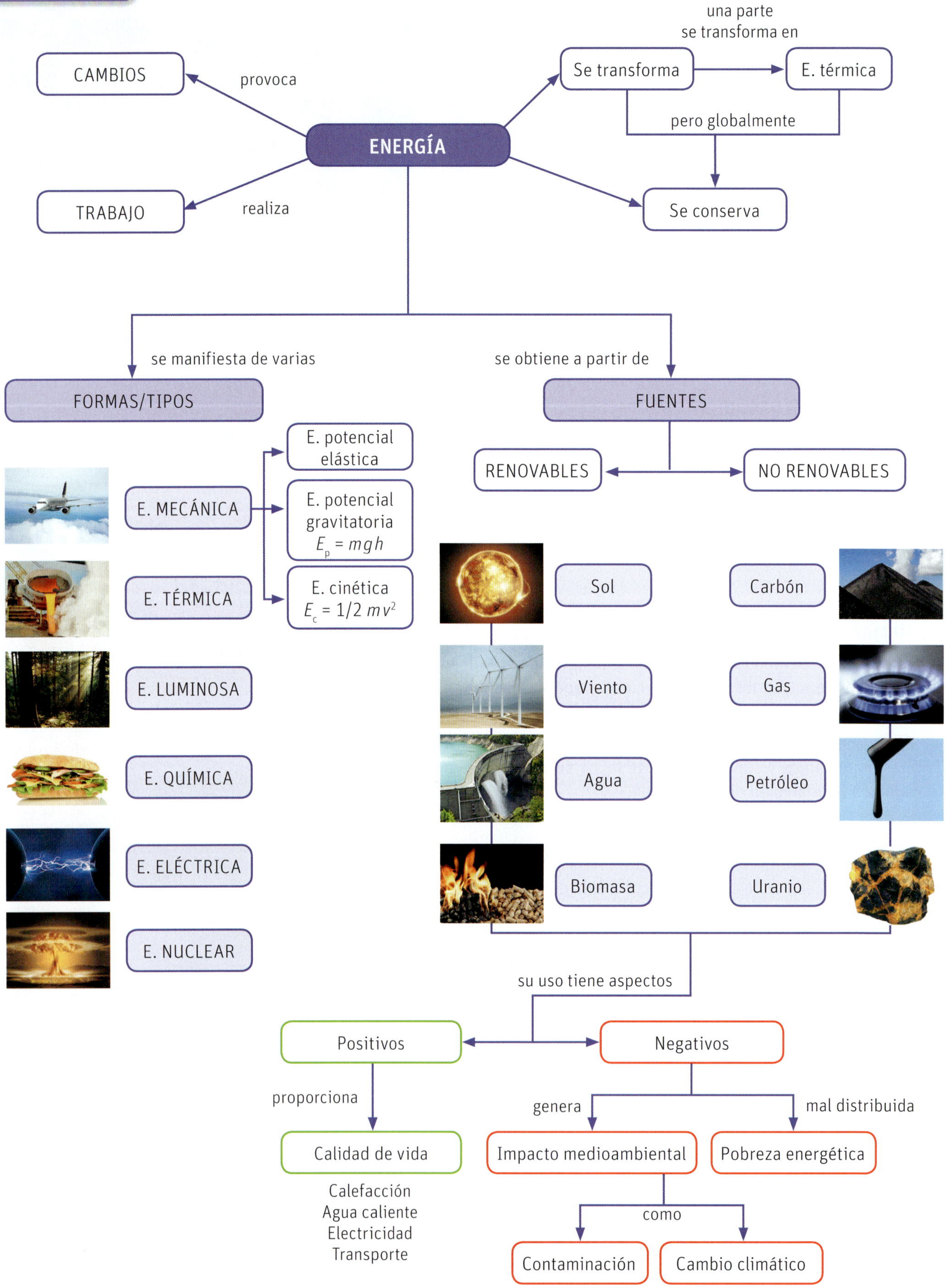

smSaviadigital.com VALORA LO APRENDIDO > Resumen

Lo esencial en problemas

1. En los siguientes sistemas materiales señala qué tipo de energía poseen y en qué energía se pueden transformar: batería de móvil, resorte comprimido, relámpago, uranio, vela.

SOLUCIÓN

Batería: E. química → E. eléctrica + E. mecánica (sonido).

Resorte comprimido: E. potencial elástica → E. cinética.

Relámpago: E. eléctrica → E. luminosa + E. térmica + E. mecánica (sonido).

Uranio: E. nuclear → E. térmica → E. eléctrica.

Vela: E. química → E. luminosa + E. térmica.

2. El Cáliz es una roca muy famosa de La Pedriza (Sierra de Guadarrama).

a) Si su masa es de unas 80 toneladas, ¿qué energía potencial posee?

b) Investiga cómo llegó a formarse. ¿Quién "la subió" hasta esa altura?

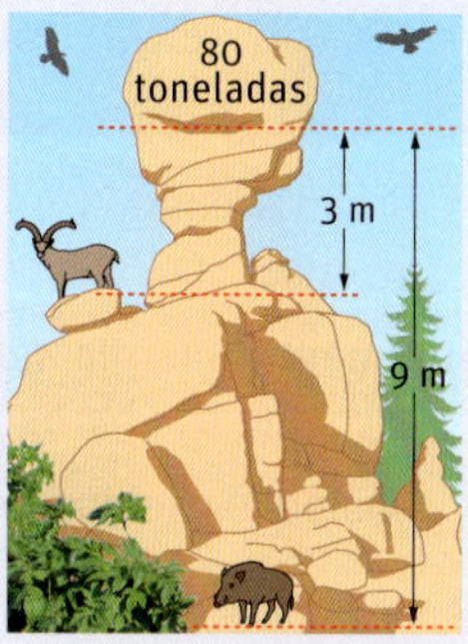

SOLUCIÓN

La energía potencial depende del sistema de referencia. Respecto a la cabra y al jabalí, la roca tiene, respectivamente:

E_p = (80 000 kg) (9,8 m/s^2) (3 m) ≈ 2 400 000 J

E_p = (80 000 kg) (9,8 m/s^2) (9 m) ≈ 7 200 000 J

3. Para cargar el resorte de una escopeta de feria (de aire comprimido), se han necesitado 4 J. Si el balín de 0 ,5 g sale con una velocidad de 100 m/s:

a) ¿Cuánta energía cinética posee el balín?

b) ¿Por qué no coincide con los 4 J utilizados?

SOLUCIÓN

a) $E_c = 1/2\, m v^2 = 1/2 \cdot (0{,}5 \cdot 10^{-3}\ \text{kg})\,(100^2\ \text{m/s})^2 = 2{,}5$ J

b) $E_{disipada}$ = (4 − 2,5) J = 1,5 J. Una parte de los 4 J de la energía potencial del resorte se ha disipado por rozamiento, transformándose en energía térmica, que calienta el balín, el cañón y el aire; y en sonido.

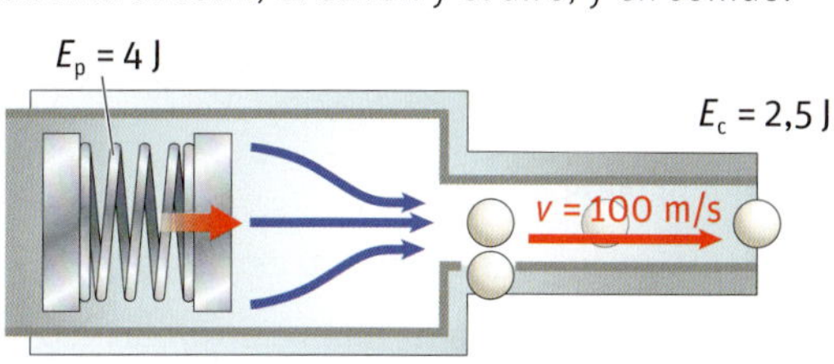

4. En las centrales térmicas se transforma la energía del carbón o el gas en electricidad. ¿Cuál es más rentable?

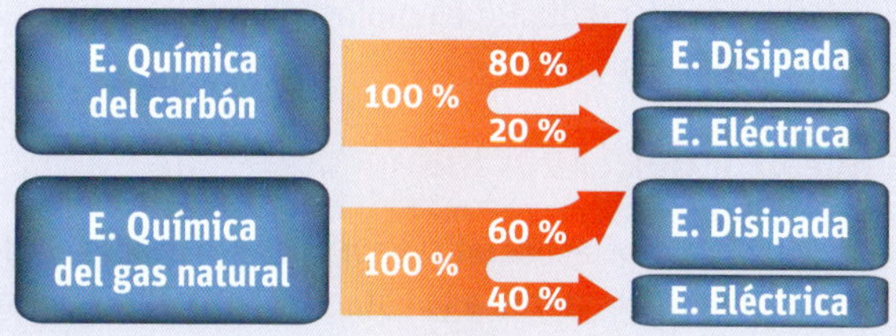

SOLUCIÓN

A pesar de que, en ambas, más de la mitad de la energía se disipa, la central de gas genera el doble de electricidad que la de carbón.

5. La gráfica representa la evolución en el consumo mundial de energía.

a) Busca en ella el año en que naciste, y señala qué fuentes de energía eran las más utilizadas en dicho año.

b) ¿Qué fuentes de energía han aumentado más su porcentaje de consumo?

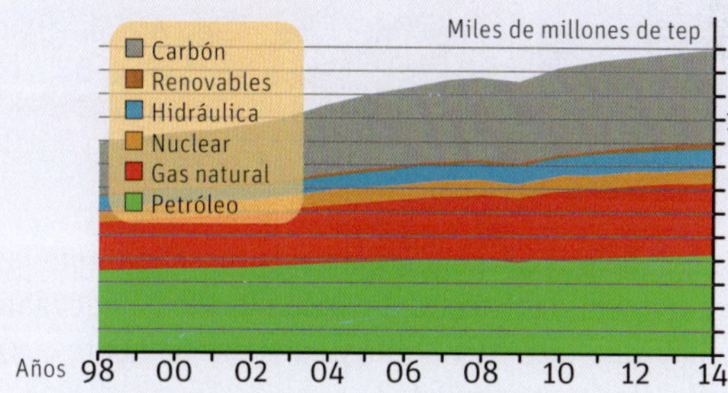

SOLUCIÓN

a) Las fuentes de energía más utilizadas eran los combustibles fósiles: el petróleo, el carbón y el gas.

b) Proporcionalmente, las que más han aumentado son el carbón (a pesar de ser muy contaminante), el gas y las renovables.

6. Calcula cuánto te cuesta al año cargar el móvil.

SOLUCIÓN

Los móviles tienen muy poca potencia, unos 5 W. Si para cargarlos necesitamos 2 horas, el consumo diario será:

(5 W) (2 h) = 10 W h = 0,01 kW h

En un año consumiremos:

365 · (0,01 kW h) = 3,65 kW h

Si el precio del kWh es de unos 0,20 euros (incluidos impuestos), el total será:

(3,65 kW h) (0,20 €) = 0,73 €, ¡no llega ni a 1 €!

Qué es la energía. Transformaciones de energía

11. Define con tus palabras qué es la energía, y pon cinco ejemplos de los distintos tipos.

Explica en cada caso, mediante ejemplos, en qué otro tipo de energía se puede transformar.

Conservación y degradación

12. El nuevo transbordador espacial *Dream Chaser* está diseñado para llevar a siete astronautas a la Estación Espacial Internacional. Tiene una masa de 11 000 kg y, al regresar a la Tierra, tiene que pasar de 20 000 km/h a 5000 km/h para no desintegrarse en la atmósfera.

a) Calcula la energía cinética inicial y final.

b) ¿Cuánta energía ha perdido en el frenado?

13. John Wilkins, clérigo y naturalista inglés del siglo XVII, describió el siguiente móvil "perpetuo" magnético:

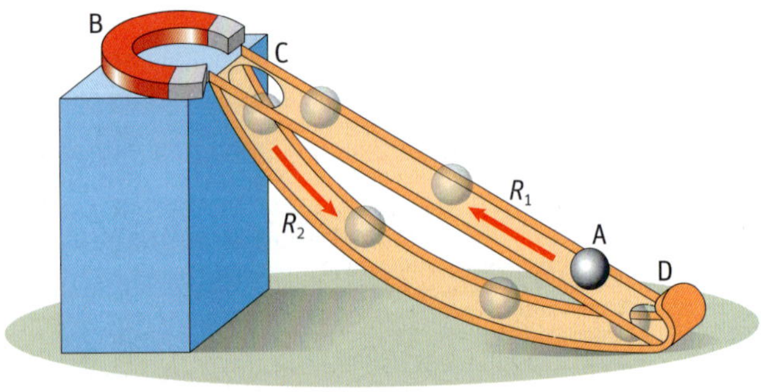

"La bolita A sube por la rampa R_1 atraída por el potente imán B. Al llegar al agujero C, cae por la rampa R_2 y llega nuevamente a D, por lo que vuelve a subir y caer eternamente". ¿Qué opinas sobre este razonamiento?

a) Es totalmente lógico porque la energía se conserva.

b) Es imposible porque, al caer por C, el imán frenará la caída de la bola, ya que la sigue atrayendo. No hay móviles perpetuos.

Energía mecánica

14. El piquero de patas azules vive en las Galápagos y se alimenta de peces. En una zambullida, un ejemplar de 1,5 kg alcanza una velocidad de 97 km/h.

¿Qué energía cinética posee en ese instante?

Para amortiguar el choque con el agua, los piqueros tienen alojado en su cabeza una especie de "airbag".

¿Qué otra adaptación observas en la foto que lo ayuda en el impacto?

15. Levantando un pantano. El embalse de Riaño contiene 664 hm^3 de agua (como 664 "piscinas" del tamaño de un campo de fútbol). ¿Te imaginas el trabajo para levantarlas desde el océano a los 1 000 m de altura a los que se encuentra el embalse?

a) ¿Cuánta energía potencial posee el embalse respecto al nivel del mar?

b) ¿Cuánta energía térmica se usó para evaporar y hacer ascender esa barbaridad de litros de agua?

c) ¿Quién hizo el inmenso trabajo de subirla?

16. (Adaptada de prueba TIMMS). La imagen muestra agua que cae de un tanque y hace dar vueltas a una turbina.

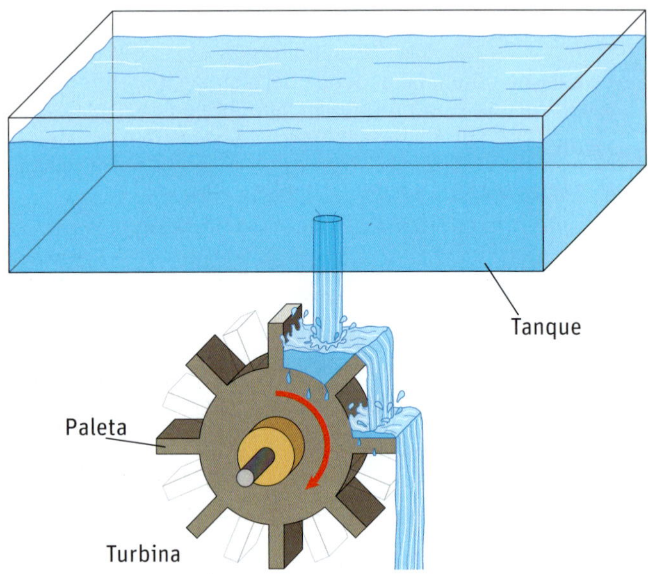

a) ¿Qué tipo de energía tiene el agua cuando está quieta en el depósito?

b) ¿Qué tipo de energía tiene el agua justo antes de golpear las palas de la turbina?

c) Escribe o dibuja un cambio en el sistema para que la turbina gire más rápido:

- Subir o bajar el depósito.
- Aumentar/disminuir el agujero de salida.
- Tipo de material de la turbina: hierro/plástico.
- Paletas planas/cazoletas.

17. Los *quads* son unos vehículos muy divertidos y, aunque parecen sólidos y seguros, son peligrosos. La razón estriba en que usan ruedas muy grandes y un chasis muy elevado para no chocar con el suelo, de modo que su centro de gravedad queda muy alto, y pueden volcar con facilidad.

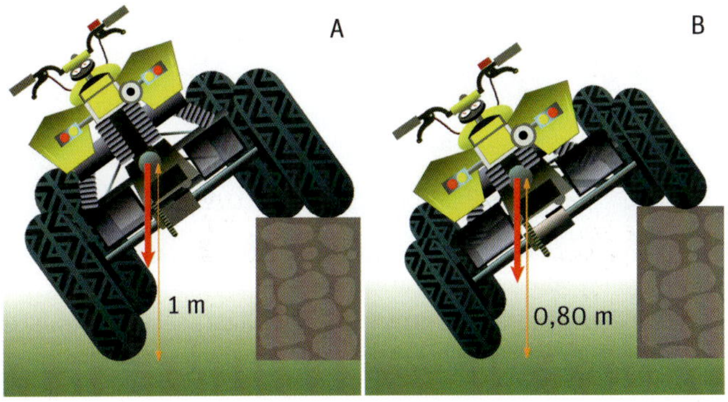

Estos dos *quads* tienen la misma masa, pero ¿cuál tiene más energía potencial, el A o el B? ¿Cuál es más seguro?

La energía y sus usos

18. smSaviadigital.com PRACTICA

Con este interactivo podrás demoler edificios que están en mal estado y que suponen un peligro para las personas.

a) ¿En qué situación tiene más energía la bola de demolición?

b) ¿En qué se transforma la energía potencial de la bola al caer?

c) Al chocar con el edificio, ¿en qué se emplea la energía?

19. La protección de las vacas es uno de los ejes del hinduismo, la religión dominante en la India.

a) ¿Por qué no se las comen si hay graves problemas de desnutrición?

b) Marvin Harris se preguntó el porqué y elaboró una hipótesis: en una economía agraria con baja industrialización, las vacas son más útiles vivas que muertas: proporcionan leche y bueyes, los cuales aportan fuerza motriz y estiércol (principal abono de la India e importante fuente de energía).

¿Y tú qué opinas? Busca información y debate con tus compañeros de clase.

20. La energía eólica es una fuente de energía muy importante. Explica de dónde procede y en qué se transforma en los molinos eólicos.

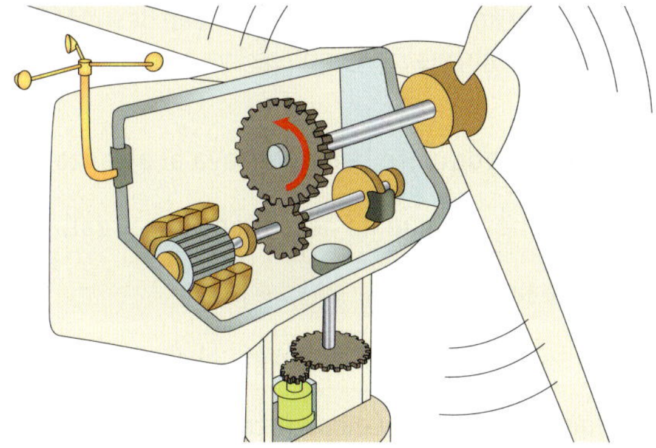

21. La gráfica relaciona el IDH (índice de desarrollo humano, calidad de vida) con el consumo energético por habitante y año. Señala qué afirmaciones son correctas:

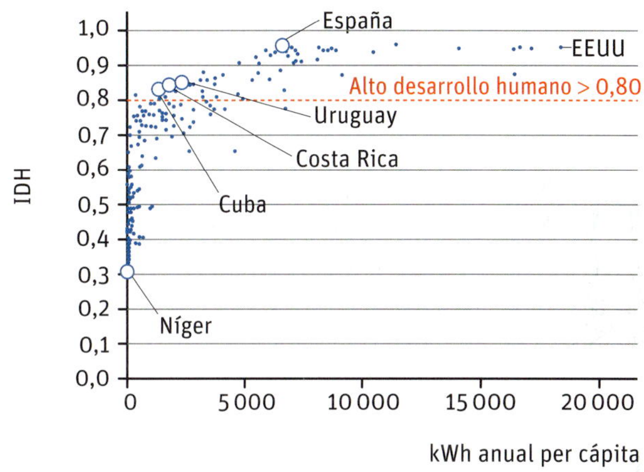

a) Para tener un alto desarrollo humano, hace falta consumir más de 5000 kW h por persona y año.

b) Un español consume aproximadamente lo mismo que seis cubanos.

c) Un habitante de Estados Unidos tiene un IDH mucho mayor que uno de España.

d) En los países más pobres, un pequeño incremento del gasto energético influye mucho en el IDH.

22. Una casa española media consume al año 10 000 kW h, que equivalen a unos 935 litros de petróleo.

a) ¿Cuántos litros de petróleo se "bebe" cada hogar en un día?

b) Las viviendas individuales duplican el gasto de energía (unos 15 500 kW h) de los pisos en bloques de viviendas (unos 7 500 kW h). ¿Por qué crees que hay tanta diferencia?

Ponte a prueba

El salto de la mantarraya

Una mantarraya de 8 m de envergadura y 1400 kg de masa ejecuta un asombroso salto de 6 m fuera del agua y cae después "de panza", con lo que provoca un enorme ruido que se oye a largas distancias.

1. ¿Qué energía adquiere la mantarraya al alcanzar los 6 m?
2. Calcula la energía que ha necesitado para realizar ese salto.

   ¿De dónde la obtiene?
3. ¿En qué se transforma esa energía al caer sobre el agua?
4. ¿Por qué crees que hace ese increíble salto? Escribe tu hipótesis y después busca en internet, a ver si has acertado (existen varias hipótesis).
5. ¿Tiene algo que ver la energía solar con el salto de la mantarraya? Argeméntalo rellenando los recuadros con los siguientes términos: E. química (biomasa), E. cinética, E. solar, E. potencial. Explica los procesos que han ocurrido en cada paso.

E. ••• → E. biomasa → E. ••• → E. •••

Máquinas para transformar energías

La energía se puede transformar de unas formas a otras. Para aprovechar esas transformaciones, los científicos e ingenieros han desarrollado ingeniosas máquinas e inventos. Uno de los más relevantes fue la máquina de vapor, que, al convertir la energía química del carbón en térmica, y esta, a su vez, en cinética del vapor que, por su parte, movía una rueda, liberó de la esclavitud del trabajo mecánico a millones de personas. Fue la Revolución Industrial.

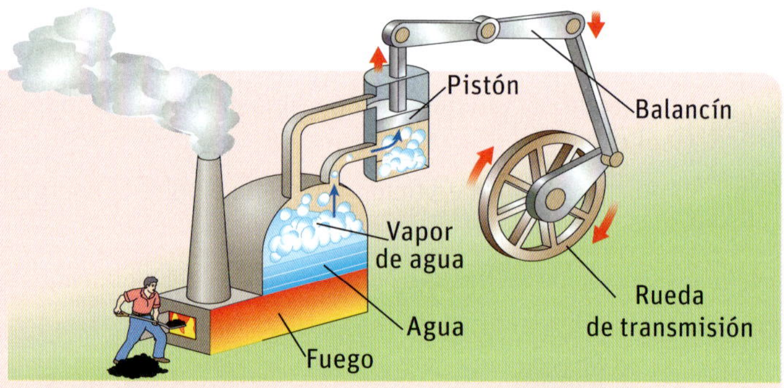

1. Rellena el esquema en tu cuaderno con las siguientes máquinas e inventos:

   • Molino eólico • Led • Caldera de gas • Panel fotovoltaico • Coche

E. ELÉCTRICA	••• →	E. LUMINOSA
E. CINÉTICA	••• →	E. ELÉCTRICA
E. QUÍMICA	••• →	E. TÉRMICA
E. QUÍMICA	••• →	E. CINÉTICA
E. LUMINOSA	••• →	E. ELÉCTRICA

2. La lavadora también liberó de la “esclavitud” a millones de mujeres. ¿Qué transformación energética aprovecha este electrodoméstico? Busca otros inventos y elabora un cuadro sobre sus transformaciones energéticas.

De la uva al coche ecológico

Al exprimir los racimos de uvas para fabricar el vino, se producen toneladas de residuos (pieles, tallos y semillas). De cada tonelada se solían obtener unos 250 litros de etanol, un tipo de alcohol, que podemos usar como biocombustible, pero un grupo de investigadores ya ha logrado obtener 400 litros. El material sobrante se puede usar como alimento de ganado y como fertilizante.

1. ¿Qué máquina se utiliza en la fotografía para estrujar los racimos?
2. ¿Cómo se logra el etanol?
   - Por prensado de las uvas
   - Por fermentación
   - Por oxidación
3. El etanol se puede mezclar con la gasolina (gasohol) y en Brasil se utiliza ya en todos los coches. ¿De qué planta obtienen en Brasil el bioetanol? ¿Por qué se le llama bioetanol? ¿Por qué es más "ecológico" que la gasolina?
4. Realiza el esquema de conversiones de energía para la obtención de vino y bioetanol a partir de la energía solar.

AUTOEVALUACIÓN

1. ¿Cuál de las siguientes conversiones de energía se produce en una linterna a pilas?

a) Eléctrica → mecánica → luminosa.
b) Química → mecánica → luminosa.
c) Química → eléctrica → luminosa.
d) Mecánica → eléctrica → luminosa.

2. ¿Durante qué proceso químico se absorbe energía?

a) Cuando los clavos de hierro se oxidan.
b) Cuando las velas se queman.
c) Cuando las verduras se pudren.
d) Cuando las plantas hacen la fotosíntesis.

3. Señala si son verdaderas o falsas las siguientes afirmaciones:

a) Una bola superelástica que cae desde 1 m puede rebotar hasta 1 m.
b) Una escopeta transforma 1000 J de energía química en 1200 de energía cinética de la bala.
c) La energía cinética puede convertirse en energía potencial.
d) En el espacio, al no haber rozamiento, un cuerpo que se mueve puede conservar la energía cinética.

4. Un meteorito cae en la Tierra. Señala qué afirmaciones son verdaderas y cuáles son falsas:

a) Va ganando energía potencial.
b) Va ganando energía cinética.
c) Al rozar con el aire de la atmósfera, gana energía térmica.
d) Al chocar con el suelo pierde toda su energía.

5. Galileo Galilei dejó caer dos bolas de igual tamaño, una de madera y la otra de metal (más denso), desde la torre de Pisa. Señala qué afirmación es correcta:

a) Antes de soltarlas, las bolas no tenían energía porque estaban paradas.
b) La bola de metal tenía más energía potencial que la de madera.
c) Al llegar abajo con la misma velocidad, las dos tenían la misma energía cinética.
d) La de metal llegaba antes porque tenía más masa y, por tanto, más energía.

6. Analiza el diagrama y señala la opción correcta:

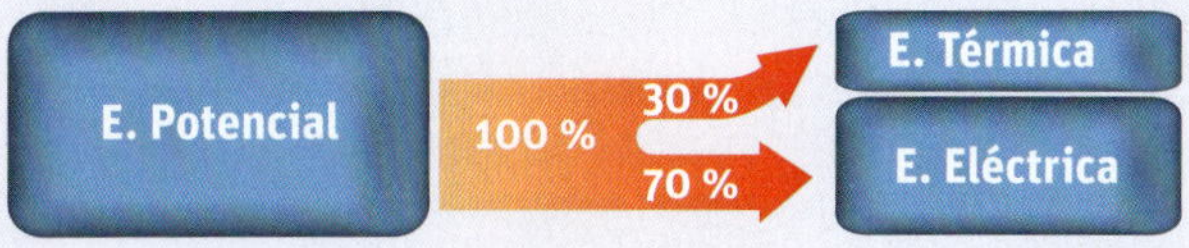

a) La central produce 100 J de energía.
b) Los 100 J de energía potencial se transforman en 100 J de energía eléctrica.
c) Si la central utiliza 20 millones de julios, se pierden 6 000 000 J.
d) Si la central utiliza 20 millones de julios, se consiguen 1 400 000 J de energía eléctrica.

7. Señala qué afirmación relativa a estas cuatro fuentes de energía es la correcta:

a) La energía eólica es cinética y renovable.
b) La energía del petróleo es química y renovable.
c) La energía nuclear es renovable y no contaminante.
d) La energía solar es solo térmica y renovable.

smSaviadigital.com VALORA LO APRENDIDO > Autoevaluación con sus soluciones

9 Energía térmica

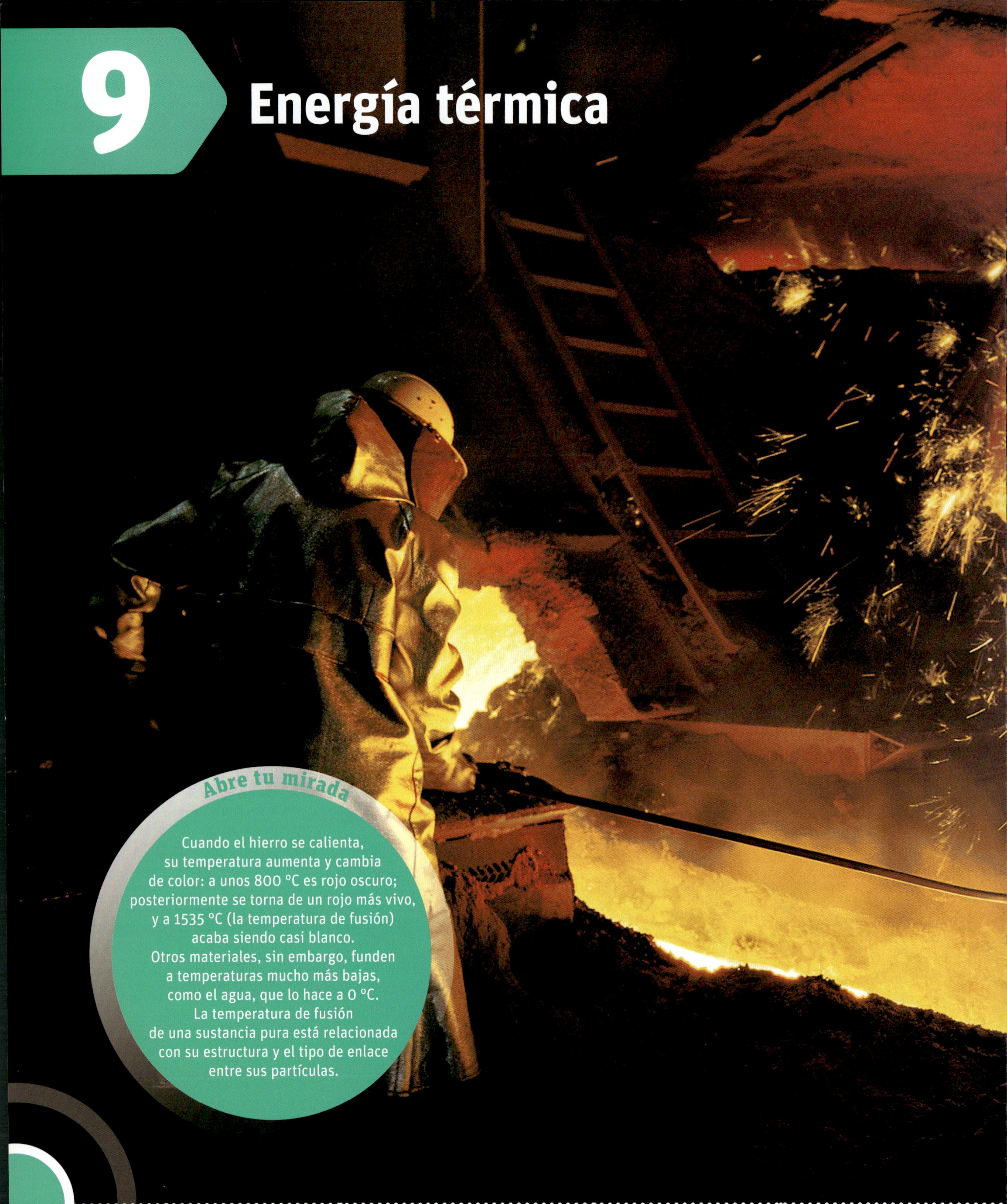

Abre tu mirada

Cuando el hierro se calienta, su temperatura aumenta y cambia de color: a unos 800 °C es rojo oscuro; posteriormente se torna de un rojo más vivo, y a 1535 °C (la temperatura de fusión) acaba siendo casi blanco. Otros materiales, sin embargo, funden a temperaturas mucho más bajas, como el agua, que lo hace a 0 °C. La temperatura de fusión de una sustancia pura está relacionada con su estructura y el tipo de enlace entre sus partículas.

- ¿Qué entiendes por temperatura?
- ¿En qué se diferencian el calor y la temperatura?
- ¿Cómo se transmite la energía térmica?
- ¿Qué efectos tiene el calor sobre las sustancias?

Observa y decide

La agitación térmica es el movimiento de las partículas de un cuerpo y está relacionada con la temperatura. ¿En cuál de los tres estados del agua tienen sus partículas más agitación térmica? Cuando el hielo se funde, ¿aumenta su temperatura? ¿Y cuando el agua líquida pasa a vapor? ¿Por qué crees que no hemos añadido una fotografía del vapor de agua?

Piensa y reflexiona

Los operarios de la fundición utilizan guantes y máscaras. ¿Qué función tienen estos elementos de protección? ¿Qué formas tiene el calor de propagarse?

Y tú, ¿qué opinas?

La mayoría de los científicos coinciden en que la temperatura media de la atmósfera está aumentando debido principalmente a la acción humana. Investiga y busca evidencias que apoyen esta afirmación y otras que la contradigan. Estableced un debate en clase sobre el tema.

- **¿Qué ocurre durante los cambios de estado?**
- **¿Qué usos tiene la energía térmica en nuestras casas?**
- **¿Cómo y para qué se usa la energía térmica en una central eléctrica?**
- **¿Qué es el calentamiento global?**

1 Temperatura y equilibrio térmico

Observa

Preparamos una excursión y nos llevamos dos latas de refresco, pero solo una de ellas está fría (a 4 °C); la otra está a temperatura ambiente (a 26 °C).

Metemos las latas en una bolsa isotérmica y, al cabo de un rato, cuando las sacamos para beberlas, comprobamos que la lata fría se ha templado, mientras que la que estaba a temperatura ambiente está más fresca. Ambas se encuentran ahora a 15 °C.

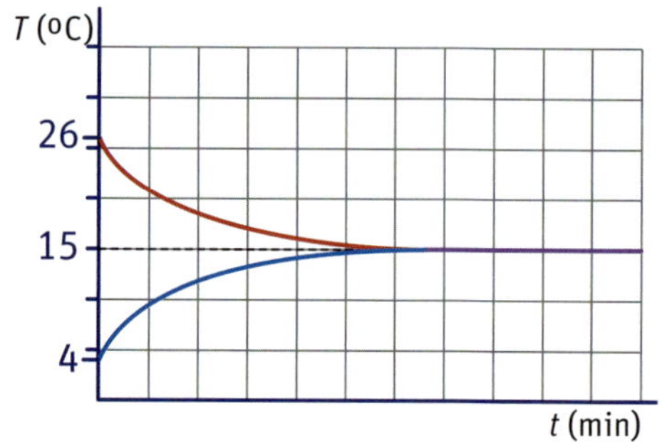

En la web

El equilibrio térmico.

www.e-sm.net/svfq2eso10_01

Es evidente que entre las dos latas de refresco se ha producido un intercambio de energía y que, al final de este, se encuentran en **equilibrio térmico** dentro de la bolsa: ambas tienen la misma **temperatura**.

La temperatura según la teoría cinético-molecular

Recuerda que la **teoría cinético-molecular** establece que los cuerpos están formados por partículas en constante movimiento y que este movimiento se denomina **movimiento térmico**.

> La **temperatura** de un cuerpo es la medida del grado de **movimiento térmico** de sus partículas. Cuanto más rápido se mueven, más temperatura tiene el cuerpo.

La energía cinética asociada al movimiento térmico se denomina **energía térmica**. Por eso, la temperatura es proporcional a la energía cinética media de las partículas.

Cuando se ponen en contacto dos cuerpos con diferentes temperaturas, los choques entre las partículas de ambos producen una transferencia de energía del cuerpo caliente al cuerpo frío, hasta que sus temperaturas se igualan.

La teoría cinética nos ayuda a entender por qué un clavo y una espada que están en un mismo horno se encuentran a igual temperatura: la espada, al ser mayor, tiene más partículas vibrando, pero la energía cinética media de sus partículas y de las del clavo es la misma.

> La **temperatura** es una **magnitud intensiva**; no depende de la masa del cuerpo.

ACTIVIDADES

1. En una taza se mezclan café caliente y leche fría. ¿Cómo es la temperatura de la mezcla respecto a las temperaturas iniciales del café y de la leche? ¿Qué transferencias energéticas ocurren en estas sustancias?

2. A partir de la teoría cinética, explica por qué una pequeña masa de agua (como la contenida en un vaso) puede tener una temperatura más alta que una gran masa de agua (como la contenida en una piscina).

La medida de la temperatura

Para medir la temperatura de un cuerpo o de un lugar empleamos un aparato llamado **termómetro**.

Experimenta

Vamos a construir un termómetro:

1.º Llena un matraz con agua coloreada. Atraviesa un tapón de corcho con una pipeta fina y colócalo en la boca del matraz.

2.º Echa un par de gotas de aceite en la pipeta y coloca una cartulina detrás para ir calibrando el termómetro.

3.º Introduce el matraz en un recipiente con cubitos de hielo y agua. Espera que baje la columna; y, cuando se quede fija, marca en la cartulina 0 °C.

4.º Luego sumerge el matraz en un envase con agua hirviendo. Marca la altura a la que llega la gota de aceite. Finalmente, divide la distancia entre las dos marcas en 100 partes iguales.

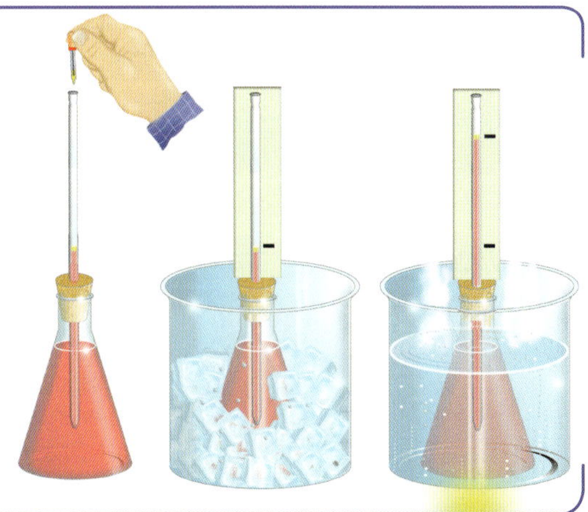

Los termómetros tienen que estar graduados. Los termómetros actuales son electrónicos y utilizan dos escalas: la Celsius y la Kelvin. ¿En qué se diferencian?

Escala Celsius (°C)	Escala Kelvin (K)
Es la escala empleada habitualmente. A la fusión del hielo le corresponde el 0 °C y a la ebullición del agua, los 100 °C. Cada una de las cien partes iguales en que se divide este intervalo es un grado. 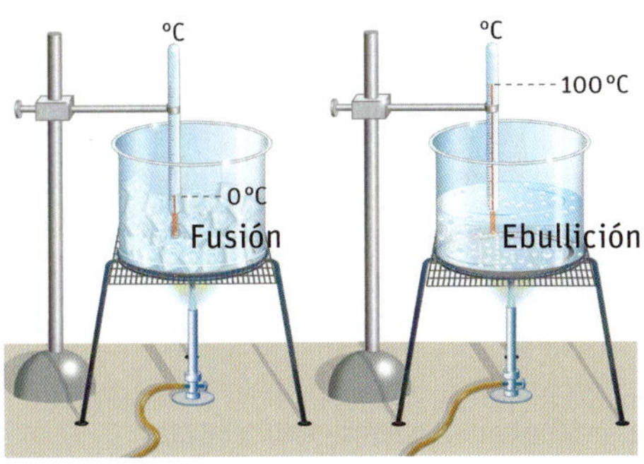	El kelvin (K) es la unidad de temperatura en el SI. El cero absoluto de temperaturas (0 K) corresponde a –273 °C. La relación con la escala Celsius es: $T(\text{K}) = T(°\text{C}) + 273$. 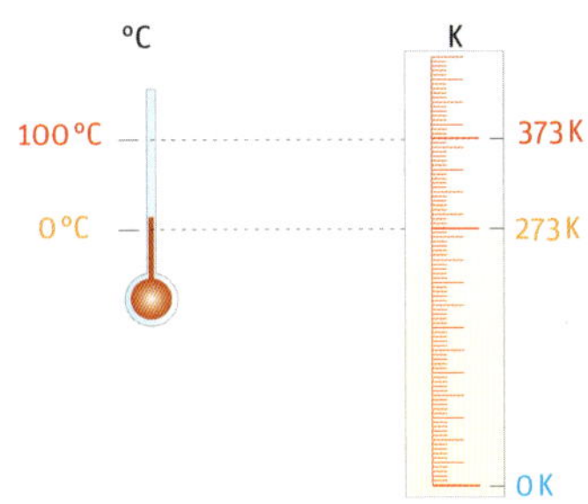

Te interesa saber

Los primeros termómetros se fabricaron con alcohol o **mercurio**. Este último, al ser un metal, tiene la ventaja de conducir muy bien el calor y marcar rápido los cambios de temperatura.

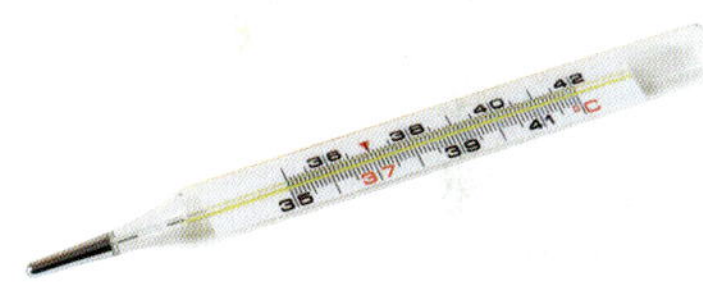

smSaviadigital.com OBSERVA
Cómo hacer un termómetro casero.

Laboratorio en casa: El termómetro del canto de grillo

Para atraer a las hembras, los grillos machos mueven sus alas para emitir ese característico cri-cri. Al aumentar la temperatura ambiente, estos insectos aceleran las reacciones químicas de su cuerpo y activan los músculos que mueven las alas. Observa la gráfica y responde:

a) Una tarde en que no te dejan dormir la siesta, cuentas 200 "cri" en un minuto. ¿Qué temperatura hace?

b) Por las noches se duerme mal a partir de 20 °C. ¿Cuántos cantos se oirán en un segundo?

2 ¿Qué es el calor?

En verano se suele decir: "¡Hace mucho calor!", pero la frase es errónea. Realmente, lo que deberíamos decir es algo así: "¡Qué temperatura tan alta!".

También se dice de forma incorrecta que "un termo mantiene el calor de la leche" y que "un abrigo da calor". ¿Es el calor una forma de energía? ¿Es lo mismo calor que temperatura?

El calor no es la temperatura ni un fluido que pase de un cuerpo caliente a otro frío, sino una **forma de transferir energía térmica** entre dos cuerpos que están a distinta temperatura, tal como vimos en el ejemplo de las latas de bebida.

Observa

¿Quién "da calor" a quién?

1 ¿Quién tiene la temperatura más alta, la herradura al rojo o el agua caliente del barreño? ¿Quién tiene más energía térmica?	A pesar de estar a menos temperatura, el agua tiene más energía térmica que la herradura, ya que posee mucha más masa. 	La herradura, a pesar de poseer menos energía térmica, tiene más temperatura que el agua, por lo que, si las juntamos, le cede energía. 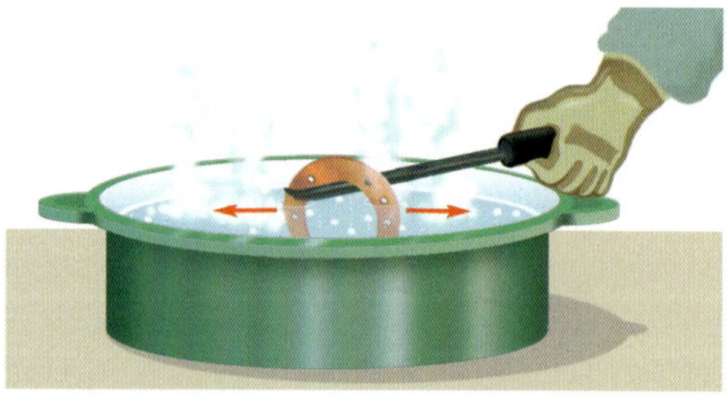
2 ¿Qué barra de pan tiene mayor temperatura? Si las junto, ¿le cede energía térmica la barra grande a la pequeña?	Al hacerse en el mismo horno y durante el mismo tiempo, las dos barras de pan tienen idéntica temperatura. 	La barra grande posee más energía térmica, pero no se la cede a la pequeña porque ambas se encuentran a la misma temperatura. 
3 ¿Puede ceder energía térmica un cubito de hielo? Para comprobarlo, une dos cubitos de hielo a distinta temperatura. ¿Qué ocurre?	Las partículas del hielo a 0 °C vibran más rápido que las que están a –20 °C. 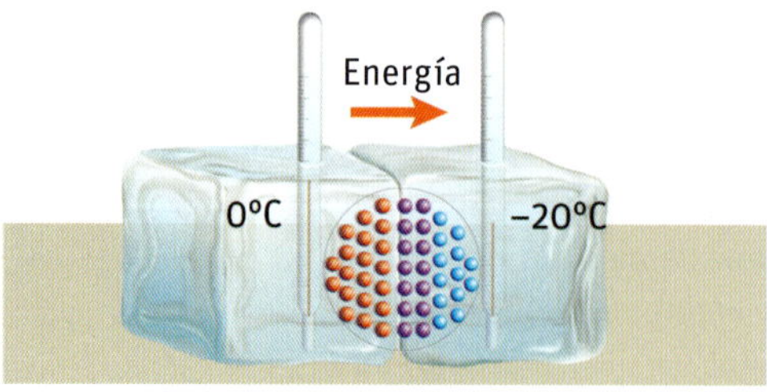	El hielo a 0 °C ha cedido energía térmica al otro hasta igualar sus temperaturas a –10 °C. 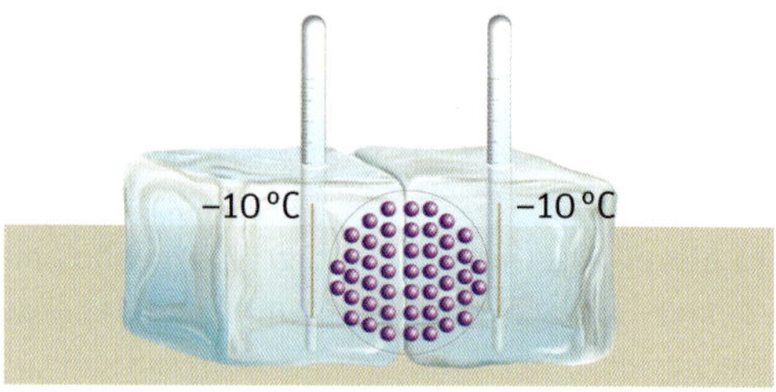

smSaviadigital.com INVESTIGA

¿Quién "da calor" a quién?

El **calor** no es una forma de energía, sino una **forma de transferir energía** entre dos cuerpos que se encuentran a diferente temperatura.

Unidades de calor

Una unidad muy utilizada para medir el calor es la **caloría (cal)**, que es la cantidad de energía necesaria para que 1 g de agua (1 mL) suba 1 °C su temperatura. Como es una cantidad muy pequeña, se usa mucho la kilocaloría (kcal), que son 1000 calorías:

1 kcal = 1000 cal

A finales del siglo XVIII, el científico estadounidense Benjamín Thompson, observó que, al taladrar el metal para hacer un cañón, se generaba una gran cantidad de calor.

El alemán Julius von Mayer entendió el calor como una forma de transferir energía, y el inglés James Prescott Joule midió con precisión la equivalencia entre el trabajo mecánico realizado y el calor generado por el rozamiento. Su conclusión se expresa hoy día así:

1 J = 0, 24 cal

En honor a sus cálculos, la unidad internacional de la energía es el joule (J).

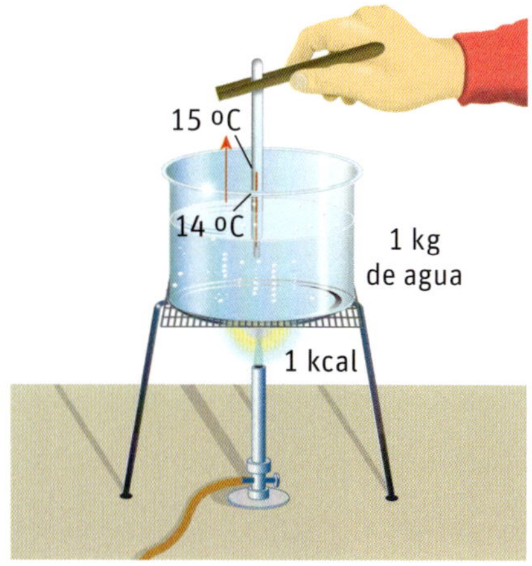

La unidad internacional para el calor es el **julio (J)**. También se usan la **caloría (cal)** y la **kilocaloría (kcal)**.

Desmontando errores

1. Desde la perspectiva de la física, ya podemos analizar algunas frases muy comunes. Expresa de forma correcta lo que quieren decir las siguientes frases:

a) Cierra la ventana, que se escapa el gato.

b) ¡Hace un frío que pela!

c) ¡En verano hace mucho calor!

d) ¡Esta bufanda me da calorcito!

e) El hielo enfría la bebida.

SOLUCIÓN

a) Cierra la ventana, que se pierde energía.

b) Hace una temperatura muy baja (o "Hay una temperatura de x °C").

c) En verano la temperatura suele ser alta (o "Hay una temperatura de x °C").

d) Esta bufanda me aísla y reduce la pérdida de mi energía térmica.

e) La bebida baja su temperatura porque cede energía al hielo.

Te interesa saber

Desde el punto de vista físico, el frío no existe; se trata de una sensación corporal creada por una rápida pérdida de energía térmica.

Los abrigos y aislantes tampoco dan calor, sino que evitan la pérdida de energía térmica del cuerpo humano o de cualquier otro sistema físico.

ACTIVIDADES

3. Una caldera de calefacción sube la temperatura de 50 litros de agua desde 15 °C hasta 60 °C. ¿Cómo logra calentar el agua? ¿Cuántas kcal le ha aportado? Exprésalo en julios.

4. ¿Por qué, en los climas de bajas temperaturas, las personas suelen comer más cantidad de alimento (y con más grasa)?

5. Observa la etiqueta del alimento que aparece a la derecha.

a) ¿Qué entiendes por "valor energético" de un alimento?

b) ¿Cuántas calorías tienen tres onzas? ¿Cuántos julios?

c) Investiga: ¿quién tiene energía, el cacao o las almendras?

CHOCOLATE PURO CON ALMENDRAS Sin azúcares añadidos (150 g)		
Valores nutricionales	Por 100 g	Por onza
Valor energético	509 kcal	55 kcal

3 Modos de transferencia de la energía térmica

Ya hemos visto que el calor es una forma de transferir energía térmica. Esta transferencia puede hacerse de tres maneras: convección, conducción y radiación.

Convección

La propagación de energía tiene lugar mediante un movimiento de materia que circula de las regiones calientes a las frías. Obviamente, este transporte de materia solamente es posible en líquidos y en gases. Dentro de la olla, en la zona central, el agua más caliente asciende arrastrando el agua del caldo y desciende por los laterales, que están a menos temperatura.

A estos movimientos se los llama corrientes convectivas y también se manifiestan en el aire que está encima de la olla.

Conducción

Las partículas de los cuerpos a altas temperaturas, como la llama, vibran más rápido, chocan con sus vecinas del atizador y les transmiten parte de su energía.

Dentro de la barra, la transmisión de vibración es rápida; sin embargo, al llegar al guante, se hace más lenta.

Así, los materiales se pueden clasificar en:

- **Buenos conductores térmicos.** Permiten que la energía se propague fácilmente por ellos. Por ejemplo, los metales.
- **Malos conductores térmicos o aislantes.** En ellos la energía se transmite con dificultad. Por ejemplo, la madera, la lana, el plástico o el vidrio.

Radiación

En este caso, la transmisión tiene lugar mediante ondas como la luz, a 300 000 km/s, desde el cuerpo que está a más temperatura al que está a menos. No necesita un medio para propagarse; por eso, la radiación del Sol llega a la Tierra a través del vacío.

Esta radiación puede ser ultravioleta, visible (la luz) o infrarroja; y, al ser absorbida por la superficie terrestre, esta incrementa su temperatura.

La radiación se emite en todas las direcciones; y por eso podemos calentarnos las manos con solo acercarlas al fuego desde un lateral.

ACTIVIDADES

6. Es un error decir que un abrigo nos da calor. ¿Por qué? Expresa correctamente lo que pretende significar la frase.

7. Observa la fotografía: el paño y el fregadero de metal tienen la misma temperatura; sin embargo, la sensación térmica que se tiene en cada mano es distinta. ¿Por qué?

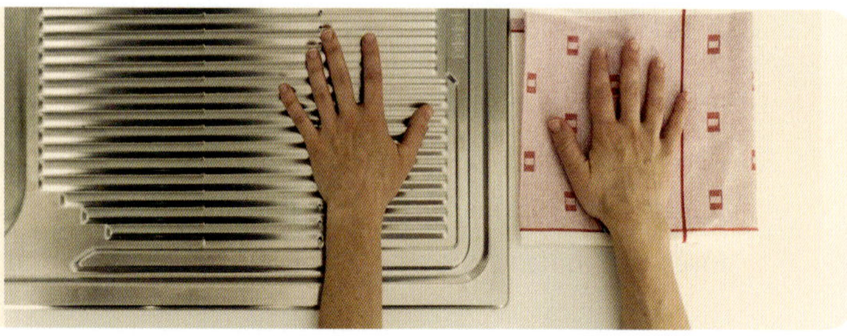

Laboratorio en casa: Conducción y convección

Experimenta con la convección

1. Taladra la tapa de un bote.
2. Calienta agua, añade un colorante rojo y métela en el interior del bote.
3. Cierra el bote con la tapa agujereada.
4. Con un guante, para no quemarte, coloca el conjunto dentro de un recipiente transparente con agua.
5. Añade unos cubitos de hielo y explica lo que ocurre.

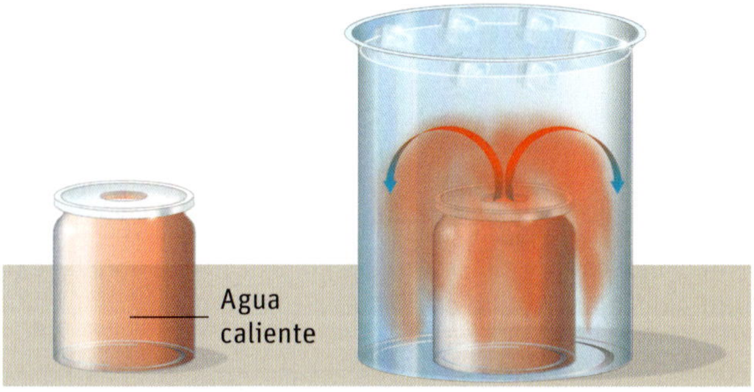

Experimenta con la conducción

1. Coge de la nevera dos cubitos de hielo iguales.
2. Coloca cada uno en un plato: uno, al aire; y el otro, envuelto en una bufanda.

   ¿Qué cubito de hielo se fundirá antes?

   a) El que está abrigado por la bufanda.

   b) El que está al aire.

   c) Los dos tardarán el mismo tiempo.

   Elabora una hipótesis para explicar este fenómeno.

3. Al cabo de 15 minutos quita la bufanda y compruébalo.

La Física ayuda al socorrista

Esta manta isotérmica, inventada por la NASA, está elaborada con papel de aluminio; es dorada por un lado y plateada por el otro.

En primer lugar, al reflejar bien la luz del sol o de la luna, informa de nuestra posición a los equipos de rescate. Además, es muy útil en situaciones de hipotermia o de altas temperaturas. Veamos cómo funciona:

Para entrar en calor	Para protegernos de una insolación
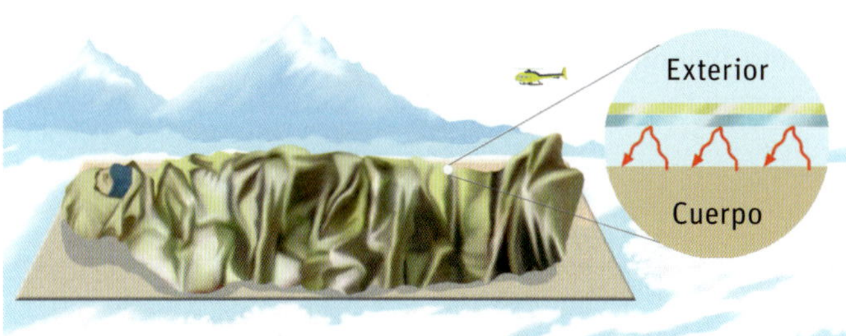	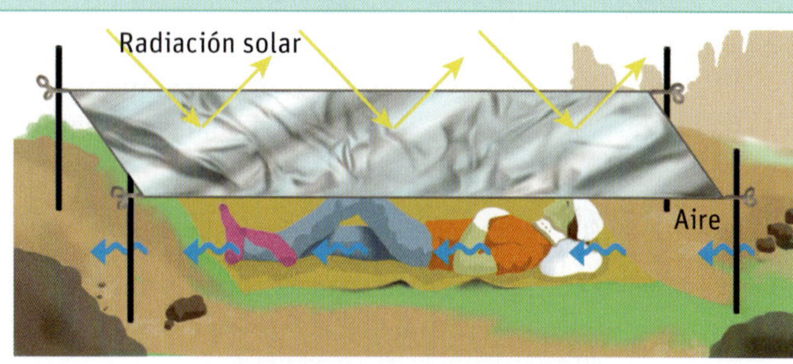
La parte plateada, colocada hacia el interior, refleja la radiación que emite nuestro cuerpo, y así evita que nuestra temperatura baje. Conviene taparse la cabeza, pues es la zona del cuerpo que radia más energía.	Si colocamos la parte plateada hacia el exterior, conseguimos que refleje la radiación solar. Debemos hacer un toldo para dejar un espacio entre la manta y nuestro cuerpo. Así, el aire correrá y nos refrescará.

CUESTIONARIO

1. Hoy día se están sustituyendo los clásicos "plumas" por prendas de abrigo por capas. Busca información sobre las ventajas e inconvenientes de cada una de estas prendas.
2. La insolación suele producirse cuando la temperatura del aire ronda los 41 °C o más. ¿A qué temperatura está tu cuerpo? Compárala con la del exterior y explica lo que sucede.

4 Efectos del calor I

La energía transferida mediante calor produce cambios en los cuerpos: variaciones de la temperatura (que provocan dilataciones) o cambios de estado.

Variación de la temperatura

Observa

La radiación solar comunica energía tanto al agua del mar como a la arena de la playa, pero las temperaturas alcanzadas no son las mismas en ambos casos.

El agua de las pequeñas piscinas infantiles se encuentra a más temperatura que el agua de las grandes piscinas de adultos. ¿Por qué sucede esto, si les da el mismo sol?

El sol calienta la arena hasta el punto de que, a veces, se hace difícil andar sobre ella; sin embargo, a la misma hora la temperatura del agua resulta confortable. ¿Por qué?

El **aumento de temperatura** depende de la cantidad de calor absorbido en el proceso y de la **cantidad** y el **tipo** de sustancia.

Vamos a comprobarlo con esta experiencia, en la que un hornillo hará la función del sol.

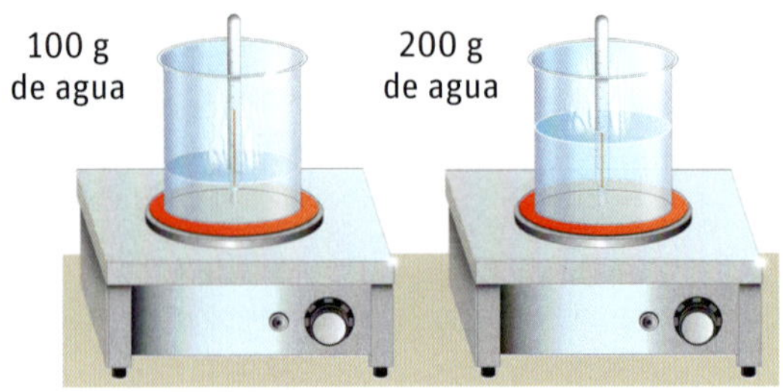

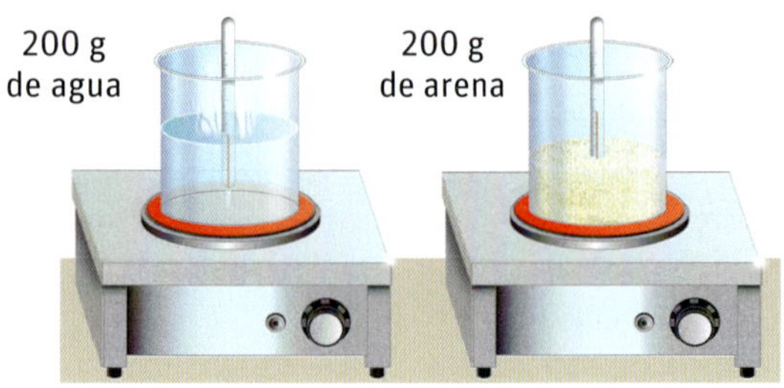

Se calientan durante el mismo tiempo y se toman las temperaturas cada minuto:

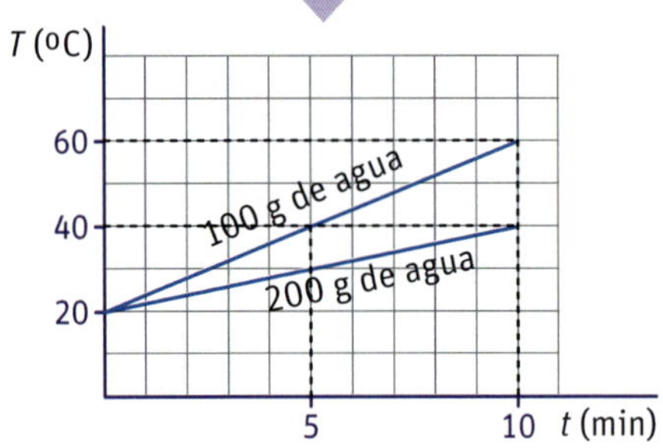

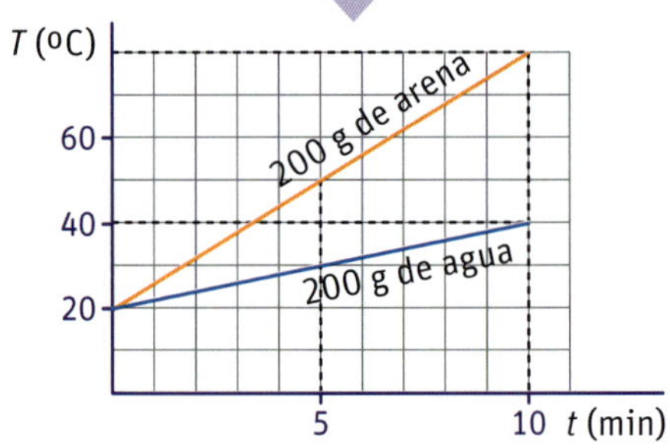

ACTIVIDADES

8. Interpreta los gráficos del experimento anterior y luego dibuja la gráfica del calentamiento de 300 g de agua.

9. ¿Qué crees que se enfría antes, el agua o la arena? ¿Por qué en las costas casi nunca hay heladas ni suele nevar?

La dilatación

Debido al incremento de temperatura, los cuerpos (ya sean sólidos, líquidos o gases) aumentan su volumen, es decir, **se dilatan**.

smSaviadigital.com COMPRENDE
La moneda que se dilata.

Experimenta

1. En la tapa de un bote haz una ranura por la que entre exactamente una moneda.
2. Mantén la moneda al fuego durante unos minutos.
3. Intenta meter la moneda caliente por la ranura. Explica lo que ocurre.

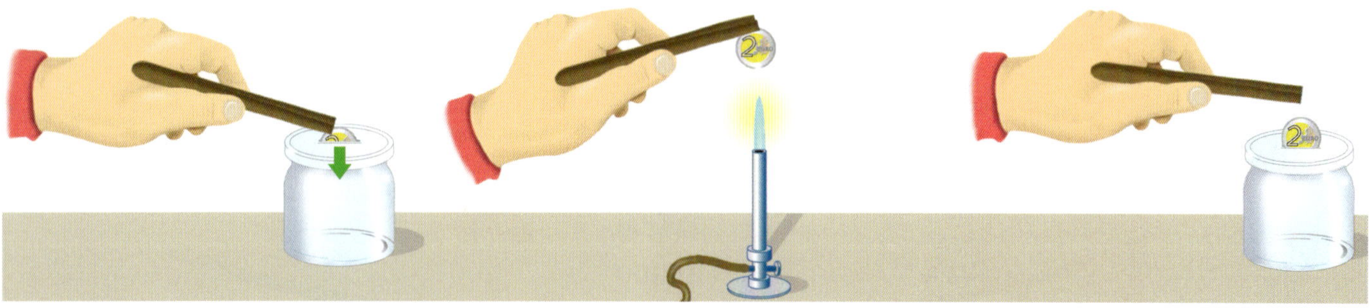

A escala molecular, la dilatación se produce porque, al calentar el cuerpo, sus partículas vibran con mayor amplitud y la distancia media entre ellas se incrementa.

Te interesa saber

Los gases se dilatan mucho más que los líquidos y que los sólidos debido a que sus partículas se mueven libremente.

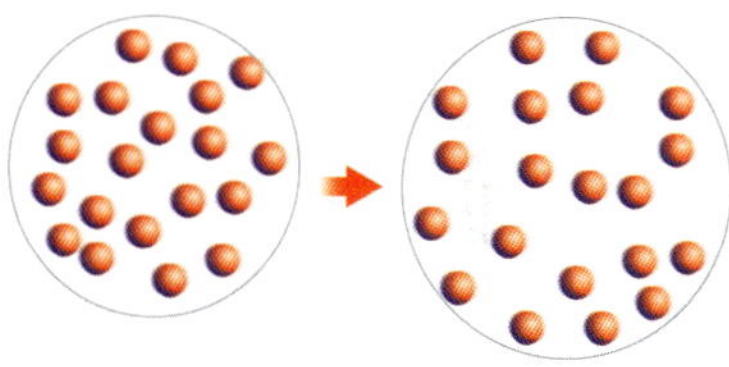

Laboratorio en casa: Una fuente casera

1. Haz un agujero en un tapón e introduce una pipeta fina.
2. Echa un poco de agua en la botella, tapa la pipeta y pon la botella al sol.
3. A los 15 minutos retira el tapón de la pipeta y... ya tienes una fuente.

Explica cómo funciona. ¿Qué le ha pasado al aire del interior de la botella?

smSaviadigital.com OBSERVA
La fuente solar de Herón.

ACTIVIDADES

10. Señala los efectos de las dilataciones del paisaje.

- ¿Está roto el puente?
- ¿Qué le pasa al tendido de los cables eléctricos?
- ¿Sube el nivel del mar por dilatación?
- ¿Qué le pasa al aire del globo?

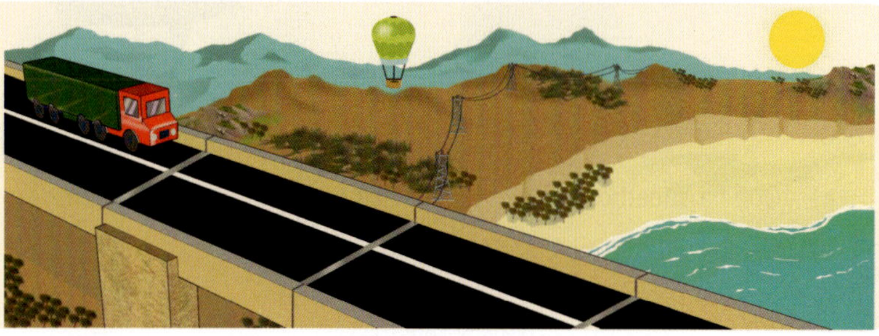

5 Efectos del calor II

Al comunicar energía térmica a un cuerpo, este suele aumentar su temperatura, pero también se provoca otro efecto: los **cambios de estado**.

La energía en los cambios de estado

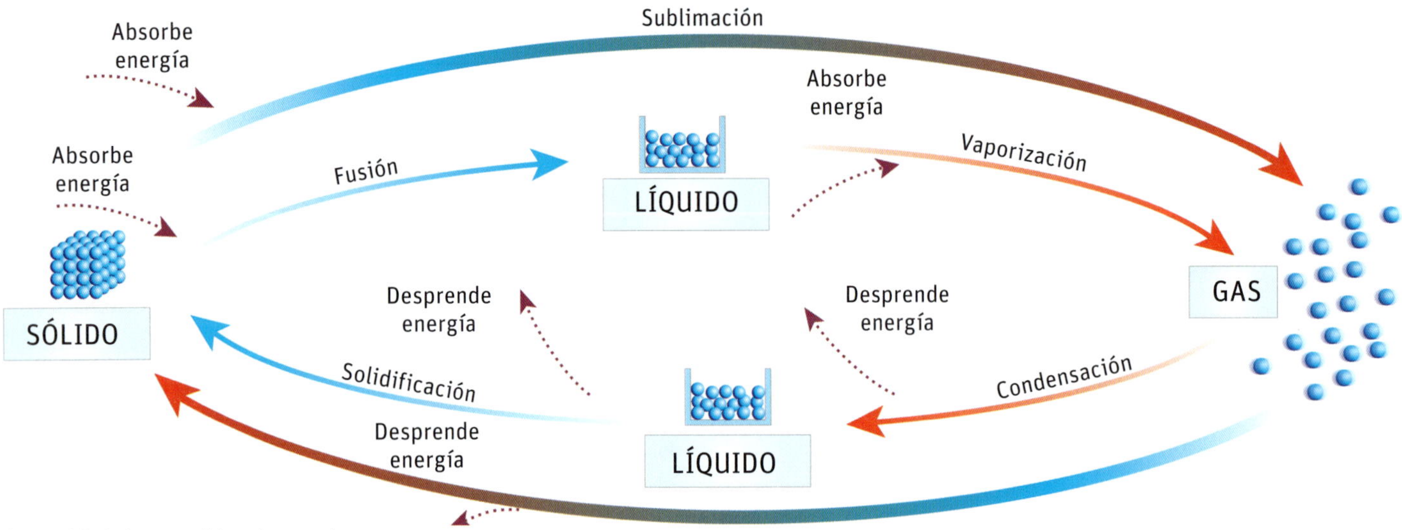

Figura 10.1. Los cambios de estado

En un sólido, las partículas, unidas por unas fuerzas de atracción, están vibrando. Al llegar al punto de fusión, la energía absorbida se emplea en vencer esas fuerzas, el sólido se "desmorona" y pasa a líquido. Es la **fusión**. La temperatura se mantiene constante.

En un líquido, las fuerzas de unión entre las partículas son más débiles que en los sólidos, y estas se mueven cada vez más rápido en función de la temperatura. El paso de líquido a vapor, la **vaporización**, se puede producir de dos modos:

- **Evaporación.** Algunas partículas de la superficie del líquido adquieren suficiente energía para saltar al aire. Es un proceso lento. Un buen ejemplo es cuando secamos la ropa al sol.
- **Ebullición.** Al llegar a una temperatura determinada (el punto de ebullición), la energía absorbida solo se emplea en hacer "saltar" las partículas al aire de forma tumultuosa, venciendo la presión atmosférica y la gravedad. La temperatura se mantiene constante.

Experimenta

1. Mete unos trocitos de yodo en un vaso y tápalo con un vidrio de reloj. Luego, ponlo al fuego suave.
2. Al cabo de unos segundos apaga el mechero y coloca unos cubitos de hielo sobre el vidrio de reloj.
3. Espera un rato, levanta el vidrio de reloj y observa lo ocurrido.

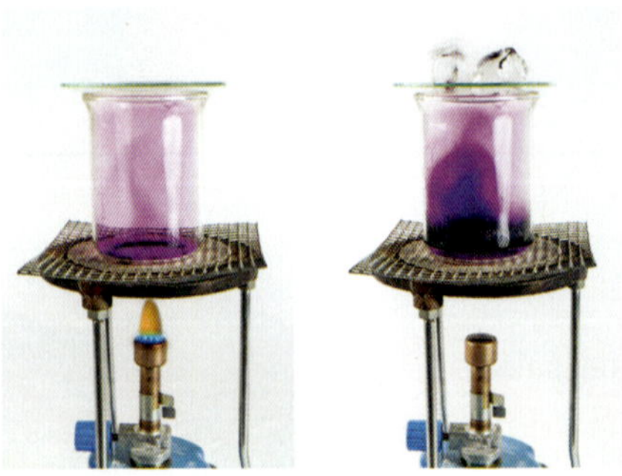

a) ¿Qué ha sucedido al calentar? ¿Se ha fundido el yodo o ha pasado a gas directamente? ¿Y al enfriar?

b) ¿Cómo se llama este tipo de cambio de estado?

Cambios de estado y fenómenos atmosféricos

La energía del sol, absorbida por el agua de los océanos, ríos y lagos, pone en marcha un ciclo gigantesco donde se manifiestan multitud de cambios de estado.

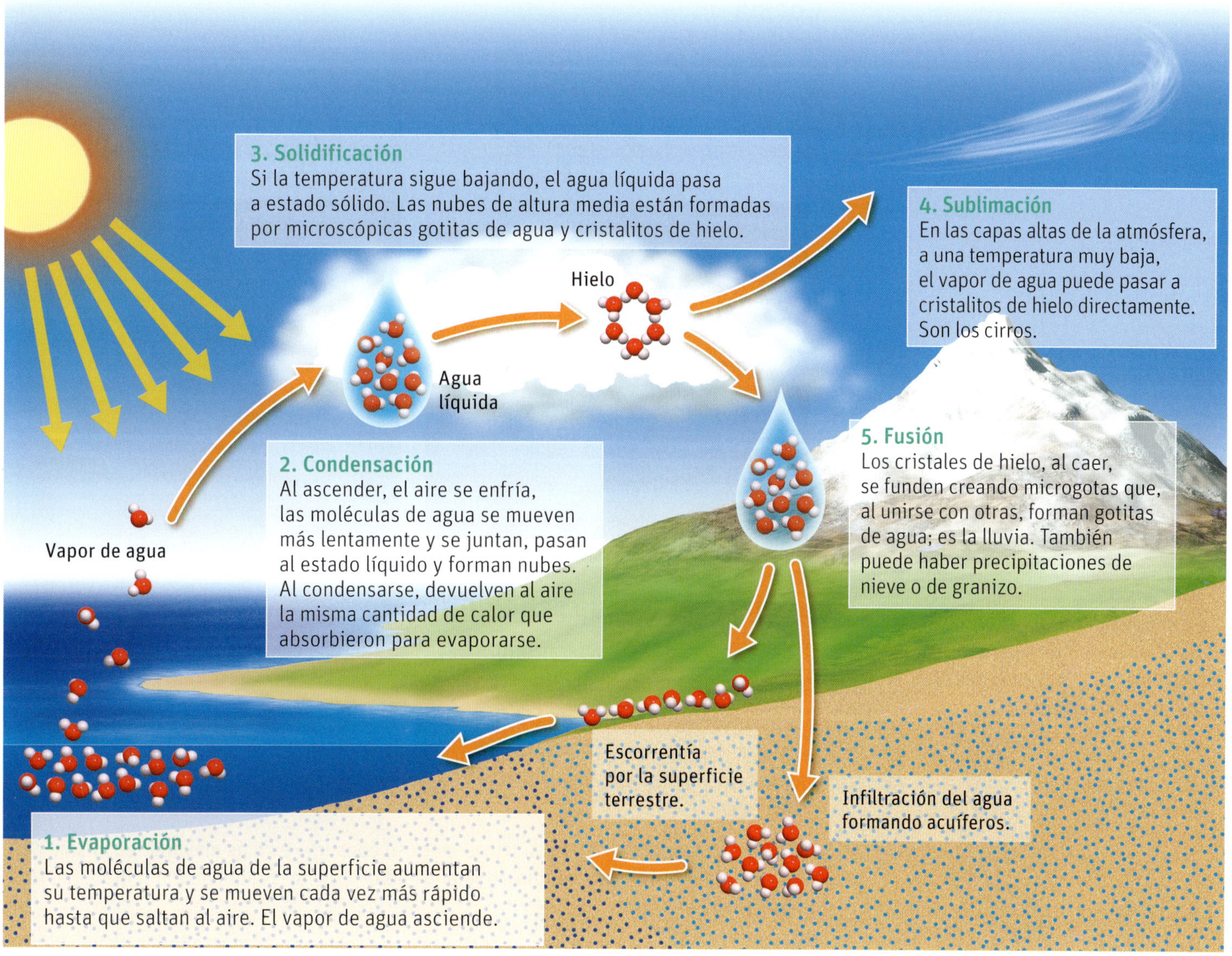

ACTIVIDADES

11. Copia en tu cuaderno los siguientes textos y une con flechas. ¿Qué cambios de estado se producen en los siguientes fenómenos?

Rocío •	• Condensación
Escarcha •	• Solidificación
	• Sublimación

12. ¿Por qué cuando va a nevar echan sal en las carreteras? Pista: La nieve no es tan peligrosa como las placas de hielo que se generan si la temperatura baja mucho.

a) Para que las ruedas agarren mejor y no patinen.

b) Porque, con la sal, baja el punto de congelación.

c) Porque el hielo salado no es resbaladizo.

smSaviadigital.com PRACTICA

Cambios de estado y ciclo del agua.

6 El calor en el hogar

smSaviadigital.com OBSERVA

Con este vídeo aprenderás a hacer una cocina solar y asar en ella una salchicha.

Casi el 80 % de la factura de consumo energético en el hogar se debe al uso de la cocina y la calefacción y agua caliente, dos necesidades básicas en las que la energía térmica es fundamental.

Cocina

Gas	Eléctricas
En las cocinas de gas (natural o de butano), la reacción de combustión es exotérmica: por cada m^3 de gas obtenemos 9500 kcal.	En las cocinas eléctricas (tanto las vitrocerámicas como las de inducción), la energía eléctrica se convierte en energía térmica.

Calefacción y agua caliente

La mayor parte de las calderas utilizan gas natural (básicamente metano), cuya combustión responde a la siguiente reacción química:

$$CH_4 + 2\ O_2 \rightarrow CO_2 + 2\ H_2O + \text{energía}$$

En España utilizamos gas importado, principalmente de Argelia. Se trata de un combustible relativamente barato y más limpio que el carbón que alimentaba las calefacciones en el pasado.

También se usan radiadores eléctricos, pero su consumo es más elevado. La misma cantidad de calor obtenida mediante electricidad cuesta prácticamente el doble que mediante el gas.

Para no consumir en exceso, es importante poner el termostato alrededor de los 21 °C.

Te interesa saber

Para evitar que dentro de los radiadores haya aire que dificulte la transmisión del calor, debemos purgarlos. Es sencillo: con un destornillador gira el tornillo para dejar salir el aire, y cuando salga agua, cierra.

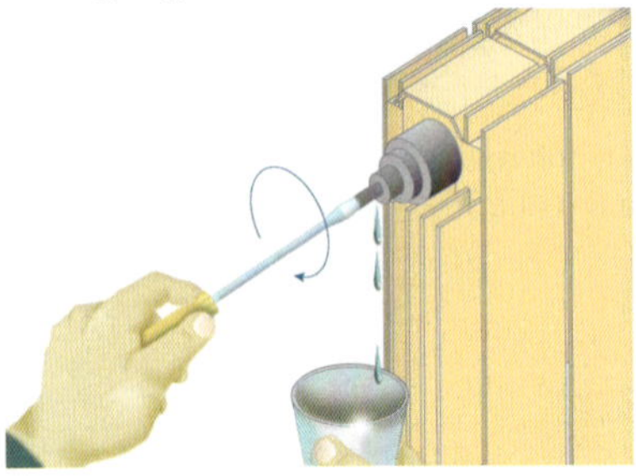

ACTIVIDADES

13. Para rebajar el coste de la factura, podríamos instalar el sistema de calefacción y agua caliente sanitaria de la figura de la derecha. Explica las ventajas que tiene. ¿Por qué los tubos de la calefacción están en el suelo?

14. A continuación se muestra la energía media anual consumida en nuestros hogares en kW h. Representa los datos en un diagrama de barras. Si cada kW h cuesta 0,16 euros, ¿cuál es el gasto anual?

Calefacción	5172 kW h	Cocina	737 kW h
Electrodomésticos	1924 kW h	Iluminación	410 kW h
Agua caliente	1877 kW h	Aire acondicionado	170 kW h

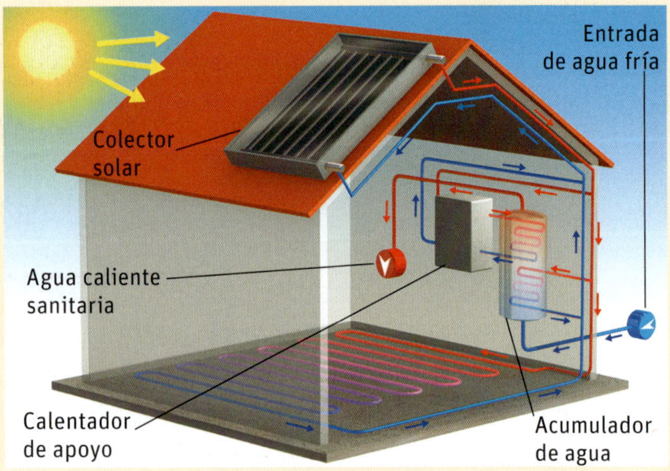

La Física ayuda a la Arquitectura

Los tejados de las casas reciben durante el día la radiación solar, y eso puede constituir una ventaja o un inconveniente, según las condiciones de la zona que habitemos. Si el clima es frío, conviene absorber esa radiación; y si es muy cálido, justo lo contrario.

Vamos a ayudar al arquitecto a tomar decisiones para construir casas de bajo consumo, y así, además, reduciremos las emisiones de CO_2 a la atmósfera.

Para ello, te proporcionamos los siguientes datos de consumo:

Temperatura exterior (°C)	Tipo de tejado	Consumo de aire acondicionado (kWh)
30	Blanco (cal)	1970
30	Teja roja	3050
30	Pizarra negra	3650

Temperatura exterior (°C)	Tipo de tejado	Consumo de calefacción (kWh)
10	Blanco (cal)	2870
10	Teja roja	2510
10	Pizarra negra	2310

CUESTIONARIO

1. ¿Qué tipo de tejado pondrías en cada situación?
2. ¿Qué le ocurre a la radiación solar al llegar a los tejados?
3. ¿Dónde se absorbe más radiación solar?
   a) En el tejado blanco.
   b) En el tejado rojo.
   c) En el tejado negro.
4. Señala la afirmación correcta:
   a) A 30 °C en el exterior, una casa con tejado blanco consume más energía que una casa con tejado de pizarra.
   b) A 10 °C en el exterior, una casa con tejas rojas necesita más calefacción que una casa con tejado de pizarra.
   c) El mejor tejado es siempre el de pizarra.
5. smSaviadigital.com PRACTICA
   Elige un tejado para tu casa.
6. Diseña un experimento para determinar qué materiales y qué medidas se deben tomar para aislar una casa.
7. Observa las temperaturas medias anuales de España.

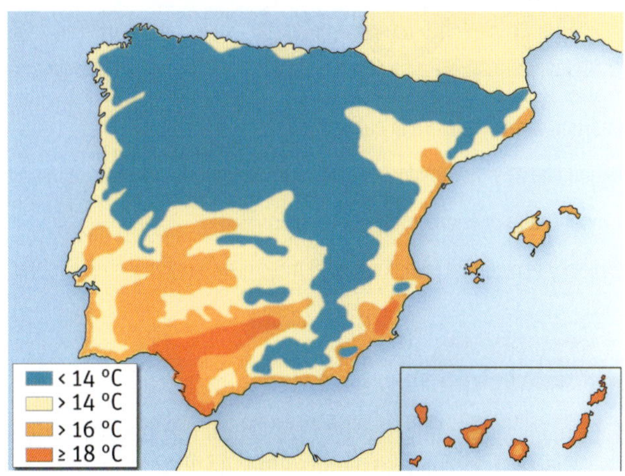

Indica el tipo de tejado que aconsejarías utilizar en:

León:	●●●
Sevilla:	●●●
Tu pueblo o ciudad:	●●●

7 Aprovechando el calor: movimiento y electricidad

Todos los días empleamos la energía térmica en casa (para cocinar, para ducharnos, etc), pero también la utilizamos cuando nos desplazamos en el autobús o el coche e incluso, indirectamente, al usar aparatos eléctricos, como el móvil o el ordenador.

La tecnología logra transformar la energía térmica en energía cinética o en energía eléctrica.

En la web

El motor de cuatro tiempos.
www.e-sm.net/svfq2eso10_02

Máquinas térmicas

La combustión del carbón cambió la historia de la humanidad a partir de la Revolución Industrial. La máquina de vapor transformaba la energía térmica en trabajo útil que servía para extraer agua de las minas y mover todo tipo de máquinas, entre ellas, la famosa locomotora de vapor. A finales del XIX, otro invento genial, el coche, también basó su funcionamiento en la energía térmica. Comparemos ambos procesos:

Máquina de vapor	Motor de explosión
Se desarrolló en el siglo XVIII (las locomotoras a comienzos del XIX). • Quema carbón. • La combustión es externa (fuera de la caldera). • El rendimiento es muy bajo: solo un 8 % de la energía del carbón se transforma en energía cinética.	Se desarrolló a finales del siglo XIX. • Quema gasolina (obtenida del petróleo). • La combustión es interna (dentro del cilindro). • El rendimiento es bajo: únicamente un 30 % de la energía de la gasolina se transforma en energía cinética.
	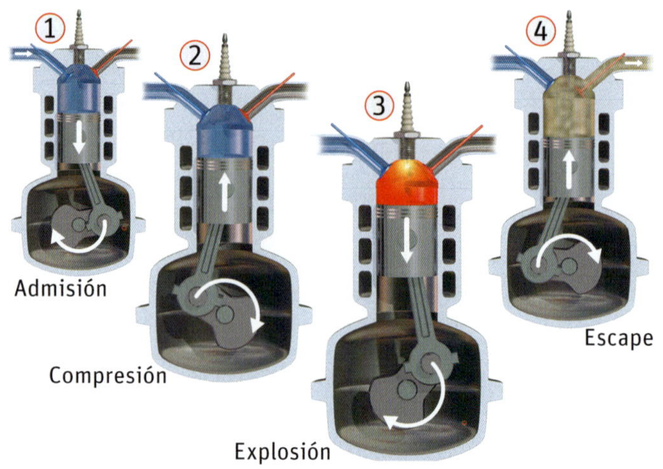
1. El carbón arde y calienta la caldera. 2. El agua hierve y se transforma en vapor, que puede alcanzar unos 1000 °C. 3. El vapor a alta presión empuja el émbolo. 4. La biela y el cigüeñal transforman el movimiento rectilíneo en circular.	1. La mezcla de aire y gasolina entra en el cilindro. 2. El pistón sube y comprime la mezcla (aire-gasolina). 3. La chispa de la bujía hace estallar la mezcla y el pistón baja con fuerza. 4. Los gases de la combustión se expulsan al exterior.

ACTIVIDADES

15. Con 1 kg del mejor carbón (la antracita) podemos obtener 34 300 kJ; y con 1 kg de gasolina, 43 950 kJ.

a) Con los datos de rendimiento mostrados anteriormente, calcula cuánta energía cinética se obtiene quemando 1 kg de combustible en la locomotora de vapor y en el coche.

b) ¿Qué ocurre con la energía desperdiciada?

16. Rellena el diagrama de Venn con las características comunes y no comunes de ambas máquinas.

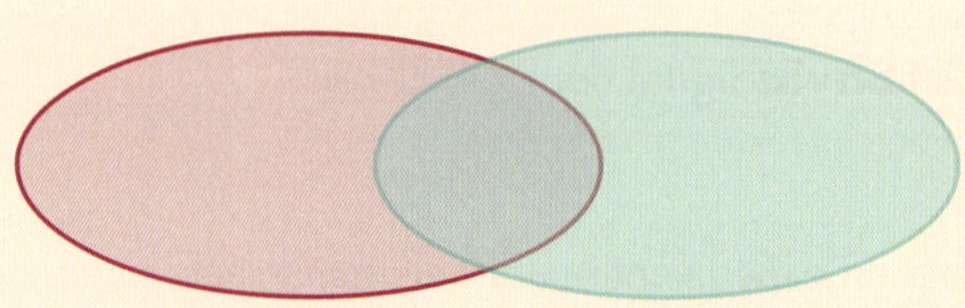

Centrales eléctricas

En las centrales termoeléctricas, a partir del calor generado en la combustión del carbón o del gas natural, se logra mover enormes generadores de electricidad, fundamentales para la obtención de la energía que permite nuestro desarrollo.

Experimenta

Vamos a hacer nuestra propia minicentral eléctrica.

1. Consigue un tapón con dos agujeros. Coloca el tubito de un cuentagotas o la punta fina de una pipeta en el agujero ancho. En el agujero pequeño coloca una chincheta con un muelle, que hará de válvula de seguridad (observa la imagen).
2. Encaja el eje del motor de un móvil, que actuará de generador, en el centro de una rueda (engranaje de un kit solar o similar), de forma que quede bien apretado.
3. Conecta un polímetro (medidor eléctrico) a las patillas del motor, que hará de generador.
4. Sujeta el conjunto con un alambre o abrazadera a la pinza, de forma que la salida del tubito esté muy cerca del borde del engranaje.
5. Pon un poco de agua en el matraz y enciende el mechero.

¿Qué le ocurre al agua? ¿En qué se transforma cuando alcanza los 100 °C de temperatura?

Si el engranaje no gira, mueve el conjunto engranaje-generador hasta lograrlo (ten cuidado con el vapor de agua).

Analiza el siguiente diagrama de las transformaciones producidas e indica, en porcentaje, cuánta energía se disipa al medio en forma de calor en cada paso y en el total del proceso. ¿Qué rendimiento tiene nuestra "central"?

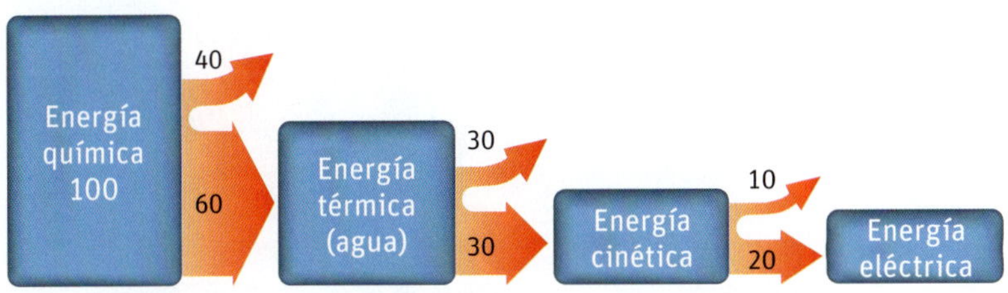

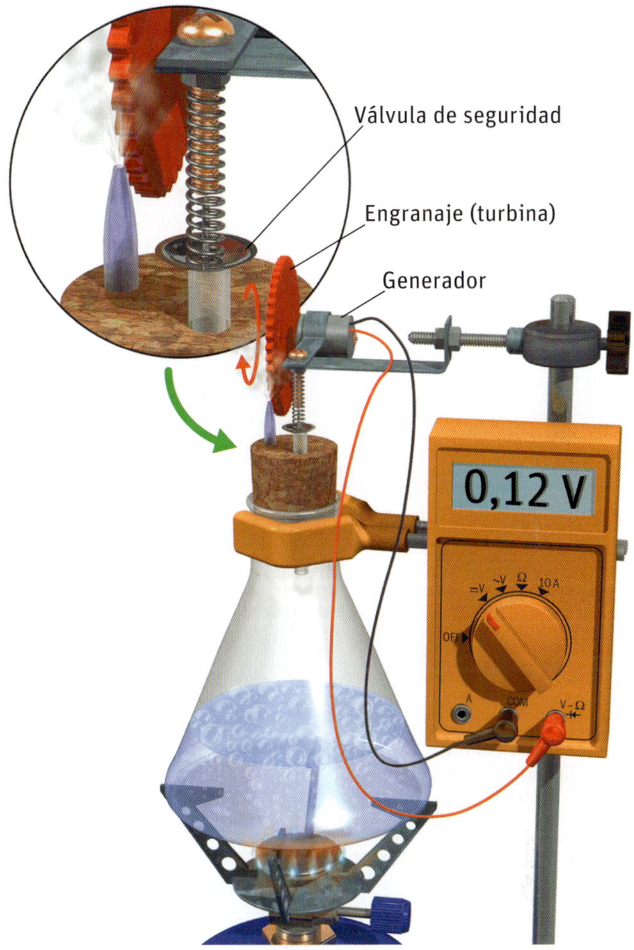

smSaviadigital.com OBSERVA

Una central termoeléctrica casera.

ACTIVIDADES

17. Compara tu minicentral con una central termoeléctrica industrial.

a) ¿En qué se parecen? ¿En qué se diferencian?

b) Relaciona con flechas los elementos de las dos centrales:

Generador •	• Caldera
Bombona de gas •	• Combustible fósil
Engranaje •	• Turbina
Matraz •	• Alternador

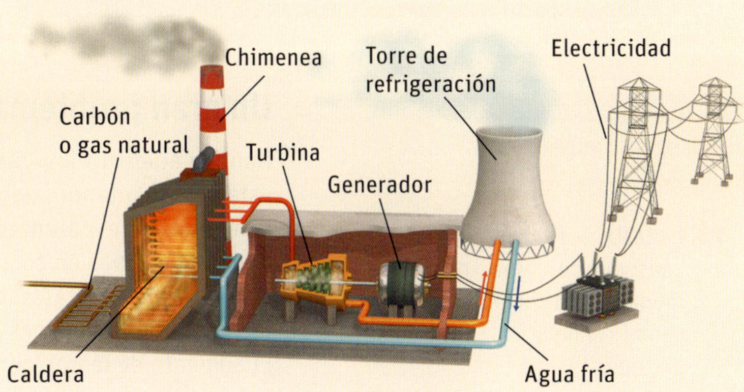

8 Efecto invernadero. Calentamiento global

smSaviadigital.com COMPRENDE
El calentamiento del planeta.

Si no tuviese atmósfera, la Tierra sería un mundo helado. Gracias al **efecto invernadero** de algunos gases presentes en la atmósfera, la temperatura media de la atmósfera es de unos 15 °C. Pero ¿qué es el efecto invernadero?

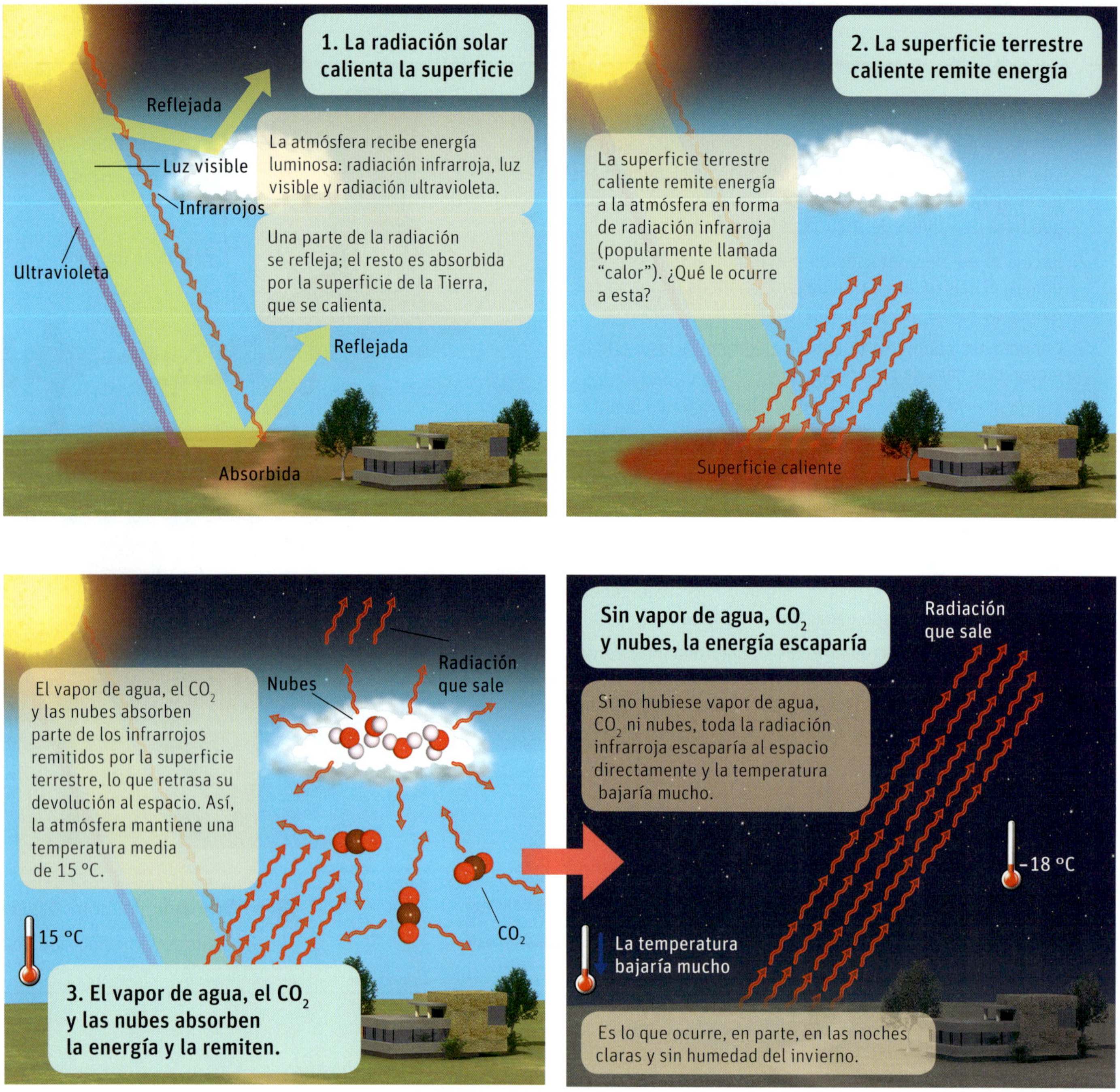

Un gran problema: el calentamiento global

Aunque el efecto invernadero es positivo, el actual aumento de CO_2 en la atmósfera lo está incrementando: debido a ello la temperatura está subiendo prácticamente en todo el mundo. ¡Es el **calentamiento global**! y es un grave problema.

Cada vez que vas en coche, enciendes la calefacción o el ordenador..., y al consumir todo tipo de bienes, estás añadiendo CO_2 a la atmósfera; CO_2 que se suma al que emiten los incendios y los volcanes. Además, al deforestar, se impide que las plantas absorban CO_2. El aumento de la población (ya somos más de 7000 millones de personas consumiendo y deforestando) agrava el problema. ¿Qué podemos hacer?

ACTIVIDADES

18. La ONU recomienda reducir el consumo de carne como una medida para luchar contra el cambio climático. Investiga por qué.

Procedimientos de la ciencia

Debate sobre el cambio climático

En solo 140 años, la temperatura media de la atmósfera ha subido 0,8 °C. Aunque te pueda parecer muy poco, si este aumento continúa, tendrá graves consecuencias ambientales, sociales y económicas.

La mayoría de los científicos achaca este fenómeno al incremento de la concentración de gases de efecto invernadero en la atmósfera provocado por las actividades humanas en los últimos 140 años, pero... **¿es la humanidad la única responsable?**

Para preparar el debate hay que buscar datos, gráficas, experimentos, etc., e interpretarlos, como en estos casos:

1 OBSERVA ESTAS GRÁFICAS

Variación de CO_2 en los últimos 400 000 años

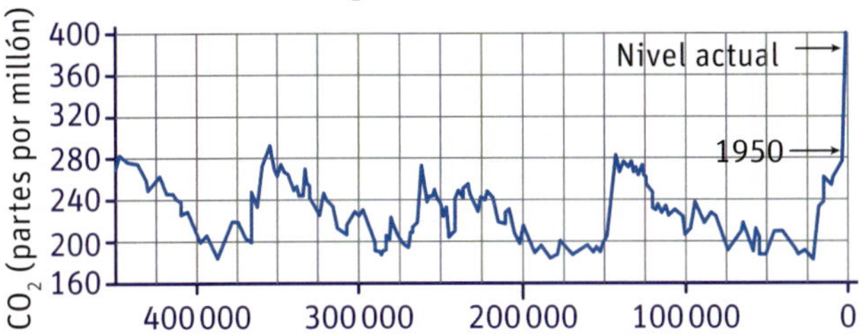

Variación de temperatura respecto a la época preindustrial

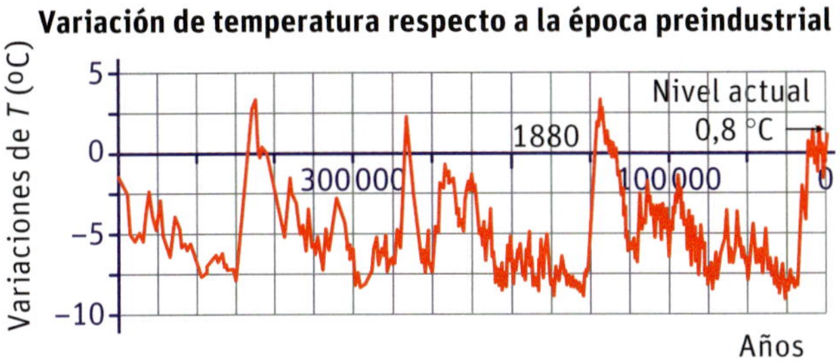

Existe una relación entre la cantidad de CO_2 de la atmósfera y su temperatura, y actualmente hay un "pico" tremendo de CO_2. En el pasado también hubo cotas altas de CO_2, pero no fueron generadas por actividades humanas.

2 EXPERIMENTA

Calienta un vaso con gaseosa. Comprobarás que libera más burbujas de CO_2 que la gaseosa a temperatura ambiente.

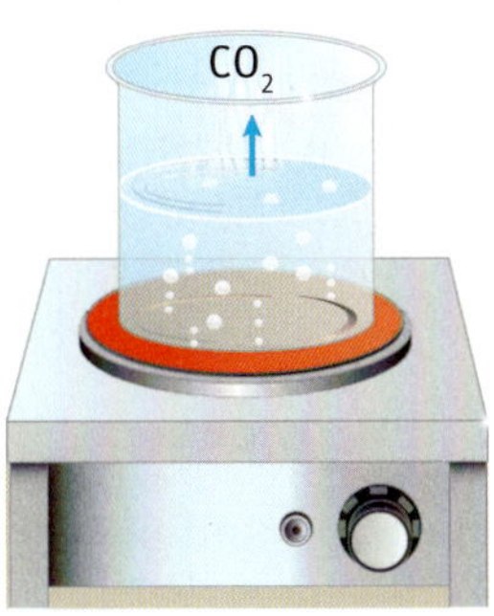

Gran parte del CO_2 se encuentra disuelto en los océanos. El calentamiento global puede liberar una parte a la atmósfera, como ocurre en este experimento.

3 ESTUDIA ESTA GRÁFICA

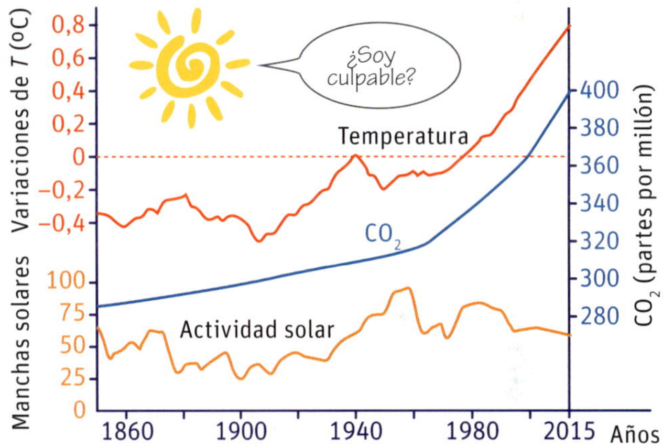

Hasta 1940 hay un cierto paralelismo entre la actividad solar y la temperatura, pero, a partir de entonces, esta relación deja de existir. La actividad solar está bajando y la temperatura sigue subiendo (en paralelo al CO_2).

ACTIVIDADES

19. Buscad más información sobre este tema. ¿Cuáles son los gases de efecto invernadero? ¿Cuáles son las causas del incremento de esos gases? ¿Hay fenómenos naturales que contribuyan a este efecto? ¿Qué es el IPCC?, etc.

Para organizar el debate, tu equipo debe ordenar la información y distinguir entre datos y opiniones. Y no lo olvides: ¡durante el debate, mantén una actitud racional y crítica, y respeta las opiniones de los demás!

Lo esencial en imágenes

Termómetros

se mide con

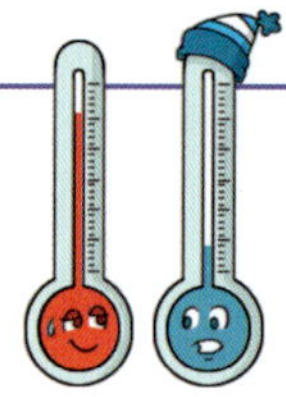

Incremento de temperatura → causa → Dilataciones

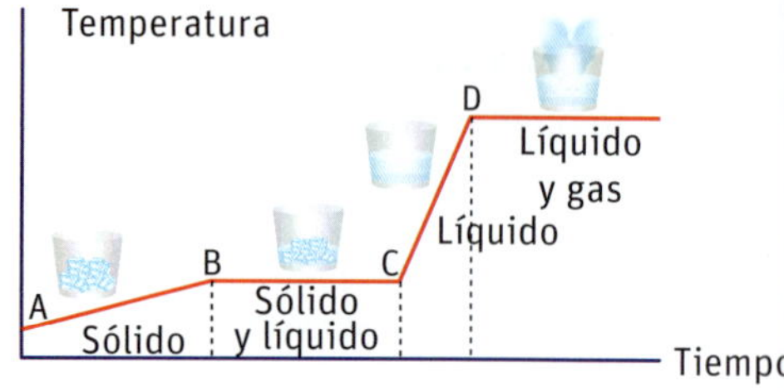

Cambios de estado

Sus efectos son

CALOR
Forma de transmitir energía térmica

T_1 → T_2

Se propaga por

Conducción

Convección

Radiación

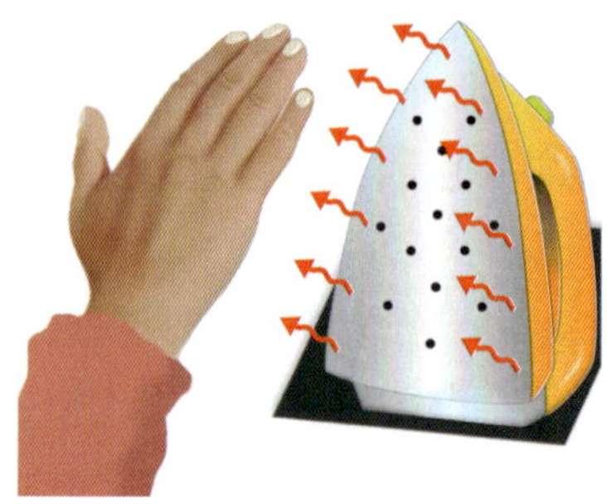

USOS DE LA ENERGÍA TÉRMICA

Máquina de vapor

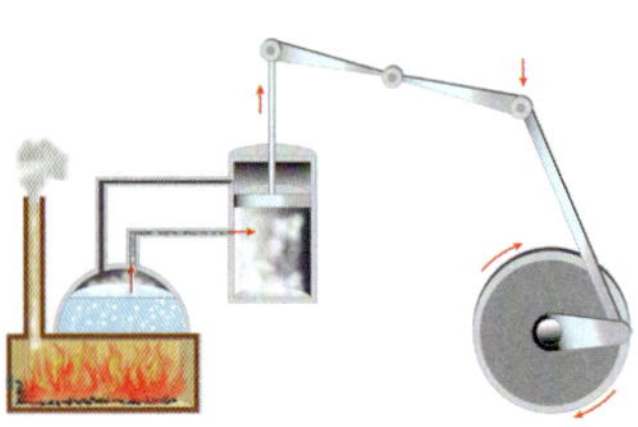

Motor de explosión

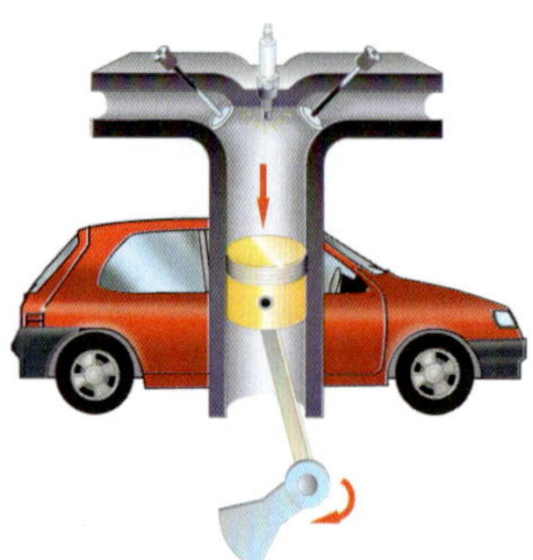

Obtención de energía eléctrica

Cocina, calefacción y agua caliente

smSaviadigital.com VALORA LO APRENDIDO > Resumen

Lo esencial en problemas

1. Preparamos un baño para un bebé mezclando 10 L de agua a 18 °C con otros 10 L a 42 °C. ¿Tendrá frío el bebé?

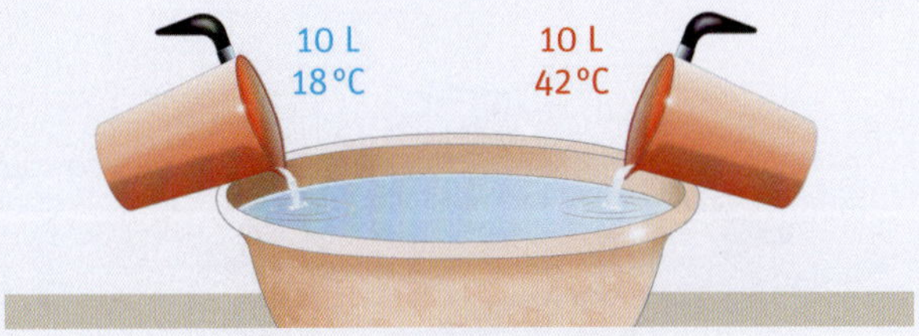

SOLUCIÓN

Calor cedido = calor ganado.

Como las masas de agua son iguales, la temperatura final (sin contar las pérdidas al aire) será la media:

$$\frac{(18+42)\ °C}{2} = \frac{60\ °C}{2} = 30\ °C$$

Obtendremos 20 L de agua a 30 °C, por lo que el bebé tendrá un poco de frío debido a que, al estar él a más temperatura, unos 37 °C, cederá energía térmica al agua, en forma de calor.

2. Fíjate en este termo y relaciona cada parte con las distintas formas de transmisión de la energía térmica.

SOLUCIÓN

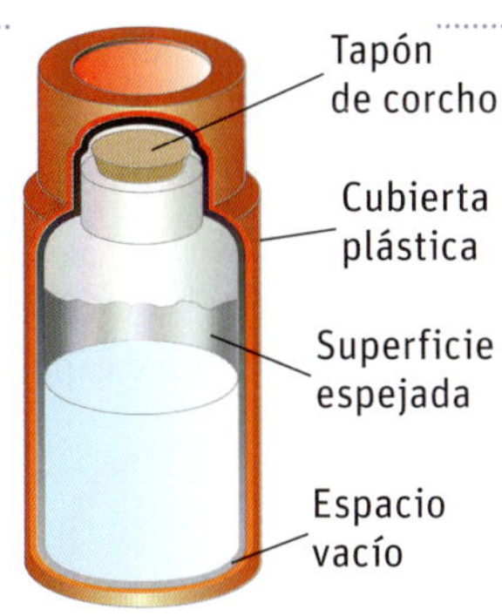

El tapón evita las pérdidas por convección.

El espejo del interior refleja la radiación, lo que impide que salga al exterior.

El vacío y la cubierta de plástico evitan la conducción.

3. ¿Por qué los pájaros ahuecan sus plumas cuando se van a dormir?

a) Porque, al aumentar de volumen, asustan a los posibles depredadores.

b) Porque crean una capa de aire que aísla térmicamente su cuerpo.

c) Porque así mantienen mejor el equilibrio sobre una pata para descansar.

d) Para esconder la cabeza debajo del ala y no asustarse.

SOLUCIÓN

b) Al ahuecar las plumas, aumenta el volumen de aire entre ellas y, como el aire es muy mal conductor del calor, impide su transferencia al exterior.

4. La Torre Eiffel mide 324 m de altura. En invierno se ha llegado a alcanzar los –10 °C; y, en verano, el hierro de su estructura puede llegar a 40 °C. ¿Será cierto que la torre "crece" en verano? ¿Cuánto?

Para ayudarnos a calcularlo, calentamos una varilla de hierro de 1 m. Cuando su temperatura se incrementa en 50 °C, se observa que se ha dilatado 0,6 mm.

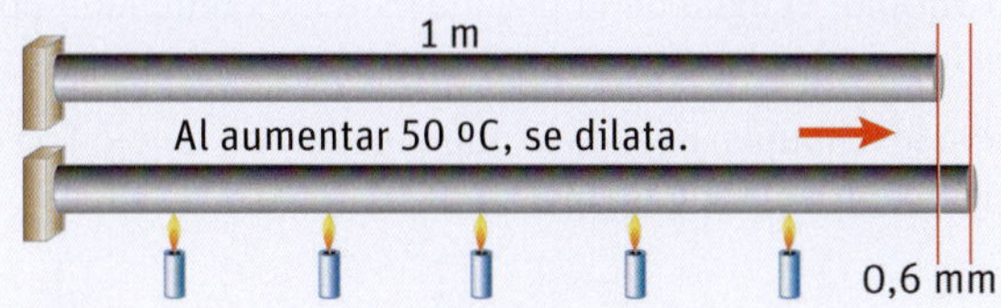

SOLUCIÓN

La temperatura de la Torre Eiffel puede llegar a incrementarse en 40 °C – (–10 °C) = 50 °C, igual que en el experimento.

Como la torre mide 324 m, basta multiplicar:

(324 m) · 0,6 = 194 mm = 19,4 cm

Así pues, la Torre Eiffel, debido a que los átomos de hierro vibran más rápido en verano, puede llegar a "crecer" casi 20 cm respecto al invierno. ¡Sorprendente!

5. Se calientan 100 g de aceite de oliva y 100 g de agua en dos hornillos iguales. Se mide la temperatura cada dos minutos y se obtiene la siguiente gráfica:

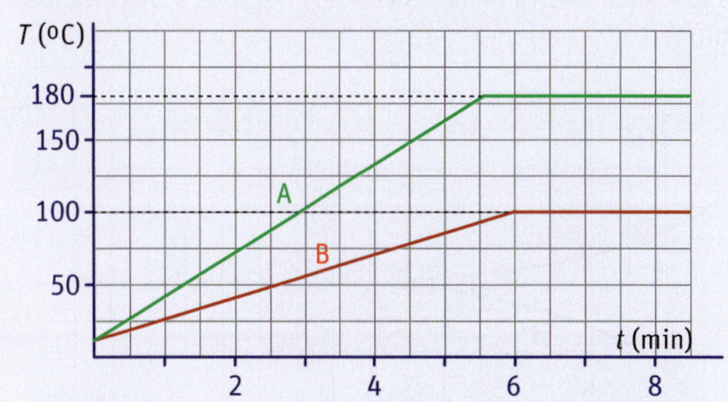

a) ¿Cuál de las dos curvas corresponde al agua?

b) ¿Cuál se calienta antes, el agua o el aceite de oliva?

SOLUCIÓN

a) La gráfica del agua es la B porque su punto de ebullición es de 100 °C. La curva del aceite de oliva es la A y su punto de ebullición es aproximadamente 180 °C.

b) Se calienta antes el aceite de oliva, ya que en la gráfica se observa que su temperatura sube más rápido.

Actividades

Temperatura y calor

20. Elisa y Sara han recopilado frases que se han oído en la calle relacionadas con el calor. Señala cuáles de estas frases son correctas y cuáles incorrectas y redacta estas últimas de manera apropiada:

- Esta bufanda me da mucho calor.
- El metal es más frío que la madera.
- Un clavo al rojo tiene mucho calor.
- El ventilador refresca el aire de la habitación.
- Un helado se funde porque su temperatura está subiendo.
- El hielo le da frío al refresco.
- En verano, el agua de la piscina está más templada por la noche que por el día.

21. Observa los dibujos. Explica lo que sucede y en función de ello distingue entre calor y temperatura.

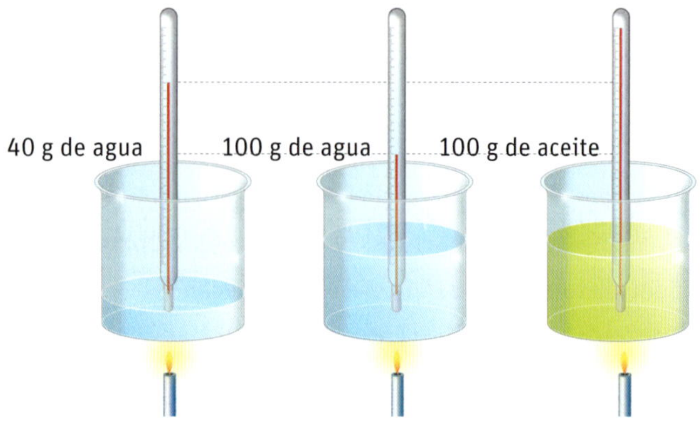

22. Para alcanzar 50 °C, ¿a qué cantidad de agua (inicialmente a 20 °C) hay que suministrar más energía térmica?

- A 1 L de agua.
- A 500 gramos de agua.

23. Esta gráfica muestra la mezcla de dos líquidos a distinta temperatura.

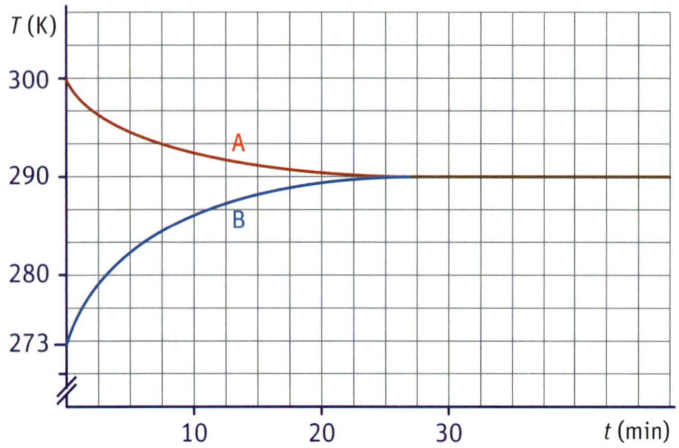

a) Expresa sus temperaturas iniciales en grados Celsius.

b) ¿Cuál ha sido la temperatura de equilibrio? ¿En cuánto tiempo se ha alcanzado?

24. Busca en internet cómo se forman las brisas marinas y relaciónalo con el experimento del agua y la arena de la página 212.

Transferencia de calor

25. En verano, al sobrevolar Italia según la trayectoria del dibujo, es muy frecuente que haya turbulencias. Al llegar al Adriático, desaparecen. El piloto dice que es debido a las "térmicas".

¿A qué se refiere el piloto con las "térmicas"?

Dibuja las corrientes convectivas sobre la península italiana y justifica ese fenómeno.

Pista: Durante el día, ¿qué se calienta más, la superficie terrestre o el mar?

26. ¿Por qué los astronautas llevan un traje plateado?

a) Por una estética moderna, tipo *Star Wars*.

b) Porque son más ligeros que un abrigo de otro tipo.

c) Porque reflejan las radiaciones solares.

d) Porque son impermeables e impiden que el aire salga del interior.

27. Observa el dibujo. Al calentar un recipiente metálico lleno de agua sobre una cocina vitrocerámica, se producen los tres modos de transferencia de calor.

Identifica cada uno y explícalo.

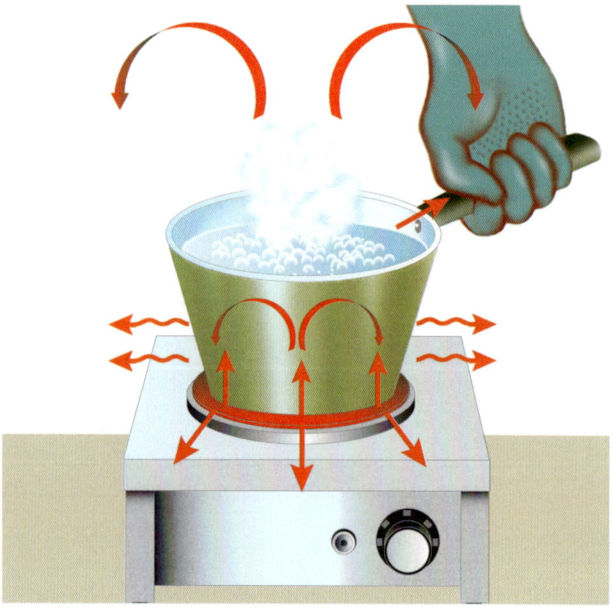

28. ¿Cómo se propaga la energía solar en el vacío hasta llegar a la Tierra?

Efectos del calor

29. Relaciona, en un esquema gráfico, los efectos del calor que conozcas. Pon ejemplos de cada caso y dibújalos.

30. Al calentar el aire de un matraz, el globo se hincha. Sergio duda: no sabe si el globo se infla porque las partículas del aire se han dilatado o porque se mueven más rápido y ocupan un espacio mayor.

¿Cuál es la hipótesis correcta, la A o la B? ¿Qué argumentos le darías a Sergio para decidirse?

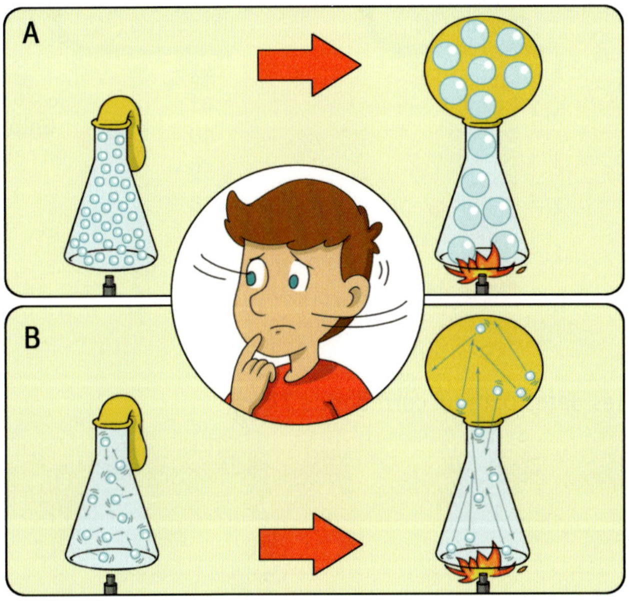

31. Para que se evapore una gota de sudor de la superficie de tu piel, se requieren unas 30 calorías.

a) ¿De dónde se obtiene esa cantidad de calor?

b) ¿Qué ventajas tiene sudar?

c) Sabiendo que 1 mL contiene 20 gotas, ¿cuántas calorías se liberan al excretar medio litro de sudor?

32. Metemos hielo en un vaso de precipitados y lo calentamos. Observa lo que sucede en los vasos al cabo de unos minutos de mantenerlos sobre la fuente de calor:

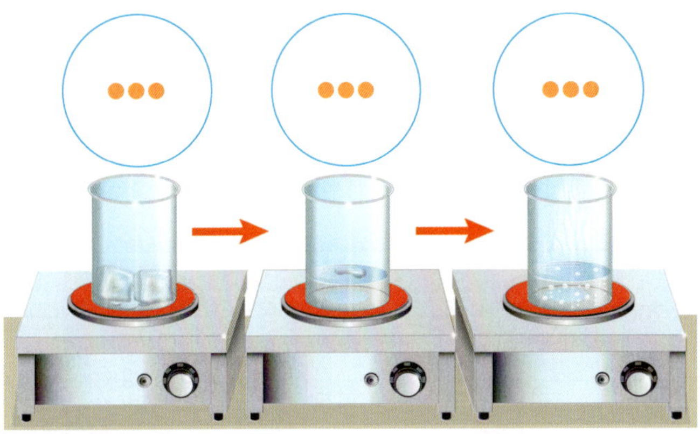

a) ¿Qué cambios de estado se producen?

b) ¿A qué temperatura ocurre cada uno de ellos?

c) Copia la ilustración en tu cuaderno y dibuja en cada círculo la situación de las partículas en los respectivos estados.

El calor en tu entorno

33. El calor generado en la combustión, además de usarse para cocinar y para distintas formas de calefacción, fue fundamental para el desarrollo de la máquina de vapor y el motor de explosión de los coches.

Señala las analogías y diferencias entre ambos inventos:

Analogías	Diferencias
●●●	●●●
●●●	●●●
●●●	●●●

34. ¿Qué es una máquina térmica?

a) Un aparato que transforma calor en otras formas de energía.

b) Un artefacto que convierte el movimiento en energía térmica.

c) Una máquina que transforma el calor en frío.

35. La fotógrafa Kerstin Langenberger, después de un viaje por el Ártico, declaró: "Sí, he visto osos en buen estado, pero también he visto especies muertas o desnutridas. Osos que caminan en las orillas buscando comida, tratando de cazar alces, comiendo huevos de aves, musgo y algas, y me doy cuenta de que los osos gordos son casi siempre machos".

¿Qué crees que está pasando con los osos?

36. El calentamiento global es un hecho.

Rellena el cuadro con las posibles causas y los efectos que produce.

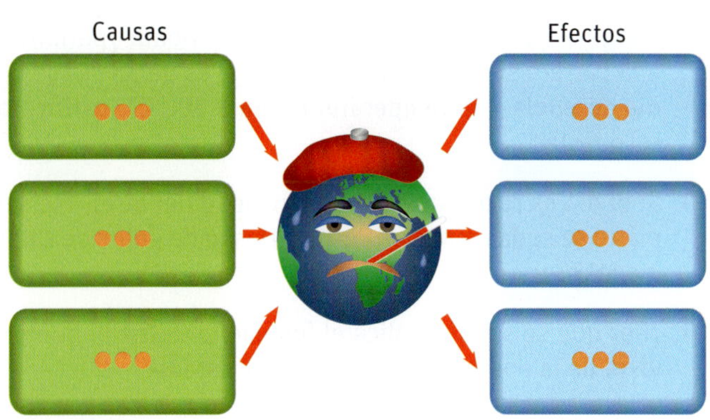

Correr en días de calor

Adaptado de pruebas PISA. Cuando corremos largas distancias, nuestra temperatura corporal aumenta y sudamos.

Si no bebemos lo suficiente para reponer el agua que se pierde a través del sudor, podemos deshidratarnos. La pérdida de agua de más de un 2 % de la masa corporal se considera estado de **deshidratación**. Si la temperatura corporal aumenta hasta los 40 °C o más, podemos sufrir un trastorno llamado **golpe de calor**.

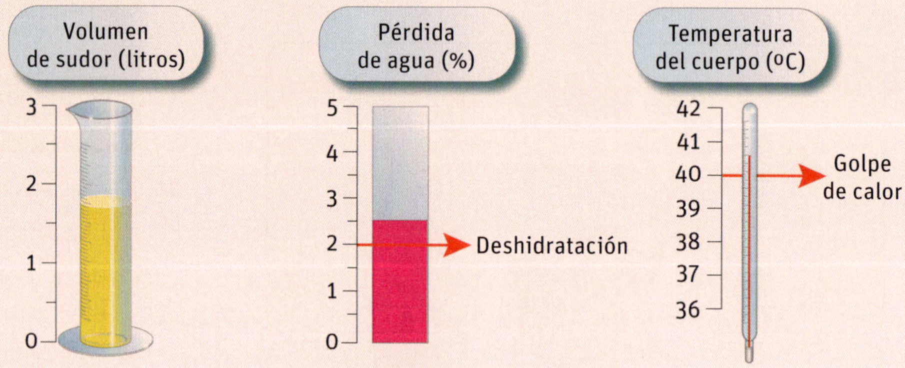

En varias carreras de una hora de duración hemos medido los siguientes datos para un corredor de 74 kg.

	Temperatura del aire (°C)	Humedad del aire (%)	¿Bebe agua?	Volumen de sudor (litros)	Pérdida de agua (%)	Temperatura corporal (°C)
Carrera 1	35	60	Sí	1,8	0,0	40,5
Carrera 2	35	60	No	1,8	2,5	40,5
Carrera 3	30	60	Sí	1,4	0,0	39,6
Carrera 4	30	60	No	1,4	1,9	39,6

1. Un deportista corre durante una hora en un día caluroso (35 °C) y húmedo (60 % de humedad del aire). ¿Cómo influye en los riesgos de padecer deshidratación y golpe de calor el hecho de que beba agua durante la carrera?
   a) Se reduciría el riesgo de golpe de calor, pero no el de deshidratación.
   b) Se reduciría el riesgo de deshidratación, pero no el de golpe de calor.
   c) Se reducirían ambos riesgos: el de deshidratación y el de golpe de calor.
   d) Beber agua no reduciría ninguno de los riesgos.

2. Imagina que eres el alcalde de tu localidad: ¿permitirías una carrera si la temperatura del aire es de 35 °C? ¿Y si el día se nubla y la temperatura baja a 30 °C? Justifica tus respuestas.

3. Si el día es seco (un 20 % de humedad del aire), ¿se suda más o se suda menos? ¿Hay más riesgo de golpe de calor o menos?

4. ¿Por qué se suda? Explica el fenómeno desde el punto de vista de la energía y los cambios de estado.

5. Si para evaporar 1 g de agua a 30 °C hacen falta 580 cal, ¿cuánto calor desprendemos al evaporar 1 L de sudor?

6. ¿Cuántos litros de agua tienes que beber al día en cada una de las situaciones de la gráfica? ¿Por qué se orina menos haciendo un ejercicio intenso?

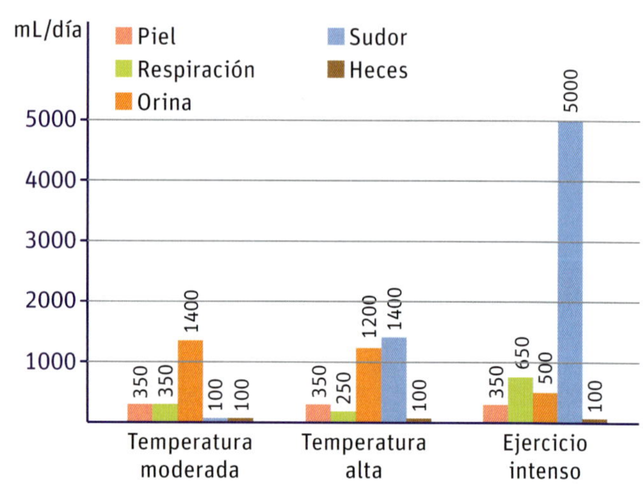

7. Algunos animales carecen de glándulas sudoríparas. Investiga: ¿cómo refrigeran su organismo?

¿Qué calentador es más eficaz?

En el laboratorio disponemos de dos fuentes de calor: un mechero Bunsen y un calentador eléctrico.

Paula planea una investigación para probar cuál de las dos fuentes calienta más rápido el agua. Para ello, pone 200 mL de agua en dos vasos de precipitado iguales y mide la temperatura inicial del agua y a lo largo de 10 minutos en cada uno de ellos. Obtiene la siguiente gráfica.

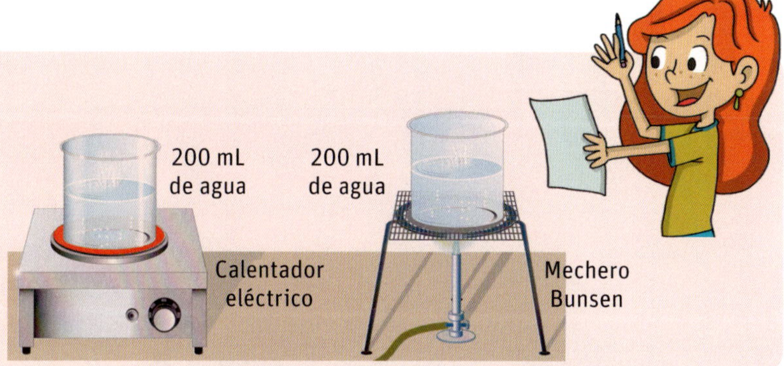

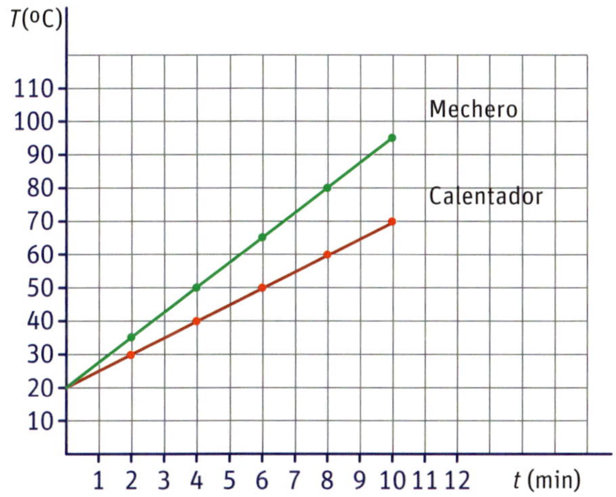

1. ¿Qué temperatura inicial tenía el agua?
2. Señala una variable que controló Paula en su investigación.
3. ¿Cada cuánto tiempo midió Paula las temperaturas?
4. ¿Qué fuente de calor calentó más rápidamente el agua?
5. Si se siguen calentando a ese ritmo, ¿qué le ocurrirá al agua al cabo de 12 minutos?
   - a) La del mechero se encontrará a 110 °C; y la del calentador eléctrico, a 80 °C.
   - b) La del mechero estará hirviendo a 100 °C y la del calentador eléctrico se hallará a 80 °C.
   - c) La del mechero estará a 95 °C; y la del calentador eléctrico, a 70 °C.
   - d) El agua se encontrará hirviendo en los dos recipientes.

AUTOEVALUACIÓN

1. Señala si son verdaderas o falsas estas afirmaciones.
   - a) Si en un teatro todo el mundo se abanicase, se refrescaría el aire de la sala.
   - b) Cuando junto dos cuerpos a distintas temperaturas, uno cede calor y el otro cede frío.
   - c) El frío no existe.
   - d) La temperatura más baja es de –273 °C.
2. Adaptado de pruebas TIMSS. Un estudiante pega cuatro chinchetas con cera a una barra de cobre. Al aplicar una llama en un extremo, las chinchetas se van desprendiendo.

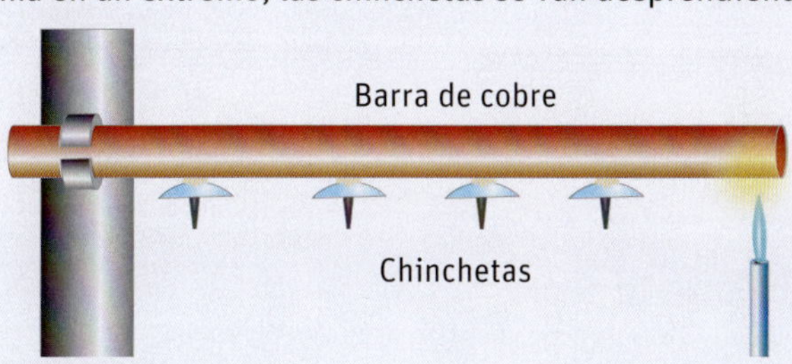

   ¿Mediante qué proceso se ha transmitido el calor hasta las chinchetas?
   - a) Expansión.
   - b) Radiación.
   - c) Conducción.
   - d) Convección.
3. ¿Por qué se puede apagar un fuego pequeño poniéndole una manta pesada encima?
   - a) La manta achica las llamas.
   - b) La manta baja la temperatura.
   - c) La manta absorbe la sustancia que arde.
   - d) La manta impide que el oxígeno llegue al fuego.
4. ¿Cuál es la unidad internacional del calor?
   - a) Caloría.
   - b) Julio.
   - c) Kilocaloría.
   - d) Kilovatio·hora.
5. En un cambio de estado:
   - a) La temperatura permanece constante.
   - b) La temperatura sigue aumentando.
   - c) La temperatura baja.
   - d) La temperatura aumenta, pero solo un poco.
6. El efecto invernadero provoca:
   - a) Mayor número de terremotos.
   - b) El descenso del nivel del mar.
   - c) Incremento en el número y la intensidad de los volcanes.
   - d) Mayor probabilidad de sequías.

smSaviadigital.com VALORA LO APRENDIDO › Autoevaluación con sus soluciones

10 Luz y sonido

Abre tu mirada

La famosa Feria de Abril de Sevilla se inaugura en la noche del "pescaíto" a las 24:00 horas con el encendido de más de 200 000 bombillas, conectadas por más de 40 km de cables, que iluminan el Real de la Feria.
A pesar de utilizar ledes y bombillas de bajo consumo, el gasto energético equivale al de una ciudad de 50 000 personas. Toda una explosión de alegría, luz y sonido. Pero ¿qué tienen en común la luz y el sonido? Decimos que ambos fenómenos son ondas, pero ¿qué es una onda?

- ¿Qué son las ondas y qué características tienen?
- ¿Cómo se produce el sonido y cuáles son sus principales propiedades?
- ¿Qué fenómenos sonoros se producen a nuestro alrededor?
- ¿Qué es la luz y cuál es su naturaleza?

Observa y decide

En las fotografías, verás que las dos cuerdas de la guitarra están vibrando. La gruesa suena más grave, y la fina, más agudo. ¿Cuál crees que vibra más veces por segundo?

- La gruesa
- La fina

Piensa y reflexiona

Un espectador que está en el puente oye el ruido de los fuegos artificiales tres segundos más tarde. ¿Por qué crees que ocurre ese fenómeno?

Y tú, ¿qué opinas?

A los jóvenes les suele gustar la música muy alta, pero los médicos alertan sobre los efectos que tiene en la salud, especialmente en la futura pérdida auditiva. ¿Crees que debería limitarse el volumen de la música en las fiestas y los conciertos? ¿Y en los auriculares de los móviles? Busca información sobre dichos niveles y debate en clase sobre el tema.

- **¿Cuáles son los principales fenómenos luminosos y cómo se explican?**
- **¿De qué manera se perciben las ondas sonoras y luminosas?**
- **¿Cuáles son las consecuencias de la contaminación acústica y lumínica?**

1 ¿Qué son las ondas?

Observa

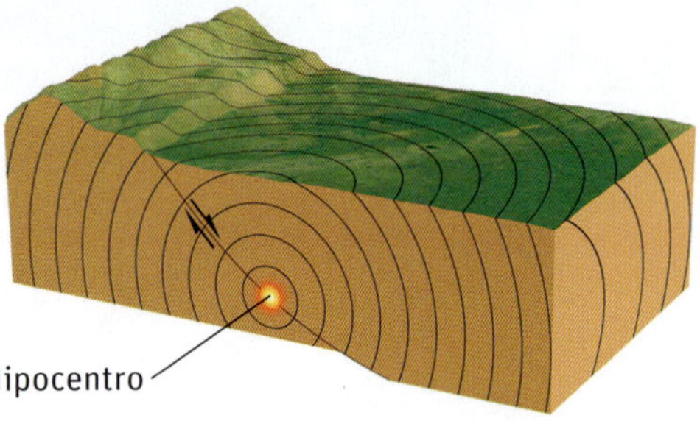

En el interior de la Tierra se ha producido un temblor de tierra. Una perturbación ha viajado desde el punto donde se ha generado (hipocentro) y nos ha alcanzado.

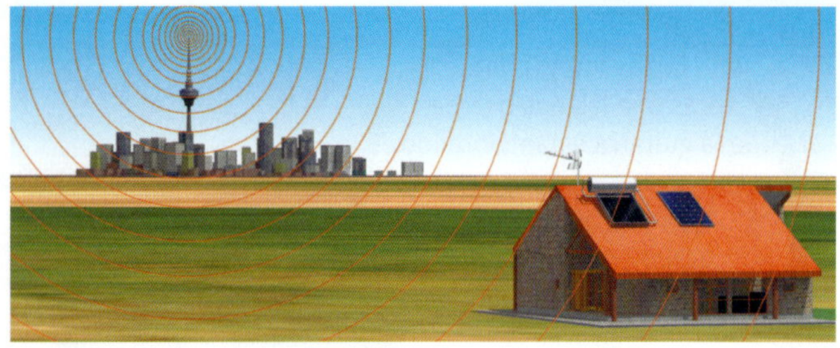

La señal emitida por la antena emisora de televisión llega a nuestra casa a través del espacio. Solo la podemos captar mediante nuestro receptor de televisión.

Los fenómenos anteriores, aparentemente muy distintos, tienen algo en común: la perturbación originada en un lugar se propaga hasta otros sitios lejanos. Esto es posible gracias a las **ondas** producidas en ambos casos.

El movimiento de avance de las ondas se denomina **movimiento ondulatorio** y presenta características propias.

Experimenta

Deja caer un pequeño objeto sobre la superficie en reposo de un recipiente, estanque o piscina. Observa cómo la ola que genera avanza por el agua y llega hasta el borde del recipiente.

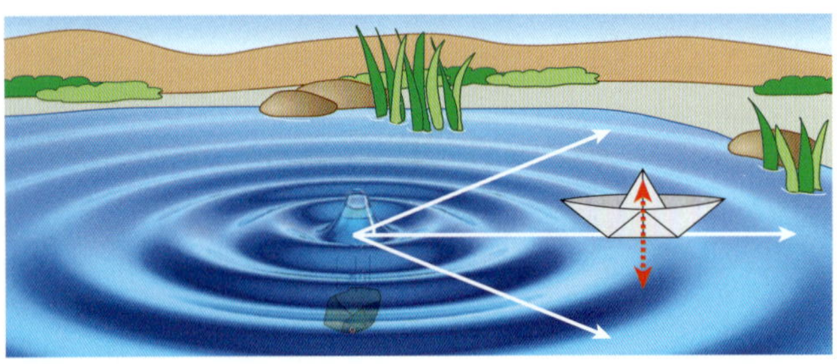

Haz un barquito de papel o de corcho y sitúalo en el estanque a una distancia aproximada de 1 m de donde cae el objeto.

¿En qué se ha transformado la energía potencial que tenía el objeto antes de caer?

¿Se queda la energía en el lugar donde impactó el objeto?

¿Qué le sucede al barquito? ¿Es desplazado hacia el borde del estanque?

¿Qué tipo de movimiento realiza el barquito?

Deja caer el anterior objeto desde mayor altura y compara la nueva ola producida con la anterior. ¿En qué se diferencian?

¿Sabías que...?

En “la ola” que se hace en los campos de fútbol, cada espectador se levanta y se sienta, pero no se mueve por la grada; lo que avanza es la perturbación (aunque en este caso es voluntaria).

La energía liberada en el impacto hace oscilar o vibrar las partículas del agua situadas en el punto de impacto hacia arriba y hacia abajo. Esta oscilación se propaga a las partículas vecinas y se forman una o varias ondas que denominamos **olas**, que avanzan por el estanque con una velocidad constante.

Cuando las olas producidas alcanzan al barquito, este también se pone a oscilar en dirección vertical; sin embargo, la ola pasa y el barquito permanece en el mismo sitio, es decir, las olas no transportan el agua de un sitio a otro.

Esta característica es común a todos los movimientos ondulatorios: la perturbación avanza por el medio, pero las partículas alcanzadas por la onda, aunque vibran, permanecen en el mismo sitio una vez que pasa la perturbación. Dicho de otro modo, la perturbación, en su movimiento, transporta energía pero las partículas del medio material quedan en su sitio.

Una **onda** es una perturbación que se propaga transportando energía sin transportar materia.

Ondas longitudinales y transversales

Experimenta

Pellizca varias espiras de un extremo del muelle y suéltalas. La perturbación se propaga a lo largo del muelle. En este caso, la dirección de vibración de las partículas coincide con la dirección de propagación de la onda. Son ondas **longitudinales**.

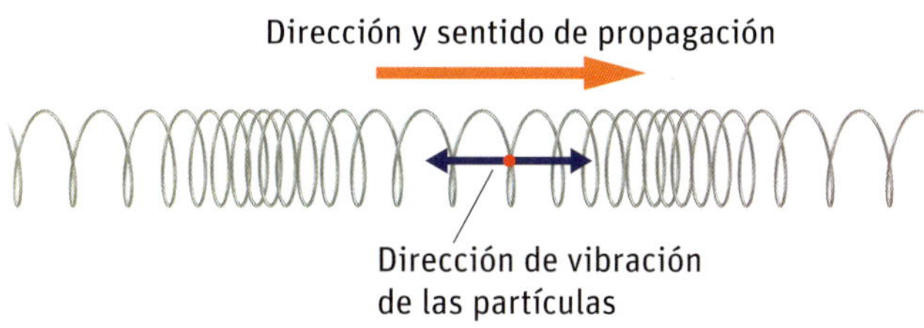

Produce ondas en el muelle agitando verticalmente uno de los extremos. La perturbación avanza por el muelle, pero la dirección de vibración de sus partículas es perpendicular a la dirección de propagación de las ondas. Son ondas **transversales**.

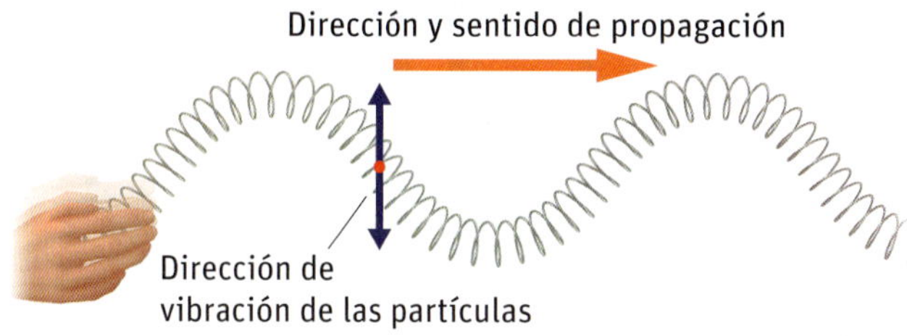

Las **ondas longitudinales** son aquellas cuya dirección de propagación coincide con la dirección de vibración de las partículas alcanzadas por las ondas. Cuando estas direcciones son perpendiculares, se trata de **ondas transversales**.

smSaviadigital.com OBSERVA

Aquí puedes ver ondas longitudinales y transversales.

Características de las ondas

Todas las ondas presentan unas características comunes:

Periodo (*T*): Es el tiempo que tarda una partícula en hacer una oscilación completa (en el caso del barquito, en subir y bajar).

Amplitud (*A*): Es la máxima distancia que separa la partícula desde su posición de equilibrio. En el caso de la ola, la altura que alcanza.

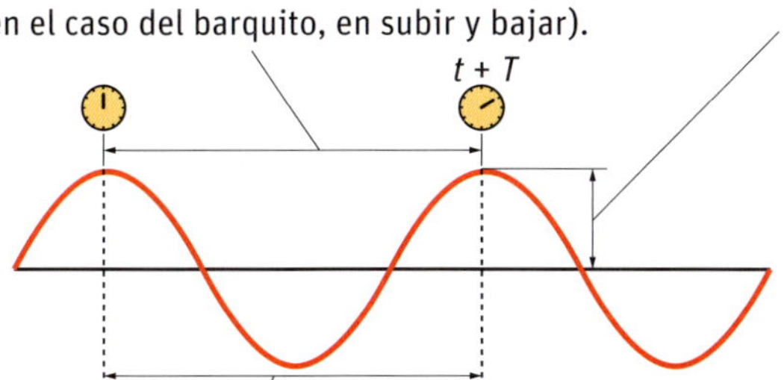

Frecuencia (*f*): es el número de oscilaciones que da la partícula en un segundo. Se mide en Hercios (Hz). Si sube y baja dos veces por segundo, su frecuencia será 2 Hz.

Longitud de onda (λ): Es la distancia entre cresta y cresta.

Velocidad de propagación (*v*): Es el cociente entre la longitud de onda y el periodo. $v = \lambda / T$

Calcula la velocidad de una onda

En un estanque, las olas generadas tardan 4,5 s en llegar a la orilla, que está situada a 13,5 m. Un barquito en el agua realizar una oscilación completa en 0,25 s.

a) Calcula la velocidad de propagación de la onda.

b) ¿Cuál es la longitud de onda de las olas generadas?

SOLUCIÓN

a) $v = \dfrac{\text{Espacio recorrido}}{\text{Tiempo empleado}} = \dfrac{(13{,}5\text{ m})}{(4{,}5\text{ s})} = 3{,}0\text{ m/s}$

b) El período del movimiento ondulatorio es $T = 0{,}25$ s, luego:

$$v = \frac{\lambda}{T} \Rightarrow \lambda = v\,T = (3{,}0\text{ m/s})(0{,}25\text{ s}) = 0{,}75\text{ m}$$

ACTIVIDADES

1. Si un bañista con flotador es alcanzado por las olas y tarda 0,5 s en realizar una oscilación, ¿cuántas oscilaciones por segundo realiza?, ¿cuáles son el período y la frecuencia del movimiento ondulatorio?

2. En la superficie de un estanque se han generado 20 olas en una distancia de 5 m. ¿Cuál es la longitud de onda del movimiento ondulatorio producido?

2 ¿Cómo se produce y cómo se transmite el sonido?

Experimenta

Golpea un diapasón de afinar instrumentos. Oirás un sonido característico. Roza con el extremo de los dedos el diapasón cuando está sonando: comprobarás que está vibrando.

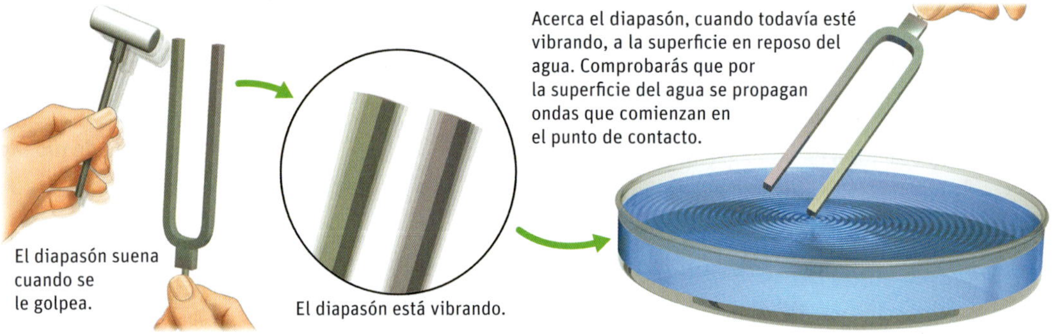

El diapasón vibrando comunica energía al agua, pero esa energía no se queda en el punto de contacto. ¿Qué la transporta?

El **sonido** se produce cuando un objeto vibra. Estas vibraciones se pueden propagar mediante ondas por el aire o por otros medios materiales como el agua, la tierra, los metales, etc.

¿Sabías que...?

Los indios de las praderas ponían la oreja cerca de los raíles porque el sonido de un tren llega mucho antes por los raíles que por el aire. De hecho, en el hierro el sonido se propaga a 6 100 m/s.

Las **ondas sonoras son longitudinales,** similares a las producidas en un muelle cuando se juntan varias espiras en un extremo y se suelta.

Cuando el sonido se propaga por el aire o por otro medio material, las partículas alcanzadas por las ondas realizan un movimiento de vaivén en la misma dirección de propagación de las ondas. En el caso del aire, el avance de las ondas sonoras crea zonas con más presión y zonas con menos presión.

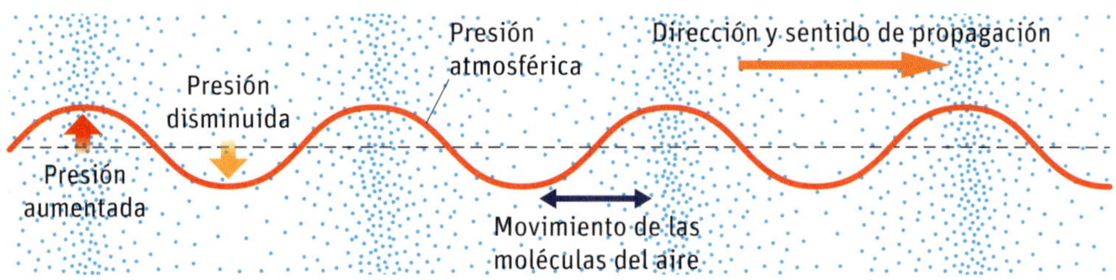

Medimos la velocidad del sonido en el aire

Te encuentras observando los fuegos artificiales de un pueblo cercano que se encuentra a 3,7 km y pones en marcha un cronómetro cuando ves el estallido de uno de los cohetes. En el momento que oyes la explosión paras el cronómetro y observas que han transcurrido unos 11 s. Determina la velocidad del sonido.

SOLUCIÓN

La velocidad de la luz es mucho mayor que la del sonido y la imagen casi no tarda nada en llegar a nuestros ojos.

El sonido recorre 3 700 m en 11 s, luego su velocidad es:

$$v = \frac{\text{espacio}}{\text{tiempo}} = \frac{(3700\ \text{m})}{(11\ \text{s})} = 340\ \text{m/s}$$

smSaviadigital.com OBSERVA

Características de las ondas sonoras

El oído distingue entre sonidos **agudos** y **graves,** y también entre sonidos **fuertes** y **débiles.**

Observa

En la ópera, la soprano es una cantante femenina que emite sonidos de tonos muy agudos, mientras que el barítono o el bajo son cantantes masculinos que emiten sonidos de tonos graves.

Beatriz aumenta el volumen de su equipo de música, que suena muy fuerte. Su padre la reprende y vuelve a bajar el volumen del aparato de música para que emita un sonido más débil.

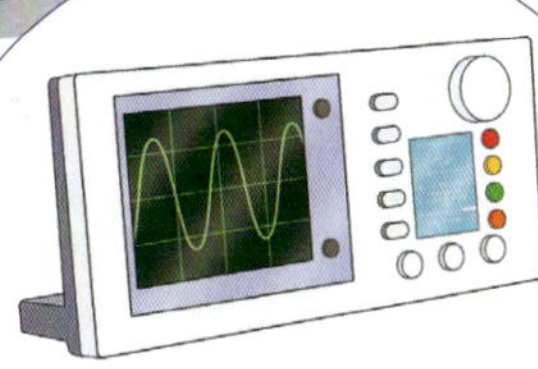

Un micrófono transforma sonidos en señales eléctricas que se visualizan en un osciloscopio.

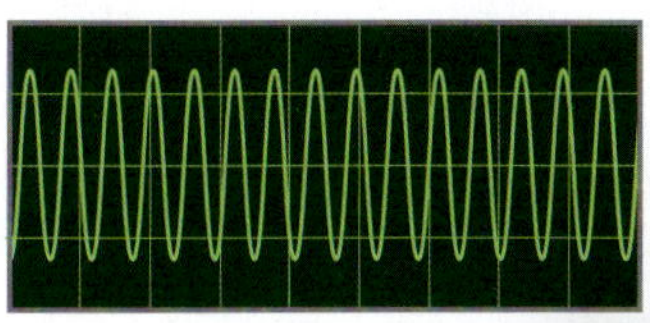

Alta frecuencia: sonido agudo

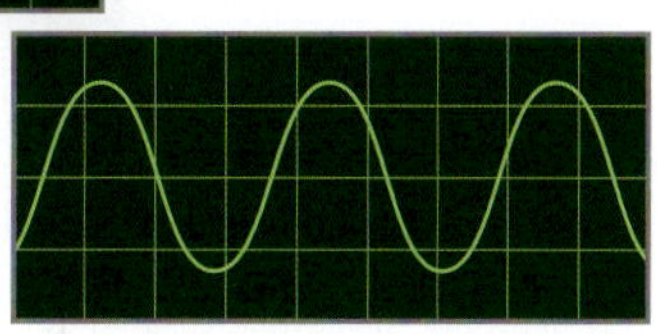

Baja frecuencia: sonido grave

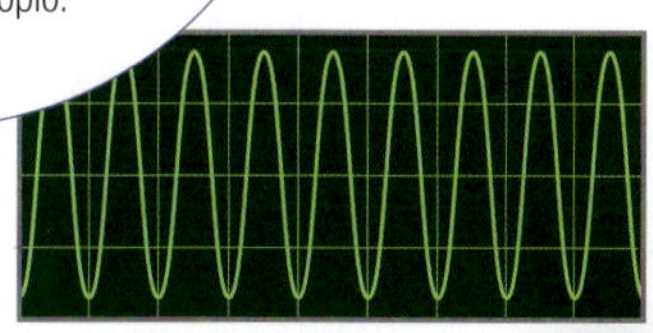

Amplitud grande: sonido fuerte

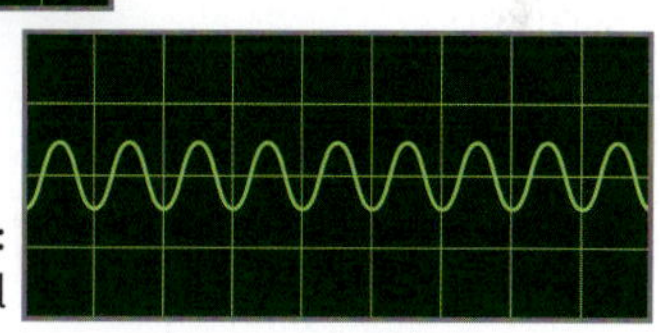

Amplitud pequeña: sonido débil

En el osciloscopio se observa que los sonidos agudos están producidos por ondas muy juntas, de frecuencia alta. Sin embargo, los graves los producen ondas más separadas, de frecuencias bajas.

También se observa que los sonidos fuertes (volumen alto) están producidos por ondas de amplitudes grandes, y los sonidos débiles (volumen bajo), por ondas de amplitudes pequeñas.

ACTIVIDADES

3. Indica qué cualidades del sonido apreciará una persona que reciba una onda sonora producida por un violín interpretando una música suave, el bajo eléctrico de un conjunto de rock, el contrabajo de una orquesta o un tenor interpretando un aria.

4. Dibuja la forma de una onda sonora producida por una flauta, recogida por un micrófono y visualizada en un osciloscopio cuando:

a) El instrumento suena con una frecuencia fija.

b) El instrumento suena con la misma frecuencia y menos volumen.

Te interesa saber

El timbre es una cualidad del sonido que depende de la forma de la onda sonora. Permite distinguir sonidos producidos por distintos instrumentos musicales o la voz de distintas personas.

3 Fenómenos sonoros

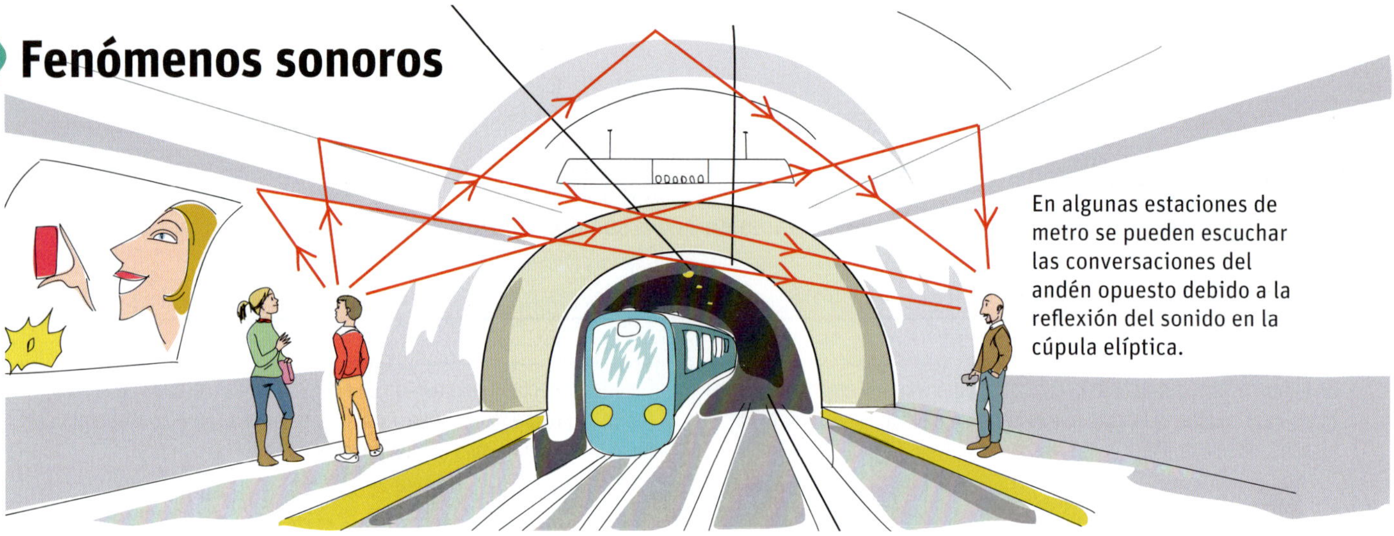

Figura 10.1. Reflexión del sonido.

La **reflexión del sonido** es el cambio de dirección que experimentan las ondas sonoras cuando chocan con una superficie adecuada.

El oído humano distingue dos sonidos como diferentes cuando estos se reciben con una diferencia de tiempo de, al menos, 0,1 s. Como las ondas sonoras viajan por el aire a unos 340 m/s, en 0,1 s recorren 34 m.

Eco	Reverberación
Si el sonido se refleja en un objeto a más de 17 m del emisor, las ondas recorren en su ida y vuelta más de 34 m y el sonido reflejado vuelve al emisor cuando ha transcurrido más de 0,1 segundo.	Si la distancia del emisor al obstáculo es menor de 17 m, el sonido reflejado vuelve antes de 0,1 s y se confunde con el sonido emitido, produciendo reverberación.
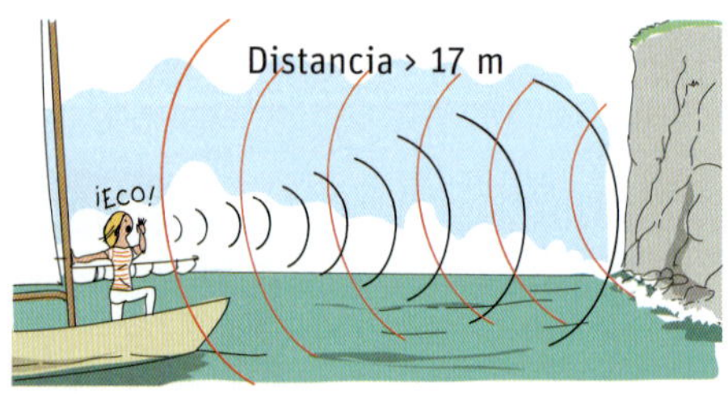	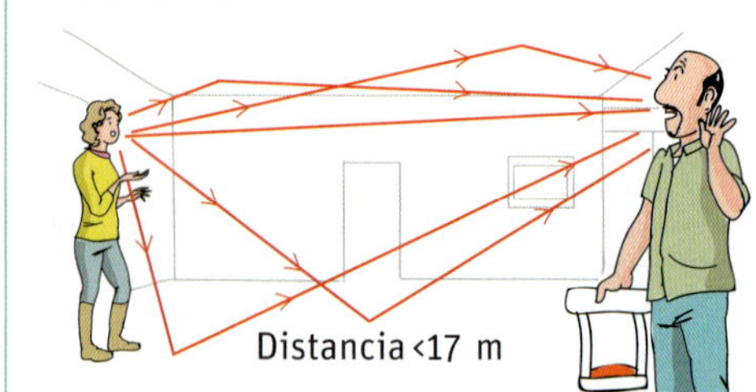

Las ondas sonoras también cambian de dirección cuando pasan de un medio a otro por el que viajan a distinta velocidad. Por ejemplo, el sonido viaja en el dióxido de carbono más deprisa que por el aire, y en el helio, más despacio. En ellos cambia de dirección.

Experimenta

¿En qué situación oirá mejor? ¿Por qué?

La **refracción del sonido** es el cambio de dirección de las ondas sonoras cuando pasan de un medio material a otro por el que viajan a distinta velocidad.

ACTIVIDADES

5. Una persona grita delante de una montaña que se encuentra situada a 55 m de distancia. Calcula cuánto tardará el sonido en regresar hasta el emisor y señala si se producirá eco o reverberación.

Ultrasonidos e infrasonidos

Observa

Clara llama a su perra Pelusa con un silbato que parece que no funciona porque no se oye nada. Sin embargo, Pelusa acude rápida y contenta.

También otros animales, igual que su perra Pelusa, pueden oir el silbato que usa Clara. ¿Cómo es posible?

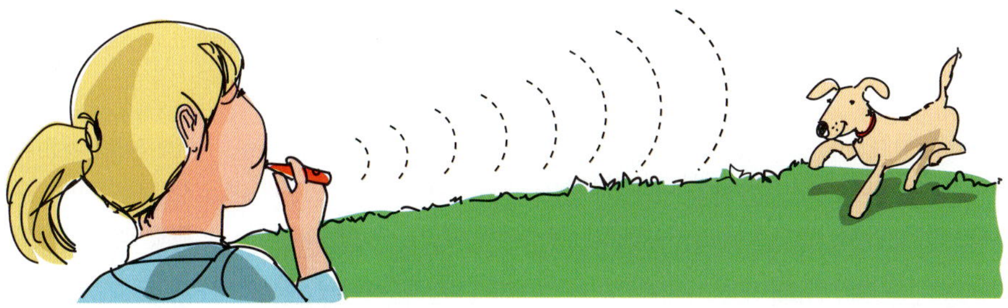

El oído humano puede percibir sonidos cuya frecuencia esté comprendida entre unos 20 Hz y unos 20 000 Hz. Los sonidos de frecuencia superior a 20 000 Hz se denominan **ultrasonidos,** y los de frecuencia inferior a 20 Hz se denominan **infrasonidos.**

El espectro sonoro

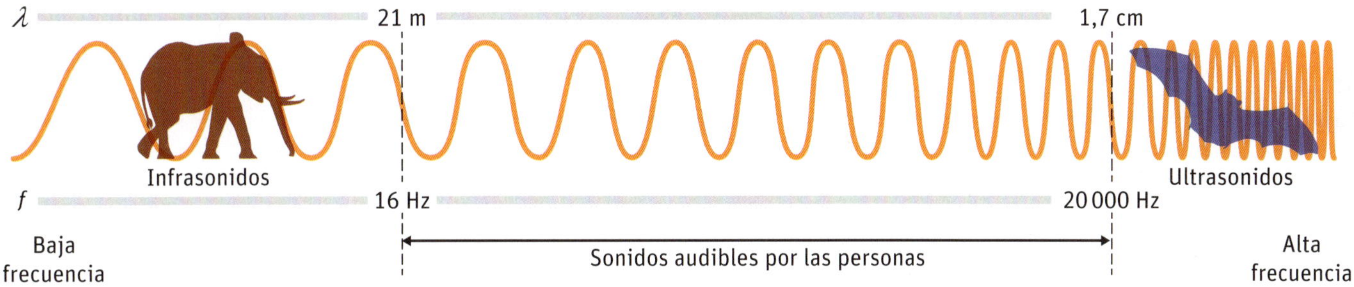

Algunos animales utilizan la **ecolocalización** para conseguir alimentos. Por ejemplo, los murciélagos pueden emitir sonidos de 120 000 Hz que son reflejados por los insectos que constituyen su alimento. También los delfines emiten sonidos cuyo eco reflejado por los peces le permite la localización de estos.

ACTIVIDADES

6. En diversos países europeos están prohibidos unos dispositivos denominados "mosquitos" que producen sonidos de frecuencia superior a 15 000 Hz, usados para dispersar a jóvenes que están produciendo ruido. Investiga por qué no afectan a las personas mayores.

Te interesa saber

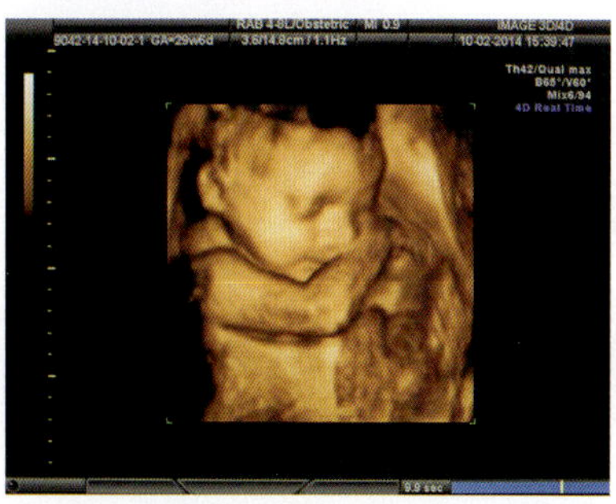

Los ultrasonidos se utilizan en ginecología y en otras especialidades médicas. Un aparato emite ultrasonidos y recibe el eco de los mismos, siendo capaz de formar una imagen de los tejidos u órganos donde se reflejan.

4 La luz y sus características

La luz es un fenómeno producido por las fuentes luminosas. Cualquier objeto visible es una fuente luminosa cuya luz llega a nuestros ojos.

Observa

Fuentes luminosas primarias y secundarias

Un objeto es visible cuando emite luz propia (fuente luminosa primaria). Es el caso del sol, las estrellas, las diferentes lámparas de incandescencia, ledes, fluorescentes, etc.

Un objeto también es visible cuando refleja toda o parte de la luz que recibe de otros objetos (fuente luminosa secundaria). Por ejemplo, la Luna o un chaleco reflectante.

Una forma de describir la propagación de la luz es suponer unos **rayos luminosos** que van desde la fuente hasta nuestros ojos y que representamos con líneas rectas.

Experimenta

Crea sombras y penumbras

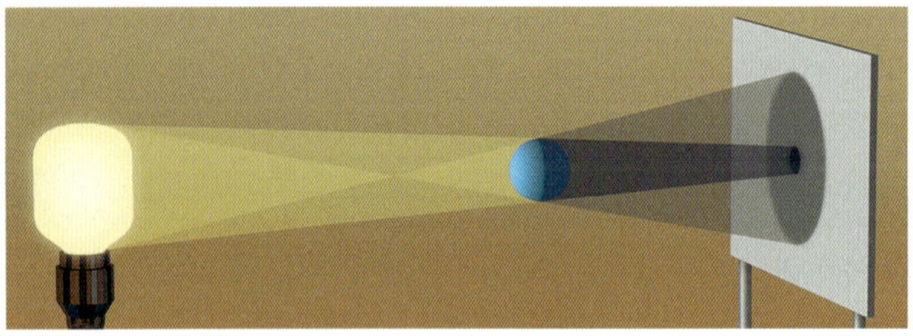

Ilumina con una lámpara una pelota pequeña y coloca una pantalla para recoger la imagen.

Sobre la pantalla se observa una zona de sombra de bordes nítidos, donde no llega ningún rayo de luz, y alrededor, una zona denominada penumbra donde solo llegan algunos rayos de luz. El resto de la pantalla permanece iluminado.

El anterior experimento muestra que la luz se propaga en línea recta desde las fuentes luminosas hasta nuestros ojos. Además, se propaga por el vacío, ya que llega desde el Sol o desde las estrellas hasta la Tierra.

La velocidad de la luz es mucho más difícil de medir que la del sonido porque es mucho mayor, y hasta finales del siglo XVII no fue posible determinarla. Actualmente se acepta un valor de unos 300 000 km/s en el vacío, aunque viaja a una velocidad menor por el agua, el vidrio y otros medios translúcidos.

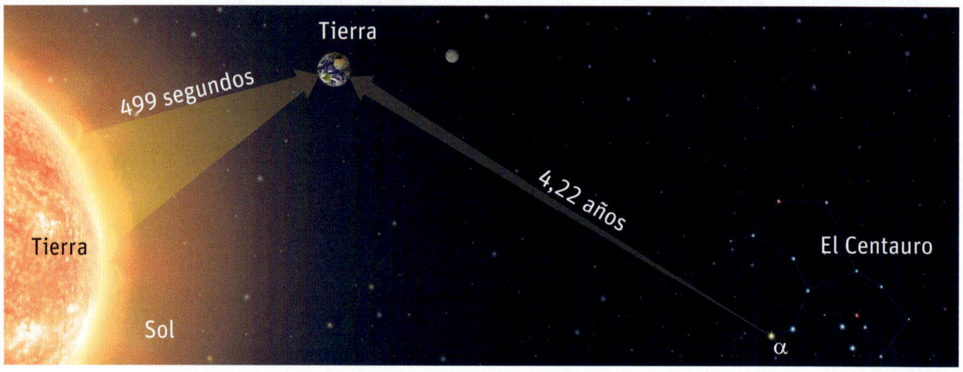

ACTIVIDADES

7. Calcula la distancia desde el Sol a la Tierra usando los datos sobre la velocidad de la luz y el tiempo que tarda en el trayecto, que aparecen en esta página.
8. Se denomina año-luz la distancia que recorre la luz en el vacío durante un año. Calcula su valor en km.

¿Cuál es la naturaleza de la luz?

Diversas experiencias muestran que, al igual que el sonido, **la luz es una onda,** aunque de naturaleza diferente, ya que se puede propagar por el vacío: se trata de una **onda electromagnética,** igual que las ondas de radio y TV, las microondas o los rayos ultravioleta.

Las características de una onda luminosa son, como en cualquier onda, su amplitud, su longitud de onda y su frecuencia.

Observa

Propiedades de las ondas luminosas

El color de la luz está determinado por la frecuencia de las ondas luminosas, que en todos los casos es muy alta.

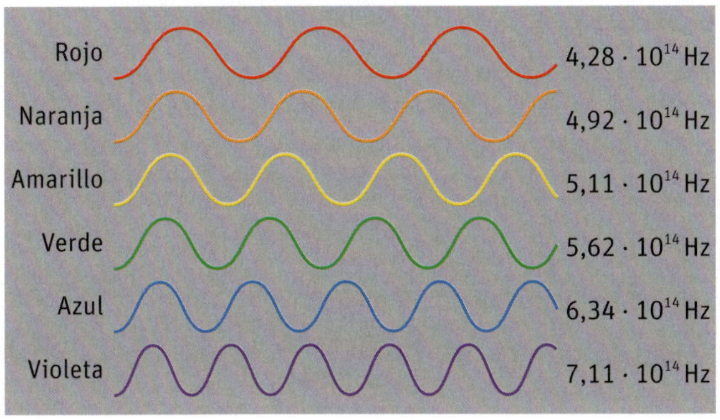

La intensidad de la luz está determinada por la amplitud de las ondas luminosas.

El color de los cuerpos

Las fuentes luminosas primarias presentan el color de la luz que emiten. La luz blanca está formada por la mezcla de los siete colores del arcoíris.

Los cuerpos iluminados con luz blanca muestran el color de la luz que reflejan. Si reflejan todos los colores, se ven blancos, y si absorben todos, negros.

Los colores aditivos primarios son el rojo, el verde y el azul. Cualquier otro color, incluso el blanco, se obtiene con la mezcla adecuada de estos colores.

smSaviadigital.com OBSERVA

ACTIVIDADES

9. La luz viaja desde el Sol hasta nosotros por el vacío. Determina el tiempo que tarda en llegar a la Tierra sabiendo que la distancia media recorrida por la luz es de 150 millones de kilómetros.

10. Indica qué color presentarían:

a) Un cuerpo negro iluminado con luz verde.

b) Un cuerpo verde iluminado con luz roja.

c) Un cuerpo blanco iluminado con luz azul.

5 Reflexión y refracción de la luz

Las ondas luminosas **se reflejan** de forma parecida a las ondas sonoras.

Observa

Reflexión de la luz

Los rayos luminosos se reflejan de forma que el rayo incidente y el reflejado están en un mismo plano. Además, el ángulo de incidencia es igual al de reflexión.

Figura 10.2. Reflexión especular en un lago.

La **reflexión** es el cambio de dirección de la luz cuando choca con una superficie pulimentada. La luz reflejada se propaga por el mismo medio material a la misma velocidad que la luz incidente.

Si la superficie está perfectamente pulimentada, entonces la reflexión se denomina **especular** y la imagen obtenida es nítida. Es el caso de un espejo plateado o de la superficie quieta de un lago o estanque.

Sin embargo, si la superficie no está perfectamente pulimentada, la forma de la imagen solo se adivina. La reflexión se denomina **difusa** porque los rayos que inciden paralelos se reflejan en distintas direcciones.

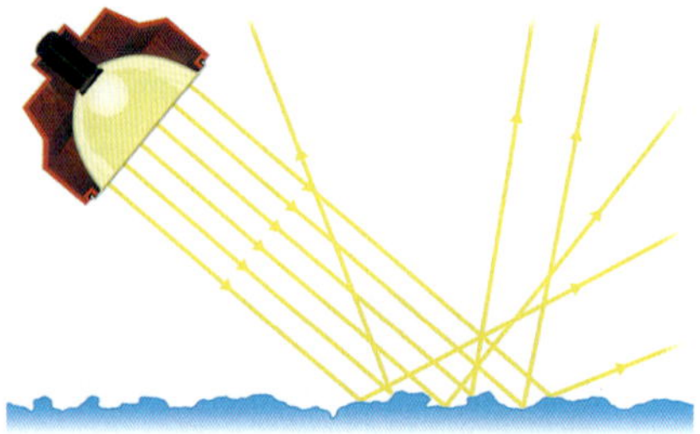

Las imágenes obtenidas en los espejos pueden ser muy diferentes según el tipo de superficie de cada espejo.

Experimenta

Sitúate delante de un espejo plano. Observa que tu imagen aparece derecha, de tu mismo tamaño y detrás del espejo, cosa aparentemente imposible porque los rayos no penetran en él.

Toma ahora una cuchara plateada y sitúala delante de ti por la parte cóncava. Podrás observar tu imagen derecha o invertida según la distancia a la que la sitúes. Si la sitúas por la parte convexa, la imagen es siempre derecha.

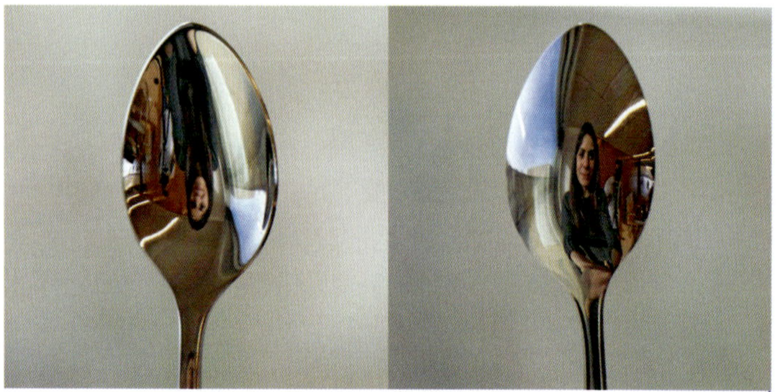

Las ondas luminosas **se refractan** cuando pasan de un medio material a otro.

Observa

Refracción de la luz

La refracción de la luz se aprecia lanzando un haz láser hacia un recipiente con agua. Se observa que el haz se desvía al penetrar en el agua.

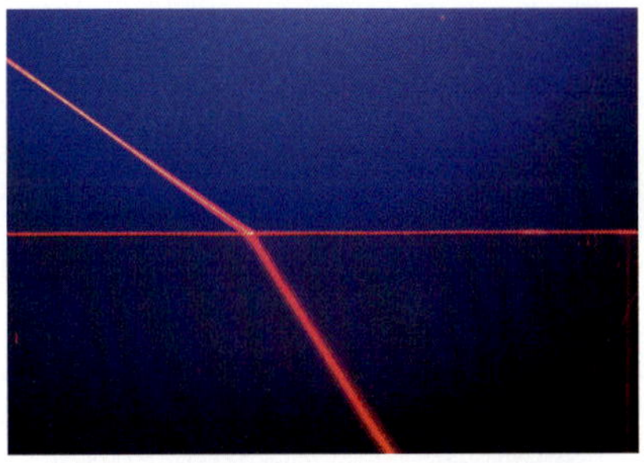

En la Web

En este enlace puedes investigar sobre la reflexión y la refracción de la luz.

www.e-sm.net/svfq2eso10_01

La **refracción** es el cambio de dirección de la luz cuando pasa de un medio material a otro por el que viaja con distinta velocidad (por ejemplo, desde el aire al agua).

Cuando la luz pasa de un medio material a otro por el que viaja más deprisa (por ejemplo, desde el agua al aire), a partir de un determinado ángulo de incidencia no hay refracción, solo reflexión. El fenómeno se denomina **reflexión total.**

La Física ayuda a la medicina

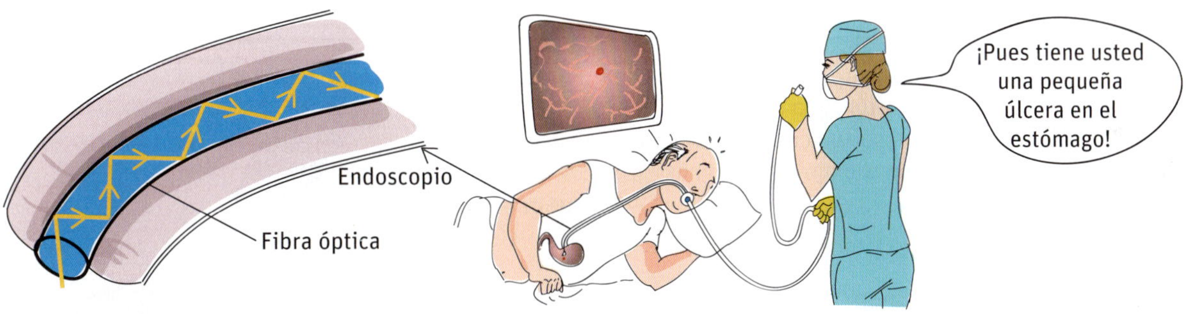

El endoscopio permite ver el interior del cuerpo. Consta de un tubo delgado que se introduce en el cuerpo. En su interior hay una fibra óptica donde se produce la reflexión total de la luz.

Las lentes son objetos transparentes que tienen la forma adecuada para que la luz se refracte de la forma deseada. Pueden ser **convergentes** o **divergentes.**

Lentes convergentes	Lentes divergentes
Lente convergente (dioptrías positivas) 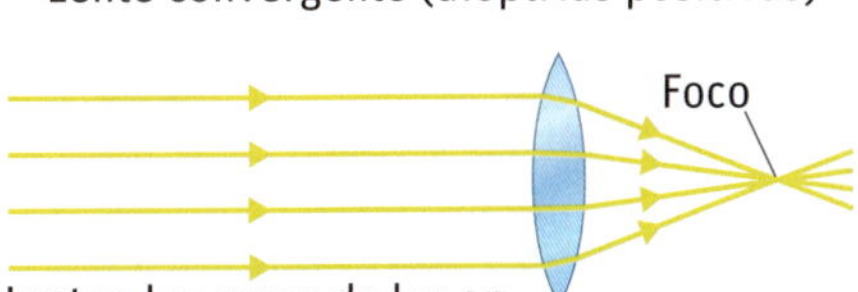 Juntan los rayos de luz en un punto denominado foco	Lente divergente (dioptrías negativas) 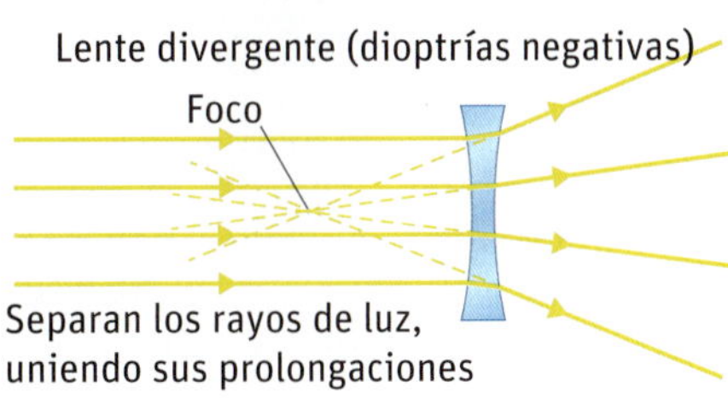 Separan los rayos de luz, uniendo sus prolongaciones

ACTIVIDADES

11. ¿Qué fenómeno se produce cuando ves tu imagen reflejada en la superficie en calma de un lago? ¿Y cuando la superficie del lago está rizada?

12. smSaviadigital.com PRACTICA

Explica qué tipo de lente ha usado para encender el fuego. ¿Por qué?

6 Cómo captamos las ondas sonoras y luminosas

Las ondas sonoras del gong llegan hasta el tímpano y lo hacen vibrar. Esta vibración se transmite mediante tres huesecillos, martillo, yunque y estribo, hasta el caracol, auténtico órgano de la audición, donde están las células nerviosas que traducen dicha vibración en impulsos eléctricos, que el nervio auditivo transporta al cerebro.

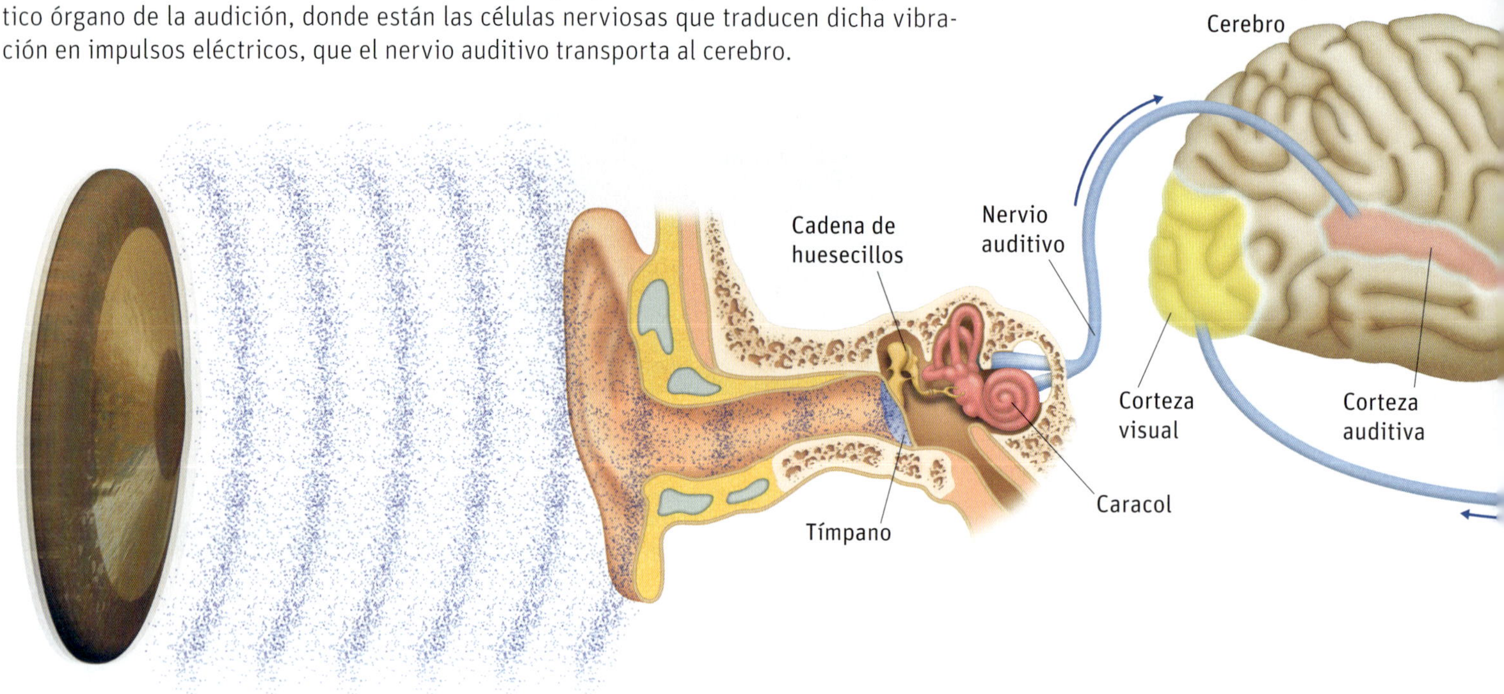

Busca información sobre lo que ocurriría si en un accidente se daña esa zona del cerebro.

smSaviadigital.com OBSERVA

En este vídeo puedes comprobar cómo funciona el ojo y el oído.

Laboratorio en casa

Modelo de timpano. En una caja de cartón dejamos un lateral abierto y en la parte superior cortamos un círculo y colocamos sobre él un trozo de papel de aluminio. Añadimos unos granitos de sal.

Acerca una guitarra al hueco de la caja y toca una cuerda.

¿Qué le ocurre a la sal? En este modelo, ¿qué sería la oreja? ¿Y el tímpano?

Teléfono "casero". Coge dos vasos de plástico y únelos con una cuerda que quede bien sujeta al fondo de cada vaso. Con ayuda de un compañero, separad los vasos lo suficiente para que la cuerda quede tensa.

Habla en uno de los vasos a modo de micrófono y pide a tu compañero que sitúe el otro vaso en su oído. Después intercambiad los papeles.

¿Por qué se escucha mejor por este "teléfono" que por el aire?

La luz verde reflejada por el árbol penetra en el ojo por la pupila. El cristalino, que es una lente convergente, la concentra en la retina, donde hay células especializadas que la transforman en impulsos eléctricos que, a través del nervio óptico, llegan a otra zona específica del cerebro.

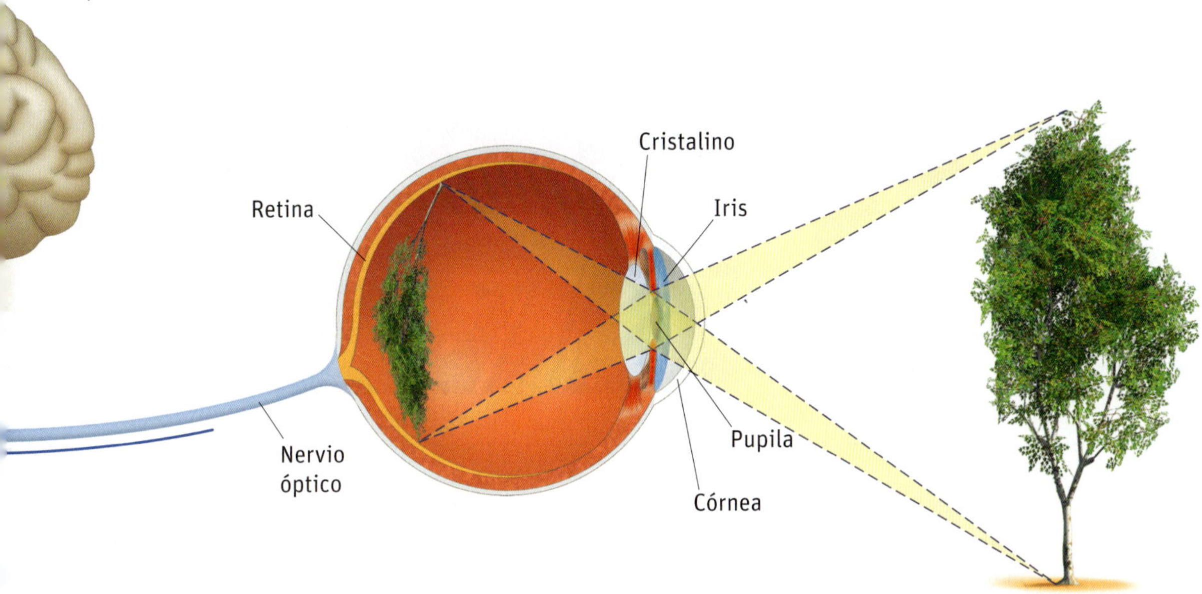

Busca información sobre lo que ocurriría si en un accidente se daña esa zona del cerebro.

Laboratorio en casa

La cámara oscura. Consigue una caja de cartón, haz un agujero de unos 5 o 6 cm de diámetro en una de las bases y fija la lente de una lupa sobre él (puede ser de plástico, de las de todo a un euro).

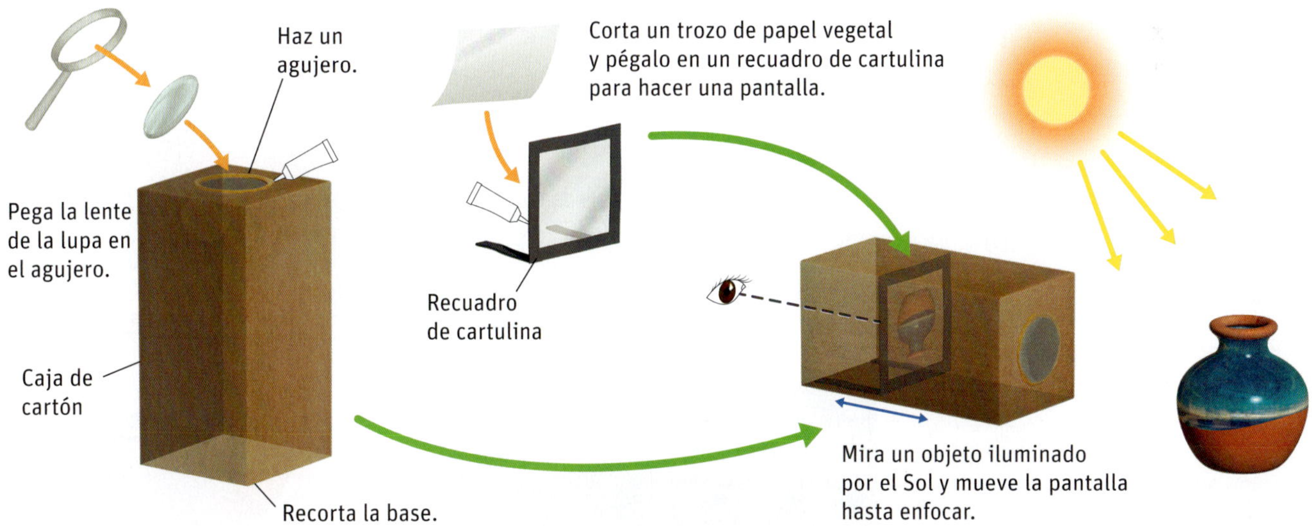

Acerca y aleja una pantalla de papel vegetal hasta que se observe nítida la imagen del exterior.

¿Cómo se ve la imagen? Compara la cámara oscura con el ojo relacionando las columnas:

Pupila •	• Lupa
Cristalino •	• Agujero
Retina •	• Papel vegetal

smSaviadigital.com OBSERVA

En este vídeo te mostramos cómo hacer una cámara oscura.

7 Las contaminaciones acústica y lumínica

Observa

La música puede ser agradable, pero si el volumen está muy alto, molesta y llega a ser peligrosa para los oídos.

El tráfico es una de las principales fuentes de ruido y afecta a la salud de las personas.

Tabla de decibelios aproximados	
Silencio	0
Pisada	10
Hojas de árboles moviéndose	20
Conversación en voz baja	30
Biblioteca	40
Despacho tranquilo	50
Conversación	60
Tráfico de la ciudad	80
Aspiradora	90
Motocicleta a escape libre	100
Concierto de rock	120
Martillo neumático	130
Despegue de un avión	150
Explosión de un artefacto	180

Cuando las ondas sonoras transportan tanta energía que llegan a ser nocivas para la salud o producen sonidos no deseados o desagradables (ruido), se origina la **contaminación acústica.**

Comparando la intensidad de un sonido con la intensidad del mínimo sonido audible, se establece la **escala decibélica,** que mide la sensación sonora que producen los sonidos. Esta sensación se mide mediante el **sonómetro.**

En España y en otros países industrializados, muchas personas están sometidas durante varias horas al día a sensaciones sonoras superiores a 65 dB, que es el límite que la Organización Mundial de la Salud establece como saludable.

Figura 10.3. Sonómetro

Medidas contra la contaminación acústica	
Protección	Educación

El trabajar con protecciones acústicas e instalar pantallas cerca de las carreteras y calles con mucho tráfico y aislar acústicamente las viviendas contribuye al confort de las personas.	Evitar los gritos innecesarios, respetar el silencio en zonas cercanas a hospitales, cumplir las leyes sobre producción de ruidos en locales públicos y domicilios, etc.

Experimenta

Mide la contaminación lumínica en tu ciudad

Una sencilla forma de evaluar la contaminación lumínica es contar estrellas visibles: cuantas más veas, menos contaminado estará el cielo que miras. La constelación del Cisne en la Vía Láctea, visible en primavera y verano, contiene un grupo de estrellas denominado Cruz del Norte; observa este grupo y cuenta las estrellas que ves: las de magnitud 1 son las más brillantes, y las de magnitud 7 son las menos brillantes observables a simple vista. En un cielo no contaminado se verían muchas de magnitud 7.

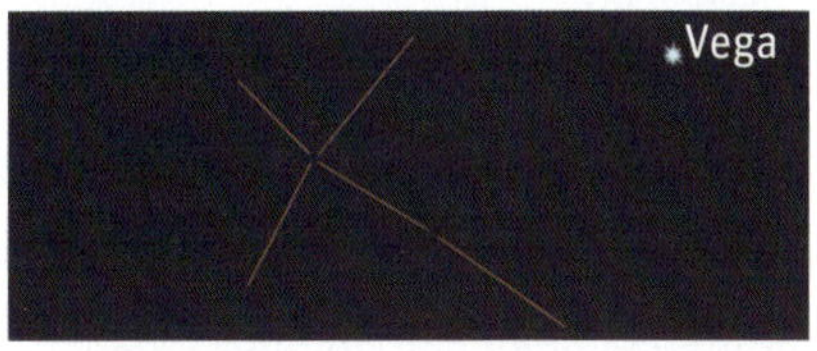

Magnitud 1. No se ven estrellas de la Cruz del Norte, pero se ve Vega.

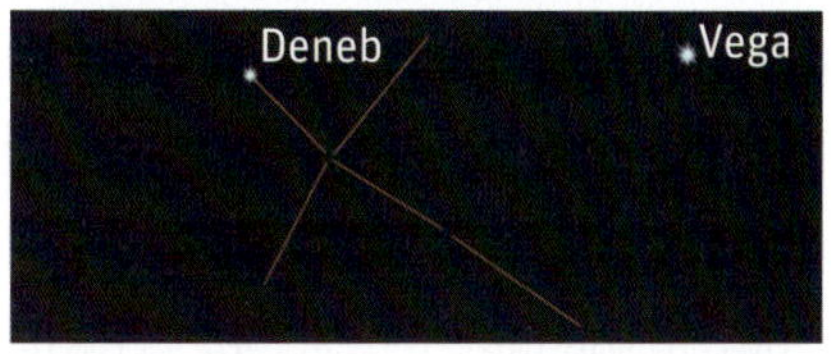

Magnitud 2. Deneb es la única estrella visible de la Cruz del Norte.

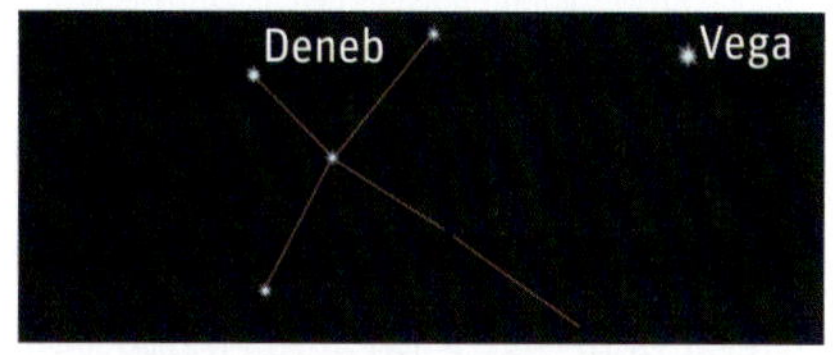

Magnitud 3. Se ven cuatro estrellas en la parte superior de la Cruz del Norte.

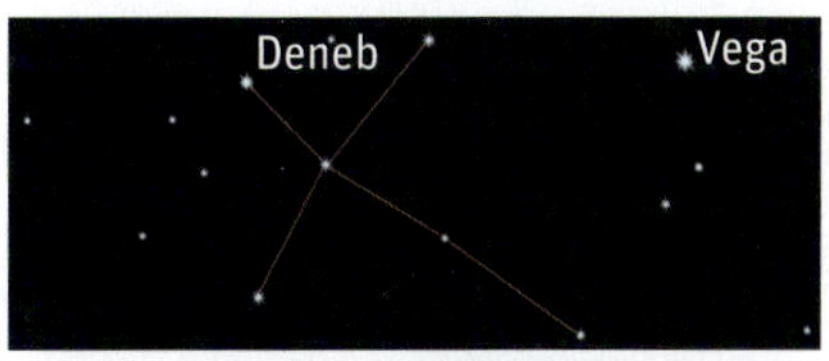

Magnitud 4. Se ven las seis estrellas principales de la Cruz del Norte.

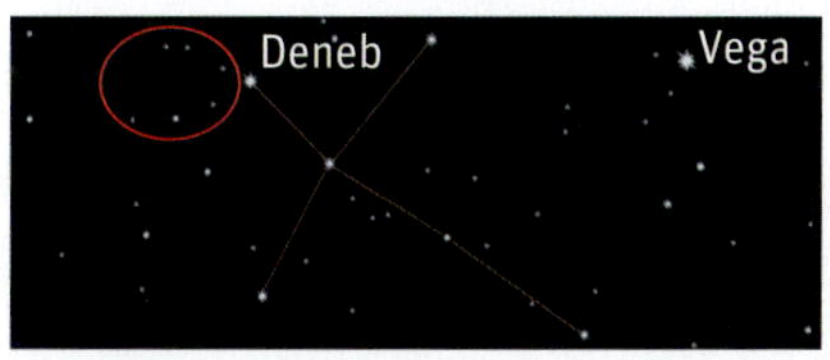

Magnitud 5. Se ven seis estrellas en forma de V en la parte superior de la Cruz.

Magnitud 6. Estrellas en forma de S son visibles en la zona marcada.

El alumbrado nocturno de los núcleos de población, así como de las instalaciones industriales y comerciales, produce la emisión de una gran cantidad de energía luminosa. Muchas de estas luminarias emiten luz hacia arriba o son innecesarias.

El aire, generalmente contaminado con diversas sustancias químicas, junto al vapor de agua, difunde los rayos luminosos de todas estas fuentes, originándose una luminosidad de fondo que, en principio, no perjudica a la salud humana, pero que puede influir de forma apreciable sobre las costumbres de otras especies.

Una consecuencia muy negativa de esta contaminación lumínica es la necesidad de llevar hasta zonas muy apartadas los telescopios e instrumentos de observación celeste.

Figura 10.4. La contaminación lumínica es observable desde el espacio.

La **contaminación lumínica** es cualquier efecto adverso producido por la luz artificial, como, por ejemplo, el brillo del cielo, resplandores, la luz no deseada, la reducción de la visibilidad nocturna o el excesivo gasto energético.

ACTIVIDADES

13. Indica algún ejemplo de cómo puede afectar la contaminación acústica a la vida normal de las personas. Utiliza un sonómetro para medir los decibelios que hay en el patio de recreo de tu centro escolar con alumnos y sin alumnos (si no dispones del mismo, utiliza una *app* de tu móvil para simular un sonómetro).

14. Razona si es necesaria la luz radiada hacia arriba en estos casos:

a) Pistas de aeropuertos.

b) Iluminación de calles y plazas.

c) Iluminación de una mesa de estudio.

Procedimientos de la ciencia

Medir es prevenir

La Organización Mundial de la Salud (OMS) ha alertado de que más de 1000 millones de jóvenes de todo el mundo están en riesgo de sufrir pérdidas de audición debido fundamentalmente al exceso de ruido con los auriculares, en las discotecas, etc.

Los efectos negativos comienzan si se está expuesto a más de 85 dB durante, al menos, 8 horas, o a 100 dB durante, al menos, 15 minutos. Vamos a medir la sensación sonora que producen los auriculares de un móvil al volumen máximo.

1 HAZTE CON UN SONÓMETRO Y CONSTRUYE UNA "OREJA"

Consigue un sonómetro de laboratorio o descárgate la *app* Sonómetro para el móvil. La *app* no es tan fiable, pero puede dar una idea aproximada del nivel de intensidad sonora o sonoridad existente y avisar del riesgo.

Fabrica con cartulina un tubito que hará las funciones del canal auditivo. Debe medir unos 3 cm, de tal forma que la distancia entre el auricular y el sonómetro (o el micrófono del móvil receptor) sea de unos 2 cm.

2 PREPARA EL MONTAJE

Conecta un extremo al auricular y acerca el otro al sonómetro (o al móvil con la *app* Sonómetro) que hace de oído.

3 MIDE EL NIVEL DE RUIDO

Pon una canción en el móvil y sube el volumen al máximo. ¿Cuántos decibelios marca el sonómetro? Prueba con otros auriculares y móviles.

Mide el ruido de un secador de pelo, etc. Como anécdota, la vuvuzela, un instrumento musical que se popularizó en los mundiales de fútbol de 2008, produce 120 dB, por lo que las personas no deberían estar expuestas a su sonido por un tiempo mayor de 10 segundos.

El problema de la exposición al ruido es que la pérdida de audición es muy gradual y los jóvenes no la perciben, pero las células auditivas deterioradas no se remplazan.

ACTIVIDADES

15. Con toda la información obtenida, haz un informe y expón las medidas que propondrías sobre el uso de auriculares.

16. El Ayuntamiento de Madrid hizo una campaña contra la contaminación acústica con una imagen similar a la de la derecha. Interpreta su significado.

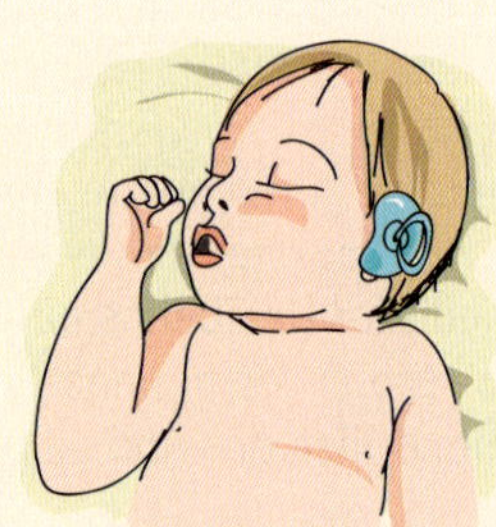

Procedimientos de la ciencia

De Siracusa a Sevilla

Según la leyenda, en el año 213 a. C., en la defensa de la ciudad de Siracusa (Sicilia), el gran físico Arquímedes logró quemar las naves romanas usando espejos... y la luz del sol. ¿Sería posible actualmente? Vamos a intentar imitarlo, solo necesitamos espejos de baño, escuadras, tornillos y una base de madera.

1 MONTANDO LOS ESPEJOS

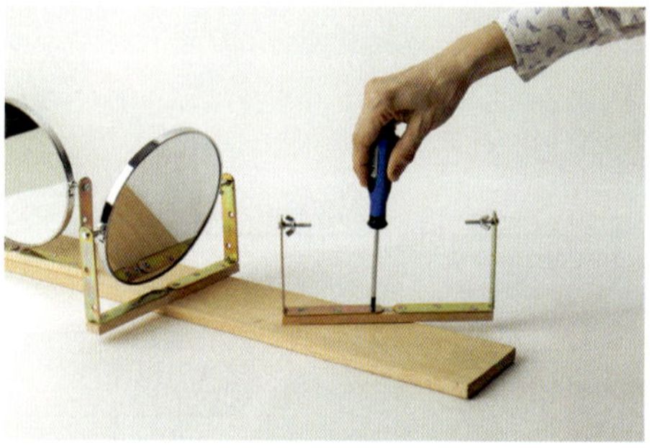

Atornilla las escuadras al listoncillo de madera y coloca dos tuercas largas. Después, ancla el espejo.

2 EXPERIMENTA

Mueve los espejos de forma que concentren los rayos del sol sobre el barco.

a) ¿Qué ha ocurrido?

b) ¿En qué ley (propiedad) se basa este experimento?

- Ley de la reflexión.
- Ley de la refracción.

Las velas tenían unas bandas negras.

c) ¿Ha influido ese detalle en el resultado?

smSaviadigital.com OBSERVA

El vídeo muestra el fenómeno.

ACTIVIDADES

17. La idea de Arquímedes se utiliza hoy día en las centrales termosolares como la PS10 (provincia de Sevilla). En vez de quemar barcos, se calienta agua y con el vapor generado se mueven grandes turbinas que generan electricidad.

a) Dibuja un esquema del montaje y complétalo con rayos reflejados como en el procedimiento anterior.

b) ¿Por qué se llaman heliostatos a los espejos?

c) ¿Qué ocurre en la caldera?

d) Busca información sobre las centrales termosolares y rellena este cuadro en tu cuaderno:

Ventajas	Inconvenientes
●●●	●●●
●●●	●●●

Lo esencial en imágenes

ONDAS

Transportan

ENERGÍA

Dos ejemplos son:

EL SONIDO

Se propaga por

El aire a 340 m/s y por otros medios materiales a distintas velocidades.

Su frecuencia determina

EL TONO

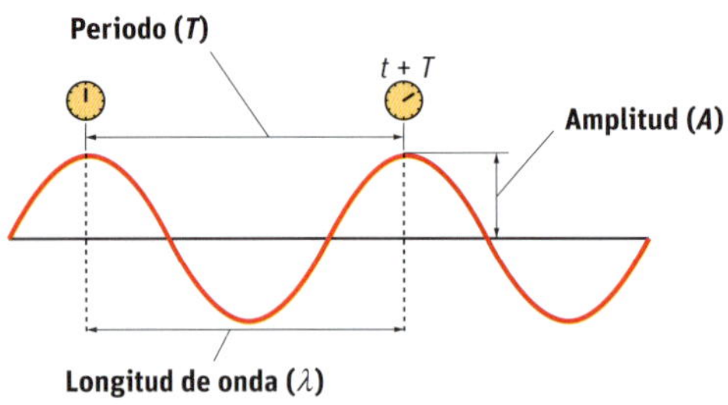

LA LUZ

Se propaga por

El vacío a 300 000 km/s y por medios materiales translúcidos a menor velocidad

Su frecuencia determina

EL COLOR

Experimentan

reflexión y refracción

Reflexión

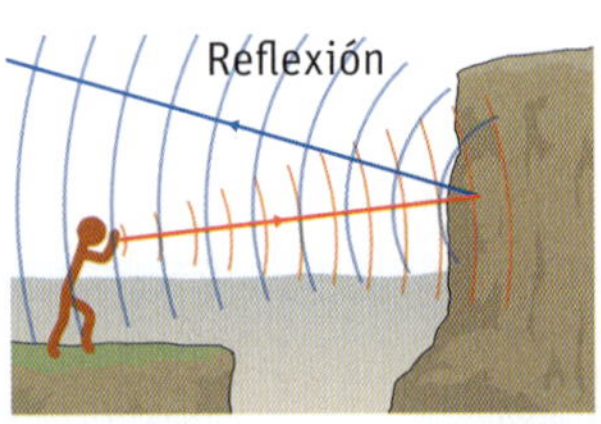

Refracción

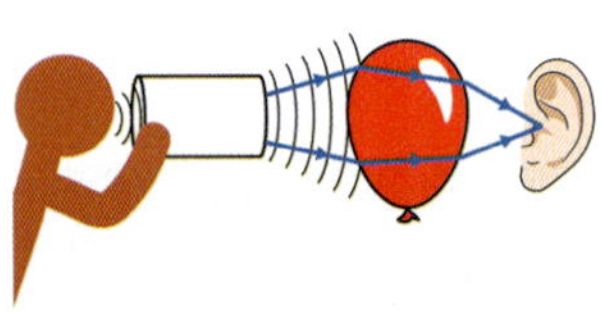

Su mal uso produce contaminación acústica

Reflexión

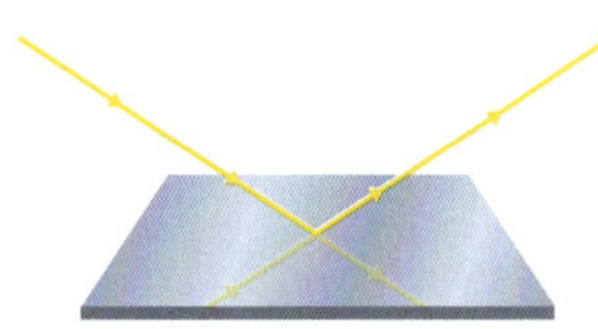

Refracción

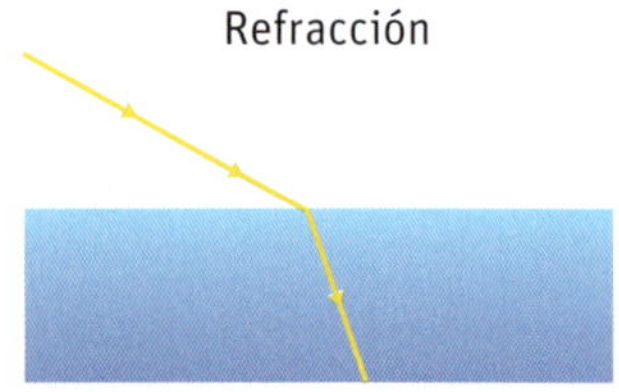

Su mal uso produce contaminación lumínica

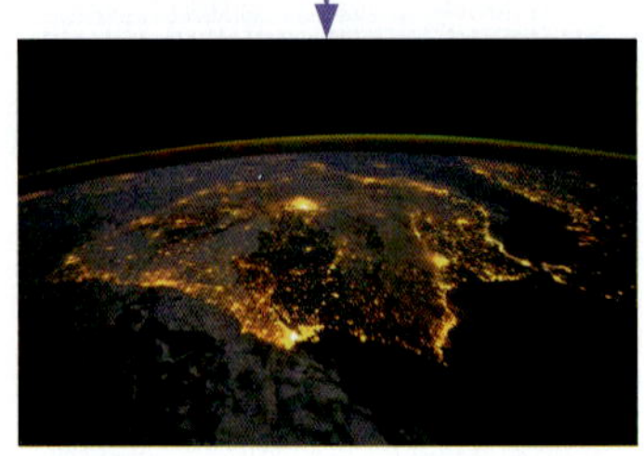

smSaviadigital.com VALORA LO APRENDIDO > Resumen

Lo esencial en problemas

1. El 26 de diciembre de 2004, un terremoto de magnitud 9 en Sumatra (3° 18' 58'' N, 95° 51' 14'' E) originó un tsunami que llegó hasta Somalia.

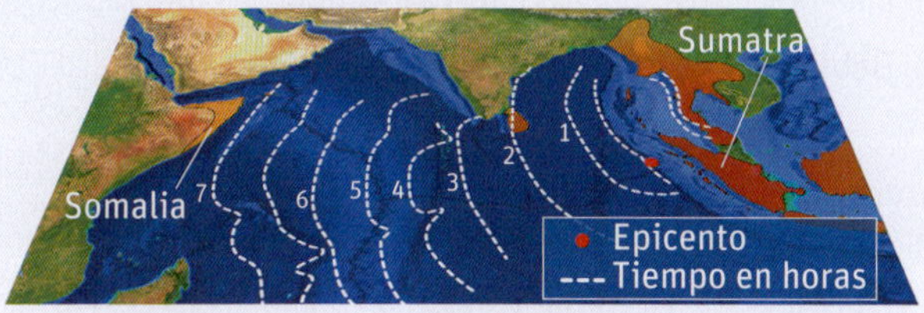

En Sri Lanka (7° 0' 0'' N, 81° 0' 0'' E) provocó muchos muertos. ¿Cuánto tardó en llegar a la isla? Consulta en la web la distancia recorrida y responde:

a) ¿A qué velocidad se propagó?

b) Si el período de vibración fue de 15 minutos, ¿qué longitud de onda tuvo el tsunami en ese recorrido?

c) ¿Qué tiene en común un tsunami con la luz y el sonido?

SOLUCIÓN

a) $v=\frac{s}{t}=\frac{(1600\text{ km})}{(2\text{ h})}=800\text{ km/h}$

b) $v=\frac{\lambda}{T}\Rightarrow\lambda=v\,T=(800\text{ km/h})\,(0{,}25\text{ h})=200\text{ km}$

c) Los tres fenómenos son ondulatorios, perturbaciones que se propagan transportando energía sin transportar materia.

2. En 2014, científicos de la Universidad de Huelva registraron un impacto de un gran meteorito de 450 kg sobre la Luna a unos 60 000 km/h.

Si la distancia Tierra-Luna es de 384 400 km, calcula:

a) El tiempo que tardó la imagen del destello producido en llegar a Huelva.

b) ¿Escucharon los científicos el ruido del impacto?

SOLUCIÓN

a) $t_{\text{luz}}=\frac{(384400\text{ km})}{(300000\text{ km/s})}=1{,}28\text{ s}$

b) El sonido no se propaga en el vacío, por lo que no pudieron escuchar el impacto.

3. El Observatorio de Roque de los Muchachos está en la isla de La Palma (Canarias) a 2 396 m de altura. En la imagen se observa el mar de nubes y el observatorio.

Indica la razón por la que crees que se ubicaron los telescopios en dicho lugar.

a) Porque está más cerca del ecuador.

b) Porque hay menos contaminación lumínica.

c) Al estar en una montaña, se halla más cerca de las estrellas.

d) Por tener cielos más despejados.

SOLUCIÓN

La b) y la d). La diferencia de distancias a las estrellas es irrelevante, pero al estar a más altura, la luz de las estrellas atraviesa menos kilómetros de atmósfera.

Además, el mar de nubes suele estar entre 1 000 y 2 000 m de altura y hay muchos días con cielos despejados. El mar de nubes sirve también para reducir la contaminación lumínica de las poblaciones próximas.

4. Señala si son verdaderas o falsas las siguientes afirmaciones:

a) La luz y el sonido son fenómenos ondulatorios.

b) El sonido es una onda transversal que se propaga a 340 m/s.

c) El oído humano está adaptado a captar sonidos entre 20 Hz y 20 000 Hz.

d) La luz se propaga en el vacío a 300 km/s.

e) La luz experimenta reflexión y refracción, pero el sonido solo experimenta reflexión.

SOLUCIÓN

a) Verdadera.

b) Falsa. Es una onda longitudinal y su velocidad de propagación depende del medio.

c) Verdadera.

d) Falsa. En el vacío, su velocidad es de 300 000 km/s.

e) Falsa. Todas las ondas pueden experimentar reflexión y refracción.

Actividades

Ondas sonoras y luminosas

18. Ana programa un móvil con su canción favorita y lo mete en una campana de vacío. La imagen se ve y el sonido suena algo apagado por la campana.

Al accionar la bomba extractora de aire, ¿qué ocurre con la imagen y el sonido? Razona la respuesta.

19. La luz es la campeona de la velocidad, pero ¿por cuál de los siguientes medios viaja más rápido? ¿Cuál es el valor máximo de su velocidad?

a) Aire.

b) Vacío.

c) Vidrio.

d) Agua.

20. Sirio es la estrella más brillante del cielo. Pertenece a la constelación de Canis Maior y se encuentra a 8,6 años luz de la Tierra.

a) ¿A qué distancia en km se encuentra Sirio de la Tierra?

b) ¿Está cerca o lejos de la Tierra? Busca información. Y ten en cuenta que en ciencia "todo es relativo".

21. ¿Cuál es la principal razón por la que podemos ver la Luna?

a) La Luna refleja la luz de la Tierra.

b) La Luna refleja la luz del Sol.

c) La Luna produce su propia luz.

d) La Luna es más grande que las estrellas

22. Una persona grita delante de una pared rocosa y escucha ocho segundos después el eco producido por la reflexión del sonido en la pared. Sabiendo que la velocidad del sonido en el aire es de 340 m/s, calcula la distancia de la persona a la pared rocosa.

23. Identifica diversos elementos y/o conductas que ocasionen contaminación acústica o lumínica en tu entorno y propón alguna medida para luchar contra ellos.

24. Asocia a cada gráfico el sonido que le corresponde:

a) Fuerte y grave.
c) Fuerte y agudo.
b) Débil y grave.
d) Débil y agudo.

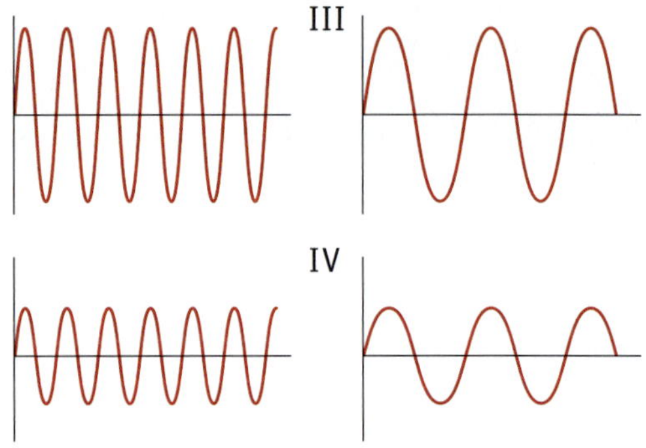

¿Cuál correspondería a un chillido muy intenso? ¿Y a un sonido de un bombo lejano?

25. En el mapa se observa el fondo marino de la costa andaluza. Se ha podido dibujar gracias a un aparato llamado sónar.

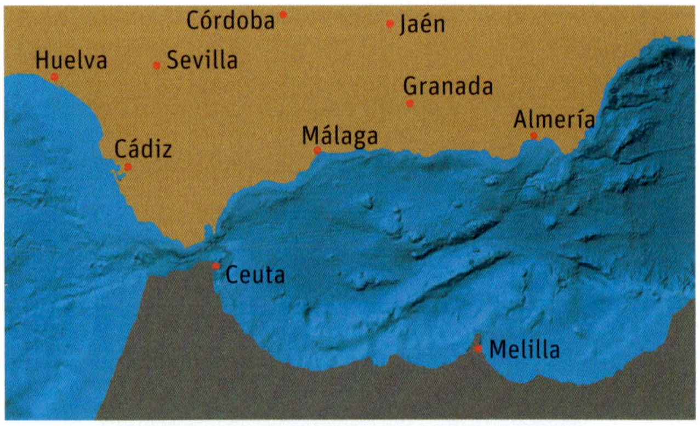

a) Explica cómo funciona.

b) ¿En qué propiedad del sonido se basa?

26. Rellena la tabla en tu cuaderno con animales capaces de:

Emitir ultrasonidos	•••
Detectar IR	•••
Detectar UV	•••
Detectar infrasonidos	•••

Fenómenos sonoros y luminosos

27. Indica en qué fenómeno luminoso se basan los siguientes instrumentos y qué dispositivo óptico usan:

a) Una lupa.

b) Un espejo para ver el tráfico en un cruce.

c) Una cámara fotográfica.

d) Unas gafas.

28. Los submarinos llevan un periscopio para ver sin ser observados. Completa el dibujo con la trayectoria del rayo de luz.

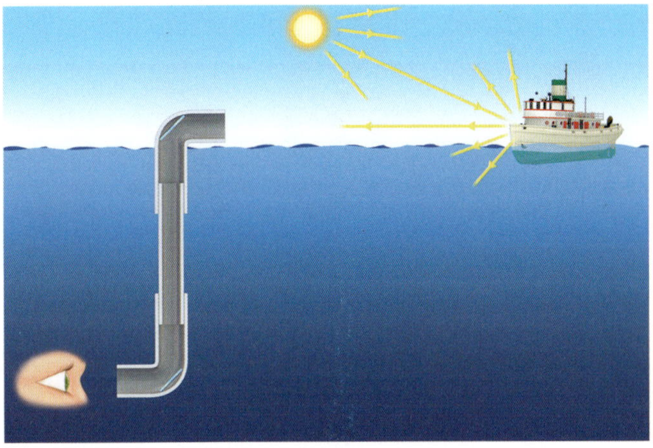

29. A Leonardo da Vinci se le ocurrió un aparato para escuchar barcos que se encontraban muy lejos. Consistía en un tubo largo con una membrana que se metía en el agua mientras que colocaba el otro extremo en el oído. Siglos después, su invento se utilizó en este experimento llevado a cabo en el lago de Ginebra.

a) ¿Qué crees que se quiere lograr con este experimento?

b) Con su oído derecho, el investigador escuchó el sonido que le llegaba a través del aire, y con el izquierdo, gracias a la trompetilla, el que llegaba por el agua. ¿Cuál crees que oyó primero?

c) Si la longitud del lago es de 5,7 km y tardó en escucharlo unos 4 s, calcula la velocidad de propagación del sonido en el agua.

30. Copia los dibujos en tu cuaderno y completa la trayectoria de los rayos. ¿Cuál se parece al cristalino que tenemos en los ojos?

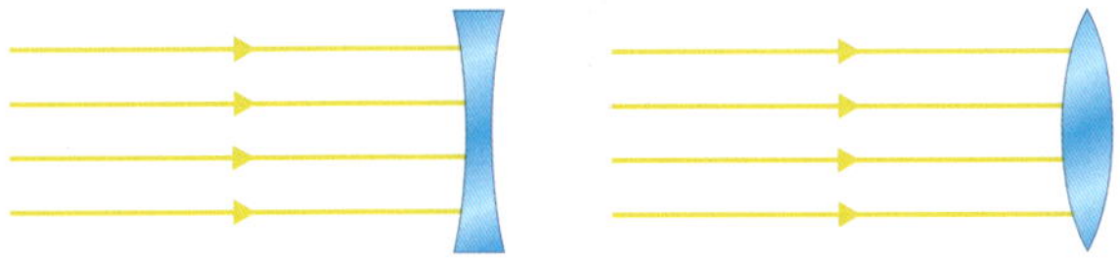

31. ¿A qué se debe el color de los objetos? Copia en tu cuaderno estos dos dibujos y complétalos. En el primero, dibuja el color del jarrón, y en el segundo, los rayos que llegan al ojo.

32. En la primera viñeta, Juan no puede oír el sonido del reloj. Sin embargo, en la segunda sí. ¿Por qué?

¿Qué propiedad del sonido ha utilizado? ¿Qué importancia tiene que una de las paredes sea dura y la otra blanda?

33. Indica de qué color se verán los siguientes objetos:

a) Un objeto verde iluminado con luz blanca.

b) Una fuente luminosa primaria que emite luz amarilla.

c) Un objeto azul iluminado con luz roja.

Ponte a prueba

Determinación de la velocidad del sonido

Dos discípulos de Galileo midieron en 1656 la velocidad del sonido de una forma muy sencilla. Un amigo disparó un cañón con pólvora a 3 500 m de distancia.

El fogonazo se ve instantáneamente porque la velocidad de la luz es muy alta, pero el sonido tarda más en llegar. Midieron el tiempo que tardó en llegar: unos 10 s.

1. ¿Por qué hicieron el experimento de noche?
2. ¿Qué velocidad del sonido calcularon? ¿En cuánto se equivocaron?
3. La velocidad del sonido en el aire depende de la temperatura según esta expresión: $v = 331 + 0{,}6T$ m/s, donde T es la temperatura del aire en °C. Supón que esa noche había 15 °C. ¿Cuál sería entonces la velocidad del sonido?
4. Compara el dato experimental de los discípulos de Galileo del apartado 2 con el teórico del apartado 3. ¿En cuánto se equivocaron?

Midiendo la distancia a la Luna

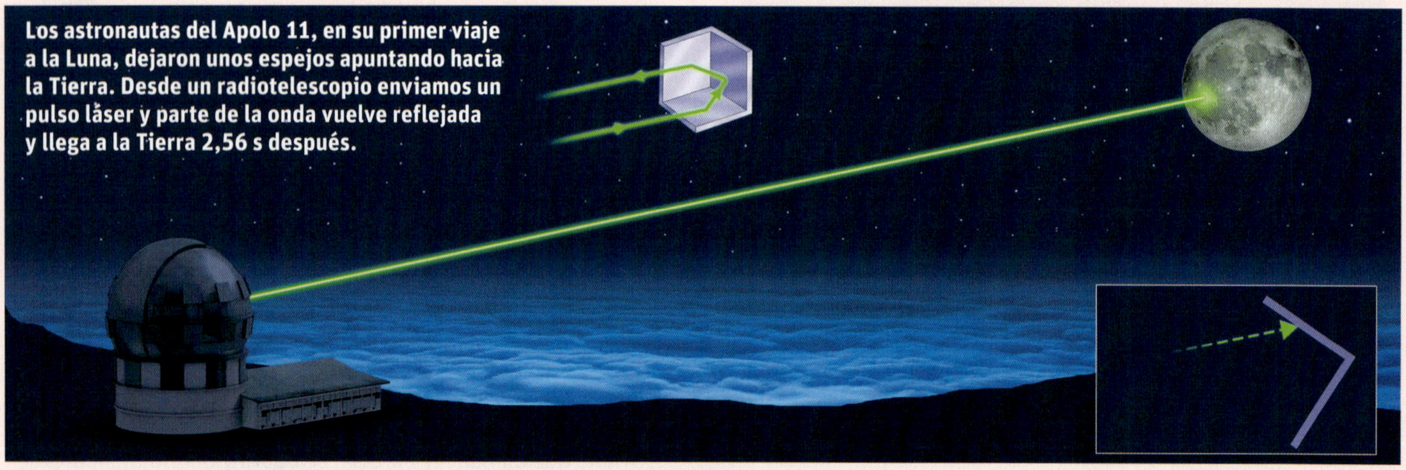

El espejo que dejaron consta de 100 espejitos colocados con sus caras perpendiculares.
De esta forma, la luz al llegar rebota como si fuesen las paredes de un frontón.

1. ¿Qué distancia ha recorrido la luz láser?
2. ¿Qué distancia separa a la Luna de la Tierra?
3. Copia el dibujo en tu cuaderno y completa la trayectoria del rayo láser usando las leyes de la reflexión.

Juega con los sonidos

Descarga la *app* Frecuency Sound Generator e instálala en tu móvil. Esta aplicación permite generar hasta tres sonidos individuales o simultáneos, variar su frecuencia y comprobar cómo varía el tono de los mismos.

1. Pulsa "play" en el primer sonido y modifica su volumen manteniendo su frecuencia a 440 Hz de la frecuencia de la nota musical La natural. Escucha un sonido intenso y otro débil. Puedes medir su nivel de intensidad sonora con otro móvil que tenga instalada la *app* Sonómetro.
2. Manteniendo fijo el volumen, aumenta la frecuencia del sonido poco a poco. ¿Se escucha con el mismo volumen en todas las frecuencias? ¿A qué frecuencia dejas de oír el sonido? Comprueba cuándo deja de oír el profesor.
3. Pulsa "play" en los dos primeros sonidos, pon ambos al mismo volumen y a 440 Hz de frecuencia. A continuación, pon uno de ellos a 447 Hz e indica lo que oyes. Varía ligeramente la frecuencia del segundo y describe el resultado.

AUTOEVALUACIÓN

1. **Una onda es una perturbación que se propaga transportando**
   a) Energía y materia.
   b) Solo energía, no materia.
   c) Solo materia, no energía.
   d) Energía o materia, dependiendo del tipo de onda.
2. **Después de ver un rayo, a los 3 s se oye el trueno. ¿A qué distancia se encuentra aproximadamente la tormenta?**
   a) 1 km.
   b) 340 m.
   c) 2 km.
   d) El trueno se oye a la vez que se ve el rayo.
3. **Un trueno es un sonido con:**
   a) Amplitud grande y frecuencia alta.
   b) Amplitud grande y frecuencia pequeña.
   c) Amplitud pequeña y frecuencia alta.
   d) Amplitud pequeña y frecuencia baja.
4. **Un pimiento es verde porque:**
   a) Emite luz verde.
   b) Sus átomos (moléculas) son verdes.
   c) Absorbe la luz verde del espectro.
   d) Absorbe todos los colores de la luz salvo el verde, que lo refleja.
5. **Señala si son V o F las siguientes afirmaciones.**
   a) La serpiente de cascabel detecta los rayos infrarrojos.
   b) El delfín se comunica con infrasonidos.
   c) El oído humano escucha sonidos entre 20 y 20 000 Hz.
   d) La capa de ozono nos protege de todos los rayos UV.
6. **La contaminación acústica afecta:**
   a) A los pulmones, a los oídos y al sueño.
   b) Al sistema nervioso, a los oídos y al sueño.
   c) A la composición de la atmósfera y a la salud.
   d) A los pulmones, al oído y a la calidad del aire.

smSaviadigital.com VALORA LO APRENDIDO > Autoevaluación con sus soluciones

PROYECTO DE INVESTIGACIÓN

HOGAR, DULCE HOGAR

Nuestras casas son un lugar muy agradable, pero, para mantener el bienestar en ellas, se necesita un gran consumo energético; consumo que genera dos impactos:

- En nuestros bolsillos, por la factura de la luz y el gas (unos 1000 euros al año).
- En el medioambiente, ya que la explotación de los recursos causa impactos como, por ejemplo, la contaminación.

Os proponemos hacer un concurso de casas con bajo consumo energético, utilizando una caja de cartón.

Vivienda sostenible y energéticamente eficiente, en Escocia

INVESTIGAMOS LA CALEFACCIÓN

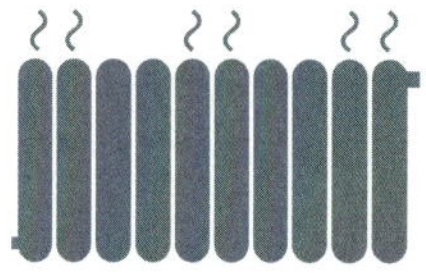

El principal gasto energético en el hogar es la calefacción (un 50 % aproximadamente).

Podemos ahorrar mediante el uso de energía solar, pero tomando algunas medidas:

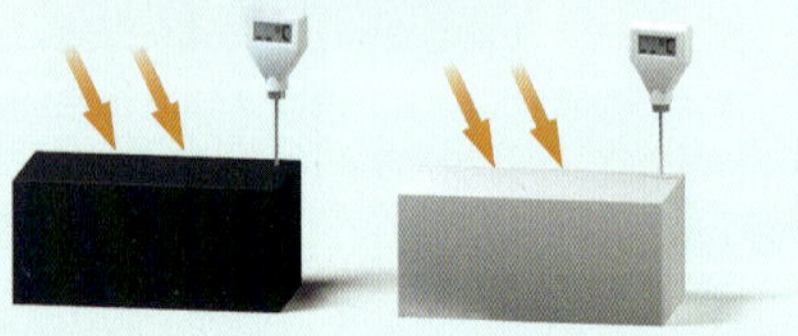

Forra una caja con cartulina negra y otra con cartulina blanca. Coloca sobre ellas los termómetros y ponlas al sol. Espera 15 minutos.

¿Qué caja ha subido más su temperatura?

¿Qué color es mejor para climas cálidos? ¿Y para climas fríos?

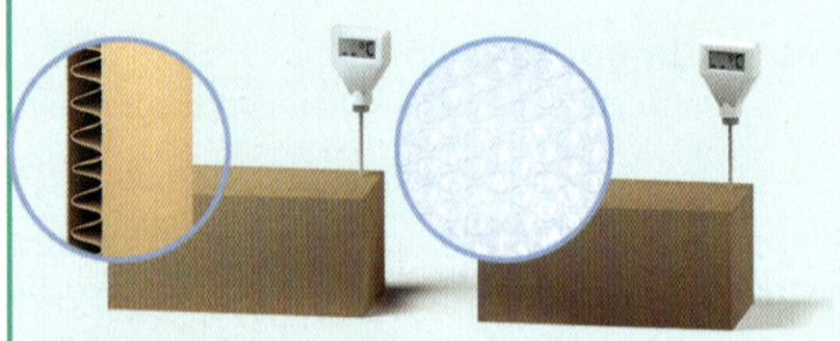

¡A la nevera!

Forra el interior de una caja con cartón corrugado y la otra con plástico de burbujas.

Mide las temperaturas del interior y mete las cajas en la nevera durante 1 hora. Al cabo de ese tiempo, sácalas y vuelve a medir la temperatura.

¿Qué forro ha sido más eficaz como aislante?

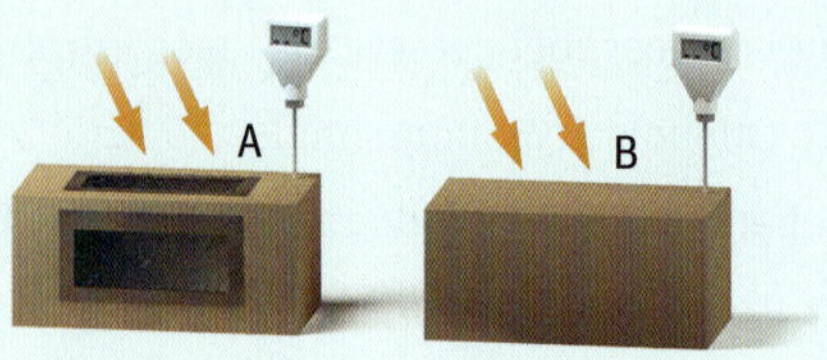

Recorta un par de huecos en una de las cajas y cúbrelos con plástico transparente. Deja las cajas al sol durante 15 minutos y mide las temperaturas del interior.

¿Qué caja se calienta más?

¿Cómo se llama el efecto que tiene lugar en la caja A?

INVESTIGAMOS LA ELECTRICIDAD

Conecta la célula fotoeléctrica a un zumbador piezoeléctrico (o a un polímetro) y oriéntala hacia el sol. Juega con la orientación. ¿Influye la inclinación de la célula en la intensidad del sonido que se genera? Tapa parte de la superficie con una cartulina negra. ¿Influye el área donde incide el sol?

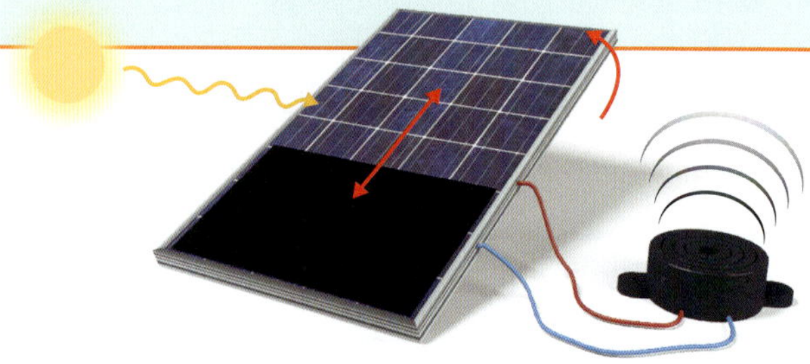

APLÍCALO A TU ENTORNO

Relaciona las siguientes imágenes con alguno/os de los experimentos anteriores. Explica las ventajas que suponen para el ahorro energético.

CONSTRUYE TU PROTOTIPO DE CASA SOLAR

Con lo que has aprendido, diseña tu "casa solar" ¡y a ganar el concurso!

A modo de ejemplo, te mostramos una casa ganadora; la construyó Sara García-Monge, alumna de 2.º de la ESO:

Con cubierta vegetal, que refresca en verano y nos aísla bien en invierno, captura CO_2, relaja, etc.

Con paneles fotovoltaicos, que nos dan electricidad limpia y renovable.

Toldo con doble función: dar sombra y aportar electricidad con sus células fotovoltaicas.

La fachada, "acristalada" (plásticos) para favorecer el efecto invernadero.

Las paredes de cartón, con aire, que aísla muy bien.

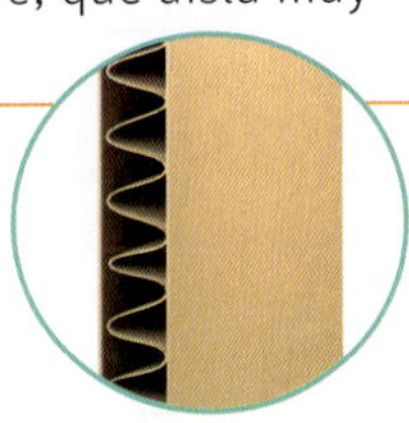

Los paneles giratorios reflejan la luz solar o impiden que llegue, según lo qué necesitemos.

En la base, tres ruedas locas, que permiten girar la casa siguiendo al sol en invierno. En verano, si hace mucho calor, la giramos 180° para que no le dé el sol en la entrada.

¿Qué mejoras se te ocurren?

Locos por la Ciencia
¡Qué bárbaro! Acabo de descubrir que el trabajo "quema".
RUMFORD
En las reacciones químicas, la masa se conserva.
LAVOISIER
¡No nos queda nada! Hasta que inventen los altos hornos…
HOMO SAPIENS

Ya,
pero yo lo medí.
JOULE
O se ha movido la rama
o los satélites.
El otro día no estaban ahí.
GALILEO
Soy Júpiter.
ARBORIS
SCIENTIAE
¡Ay! Esta gravedad
no respeta
ni al que la descubrió.
NEWTON

El químico desconocido ... y el descubrimiento de los metales

Unos 6000 años a. C., una mañana, al despertarse, una pareja de *Homo sapiens* descubrió, en las piedras azules que protegían el fuego, unas pequeñas bolitas de cobre.

Inmediatamente se pusieron a calentar todo tipo de minerales, y así lograron otros metales. Mezclando el cobre y el estaño, obtuvieron bronce, una aleación más dura que el cobre.

En algunas ocasiones se hallaban “piedras” caídas del cielo... Eran meteoritos, compuestos básicamente de hierro, un metal maravilloso.

Sin embargo, sí había abundancia de minerales de hierro. El problema estaba en que, en ellos, el hierro está tan fuertemente enlazado con el oxígeno que, por más que los calentaban, no obtenían hierro puro.

Hasta que, tras muchos ensayos y alguna casualidad, lograron, por fin, separar el hierro del mineral.

Comenzaba así la Edad del Hierro, unos 1200 años a. C. ¡Toda una revolución!

¿Qué había pasado? En el interior del horno hay poco oxígeno, y el carbón arde formando monóxido de carbono (CO), que reacciona, a su vez, con el mineral de óxido de hierro, "robándole" el oxígeno y dejando, al fin, libre al hierro.

Los altos hornos son herederos de este descubrimiento, y seguimos produciendo mucho hierro a partir de minerales como el oligisto.

Oligisto (mineral de hierro)

1. Compara el horno primitivo y el alto horno actual.

2. La escoria es el conjunto de impurezas del carbón y del mineral. Fíjate en el dibujo de la derecha y señala qué método se utiliza para separarlo del hierro líquido.
   a) Filtración.
   b) Separación magnética.
   c) Destilación.
   d) Decantación.

3. ¿Cuántos elementos hay en la naturaleza? Busca en internet cuándo y cómo se descubrieron. Esta dirección te puede ayudar: www.e-sm.net/svfq2eso_lc_01.

Newton ... y la gravedad

En 1642, el mismo año en que murió el gran Galileo, vino al mundo Isaac Newton. Fue un parto prematuro y casi muere en la primera semana de vida.

Tenía una rapidez mental prodigiosa, pero tan mal genio que se llevaba muy mal con sus compañeros de clase. Le gustaba fabricar cometas y maquetas.

En la universidad, sus notas fueron mediocres porque se dedicaba a aprender por su cuenta. En 1665, la peste negra asoló las ciudades inglesas y Newton se refugió en el campo, donde tuvo grandes ideas.

Su idea más genial fue plantear que entre dos masas cualesquiera existe una fuerza de atracción: la **fuerza de la gravedad**.

En el campo de la óptica fue todo un fuera de serie: utilizando un prisma, descompuso la luz, que consideraba formada por partículas.

En 1671 diseñó un telescopio revolucionario, con espejos en vez de lentes. Hoy día, el telescopio Hubble, que orbita en torno a la Tierra, utiliza ese sistema y nos envía magníficas fotografías del universo.

En 1687, Newton publica uno de los libros más importantes de la historia de la ciencia: ***Philosophiæ naturalis principia mathematica***, que incluye las tres leyes de la dinámica y la ley de gravitación universal.

Descubrió que la fuerza de la gravedad era lo que curvaba la trayectoria de la Luna. Para explicarlo, hizo este dibujo:

Aunque Newton era una persona arrogante, supo agradecer la contribución de científicos anteriores a él, como Copérnico, Galileo y Kepler.

En 1705, la reina Ana I lo nombró sir. Más tarde, Newton se dedicó a la política y, a pesar de ser tan buen matemático, perdió mucho dinero en la bolsa.

1. Si la Tierra y la manzana se atraen con la misma fuerza, ¿por qué la manzana baja hacia la Tierra y no es la Tierra la que sube hacia la manzana?

2. El Hubble orbita alrededor de la Tierra debido a:
   - a) Unos pequeños motores que curvan su trayectoria.
   - b) La fuerza de atracción entre la Tierra y el telescopio.
   - c) Los rayos del Sol que inciden en sus paneles.

Lavoisier ... la pasión por la investigación

Antoine-Laurent de Lavoisier nació en París en 1743. Estudió Ciencias, su verdadera pasión, pero también Derecho, la obsesión de su padre.

A los 28 años se casó con la joven Marie Paulze. Marie se interesó mucho por la ciencia y lo ayudaba en sus investigaciones.

Lavoisier realizó numerosas investigaciones. Descubrió que hay un "aire vital" que provoca la combustión, y lo llamó oxígeno. Encontró otro aire que no reaccionaba, y lo llamó nitrógeno.

Además, midiendo con mucha precisión las masas en las reacciones, enunció su famosa ley: **"En toda reacción química, la masa se conserva"**.

También investigó sobre la fermentación y sobre la respiración animal, y demostró que el aire que expulsamos de los pulmones es el mismo que se desprende al quemar carbón. Hoy sabemos que ese aire es un gas, el dióxido de carbono.

Comprobamos ... la ley de la conservación de la masa

Realiza este montaje y pésalo antes y después de que ocurra la reacción química.

¿Qué ha sucedido? El vinagre reacciona con el bicarbonato y se forman nuevas sustancias. Entre ellas, un gas, el dióxido de carbono, que hincha el globo.

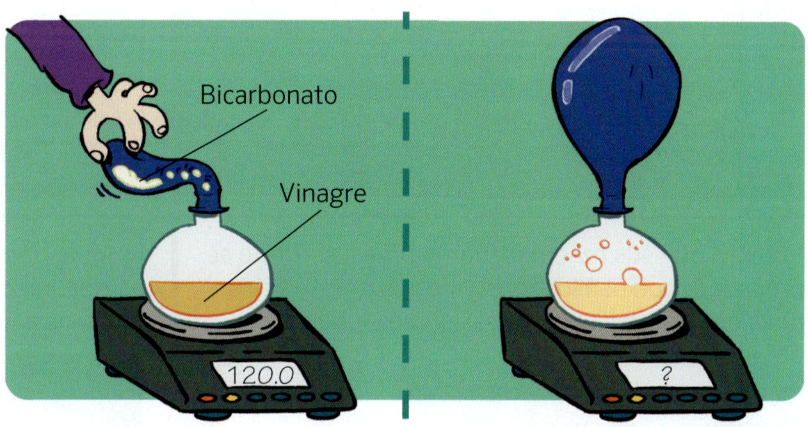

1. Observa el experimento. ¿Qué ocurrirá con la masa durante la reacción?
   a) Aumentará porque se hincha el globo.
   b) La masa total permanecerá constante.
   c) Disminuirá porque los gases pesan poco.

2. Piensa. Cuando un tronco arde, las cenizas pesan menos que el tronco. Si en una reacción química la masa se conserva, ¿dónde está la materia que se ha perdido?

3. ¿Se pueden deducir de los experimentos de Lavoisier estas conclusiones? Escribe en tu cuaderno SÍ o NO según corresponda.

	Sí/No
El aire es el oxígeno.	●●●
La masa en las reacciones químicas se conserva.	●●●
La combustión y la respiración son dos formas de oxidación, pues ambas necesitan el oxígeno.	●●●

Joule ... y la transformación de la energía

La Asociación Británica para el Avance de la Ciencia, en reconocimiento a su labor, dio el nombre de Joule a la unidad internacional utilizada para medir la energía: el julio (J).

Comprobamos ... el descubrimiento de Joule

Antiguamente no existían mecheros ni cerillas. Entonces, ¿cómo se conseguía el fuego?

Observa la imagen. Estos hombres prehistóricos están intentando hacer fuego con un palito. El palito no produce ningún efecto si no lo mueven; en cambio, si lo mueven rápidamente sobre otra madera, la energía cinética del movimiento se convierte en energía térmica. Gracias a esa energía, la temperatura sube y las pajitas acaban ardiendo.

Miles de años más tarde, hacia 1840, los científicos consiguieron aprovechar la energía térmica. Su logro más importante fue la máquina de vapor.

Esta máquina aprovecha la energía química del carbón y la transforma en energía térmica para calentar agua, que se convierte en vapor. El vapor de agua mueve una pieza, llamada pistón, que a su vez mueve una rueda. Es decir, la energía térmica se transforma en energía cinética o del movimiento.

La máquina de vapor se utilizó en trenes y en fábricas. Su éxito supuso el comienzo de la era industrial: una verdadera revolución en la forma de desplazarse y de trabajar.

1. Frótate las manos muy fuerte, lo más rápidamente que puedas, durante un minuto. ¿Notas algo? Explica lo que ha ocurrido.

2. Cuando hacemos ejercicio, ¿qué energía consumimos? ¿De dónde procede? Explica en qué tipos de energía se transforma.

3. ¿Cómo se aprovecha la energía química del carbón en una máquina de vapor?

4. Joule también descubrió que si conectaba cables a una pila, estos se calentaban.
   a) ¿Qué energía tiene una pila? ¿En qué tipos de energía se puede transformar?
   b) Nombra aparatos que funcionan con pilas y di qué hacen. Fíjate en el ejemplo: Un reloj convierte la energía de la pila en movimiento de las agujas.

El libro de **Física y Química para 2.º ESO** forma parte del Proyecto Editorial de Educación Secundaria de SM. En su realización ha participado el siguiente equipo:

Autoría
José G. L. de Guereñu, Ángel González, Josefa Guitart, Josep Corominas, Nicolás Romo

Colaboración
Antonio José Hidalgo, Juan Antonio García-Monge

Asesoría científica
J. G. L. de Guereñu

Edición
Daniel Martínez-Santos, Ángel Rubio, Fernando Sáez, María Garrido (edición digital)

Corrección
José Manuel González, Montserrat Alberte Montserrat

Ilustración
ARCHIVO SM, Pablo Jurado, Juan Manuel Montiel Rodríguez, Ramón Colera Cañas, Luis Mosquera Arancibia, Diego Conte Peralta, Santiago Alberto Moralejo, Félix Moreno Arrastio, Nicolás Fernández Prímola, Ricardo Salas Loizaga, Daniel Alonso Rivero, Fran Collado, SHUTTERSTOCK, Ricardo de Arce

Fotografía
Sonsoles Prada, Montse Fontich, María Pía Hidalgo / ARCHIVO SM; Juan Baraja, Fernando Favoretto, Worldmapper.org, Francisco Javier Jaime Sánchez; CONTACTO; EFE; G TRES ONLINE; LATINSTOCK; DIGITAL VISION; PHOTONONSTOP; INGRAM; THINKSTOCK; CORDON PRESS; 123RF; SHUTTERSTOCK; iStock; GETTY IMAGES; AGE FOTOSTOCK; ALBUM; Hidalgo-Lopesino, Pablo Martínez-Pardo González; FANCY; ALAMY IMAGES; COUNTRY SESSIONS

Edición gráfica
Juan Baraja

Diseño de cubierta e interiores
Estudio SM

Responsable de proyecto
Ángel Rubio

Coordinación de contenidos digitales
Mara Mañas

Coordinación editorial de Ciencias
Laura Pérez

Dirección de Arte del proyecto
Mario Dequel

Dirección editorial
Aída Moya

Todas las actividades contenidas en este libro han de ser realizadas en un cuaderno aparte, nunca en el propio libro. Los espacios incluidos son meramente indicativos y su finalidad es puramente didáctica.

ISBN general: 978-84-675-8681-7
ISBN Andalucía: 978-84-675-8491-2
Depósito legal: M-03199-2016
Impreso en la UE / *Printed in EU*

Este libro está impreso en papeles procedentes de bosques gestionados de manera sostenible.